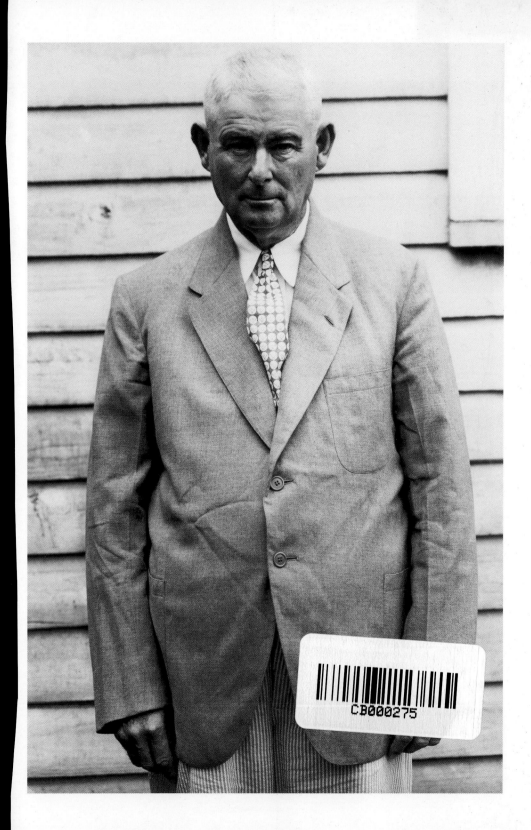

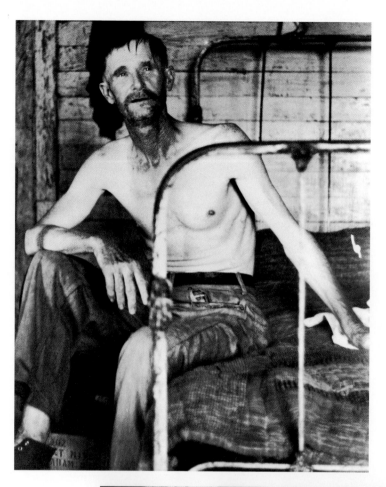

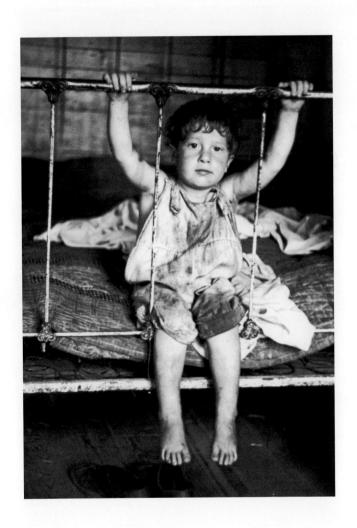

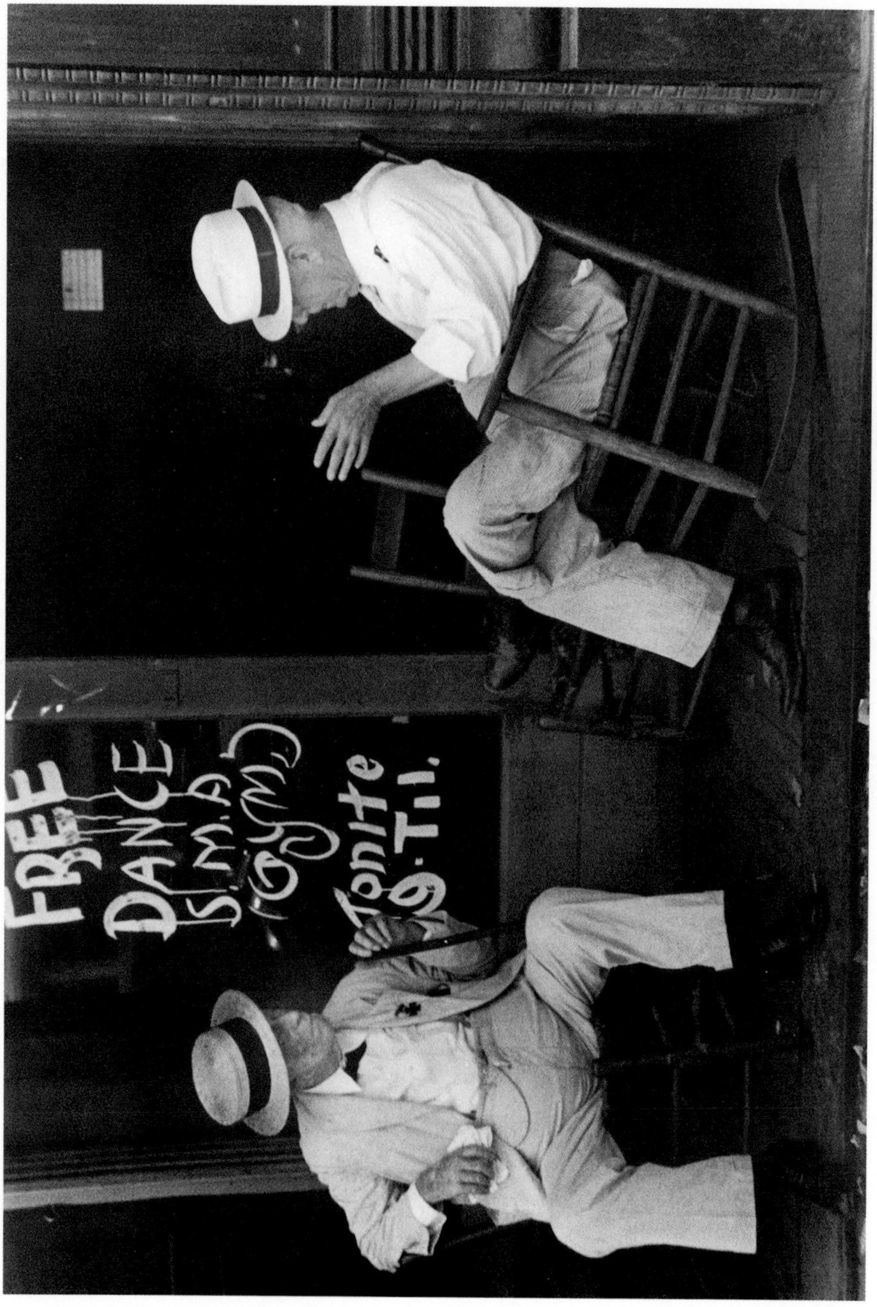
FREE
DANCE
tonite

ELOGIEMOS OS HOMENS ILUSTRES

Coleção Jornalismo Literário — Coordenação de Matinas Suzuki Jr.

A sangue frio, Truman Capote
Berlim, Joseph Roth
Chico Mendes: Crime e castigo, Zuenir Ventura
Dentro da floresta, David Remnick
Fama e anonimato, Gay Talese
A feijoada que derrubou o governo, Joel Silveira
Filme, Lillian Ross
Hiroshima, John Hersey
O imperador, Ryszard Kapuściński
O livro das vidas, Vários autores
O livro dos insultos, H. L. Mencken
A milésima segunda noite da avenida Paulista, Joel Silveira
Na pior em Paris e Londres, George Orwell
Radical Chique e o Novo Jornalismo, Tom Wolfe
O segredo de Joe Gould, Joseph Mitchell
Stasilândia, Anna Funder
O super-homem vai ao supermercado, Norman Mailer
A vida como performance, Kenneth Tynan
Vida de escritor, Gay Talese

JAMES AGEE E WALKER EVANS

Elogiemos os homens ilustres

Tradução
Caetano Waldrigues Galindo

Posfácio
Matinas Suzuki Jr.

Jornalismo Literário
Companhia Das Letras

Copyright © 1939, 1940 by James Agee/ © 1941 by James Agee e Walker Evans/ Renovado © 1969 Mia Fritsch Agee e Walker Evans/ © 1960 by Walker Evans/ Renovado © 1988 by John T. Hill, inventariante do espólio de Walker Evans/ © 1989 by The James Agee Trust/ Fotografias reproduzidas com permissão da Biblioteca do Congresso e da coleção de fotografia do Harry Ransom Humanities Research Center, Universidade do Texas em Austin. Copyright de parte das fotografias © Walker Evans Archive, The Metropolitan Museum of Art

Trechos do livro foram publicados em *Common Sense*, *New Directions* e *The Atlantic Monthly*

Título original
Let us now praise famous men

Capa
João Baptista da Costa Aguiar

Imagens
© Walker Evans Archive, cortesia da Biblioteca do Congresso, Washington (capa)/ Coleção de fotografia do Harry Ransom Humanities Research Center, Universidade do Texas em Austin (lombada)/ James Rufus Agee (1909-55), Long Island Beach, foto de Walker Evans, Harvard Art Museum, Fogg Art Museum, National Endowment for the Arts Grant (P1972.107), Imaging Department © President and Fellows of Harvard College (quarta capa)/ Walker Evans, autorretrato (1994.256.580), © Walker Evans Archive, The Metropolitan Museum of Art (quarta capa)

Preparação
Denise Pessoa

Revisão
Márcia Moura
Ana Maria Barbosa

Dados Internacionais de Catalogação na Publicação (CIP)
(Câmara Brasileira do Livro, SP, Brasil)

Agee, James
    Elogiemos os homens ilustres / James Agee e Walker Evans ; tradução Caetano Waldrigues Galindo. — São Paulo : Companhia das Letras, 2009.

    Título original: Let us now praise famous men.
    ISBN 978-85-359-1564-8

    1. Alabama – Condições rurais 2. Fazendas de algodão – Alabama – História – Século 20 3. Agee, James, 1909-1955 – Viagens – Alabama 4. Alabama – Descrição e viagens 5. Fazendas arrendadas – Alabama – História – Século 20 I. Evans, Walker. II. Título.

09-10351   CDD-976.1062

Índice para catálogo sistemático:
1. Alabama : Condições rurais : Século 20 :
    História   976.1062

[2009]
Todos os direitos desta edição reservados à
EDITORA SCHWARCZ LTDA.
Rua Bandeira Paulista, 702, cj. 32
04532-002 — São Paulo — SP
Telefone (11) 3707-3500
Fax (11) 3707-3501
www.companhiadasletras.com.br

Àqueles cujo registro se faz. Com gratidão e amor.
J.A. e W.E.

Apresentação

James Agee em 1936

Walker Evans

Naquela época, Agee era um homem de 27 anos, que parecia mais jovem. Acho que ele pensava que era uma pessoa laboriosamente mascarada, mas o que se via imediatamente — apesar das conspirações — era um ligeiro verniz de Harvard e Exeter, uma pitada de aristocracia familiar e um traço de idealismo romântico. Ele podia ser tomado por um jovem americano atraente, um produto da Grande Democracia, melhor que a média, oriundo de qualquer parte do país. Não parecia muito poeta, intelectual, artista ou cristão, e era cada uma dessas coisas. Também não havia sinais externos de sua fúria paralisante e autodilacerante. Sua voz era marcadamente calma e grave, apesar de não ter um tom "refinado". Dava uma impressão de insegurança, mas nunca de fraqueza. Seu sotaque era mais ou menos impossível de localizar e variava um pouco. Por exemplo, no Alabama ele caía para o sulista do interior, e posso dizer que ninguém percebia, nem pelas famílias nem por ele.

Suas roupas eram deliberadamente baratas, não só porque fosse pobre, mas porque queria poder se esquecer delas. Ele fazia um terno ficar com o caimento perfeito graças ao simples método de não tirá-lo muito. Com o tempo o tecido se moldava a seu corpo. Lavar e passar teria acabado com esse lindo processo. Estou exagerando, mas às vezes realmente parecia que o vento, a chuva, o trabalho e a galhofa eram seus alfaiates. Por outro lado, ele achava que usar roupas boas e caras o envolvia em algum tipo de pretensão de superioridade de natureza social. Neste ponto ele às vezes confundia seus objetivos e se deixava cair em um cômico dandismo invertido. Deleitava-se mais com um par de tênis com defeitos de fabricação e um boné seboso do que o mais ortodoxo dândi se deleitaria com sapatos de pelica de marca e um chapéu-coco de grife novo em folha.

Fisicamente, Agee era muito vigoroso, à maneira enganosa dos homens grandes e não insistentes. Em movimento, era meio desajeitado. Suas mãos eram grandes, longas, ossudas, leves e descuidadas. Seus gestos eram uma das coisas memoráveis a seu respeito. Ele parecia modelar, combater e acariciar suas frases enquanto falava. A fala, no fim, era seu grande traço distintivo. Ele falava uma prosa sua, uma prosa Agee. Mal era um estilo do século xx; guardava tons elisabetanos. E no entanto tinha um conteúdo contemporâneo extraordinariamente culto. Ela fluía, exatamente como flui quando é lida, mas ele fazia que soasse natural — algo que simplesmente ficava pelo ar como qualquer outra coisa. Como ele fazia, ninguém sabe. Você teria recuado, ficado boquiaberto e muito provavelmente teria saído correndo diante da mesma fala pronunciada sem essa misteriosa habilidade. Não se tratava de exibicionismo, e não era necessariamente fruto de uns tragos. O que estava por trás dela era a pura energia da imaginação. Que encontrava correspondência em sua energia física. Muitos homens e mulheres, exaustos, caíram no sono às quatro da manhã bem no meio de um impressionante espetáculo de Agee, e depois ficaram sabendo que o sujeito tinha continuado até as seis em outro lugar. Como muitos escritores natos que pairam na ilusória amplidão de sua juventude, Agee escrevia muito no ar. Muitas vezes você ficava com vontade de amordaçá-lo e amarrar uma caneta em sua mão. Não era necessário; ele era uma exceção entre os escritores falantes. Agee escrevia — devotada e incessantemente.

A noite era seu momento. No Alabama ele trabalhava até não sei que horas. Alguns trechos de *Elogiemos os homens ilustres* parecem ter sido escritos imediatamente, à noite. Mais tarde, em uma casinha em Frenchtown, New Jersey, a obra, acho eu, foi de modo geral escrita à noite. Literalmente o resultado mostra isso; alguns capítulos fluem melhor se lidos à noite, alta noite. A primeira passagem de *Uma carta do interior* (p. 63) é singularmente permeada pela noite.

Agee trabalhava com o que parecia ser pressa e fúria. No Alabama ele se viu possuído pelo trabalho, que o assoberbava dia e noite. Ele provavelmente não dormia. Tinha vontade de ver tudo o que pudesse do dia das famílias, começando, é claro, ao nascer do sol. Em um certo sentido, as condições eram ideais. Ele podia viver dentro do tema, sem distrações. A vida empobrecida do interior não era na verdade muito distante dele. Um pouco dela estava em seu sangue, graças a uns parentes que tinha no Tennessee. De um jeito ou de outro, ele estava fugindo dos escritórios de editores de Nova York, das noitadas sociointelectuais do Greenwich Village e especialmente de todo aquele mundo da cultura elevada, educada e endinheirada, fosse ela autoritária ou libertária. No Alabama ele suava e se coçava com uma alegria profunda. As famílias compreendiam o que ele estava fazendo ali. Ele tinha explicado de um jeito que garantira seu interesse no trabalho *dele*. Ele não estava brincando. Foi por isso que no fim cortou certas passagens prontas que eram divertidas, de um jeito cáustico. Uma delas era um longo e hilário aparte a respeito de galinhas. Era uma obra virtuosística embelezada por alegorias e animada pela falácia patética.

Ele conquistou quase todos naquelas famílias — talvez até demais —, embora alguns daqueles indivíduos fossem calejados, ressentidos e astutos. Provavelmente foi sua insegurança que os atraiu. Essa não afirmação era, acho eu, refém precisamente de sua educação anglicana. Sua cristandade — se é que alguém de fora pode falar disso — era um vestígio, um resíduo deteriorado, mas era, ainda assim, uma emoção nua e fundamental. Tratava-se de uma ex-igreja, ou uma não igreja, e era algo que mal estava em evidência. Tudo que se via disso era uma cortesia inabalável, uma cortesia nada cortês que emanava dele em direção a todos, com exceção, talvez, dos confortavelmente ricos, dos pretensiosamente aristocráticos e da polícia. Depois de um tempo, de um modo indireto, você descobria que, para ele, os seres humanos eram, ao menos como possibilidade, almas imortais e literalmente sagradas.

Os dias com as famílias chegaram abruptamente ao fim. Seus verdadeiros conteúdo e significado foram integralmente expostos. A escrita que induziram é, entre outras coisas, o reflexo de uma rebeldia resoluta e solitária. A rebeldia de Agee era irrefreável, autodestrutiva, profundamente ética, infinitamente penosa e, em última instância, inestimável.

Nova York, 1960

Prefácio

(Aconselha-se aos leitores sérios que se dirijam ao livro-propriamente-dito depois de terminar a primeira parte do prefácio. Um retorno posterior não fará mal.)

Durante os meses de julho e agosto de 1936, Walker Evans e eu viajávamos pelo centro-sul desta nação, e estávamos ligados ao que, já desde o princípio, me pareceu uma tarefa um tanto curiosa. Deveríamos preparar, para uma revista de Nova York,* um artigo sobre os colonos das plantações de algodão dos Estados Unidos, na forma de um registro fotográfico e verbal da vida e do ambiente cotidianos de uma típica família de colonos brancos. Primeiro tínhamos de localizar e morar com uma dessas famílias; e era esse o motivo de nossa viagem.

Não encontramos uma só família em que estivesse plenamente representada a totalidade dos colonos daquela região, mas decidimos que com as três que viemos a conhecer poderíamos cumprir relativamente bem nossa tarefa. Com a que menos, dentre as três, estava próxima de ser de fato representativa, moramos por pouco menos de quatro semanas, convivendo íntima e constan-

---

* Evans estava alocado pelo governo federal.

temente com eles e os outros. No fim de agosto, muito antes de estarmos dispostos a fazê-lo, retornamos para o norte e terminamos o trabalho.

Por motivos que não farão parte deste volume, o artigo não foi publicado. Ao cabo de um ano, no entanto, foi liberado para nós; e na primavera de 1938 chegamos a um acordo com uma editora de Nova York, visando uma ampliação do mesmo material em forma de livro. Ao cabo de mais um ano e meio, por motivos que, mais uma vez, serão objeto de atenção posterior, o manuscrito final foi recusado, ou posto de lado. Na primavera de 1940 ele foi aceito por quem agora o publica, com a condição de que fossem apagadas certas palavras, que são ilegais em Massachusetts.

Os autores acharam possível fazer essa concessão e, como ele de certa forma dava mais destaque a uma fraude, permitir a proeminência do título imediato, em lugar do mais genérico.

Este volume é concebido com duas intenções: como o início de uma obra maior; e para se manter por si só, independente de qualquer trabalho que ainda possa vir a ser feito.

O título deste volume é *Elogiemos os homens ilustres*.

O título da obra como um todo, incluído este volume, é *Três famílias de colonos*.

O tema declarado são os colonos das plantações de algodão da América do Norte examinados através da vida cotidiana de três famílias representativas do universo de colonos brancos.

Na verdade, o esforço é para reconhecer a estatura de uma parcela da população cuja existência mal se imagina, e conceber técnicas adequadas de registro, comunicação, análise e defesa desse grupo. Mais essencialmente, esta é uma investigação independente de certos dilemas normais da divindade humana.

Os instrumentos imediatos são dois: a câmera de instantâneos e a palavra impressa. O instrumento-comandante — que é também um dos centros do tema — é a consciência humana individual e antiautoritária.

Por fim, pretende-se que este registro e esta análise sejam exaustivos, sem que nenhum detalhe, por mais que possa parecer trivial, permaneça intocado, ou que seja evitada qualquer relevância que esteja dentro das capacidades da reminiscência manter, da inteligência perceber e de nela o espírito persistir.

Dessa intenção final o presente volume é mero portento e fragmento, experimento, prólogo dissonante. Já que se pretende, entre outras coisas, uma burla, um insulto e um corretivo, será sábio da parte do leitor manter o tema declarado, e sua expectativa quanto a qual seria seu tratamento adequado, firmes em sua mente. Pois é este o tema com que lidam os autores, do começo ao fim. Se complicações surgirem, será porque tentam tratá-lo não como jornalistas, sociólogos, políticos, mestres de cerimônias, sacerdotes ou artistas, mas sim de forma séria.

As fotografias não são ilustrativas. Elas, e o texto, são coiguais, mutuamente independentes e plenamente colaborativos. Por sua raridade, e pela impotência do olho do leitor, este fato não será compreendido pela maior parte daquela minoria que não o ignorar de todo. No interesse, contudo, da história e do futuro da fotografia, esse risco parece irrelevante, e necessária essa clara afirmação.

O texto foi escrito visando a leitura em voz alta. Isso não pode ser recomendado; mas sugere-se que o leitor atente com o ouvido ao que tira da página: pois variações de tom, ritmo, forma e dinâmica são, aqui, particularmente inatingíveis apenas pelo olhar, e com sua perda escapa boa parte do sentido.

Pretendeu-se também que o texto fosse lido de forma contínua, como se ouve música ou se assiste a um filme, com breves pausas apenas onde sejam obviamente necessárias.

A respeito de qualquer tentativa por parte dos editores, ou outros, de disfarçar ou de qualquer outra maneira edulcorar este volume, os autores devem manifestar seu arrependimento, sua intensa desaprovação e, como observadores à espera de novas contribuições para seu tema, sua complacência.

Este é um *livro* apenas por necessidade. Mais seriamente, trata-se de um esforço pelo presente humano, em que o leitor não está menos centralmente envolvido que os autores e aqueles de que se fala. Aqueles que desejarem participar ativamente da questão, com qualquer grau de compreensão, amizade ou hostilidade, estão convidados a se dirigir aos autores, por intermédio dos editores. No material que venha a ser usado, privada ou publicamente, nomes serão poupados se assim solicitado.

Coitados nus, estejam onde for,
Pedindo a surra da tormenta má,
Hão como essas cabeças sem ter casa
Troncos esses sem comida, vazados
Trapos em janelas, de proteger-vos
De estações assim? Ah! Cuidei tão pouco!
Engole, pompa, o teu remédio; expõe-te,
Sente o que sentem os fracos, afasta
Assim o mais que os já atinge e mostra
Os céus mais justos.*

---

* Willian Shakespeare, *Rei Lear*, III, iv. (N.T.)

Trabalhadores do mundo, uni-vos e lutai. Tendes nada a perder que não vossas correntes, e um mundo a ganhar. *

* Essas palavras estão aqui para enganar os que por elas se deixem enganar. Elas significam, não o que o leitor possa se dar ao trabalho de pensar que significam, mas o que dizem. Não se trata delas de maneira direta neste volume; mas é essencial que sejam empregadas aqui, pois no padrão da obra como um todo elas são, na sonata-forma, o segundo tema; a poesia a sua esquerda é o primeiro. Tendo em vista a tendência que tem o leitor típico a rotular, bem como os perigos pontuais que ameaçam qualquer homem, seja ele honesto, inteligente ou sutil, no presente momento, pode ser útil fazer a explícita declaração de que nem essas palavras nem os autores são propriedade de qualquer partido político, fé ou facção.

1. *A grande bola em que vivemos*

O mundo é nosso lar. É também o lar de muitas, muitas outras crianças, sendo que algumas delas vivem em terras distantes. Elas são nossos irmãos e irmãs do mundo todo...

2. *Alimento, abrigo e vestuário*

O que deve ter qualquer parte do mundo para que possa ser um bom lar para o homem? De que precisam todas as pessoas para viver confortavelmente? Vamos imaginar que estejamos no meio do campo. O ar é gélido e o vento sopra. Cai neve e em breve ela se tornará granizo e chuva. Estamos quase nus. Nada comemos e sofremos com a fome, além do frio. Subitamente a Rainha das Fadas desce pairando e nos oferece três desejos.

O que vamos escolher?

"Eu vou desejar comida, porque tenho fome", diz Peter.

"Eu vou escolher roupas para afastar o frio", diz John.

"E eu vou pedir uma casa para me abrigar do vento, da neve e da chuva", diz a pequena Nell, estremecendo.

Pois todos precisam de alimento, abrigo e vestuário. A maioria dos homens da terra passa a vida toda lutando para obter essas coisas. Em nossas viagens, devemos ter o desejo de aprender o que comem nossos irmãos e irmãs do mundo todo, e de onde vem seu alimento. Devemos ter o desejo de ver as casas em que moram e como são construídas. Devemos ter o desejo também de saber que roupas usam para se proteger do calor e do frio.*

---

* Essas são as primeiras frases de *Around the world with the children* [A volta ao mundo com as crianças], de F. B. Carpenter (American Book Company), uma cartilha de geografia para a terceira série, que pertence a Louise Gudger, dez anos de idade, filha de um colono das plantações de algodão.

Pessoas e lugares

FRED GARVRIN RICKETTS: colono de duas mulas, 54 anos.
SADIE (WOODS) RICKETTS: sua mulher, 49 anos.

    MARGARET: vinte anos.

    PARALEE: dezenove anos.

    JOHN GARVRIN: doze anos.

    RICHARD: onze anos.

    FLORA MERRY LEE: dez anos.

    KATY: nove anos.

    CLAIR BELL: quatro anos.

THOMAS GALLATIN WOODS (BUD): colono de uma só mula, 55 anos.

    IVY WOODS: sua segunda mulher, entre os vinte e os trinta.

    SENHORITA-MOLLY: mãe dela, perto dos cinquenta anos.

    GALLATIN: filho do primeiro casamento de Woods; meeiro; passado dos trinta.

    EMMA: filha do primeiro casamento; dezoito anos; casada.

    PEARL: filha de Ivy, de um casamento civil com outro homem antes de Woods; oito anos.

    THOMAS: filho de Woods e sua segunda esposa; três anos.

    ELLEN: filha do segundo casamento; vinte meses.

GEORGE GUDGER: meeiro com uma só mula; 31 anos.

ANNIE MAE (WOODS) GUDGER: sua esposa, 27 anos.

MAGGIE LOUISE: dez anos.

GEORGE JUNIOR: oito anos.

BURT WESTLY: quatro anos.

VALLEY FEW (SQUINCHY): vinte meses.

CHESTER BOLES: senhorio de Gudger.

T. HUDSON MARGRAVES:
MICHAEL MARGRAVES:
 — senhorios de Woods e Ricketts.

HARMON: proprietário de terras e executivo do New Deal.

ESTELLE: moça de classe média.

JAMES AGEE: espião, viajando como jornalista.

WALKER EVANS: contraespião, viajando como fotógrafo.

WILLIAM BLAKE
LOUIS-FERDINAND CÉLINE
RING LARDNER*
JESUS CRISTO
SIGMUND FREUD
LONNIE JOHNSON**
IRVINE UPHAM
OUTROS
 — agitadores não assalariados.

BIRMINGHAM: grande cidade industrial sulista.

CHEROKEE CITY: capital de condado; população: *c.* 7 mil habitantes.

CENTERBORO: capital do condado destes colonos; *c.* 1500 habitantes.

COOKSTOWN: cidade de seus senhorios, e deles; *c.* trezentos habitantes.

MADRID: encruzilhada; duas lojas, quatro casas.

MORRO DE HOBE: baixo platô de argila, onde moram os colonos.

Estamos a três quilômetros da estrada; 4,5 de Madrid; 10,5 de Cookstown; 25,5 de Centerboro; quarenta de Cherokee City; 120 de Birmingham. O transporte, para essas famílias, é por mula ou carroça puxada por mula ou a pé. Não estamos distantes do centro geográfico do cinturão algodoeiro da América do Norte.

* Escritor e humorista americano (1885-1933). (N. T.)
** *Bluesman* americano (1899-1970). (N. T.)

Sadie Ricketts é meia-irmã de Woods; Annie Mae Gudger é filha dele.

Como nenhum dos personagens ou eventos deste volume é fictício, os nomes da maioria das pessoas, e quase todos os topônimos, foram alterados.

As idades fornecidas, e os tempos verbais em todo o texto, a não ser onde seja claro o contrário, ou deliberadamente ambíguo, referem-se ao verão de 1936.

ELOGIEMOS OS HOMENS ILUSTRES

Projeto do livro

VERSOS   24
PREÂMBULO   25
NO ALABAMA INTEIRO   35

(*Na varanda: 1*   37
  Julho de 1936   41
  FIM DA MANHÃ DE DOMINGO   43
  NA ENCRUZILHADA   49
  PERTO DE UMA IGREJA   55

PARTE I: *Uma carta do interior*   63

DOIS-PONTOS   105

PARTE II: *Certas descobertas e comentários*   119
  DINHEIRO   121
  ABRIGO   127

(*Na varanda: 2*   213

    VESTUÁRIO   243

    EDUCAÇÃO   271

    TRABALHO   297

INTERVALO: *Conversa no saguão*   325

PARTE III: *Induções*   335

    SHADY GROVE, ALABAMA   397

    DUAS IMAGENS   405

    DECLARAÇÃO DO TÍTULO   407

NOTAS E APÊNDICES   411

(*Na varanda: 3*   423

(*A Walker Evans*

Contra o tempo e os danos do cérebro
Calibra-te e te aguça. Não ainda pleno,
Mas em certa parte arbitrada
Comanda a fachada do verão inane.

Espiões, movendo-se delicados entre os inimigos,
Os filhos mais novos, os tolos,
Põem algo de lado os dialetos e as peles manchadas da falsa loucura,
Sinalizam ambíguos, confundem a sentinela iludida.

Edgar, chorando de pena, à prateleira daquele blefe doentio,
Traz teu cego pai, descreve um pouco;
Contempla-o, parte desperto, caído entre flores do campo rasas,
Mas veladas, recolhe-te.

Ainda não aquela hora nua em que armados,
Arrasado, arremessado o disfarce, abertos desafiamos o desafeto.
Ainda, camarada, o correr das bestas e o céu em ruínas
Ainda cativam o velho rei louco.

"Chamei essa obra que estávamos realizando de 'curiosa'. É melhor eu me estender mais a respeito.

A mim parece curioso, para não dizer obsceno e plenamente aterrador, que possa ocorrer a uma associação de seres humanos reunidos pela necessidade e pelo acaso, e pelo lucro, em uma companhia, um órgão de jornalismo, sondar intimamente as vidas de um grupo de seres humanos indefesos e assustadoramente feridos, uma família rural ignorante e desamparada, com o objetivo de fazer desfilar a nudez, o desfavorecimento e a humilhação dessas vidas diante de um outro grupo de seres humanos, em nome da ciência, do 'jornalismo honesto' (seja o que for que esse paradoxo signifique), da humanidade, do destemor social, por dinheiro e uma reputação de cruzados e de observadores objetivos que, quando especificada com suficiente habilidade, em qualquer banco se troca por dinheiro (e, na política, por votos, empreguismo, abelincolnismo* etc.;** e que essas pessoas possam ser capazes de considerar essa perspectiva sem a mais ligeira dúvida de sua qualificação para realizar uma obra 'honesta', e com a consciência mais que tranquila, e com a virtual

---

* Referência ao presidente Abraham Lincoln. (N. T.)
** Dinheiro.

certeza da quase unânime aprovação pública. Parece curioso, além disso, que a atribuição dessa tarefa tenha cabido a pessoas com formas de respeito pelo tema e de responsabilidade para com ele tão radicalmente diversas, que de saída e inevitavelmente, contavam seus empregadores, e da mesma maneira aquele governo a que um deles se ligava, entre seus mais perigosos inimigos, que agiram como espiões, guardiães e trapaceiros,* e não confiavam em qualquer opinião, por mais que se postulasse autorizada, senão a sua: que em muito do que à tarefa diante deles concernia era inexperiente e desinformada. Parece, além do mais, curioso que, tendo percebido as radicais corrupção e dificuldade das circunstâncias, e a improbabilidade de realizarem de qualquer maneira imaculada o que desejavam realizar, eles tenham em primeiro lugar aceitado o trabalho. E parece curioso, ainda mais, que, com toda a suspeita que tinham e o desprezo por toda pessoa e coisa relacionadas à situação, a não ser pelos colonos e por si próprios, e suas próprias intenções, e com toda sua percepção da seriedade e do mistério do tema, e da responsabilidade humana que aceitavam, eles tão pouco tenham questionado ou duvidado de suas próprias qualificações para este trabalho.

Tudo isso, repito, me parece curioso, obsceno, aterrador e insondavelmente misterioso.

E assim também todo o trajeto, e todo seu detalhe, do esforço dessas pessoas para localizar e defender o que buscavam: e a natureza de seu relacionamento com aqueles com quem durante os estágios da procura entraram em contato; e a sutileza, a importância e a quase intangibilidade das percepções ou revelações ou oblíquas sugestões que em circunstâncias diferentes jamais se poderiam ter materializado; e assim também o método de pesquisa que por eles foi parcialmente desenvolvido, a eles parcialmente imposto; e assim também a estranha qualidade de seu relacionamento com aqueles cujas vidas tão severa e ternamente respeitaram, e assim rudemente aceitaram investigar e registrar.

Assim também todo o rumo posterior e o destino da obra: os motivos de sua não publicação, os detalhes de sua aceitação posterior em outro lugar, e

---

* Une chose permise ne peut pas être pure.
  L'illégal me va.
– *Essai de critique indirecte.*
  [Algo permitido não pode ser puro.
  O ilegal me agrada
– Jean Cocteau]

de sua concepção; os problemas que confrontaram quem fez as fotos; e os que me confrontam enquanto tento escrever sobre ela: a pergunta Quem são vocês, que vão ler estas palavras e examinar estas fotografias, e por que motivo, por que acaso, e para que propósito, e com que direito vocês se qualificam para tanto, e o que vão fazer a respeito?; e a pergunta Por que fazemos este livro, e o soltamos no mundo, e com que direito, e para que propósito, e com que bom fim em mente, se algum?; toda a memória do sul em seu desfile de 9 mil quilômetros e no florescente contorno das fachadas das cidades, e dos olhos nas ruas das vilas, e dos hotéis, e do trêmulo calor, e da ampla abertura selvática da terra trágica, ostentando as frágeis flores cativas das faces de seu jardim; a flama fugaz e a flor e o fenecer da safra humana que gera; as virulentas, insolentes, enganosas, lamentosas, infinitesimais e frenéticas correria e procura, por sobre esse colossal mapa camponês, de duas furiosas, fúteis e infindas, falhas e barrocas inteligências juvenis a serviço de uma fúria e de um amor e de uma verdade indiscernível, e na assustadora vaidade de sua pretensa pureza; o sustento, agora ainda, e o movimento adiante, erguido quando se ergueu este dia como os navios em uma onda, sobre os quais, em poucas horas, a noite vai mais uma vez se pôr de pé em suas estrelas e, eles, declinar pela luz das lâmpadas e ser estátuas que sonham, daqueles, cada um deles, cujas vidas conhecíamos e a quem amamos e cujo bem queremos, e de cujas vidas sabemos pouco há já algum tempo, a não ser que de forma algo constante, com não muita mudança possível para melhor ou muito pior, mudos, inocentes, desamparados e incorporados ao enxame miúdo e inestimável e ao rio de pólen e ao correr de existências isoladas, irreparáveis e irrepetíveis, são conduzidos docemente, de forma algo constante, algo desprovida de misericórdia, cada um para um pouco mais longe, na direção do banho e do bramido, da roupa de domingo e do vestido mais bonito, da caixa de pinho, e da sala fechada de barro cujo teto fragilmente decorado, até que a chuva o tenha levado arrasado ao oblívio, ostenta a forma de uma cicatriz ritual e de um barco emborcado: curiosos, obscenos, aterradores, além de qualquer busca por sonhos irrespondíveis, os problemas que densos se levantam como luz de toda a matéria, trivialidade, acaso, intenção e registro no corpo, do ser, da verdade, da consciência, da esperança, do ódio, da beleza, da indignação, da culpa, da traição, da inocência, do perdão, da vingança, da guarda, de indenomináveis fado, dilema, destino e Deus.

* * *

É portanto com certo medo que meramente abordo essas questões, e muito desorientado. E se tenho na mente dúvidas sobre como empreender essa comunicação, e há muitas, tenho de fazer que a menor delas seja se estou entediando vocês, ou demorando demais para começar, e muito atrapalhado. Se os entedio, paciência. Se me atrapalho, isso pode em parte indicar a dificuldade de meu tema, e a seriedade com que tento abarcar dele o quanto possa; mais seguramente, indicará minha juventude, minha falta de domínio de minha pretensa arte ou habilidade, minha falta, talvez, de talento. Essas questões devem também se revelar como queiram. Surjam como surgirem, não podem ser mais que fiéis a suas condições, e eu não desejaria ocultar tais condições mesmo que pudesse, pois pretendo falar com o cuidado e a aproximação da verdade que possa alcançar. Não há dúvida de que hei de eu mesmo me preocupar com estar demorando demais para começar, e hei de me seriamente incomodar com minha incapacidade de criar uma forma orgânica, reciprocamente sustentadora e dependente e, por assim dizer, musical: mas devo lembrar a mim mesmo que comecei pela primeira palavra que escrevi, e que os centros de meu tema são esquivos; e, ainda, que não sou melhor "artista" do que consigo ser, nessas circunstâncias, talvez em quaisquer outras; e que isso, também, encontrará sua medida nos fatos como fatos, e contribuirá com sua própria medida, seja ela qual for, ao padrão geral do esforço e da verdade.

Posso dizer, resumida mas enfaticamente, não como uma desculpa pessoal, coisa de que desejo me desarmar e me libertar completamente, mas em nome de uma definição clara, uma indicação de limites, que sou apenas um ser humano. As obras que respeito mais profundamente têm em torno de si uma firme qualidade do sobre-humano, em parte porque se negam a definir-se e limitar-se e escorar-se como em muletas, ou a se admitir humanas. Mas para uma pessoa com minhas incertezas, empreendendo uma tal tarefa, esse plano e esse modo não são atingíveis, e só poderiam falsear o que com esse tipo de empenho pode ao menos se aproximar menos desesperançosamente da clareza, e da verdade."

"Pois no mundo imediato, tudo se deve discernir, para aquele capaz de discernir, e de forma central e simples, sem que seja dissecado em ciência ou digerido em arte, mas com o todo da consciência, que busque percebê-lo como se apresenta: de forma que o aspecto de uma rua à luz do sol possa rugir em seu próprio coração como uma sinfonia, talvez como sinfonia nenhuma possa: e toda a consciência se desloque do imaginado, do revisivo, para o esforço de perceber de forma simples a cruel resplandecência do que é.

É por isso que a câmera me parece, junto da consciência desassistida e desarmada, o instrumento central de nosso tempo; e é por isso que, por outro lado, sinto tamanha fúria diante de seu emprego equivocado: que espalhou uma corrupção do olhar quase tão próxima do universal que sei de menos de uma dúzia de pessoas vivas em cujos olhos posso confiar até mesmo na mesma parca medida em que confio nos meus."

"Se tivesse me explicado com clareza vocês agora perceberiam que através dessa visão não 'artística', desse esforço de suspender ou destruir a imaginação, abre-se diante da consciência, e dentro dela, um luminoso, vasto universo, incalculavelmente rico e maravilhoso em cada detalhe, tão relaxado e natural para o nadador humano, e tão cheio de glória, quanto sua respiração: e que é possível capturar e comunicar esse universo não tão bem com qualquer forma de arte quanto através de termos abertos como os que tento empregar.

Em um romance, uma casa ou uma pessoa têm seu sentido, sua existência, integralmente graças ao escritor. Aqui, uma casa ou uma pessoa têm apenas o mais limitado de seus sentidos graças a mim: seu verdadeiro sentido é muito mais grandioso. É o fato de que *existem*, como seres verdadeiros, como vocês existem, como existo eu, e como nenhum personagem da imaginação pode jamais existir. Seu grande peso, mistério e dignidade estão nesse fato. Quanto a mim, posso dele contar só o que vi, com apenas a precisão que em meus termos alcanço: e isso por sua vez tem sua maior estatura não em qualquer minha capacidade, mas no fato de que existo também, não como obra de ficção, mas como ser humano. Por causa desse peso imensurável na existência real, e por causa do meu, cada palavra que narro a respeito dele tem inevitavelmente uma espécie de imediatismo, uma espécie de significado, de maneira alguma necessariamente superior ao da imaginação, mas de um tipo tão diferente que uma obra da imaginação (por maior a intensidade com que se baseie na 'vida') quando muito pode vagamente imitar sua menor parte."

* * *

"A comunicação não é assim tão simples por nenhum meio. Agora me parece que a elaboração de técnicas apropriadas para ela em primeiro lugar, e capazes de planta-lá limpa nos outros, em segundo, seria questão de anos, e provavelmente tentarei nada ou pouco dela, e ainda assim muito torturada e diluída, neste momento. Percebo que, mesmo com tanto envolvimento com as explicações, corro séria e talvez irrecuperavelmente o risco de tornar obscuro aquilo a que na melhor das circunstâncias já seria difícil dar clareza e intensidade adequadas; e o que me parece o mais importante de tudo: ou seja, que aqueles sobre quem escreverei são seres humanos, vivendo neste mundo, inocentes quanto às convoluções que, como estas, ocorrem agora por sobre suas cabeças; e que eles acolheram, foram investigados, espionados, reverenciados e amados por outros seres humanos algo monstruosamente estranhos a eles, a serviço de ainda outros, ainda mais estranhos; e que agora estão sendo examinados por ainda outros, que apanharam suas vidas casualmente, como se fossem um livro, e que foram levados a essa leitura por diversos reflexos possíveis de empatia, curiosidade, ócio, *et cetera*, e quase certamente sem estarem cônscios, ou conscientes, de forma minimamente adequada à enormidade do que estão fazendo.

Se conseguisse fazê-lo, eu nada escreveria aqui. Seriam fotos; o resto seriam fragmentos de tecido, um pouco de algodão, torrões de terra, registros de fala, peças de ferro e madeira, frascos de odores, pratos de comida e de excremento. Os livreiros a considerariam uma bela novidade; os críticos murmurariam, sim, mas não é arte; e eu poderia contar que uma boa parte de vocês daria a ela o uso que dão a um jogo de salão.

Um pedaço do corpo arrancado pela raiz talvez fosse mais adequado.

Sendo, no entanto, as coisas como são, farei por escrito o pouco que alcance fazer. Só que será muito pouco. Não sou capaz de fazê-lo; e se fosse você sequer me aproximaria. Pois se o fizesse, você mal suportaria viver.

A bem da verdade, nada que eu venha a escrever poderia fazer qualquer diferença, por menor que fosse. Na melhor das hipóteses, seria apenas um 'livro'. Se fosse perigoso de forma segura, seria 'científico' ou 'político' ou 'revolucionário'. Se fosse realmente perigoso seria 'literatura' ou 'religião' ou 'misticismo' ou 'arte', e com um ou outro desses nomes poderia com o tempo chegar à castração que é a aceitação. Se fosse perigoso a ponto de ter qualquer vaga serventia para a raça humana, seria 'frívolo' ou 'patológico', e com isso se acabaria. Homens mais sábios e mais competentes do que jamais serei colocaram diante de vocês suas descobertas, descobertas tão ricas e tão plenas de raiva, serenidade, assassinato, cura, verdade e amor que parece incrível o mundo não ter sido destruído e realizado no mesmo instante, mas vocês são numerosos demais para eles: os fracos de coragem são fortes em astúcia: e um a um vocês absorveram e capturaram e desonraram, e destilaram de seus mensageiros o mais destruidor de todos os seus venenos; as pessoas ouvem Beethoven em salas de concerto, ou durante uma partida de bridge, ou para relaxar; penduram-se Cézannes nas paredes, reproduzidos, em molduras de madeira natural; Van Gogh é o homem que cortou fora a orelha e cujos amarelos recentemente se popularizaram na decoração de janelas; Swift amava indivíduos mas odiava a raça humana; Kafka é uma moda; Blake é a Modern Library; Freud é um Modern Library Giant;* a *Fronteira* de Dovschenko é destratada pelos que exigem que ela caiba na estética de Eisenstein; *ninguém* mais lê Joyce; Céline é um louco que provocou a vigorosa desaprovação de Alfred Kazin, resenhista da seção de livros do *New York Herald Tribune* e, além disso, é fascista; espero não precisar mencionar Jesus Cristo, que vocês conseguiram transformar em um gentio sujo.

Seja como for, este é um livro sobre 'meeiros', e é escrito para todos aqueles que têm no coração um fraco pelo riso e pelas lágrimas inerentes à pobreza vista de longe, e especialmente para aqueles que podem pagar o preço de capa; na esperança de que o leitor seja edificado, e possa se sentir bondosamente inclinado a quaisquer esforços liberais muito bem planejados, com o objetivo de retificar a situação desagradável lá do sul, e que venha a apreciar um pouco melhor e mais culpado a próxima boa refeição que fizer; e na esperança, também, de que venha a recomendar este livrinho a amigos realmente simpáticos, para que nossos editores possam pelo menos cobrir seu investimento, e esse é só o mais vago dos talvezes) que algum pensamento bondoso possa se virar para nós, e que um pouco de seu dinheiro caiba aos coitadinhos de nós."

---

* A Modern Library é uma coleção que, desde 1917, lança clássicos em volumes de capa dura. Alguns deles, por seu tamanho ou sua importância, são os volumes Giant, gigantes. (N. T.)

* * *

"Acima de tudo: pelo amor de Deus não pense nisto aqui como Arte.

Todas as fúrias deste planeta foram com o tempo absorvidas, como arte, ou como religião, ou como uma ou outra forma de autoridade. O golpe mais mortal que o inimigo da alma humana pode aplicar é honrar a fúria. Swift, Blake, Beethoven, Cristo, Joyce, Kafka, deem-me o nome de algum deles que não tenha sido emasculado. A aceitação oficial é o único sintoma inconfundível de que a salvação foi novamente massacrada, e é o sinal mais certo de uma incompreensão fatal, e é o beijo de Judas.

Na realidade, deveria ser possível esperar que isso fosse reconhecido como tal, e como um perigo mortal e inevitavelmente recorrente. É fato científico. É doença. É evitável. Que se tente um começo. E depois exercite sua percepção disso tudo em uma obra que tenha mais a lhe dizer que a minha. Veja o quanto Beethoven é respeitável; e com que direito uma parede qualquer de um museu, uma galeria ou uma casa presume poder vestir um Cézanne; e por que imbecilidade Blake, ou uma obra inclusive com as intenções da minha, seria publicado ou vendido. Eu vou lhes propor um teste. É injusto. É não verdadeiro. Vicia todos os dados. Não se alinha com o que pretendia o compositor. Tudo, tanto melhor.

Pegue um rádio ou um fonógrafo capaz do volume mais alto possível, e sente para ouvir uma execução da *Sétima sinfonia* de Beethoven ou da *Sinfonia em dó maior* de Schubert.* Mas não estou falando de só sentar e ouvir. Estou falando disto: ligue no maior volume que conseguir. Então deite no chão e grude a orelha o mais que puder no alto-falante e fique ali, respirando com a maior leveza possível, e sem se mover, e também sem comer ou fumar ou beber. Concentre tudo que puder em sua audição e em seu corpo. Você não vai ouvir de forma agradável. Se doer, fique feliz. Na maior proximidade que conseguir, você está dentro da música; não só dentro dela, você é a música; seu corpo não é mais sua forma e substância, é a forma e a substância da música.

O que você está ouvindo é bonito? ou lindo? ou legal? ou aceitável na sociedade polida, ou qualquer outra sociedade? É, além de qualquer estimati-

---

* Também conhecida como *Oitava* ou *Nona sinfonia*, sendo esta última denominação bem mais comum. (N. T.)

va, selvagem e perigoso e mortal para todo o equilíbrio da vida humana, como é a vida humana; e nada pode se igualar ao estupro que pratica contra toda aquela morte; nada que não tudo, tudo da existência ou dos sonhos, percebido em qualquer ponto que aponte ainda que vagamente para sua verdadeira dimensão."

"Beethoven disse algo tão ríspido e nobre quanto o melhor de sua obra. Em minha memória, ele disse: 'Aquele que compreender minha música jamais poderá voltar a conhecer a infelicidade'. Acredito nisso. E eu seria um mentiroso e um covarde e me veria no mundo seguro de vocês se temesse dizer as mesmas palavras sobre minha melhor percepção, e minha melhor intenção.

A execução, onde repousam todo o fado e todo o terror, é uma outra questão."

A casa agora havia se aquietado.

No Alabama inteiro as luzes se apagaram.

(Na varanda: 1

A casa e tudo que nela havia descera agora fundo além da espiral gradativa por onde afundara; formal, restava sob a ordem de todo o silêncio. No cômodo quadrado de pinho nos fundos os corpos do homem de trinta e de sua esposa e seus filhos se estendiam em colchões rasos e em suas camas de ferro e no chão rígido, e estavam dormindo, e o cachorro dormia estendido no corredor. Quase todos os humanos, quase todos os animais e aves que vivem no abrigo da esfera da influência humana, e uma grande parte de todas as ramificadas tribos dos seres vivos da terra e do ar e da água sobre uma metade do mundo estavam atordoados pelo sono. A região da terra em que estávamos naquele momento passageiro estava havia algumas horas tomada pelo fascínio da pedra, sombra firme do planeta, e agora adernava rumo à última profundeza; e agora por um bloqueio do sol claras revelam-se as descargas de luz que nos ensinam o pouco que possamos saber das estrelas e da verdadeira natureza de nossos entornos. Não mais havia nenhum som da acomodação ou dos estalos de qualquer parte da estrutura da casa; o pinho ósseo pendia dos cravos como um Cristo abandonado. Não mais havia nenhum ruído de afundamento e acomodação, como doces naufrágios, barcos mortais, dos corpos e cérebros dessa família humana que cruzava os estágios finais da fadiga indomada ou os primeiros estágios do sono; nem havia mais a noção de nenhum desses sons, nem havia, nem mesmo, o som ou a noção do alento. Osso com osso, sangue com sangue, vida com vida fraturados e abandonados eles se estendiam entalhados em uma profundeza tão final, que parecia implausível que sonhos os aguardassem. Peixes estacavam no meio e sereno da cega água do mar dormindo apálpebros lentificados; seu alento, sua adormecida subsistência, o acalanto inane de plantas ignorantes; totalmente silenciados, adormecidos, planetas delicados, insetos, preciosos em âmbar, encravados na noite, outono da ação, curto inverno da dor, poço, poça em que se juntam fracas as bestas do campo; noite; noite: sono; sono.

Em seu reino prodigioso, seu campo, de início tímidos, menos receosos, mais tarde, bruscos, todos agora corajosa e calmamente, como o prurido e o erguer-se das plantas, folhas, plantações da terra para a anual aproximação do sol, os ruídos e naturezas do escuro haviam com os gestos cerimoniosos da música e erosão soerguido os milhares de formas diversas de seu enlevo, e haviam tão ressoantemente tomado o mundo que este doméstico, este humano silêncio ocorria, prevalecia, apenas local, rasamente, e com a infantil e frugal dignidade de um lampião de querosene deposto em amplas campinas noturnas e de uma estrela suspensa, desvelando em um suspiro fluvial sua irremediável vitalidade, no estranho tamanho, alheio, do espaço.

Onde sob os fantasmas da chuva milenar a terra, argila, estendia-se em ravina e as árvores se aglomeravam lá dispostas sob o céu a nuvem e a sombra negra da natureza, hostil acampamento cujas fogueiras se afogaram, aproximadas, mantidas em sono, próximas, hilotas; e era crível que ora em poucas horas, ao sinal das mudanças primárias do ar, a onda que verão e escuridão tinham já tão pesadamente cavalgado e que se dobrava sobre nós, rilhando seus ramos de línguas bífidas, árvores de Birnam,* casualmente se acomodasse e para sempre e repentinamente nos rendesse: no máximo, algum obscuro ato de guerrilha, alguém à espreita, isolado de seu regimento, apanhado em algum pomar interiorano, alguma prostituta tresmalhada de um acantonamento tomada, possuída; pelo céu:

---

* Birnam era a floresta que, na profecia das Três Irmãs em *Macbeth*, de William Shakespeare, caminharia até a fortaleza de Dunsinane antes que Macbeth se visse derrotado. Quando os soldados de MacDuff se camuflam com os ramos das árvores, um dos vigias diz a Macbeth que a floresta está se movendo. (N. T.)

O céu, mulher, arrancou-se de nós com toda sua força. Contra algum muro de aprisionamento vagamente concebível essa mulher se mantinha afastada de nós e nos observava: ampla, alta, leve com suas estrelas como leite por sobre nossa pesada escuridão; e como o arrepio e o vidro quebrado na boca da bica de pedra, água de fonte: pérfuros no céu grandioso seus fogos sidéreos.

E agora como que ao deslizar de um botão, o romper-se e os fracassos aéreos de um cabo de aranha, soltou-se do cômodo, abalado, um longo suspiro encerrado em silêncio. Em alguma borda debruçada sobre aquele golfo que é mais profundo que a reminiscência da imaginação eles se estendiam até ali no sono e com o tempo a areia, gradualmente amarrotada e esgarçada, partira-se debaixo deles, e afundaram. Não havia agora extremo mais distante, e afundavam não singulares, mas companheiros entre todo o encantado enxame dos vivos, em uma região que antecedia os mais jovens estremecimentos da criação.

(*Nós estávamos deitados na varanda da frente:*

Julho de 1936

Fim da manhã de domingo

Eles entraram no Coffee Shoppe* quando terminávamos o café da manhã, e Harmon apresentou o outro, cujo nome me escapa, mas soava francês. Era de estatura média e escuro, começando a ficar encanecido, com um corpo do tipo que é cheio de nós, de nogueira, e o rosto entalhado a fundo, não inamistoso, de um macaco. Usava calças escuras, uma camisa branca sem colarinho recém-lavada e engomada, e um chapéu amarelo de palha mole, com uma faixa de tecido floral. Seus sapatos eram velhos, recém-engraxados, sem terem sido lustrados; seus suspensórios eram quase novos, azuis, com linhas douradas nas bordas. Era cortês, informal e até amigável, sem mostrar demais o elemento do desgaste: Harmon deixava que ele falasse e nos observava por detrás das lentes reflexivas do óculos. A gente da rua ralentava o passo ao passar e detinha os olhos sobre nós. Walker disse que tudo bem tirar fotos, não é?, e ele disse, É, está certo, bata tudo as chapa que você quiser; quer dizer, se você conseguir fazer os preto não correr quando virem a câmera. Quando eles viram a quantidade de equipamento guardado no porta-malas de nosso car-

---

* Um *coffee shop* seria um café. A grafia antiquada é mais ou menos uma convenção que, no entanto, mesmo nos anos 1930, não podia deixar de denotar certo ambiente suburbano, atrasado, em que tal convenção ainda pareceria original, divertida. (N. T.)

ro, mostraram sentir que estavam se aproveitando deles, mas nada disseram a respeito.

Harmon foi no carro com Walker, eu com o outro, subindo uma larga rua de barro frouxo até o nordeste da cidade no reluzentíssimo calor do sol do fim da manhã de domingo. O homem com quem eu fui não deixava morrer a conversa, em parte graças a uma nervosa polidez, em parte como que para evitar quaisquer perguntas que lhe pudesse fazer. Isso estava mais que bom para mim; quase todos os seus colonos eram negros e não me serviam, e eu precisava de uma folga do trabalho de fazer perguntas e decidi meramente me estabelecer como alguém mais tranquilo, informal e amigável do que ele era. Acabou ficando claro que eu não me enganara a respeito do som francês de seu nome; ancestrais seus haviam escapado de uma insurreição de negros no Haiti. Ele próprio, contudo, era totalmente local, um proprietário de terras bem de vida e enxerido com um pouco mais que a média da aparência do fazendeiro propriamente dito. Dirigia um sedan com-muitos-anos-de-vida, muito semelhante ao tipo de carro que um operário de fábrica nas cidades do norte dirigiria, e apontava para mim o quanto era fraco o algodão nas terras deste homem, que achava que podia passar com uma marca ruim de adubo, e como estava bom neste canto e naquele morro alto, que de alguma maneira pegava toda e qualquer chuva que atravessasse essa parte do país, embora isso não fosse vantagem para o algodão em um ano chuvoso e nem mesmo em um médio; era bom em um ano de seca feito este, por outro lado; o algodão que lhe pertencia, tirando uma faixa mais no fundo, ele ainda não sabia dizer mas ia ou ficar muito bom ou muito ruim; mas aqui a gente está no meio dele.

Menos de meio quilômetro atrás em um campo plano de algodão jorrava um capão de carvalho e sob sua sombra se erguia uma casa. Mais além, ao nos aproximarmos, a terra se afundava calmamente na direção de bosques que nela lançavam gavinhas, e aqui e ali a salmilhavam casebres de dois cômodos quase idênticos, talvez uma dúzia, alguns na sombra parcial de arbustos de cinamomos, outros nus ao sol, todos com a cor sob a luz e a aparência frágil de ninhos de vespas. Esta casa mais próxima, de quatro cômodos, de que nos aproximávamos, era a do capataz. Estacionamos à sombra do carvalho enquanto as portas da casa foram ficando apinhadas. Eram negros. Walker e Harmon encostaram atrás de nós. Um grande anel de ferro pendia de uma corrente de um ramo baixo de um carvalho. Uma pesada faixa de ferro se apoiava na base da árvore. Negros surgiram às portas das duas casas de colonos mais próximas. Vindos da terceira casa a contar daqui, dois deles se aproximavam. Um usava um macacão limpo; o outro, calças pretas, camisa branca e um colete preto desabotoado.

Aqui na casa do capataz causáramos uma interrupção que me enchia de lástima: parentes estavam aqui, de longe, gente sóbria de meia-idade com roupas de domingo, e três ou quatro crianças, visitas, e percebi que estavam tranquilamente se divertindo, os homens fora, do outro lado da casa, as mulheres começando a jantar, como agora, com nossa chegada, não mais podiam. O capataz foi muito cortês, os outros homens eram evasivos, os olhos das mulheres, calma e abertamente hostis; o senhorio e o capataz conversavam. Os convidados masculinos do capataz pairavam calma e respeitosamente em silêncio nas franjas da conversa até terem certeza do que podiam efetivamente fazer, então se retiravam para o outro lado da casa, observando com cuidado para captar o olhar do senhorio, caso olhasse para eles, de modo que pudessem acenar, sorrir e tocar a testa, como de fato faziam, antes de desaparecer. Os dois homens da terceira casa surgiram; logo vieram três mais, um homem de quarenta e um par de meninos-rapazes de crânios estreitos. Todos se aproximaram suave e estranhamente até estarem sob a sombra do capão e então mantiveram suas posições como que flutuando, olhos vagando sobre nós de canto e para o chão e na distância, falando entre si muito pouco, com vozes abrandadas: era como se estivessem sujeitos a alguma espécie de obrigação magnética de se aproximar até exatamente este ponto e ficar à vista. O senhorio começou a lhes perguntar através do capataz, Como é que vai Fulano-de-tal, tudo em ordem? Ele deu aquela varrida a mais que eu te pedi? — e o capataz respondia, Sim, sinhor, sim, sinhor, ele feiz o que o sinhor disse pra fazê, ele tá ino direitinho; e Fulano-de-tal se remexia em seu lugar e sorria embaraçado enquanto, embaraçado, um de seus companheiros ria e os outros mantinham o rosto na segurança oca da surdez. E você, anda fazendo muito potrinho, seu velho tarado? — e o negro enrugado, velho, de bigode quase cinza que surgiu deitou a cabeça de lado com cara de maroto e mostrou o que restava de seus dentes, e piou, rindo tímido, Ah seu Fulano, o sôr sabe queu sô tranquilo, home casado, sabe não — e o negro bruto de quarenta rachou o rosto em um sorriso vilão e disse, Ele é *véi* dimais, seu Fulano, ele não dá mais no coro; e todos riram, e o senhorio disse, Esses dois aí são teus potro não são? — e o velho disse que eram e o senhorio disse, Deve ter achado *esses aí* no mato, uns negão viçoso desse; e o velho disse, Não, sinhor, ele teve os dois no santo casamento, seu Fulano, e o senhorio disse que o mais véi já parece que tá no ponto, e os negros riram e os dois meninos retorceram seus lindos crânios carecas como cabaças em um uníssono de timidez e seus rostos se iluminaram com sorrisos virginais de vergonha, deleite e medo; e enquanto isso o senhorio tinha soltado os dois botões de cima de suas calças e agora meteu nelas a mão até o meio do antebraço e, agachando-se com os joelhos separados, agarrou, coçou e arrumou os genitais.

Mas agora havia três outros em torno que tinham sido chamados por uma criança correndo; eram homens jovens, apenas vinte a trinta anos, mas muito velhos e sedados; e a pele deles era do mais fuliginosos dos pretos, que luz nenhuma faz brilhar e com a qual vêm dentes azuis e globo ocular dourado. Usavam calças passadas a ferro, sapatos lavados, camisas brancas reluzentemente engomadas, gravatas brilhantes, e carregavam chapéus de palha brancos recém-alvejados nas mãos, e em seus corações estavam espetadas as fitas roxas e douradas de uma sociedade religiosa e funerária. Haviam sido chamados para cantar para Walker e para mim, para nos mostrar como é a música dos pretos (conquanto tivéssemos feito tudo que sentíamos ser capazes de fazer para poupar a eles e a nós dessa convocação), e restavam pacientes em um rijo friso à sombra do carvalho, chapéus e camisas emitindo luz, e esperavam ser percebidos e liberados, pois estavam a caminho da igreja quando a criança os interceptou: e agora que foram vistos e que foi dada a ordem eles deram alguns passos adiante, sem sorrir, e pararam em linha rija, e, depois de uma restrita troca de olhares entre si, o mais velho batendo a terra limpa com o sapato, cantaram. Foi como eu esperava, não no estilo delicado e eufônico do Fisk Quartette,* mas no estilo que eu ouvira nos discos dos Mitchell's Christian Singers,** tortuoso, torturado, pedregoso, acentuado como que a

---

* Grupo vocal formado em 1870 por estudantes negros da Universidade Fisk a fim de levantar verbas para a instituição, o Fisk Jubilee Singers, por mais de um século, foi grande referência para a divulgação da música negra, especialmente dos *spirituals* religiosos, nos Estados Unidos. São especialmente famosos pela canção "Swing low, sweet chariot". (N. T.)
** Quarteto vocal formado em 1930, reconhecido pelo estilo lamentoso e sincopado. (N. T.)

martelos e cinzéis, pleno de uma vitalidade quase paralisante e de iteração rítmica, com harmonias que constantemente cindem os nervos; de modo que na música ocidental a maior semelhança com sua austeridade está nos primeiros dois séculos da polifonia. Mas aqui era integralmente instintivo; a música se arrancava como que em uma dança de plantas aceleradas dos corpos de três rapazes que estavam enterrados até a garganta na terra, e cujos olhos nem se fechavam nem olhavam para coisa alguma; o jovem tenor que uivava, o barítono, estrídulo nos extremos de seu registro, garganta cerrada como um punho, e o baixo, girando as engrenagens férreas de seu maquinário, mão fechando e relaxando na medida em que se enrijecia e se soltava contra a tensão de suas elipses: e abruptamente se calaram; totalmente pétreos; enquanto o senhorio sorria frio. Nada havia a dizer. Olhei-os nos olhos com pleno e aberto respeito e disse, Muito bom. Vocês têm tempo para cantar outra para nós? Suas cabeças e seus olhares se reuniram em um centro comum, e se restauraram, e eles nos cantaram mais uma, dessa vez uma lenta; tive a sensação, por seu silêncio ao abordá-la, de que era sua favorita e seu orgulho particular; o tenor alçou sozinho a voz em uma longa linha plangente que pendia como ferro dos céus, ou o eco de um apito, afundando, funda, ao longo de descidas modais que eu jamais ouvira antes, e se findou junto dos braços e do peito do baixo como poderia fazer um corpo afundado de uma cruz; e o barítono alçou uma longa linha negra de comentário; e correram em um movimento longo e lento e em uma convolução de rolagens como se no fundo de um mar tempestuoso, voz encontrando voz como barcos em um sonho, retiravam-se, novamente se encontravam, consideravelmente entretecidas, digressões e retornos do tempo, algo desprovidas de melodia, o baixo, vezes sem fim, aproximando-se, deixando-se cair, do mesmo declive, o barítono assumindo, como que um metacentro, murmurando por pedais entre maior e menor, e sem qualquer tom determinável, o tenor lançando-se ao alto como um corno, um cabo, o voo de um pássaro, quase em plena declamação, e então, com seu fracasso, silenciando; por fim crescendo, os outros alçando-se, agora, sozinhos, sós, e em grande medida, interrogando, sós e insustentados, em meio ao espaço, pararam; e agora retomavam, afundados sobre o fundo do baixo, cabeças inclinadas; ambos em surdina, emudecidos; o barítono faz seu comentário, irresolvido, que é uma pergunta, tudo numa única nota: e se calam, e não olham para nós, nem para nada.

O senhorio objetou que era muito grito e muita religião de enfiada e que tal alguma coisa com alguma vida, eles sabiam o que ele queria dizer, e aí eles podiam ir embora.

Eles sabiam o que ele queria dizer, mas lhes era muito difícil dá-lo agora. Enregelaram-se em seus corpos e hesitaram, vários segundos, e olharam uns para os outros com olhos atordoados de preocupação; e então o baixo acenou com a cabeça, com o abrupto de um golpe, e com rostos vácuos atacaram uma melodia veloz, assanhada, pélvica, cuja letra se entupia quase além dos limites da tradução de cômicas metáforas sexuais; uma canção com refrão, que corria como uma roda veloz, com dísticos improvisados, que adiantavam a narrativa; eles a cantaram por quatro das provavelmente três dúzias de estrofes que conheciam e então cravaram-lhe dentes duros, duramente, e pela primeira vez relaxaram e saíram do alinhamento, como se soubessem que, com esta, haviam ganhado o direito de partir.

Enquanto isso e durante todo o canto me enojava saber que eles sentiam estar aqui ao nosso dispor, meu e de Walker, e que eu nada podia comunicar de diverso; e agora, em uma perversão de autotortura, eu representei até o fim meu papel. Dei ao líder cinquenta centavos, tentando ao mesmo tempo, com os olhos, comunicar muito mais coisas, e disse que lamentava que os tivéssemos detido e que esperava que não se atrasassem; e ele me agradeceu com uma voz morta, sem me olhar nos olhos, e foram embora, pondo os chapéus brancos na cabeça enquanto caminhavam para a luz do sol.

Na encruzilhada

Em uma estrada entre as sombras volantes de bosques isolados perto do meio de uma tarde, jogados longe o bastante entre cidades para perdermos a intuição de nosso equilíbrio entre elas, chegamos a uma encruzilhada em que o sol se abria um pouco mais largo, mas não sobre terra cultivada, e paramos por um minuto para decidir.

Marion estaria alguns quilômetros à frente, na estrada a nossa esquerda; alguma outra capital de condado, muito provavelmente Centerville, adiante, na estrada a nossa direita; mas em qual das estradas os bosques podiam ceder espaço a qualquer extensão de terra lavrada não havia como deduzir: pois estávamos em algum ponto próximo do meio de uma das mais amplas lacunas no mapa da estrada, e nada víamos que não bosques, e infrequentes casebres de agricultores já havia algum tempo.

Bem pouco atrás de nós a nossa esquerda e perto da estrada ficava uma casa, a primeira por que passávamos em muitos quilômetros, e decidimos pedir orientação às pessoas na varanda, que, no espelho do carro, eu podia ver que ainda nos observavam. Voltamos lentamente, parando o carro um pouco antes de chegar à casa, e desci lentamente e voltei a pé até onde estavam, observando-os tranquila e cuidadosamente, e preparando meus modos e minhas palavras pela ducentésima vez.

* * *

Eram três na varanda, me examinando, e não devem ter falado duas vezes durante a hora em que ficaram observando além da estrada raramente percorrida as mudanças da luz do dia ao longo dos recônditos dos bosques e enquanto, no curto campo que se afundava por trás de sua casa, suas duas plantações morriam silentes ao sol: um rapaz, uma moça e um homem mais velho; e os dois mais jovens, queixos recolhidos e cabeças altas contra a textura da parede da casa, observavam-me firmes e severos como se por sob a viseira de elmos, com o candor dos jovens guerreiros ou das crianças.

Eram de uma espécie que não se pode descrever com segurança em um relato que se pretende desprovido de imaginação ou confiável, pois tinham uma beleza demasiada e demasiado estrangeira para não ser lendários. Como, contudo, existiam totalmente sem relação com o mito, será necessário dizer um pouco sobre eles.

Os olhos do rapaz tinham as centelhas opalinas do óleo escuro e, embora me estivessem observando de uma maneira que me relaxava em uma fria fraqueza de ignobilidade, alimentavam-se internamente com um rigor tão grande que impedia seu foco: enquanto que os da moça tinham cada um o esplendor de um ostensório, e eram brônzeos. Seu corpo era também bronze ou ouro amargo, estentoreamente forte por sob o vestido de algodão barreado que não alvejara, e seus braços e pernas nuas eram cortantes com sua penugem metálica. O cabelo puxado para trás grudava sua pele no crânio como em uma máscara atada; tinha traços bálticos. O rosto do rapaz tinha a sombra profunda de uma barba curta e macia, e brilhava de morte. Tinha as narinas e os lábios desdenhosamente ornados de um exótico egeu. O fino corpo de madeira era malposto e adoentado mesmo enquanto sentado por ser visto, e as mãos ósseas riscadas de veias; elas se ergueram, depois se afundaram, e repousaram, palmas para cima, em sua virilha. Havia nos olhos deles uma espécie tão calma e tão final de ódio, e desprezo, e fúria, na direção de toda criatura existente que não eles, e na direção dos danos que sofreram, que reluzia quase chegando a um estado de beatitude; e isso também não se modificou em momento algum.

Esses dois estavam sentados como que formalmente, ou como esculpidos, um de madeira e a outra, metal, ou como entronados, separados cerca de um metro em cadeiras retas reclinadas contra a parede, e constantemente me observavam, ininterruptamente comunicando-se de forma plena um com o outro por sinal nenhum externo de palavra ou relance ou movimento, mas por emanação.

O outro homem poderia ter cinquenta por sua aparência, e contudo, graças a um tipo singular de delicadeza em suas mãos, e cabelos, e pele — eram quase pueris —, tive certeza de que era ainda jovem, mal saído dos vinte anos, embora por outro lado o rosto fosse cerzido e curto como um feto. Este homem, pequeno e robusto, e errante em seus movimentos como uma criança pequena, tinha a barba espinhenta de um bolchevique de cartuns, mas sugeria mais um profeta desesperadamente alucinado e choroso, um D. H. Lawrence que enfermeiros tivessem acabado de conseguir meter na camisa de força. Um chapéu de feltro em frangalhos rajado de cabelos de grama estava enfiado achatado sobre seus olhos furiosos e escorridos, e debaixo de sua aba canalha como que de uma emboscada ele me secava com olhos estanhados enquanto, cerrando-se contra a parede, afundava por ela trêmula e lentamente até uma posição agachada, e dali me observava.

Nenhum deles me liberou por um segundo de seus olhos; no cruzamento daqueles três tons de força eu estava transfixado como entre azagaias enquanto falava. Na medida em que perguntava o que queria perguntar, contava meus objetivos e o que buscava, pareceu-me que relaxaram um pouco comigo, e com o tempo, consideravelmente mais, quase como que com confiança e afeição; e no entanto mesmo em seu ponto mais alto isso se manteve tão suspenso, tão condicional, que em qualquer sentido que não o mais esperançoso e racionalizado eu era inexistente. As qualidades de seus olhos em nada se alteraram, nem o que neles houvesse de visível ou audível, e sua fala era como se eu fosse quase certamente um espião enviado para traí-los através da confiança, em quem mostrariam não ter depositado confiança nem medo.

Eram beneficiários da Reabilitação. Receberam um bezerro doente para usar com o arado; a terra era uma clareira no bosque, mas tinha o mesmo tempo de uso que a casa (cuja madeira era esfiapada e leve como a medula de uma planta); não haviam recebido sementes nem adubo até o fim de maio. Nada que houvessem plantado se erguia mais que alguns centímetros, e tudo agora murchava mais rápido do que crescera. Tinham agora dívidas com o governo, de sementes e adubo, terra, implementos, casa, e provavelmente logo também o bezerro, que estava agora tão fraco que mal ficava de pé. Eles de saída relataram a fraqueza e a juventude do bezerro, a esterilidade quase total do sol, e a progressiva retenção de sementes e adubo; e isso tivera muitíssimo a ver com a razão de as sementes lhes terem sido entregues tão tarde, e isso lhes havia sido dito claramente.

O homem mais velho surgiu repentinamente atrás de mim, esbarrando em meu cotovelo com seu peito côncavo e dizendo, ferozmente, *óunc, óunc,* enquanto me encarava fixamente com olhos enfurecidos e aterrorizados. Tão abruptamente apanhados no contrapé, meus reflexos ficaram tontos e eu me virei para ele interrogando "educadamente" com o rosto, como se ele quisesse dizer alguma coisa, e pudesse, que eu não houvesse ouvido direito. Ele de fato queria urgentemente dizer alguma coisa, mas tudo que saía era esse troar de *óunc, óunc* e uma espessa turbulência de saliva que pendia como sêmen de sua barba. Acenei com a cabeça, sorrindo para ele, e ele riu, amarela e gratamente, com uma expressão de extrema perversidade e puxou forte minha manga, balançando violentamente a cabeça ao ritmo de sua voz e troando e retroando sua intensa vociferação de sapo. A mulher falou com ele, dura mas não maldosa (os olhos do rapaz se mantiveram serenos), como se ele fosse um cão que se masturbava em um visitante, e ele se recolheu contra uma coluna da varanda e junto a ela se deixou cair até o chão, com as pontas dos joelhos para cima e bem separadas e os dedos da mão esquerda enfiados o quanto podia em sua boca rilhante, enquanto detinha em mim os olhos brilhantes. Ela se levantou abruptamente sem falar e entrou e voltou com um pedaço de um pão pedregoso de milho, que deu a ele, e novamente ocupou seu lugar na cadeira. Ele pegou o pão com as duas mãos e enfiou o rosto nele como em um golpe de machado, agarrando-o com a mandíbula e lentamente ninando a cabeça como uma máquina pesada, enquanto ruídos roídos, passionais, corriam por sua garganta, e nós continuávamos falando, sendo que a moça falava mais que todos, corroborando e protegendo o rapaz, mas sempre respeitosa para com ele.

O rapaz tinha uma asma tão severa que as crises quase o matavam. Ele nunca podia dizer quando estaria minimamente bom para trabalhar, e não prestava para o trabalho nem mesmo em seus melhores momentos, era sua mulher quem trabalhava; e ele — o terceiro —, eles nem acenavam com a cabeça óu erguiam os olhos em sua direção; ele era apenas uma boca. Essas coisas foram ditas não com a voz da reclamação, mas sim com a da declaração, mudamente tensa com ódio pelo mundo e pelos vivos: e também não havia nenhum toque de orgulho, vergonha, ressentimento ou de qualquer discórdia entre eles.

Alguns negros de um pouco adiante, em uma estrada vicinal, deixavam que ficassem com um pouco de milho e umas ervilhas. Sem esses negros não havia como dizer o que estariam fazendo a essa altura. Só que os negros não tinham muito para si próprios em primeiro lugar e agora estavam ficando mais desprovidos; era o que tinha sobrado do ano anterior, e não muito milho novo, nem muitas ervilhas, estavam nascendo com a seca. Era...

O homem mais velho veio buzinar em meu cotovelo, estendendo uma revista de agricultura enrolada. Em meu esforço por lhe dar qualquer que fosse o tipo de atenção que mais o satisfizesse eu fui de novo imbecil; a mera ideia de que havia algo que ele queria que eu lesse; e olhei para ele como que perguntando por isso, e sem ainda apanhar o que me oferecia. A mulher, com uma voz que de alguma maneira, apesar de cheia de desprezo (ela implicava, Você é mais burro que ele), cedeu-me pela primeira vez sua amizade, e a de seu marido, de modo que dentro de mim eclodiu a felicidade como uma inundação de água doce, disse, Ele quer dar a revista para o senhor. Eu a apanhei e lhe agradeci muito, olhando e sorrindo para os olhos francos dele, e ele ficou a meu lado como uma criança, olhando-me carinhosamente enquanto falava com eles.

Eles me haviam dito que existiam fazendas mais à frente naquela estrada à direita, ao menos uma: todo o silêncio e a tranquilidade acumulados de um vale americano solitário e arcaico que era seu destino, cheio de pesados girassóis e de um algodão medíocre, onde as mulheres usavam toucas sem timidez diante de todos nós e todos com quem falávamos eram graciosos e melancólicos, e onde não encontramos o que buscávamos. Agora depois de um momento eu lhes agradeci ali na varanda e lhes disse adeus. Sequer tive a coragem de dizer, Tomara que as coisas melhorem, mas na verdade se bem me lembro eu disse, e, dizendo ou não, e incapaz de sequer lhes comunicar quais fossem meus sentimentos, andei o pouco que me separava do carro com os ombros e a nuca parecendo mais torrados do que se o sol estivesse sobre eles.

Quando dávamos a partida, olhei para trás e ergui a mão. O homem mais velho estava na terra, de quatro, tossindo como um gorila e olhando para a terra entre suas mãos. Nenhum dos outros dois ergueu a mão. O rapaz baixou a cabeça lenta e gravemente, e a ergueu. A moça sorriu, severa sob seus olhos virulentos, pela primeira vez. Quando tomamos o braço direito da encruzilhada, olhei novamente para trás. O rapaz, de novo olhando para a mata à frente, havia enfiado a mão sob o peito do macacão e arranhava a parte de baixo da barriga. A mulher, observando-nos com o olhar por sobre o ombro, caminhava para a porta. Exatamente quando olhei para trás, e se por ver que eu a via não posso saber ao certo, ela virou a cabeça para a frente e sumiu na casa.

Perto de uma igreja

Era igreja que bastasse e tanto, desde o momento em que a curva se abriu e nós a vimos, que reduzi um pouco a velocidade e mantivemos nela os olhos. Mas ao emparelharmos com ela a luz a sustève de tal forma que ela nos chocou com sua bondade atravessando nossos corpos, de modo que no mesmo instante dissemos *Jesus*. Pisei no freio e lentamente dei a ré no carro, olhando a luz sobre a construção, até estarmos no mesmo zênite, e ficamos sentados imóveis ao menos por alguns minutos antes de sairmos, examinando detidos o que nos tinha atingido com tanto poder enquanto lentamente atravessávamos sua perpendicular.

Ela nada perdeu em estase, mas ainda mais vigoroso meteu-se nos olhos adentro seu paralisante classicismo: sustida por barro brunido, ergue-se acima de nós uma luz, sem árvores por perto, e poucas plantas; cada textura, cada cabeça de prego, distintas; as sutis e quase estrangulantemente fortes assimetrias daquilo que pela mão foi forjado em simetria (como se fosse uma descrição franca mais que o objeto pretendido): tão intensamente projetada contra um equilíbrio tão parcamente excêntrico que minhas mãos por si próprias estenderam seus ossos, tentando arregimentar no ar entre suas forças suas tensões e suas estruturas mútuas no que se mantinham assujeitadas à tensão apenas parcamente excêntrica, quase aniquiladora, da luz serena, selvagem, rigorosa: vazia, cerrada, trancada, de tudo que agora se dela recolhia aos campos, declaração definitiva, máscara de Deus, e seu crânio de madeira e seu lar restavam vazios na meditação do sol: e essa luz sobre ela revigorava ainda mais sua imposição e seu abraço, e em cerca de um quarto de hora estaria pronta graças a seu treino, e haveria uma tripla convergência no agudo espasmo histórico da veneziana.

Ajudei a preparar a câmera e nos afastamos e observei o que seria capturado, possuído, fertilizado, nos deleites e na timidez que são uma fase de todo amor por um objeto qualquer: buscando e registrando em mim todas as suas linhas, planos, tensões de relação, ao longo de diagonais recolhidas e aproximadas, e na vertical até a porta levemente fora de prumo, e de flanco, e de diversas distâncias, e de perto, examinando meramente os jeitos da madeira, e os pregos, as três tábuas novas de comprimentos diferentes que foram introduzidas acima da esquerda da porta, o olho fixo da pequena maçaneta de cerâmica branca, as plataformas dos degraus alisadas pelas solas, a postura forjada de um grosso campanário, o aguilhão da madeira entalhada como um poste de cerca ao céu, o velho trinco e o novo cadeado, as janelas aleatoriamente envenezianadas cujos vidros eram como a superfície de uma fonte, a gorda mosca de ouro que cantava e se atrapalhava contra um vidro reluzente por dentro, e por dentro, rígidos, bancos, a caixa do órgão, registros brilhantes, mapas pendentes, hinários arruinados, a plataforma, púlpito em pinho coberto de linho, jarro de vidro prensado, luminária suspensa, quatro cadeiras funerais, o pequeno forno com longa garganta de cisne-alumínio na dura sombra sóbria, um botão no sol, um sopro, um fiapo, um cartão rasgado, Jesus entre as crianças:

Enquanto decidíamos se arrombávamos uma janela, um jovem casal negro passou pela estrada. Sem parecer olhar por mais ou menos tempo, ou com mais ou menos interesse, do que um branco pudesse desejar, e sem alterar o passo, fizeram completas observações de nós, do carro e do tripé com a câmera. Falamos e acenamos com a cabeça, sorrindo como que casualmente; eles falaram e acenaram com a cabeça, graves, no que passavam, e olharam uma vez para trás, sem disfarce, nem demora, ou diversão. Eles nos deixaram, apesar de nossa noção de nossos significados, envergonhados e inseguros em nosso desejo de entrar à força e possuir sua igreja, e depois de um ou dois minutos decidi ir atrás e falar com eles, e perguntar-lhes se sabiam onde podíamos encontrar um ministro ou alguma outra pessoa que pudesse nos abrir a porta, se não houvesse problema. Estavam cerca de cinquenta metros estrada acima, caminhando relaxadamente, e ao segui-los, observei aspectos deles que são vistos com mais dificuldade (como olhar direto para a luz mascara os objetos circunstantes) quando nossos próprios olhos e rosto e os olhos e rosto de um outro estão mutuamente visíveis e em avaliação. Eram jovens, de corpos sobriamente ligeiros, e fortes, o homem não exatamente magro, a moça não exatamente roliça, e eu lembrei seus rostos suaves e sóbrios, o dela, maciamente largo e sensível ao amor e ao prazer, e o dele, imaginativo e inteligente, sem intelecto e sem ardis, e a extrema dignidade deles, que neles era sem esforço, sem valor e sem defesa como a presunção de superioridade que banha um adolescente rico e sociável; e também me davam prazer a competência e o ritmo de sua caminhada ao sol, que era incapaz de ser menos que uma dança em surdina, e a beleza ensolarada de suas roupas, que neles eram estranhas no meio da semana. Ele usava calças escuras, sapatos sociais pretos, uma camisa branca recém-lavada com reflexos de anil, e um chapéu de palha mole, de um amarelo-claro, com uma fita larga de tecido florido escuro e uma margarida presa na fita; ela, de pernas reluzentes sem meias, sapatos de salto refrescantemente brancos, um vestido de algodão florido rosa, e um grande sol de palha bem erguido sobre a testa. O balanço de suas mãos se tocava suavemente com o caminhar, passo a passo, mas elas não se enlaçavam. Eu caminhava mais rápido que eles mas silencioso; antes de eu ter andado dez passos eles viraram a cabeça (um para o outro) e olharam para mim breve e impessoalmente, como cavalos no campo, e encararam de novo adiante; e isso, tenho quase certeza, não por terem ouvido meus sons, mas por um sentido mais sutil. Quando ergui minha mão, já tinham desviado o olhar, e não me viram, embora nada em seus olhares tenha tido a velocidade da abruptude ou da sub-repção. Eu caminhava agora um pouco mais veloz, mas os estava alcançando algo lentamente para minha paciência; a luz estaria certa a esta altura ou muito em breve; eu não tinha dúvidas de que Walker faria o que queria tivéssemos "permissão" ou não, mas queria estar por perto, e passei a um trote ligeiro. Com o som do giro de meu sapato no pedrisco, todo o corpo da moça se retesou recolhido firme agachado e dessa posição, imediatamente, com o pé de trás derrapando nas pedras soltas de modo que quase caiu, como uma vaca que chutada se esforça para escalar uma ravina, olhos ensandecidos, queixo estendido, ela saltou para a frente nos primeiros movimentos de uma corrida não humana, mas sim de um animal selvagem súbito aterrorizado. Nesse mesmo instante o rapaz congelou, os emblemas dos sentidos em seu rosto selvagem largamente abertos para mim, sua mão direita rígida na direção da moça que, depois de alguns passos, com a consciência retomando o controle sobre os reflexos, parou desajeitadamente e se deteve, não reta mas doente, como que pendente de um gancho pela espinha da volição por não cair de fraqueza, enquanto ele se apressava em sua direção e punha a mão em seu ombro florido e, inclinando a cabeça para a frente e de lado como que ouvindo, falava com ela, e eles se ergueram, e ficaram me olhando enquanto, balançando a cabeça, e erguendo a palma da mão à frente, eu ia até eles (sem trotar) e parava cerca de um metro antes de chegar aonde estavam, perto, agora sem se tocar, parava, e dizia, ainda balançando a cabeça (*Não; não; meu Deus, não, não, não!*) e olhando em seus olhos; para o homem, que não estava sabendo o que fazer, e para a moça, cujos olhos estavam cheios de lágrimas, e que tentava tanto controlar o tremor em seu alento, e cujo coração eu podia sentir, embora não ouvisse, troando como se fosse todo meu corpo, e tentando de alguma forma boba mantê-lo de alguma maneira relativamente leve, porque eu não podia suportar que recebessem de mim qualquer adicional reflexo do estilhaçamento de sua graça e de sua dignidade, e da nudez e profundidade e do sentido de seu medo, e de meu horror e pena e ódio por mim mesmo; e assim, sorrindo, e tão perturbado que apenas queria que se recompusessem, e viessem a saber que eu era amigo deles, e que poderia derreter na frente deles: "Eu *lamento muitíssimo*! Eu lamento *muito* se assustei vocês! Eu não queria assustar vocês. Eu não faria uma coisa dessas de maneira alguma".

Eles apenas continuavam me olhando. Não havia mais o que dissessem, não mais que o que dissesse eu. O mínimo que podia fazer era me jogar de cara no chão e abraçar e beijar seus pés. Esse impulso me dominou tão vigorosamente, a partir de todo meu corpo, não pelo pensamento, que me refreei dele exatamente e por tão pouco quanto você se impede de pular de uma grande altura: aqui, com a percepção de que isso os teria assustado ainda mais (para nem falar de mim) e teria sido ainda menos explicável; de modo que me detive e olhei em seus olhos e os amei, e em nome de Deus desejei estar morto. Depois de um tempo o homem recuperou a voz, seus olhos se aquietaram um pouco, e ele disse sem convicção que estava tudo bem e que eu não a havia assustado. Ela balançou a cabeça devagar, olhos postos em mim; ainda não tinha confiança na própria voz. Seus rostos eram secretos, suaves, totalmente desprovidos de confiança em mim, e totalmente sem compreensão; e agora tinham de ficar aqui e ouvir o que eu estava dizendo, porque naquela terra nenhum negro se afasta em segurança de um branco, ou sequer demonstra não estar ouvindo enquanto ele fala, e porque eu não podia me afastar abruptamente, e libertá-los de mim, sem crime contra a natureza ainda pior do que o que já havia cometido, e do que o segundo que estava cometendo ao permanecer, e detê-los. E assim, e com um sorriso amarelo pavoroso de pretenso à-vontade, eu lhes dei um motivo melhor para tê-los seguido que apenas assustá-los, perguntei o que queria perguntar ao segui-los; eles disseram o que é normalmente o mais seguro para os negros dizerem, que não sabiam; eu agradeci muitíssimo e fui tomado mais uma vez e além da possibilidade de resistir pelo desejo de esclarecer e corrigir, de modo que uma vez mais, com meus olhos e sorriso em farrapos e desafinados em relação ao que era capaz de dizer, eu disse que lamentava terrivelmente se os havia incomodado; mas eles apenas se recolheram ainda mais profundamente atrás de seus rostos, seus olhos observando os meus como que à espera de qualquer movimento súbito de que devessem se defender, e o rapaz disse de novo que estava tudo bem, e eu fiz que sim, e lhes dei as costas, e desci a estrada sem olhar para trás.

No Alabama inteiro, as luzes se apagaram. Cada folha empapa o tato; a teia da aranha está pesada. As estradas ficam ali estendidas, sem o que as use. Os campos ficam ali estendidos, sem o que neles trabalhe, homem ou besta. Os cabos do arado estão molhados, e os trilhos e os contratrilhos e o mato entre os dormentes: e nem mesmo as pressas e as roucas mágoas de um trem distante, em outras estradas, se fazem ouvir. As pequenas cidades, as capitais dos condados, casa a casa pintadas de branco e elaboradamente cerzidas entre suas folhas pesadas e iluminadas de trevas, nas espaçadas proteções de sua luz mineral se erguem tão preciosas, tão esvaziadas, tão indefesas sob a luz das estrelas, que é inconcebível desprezar ou desdenhar um branco, um dono de terras; mesmo em Birmingham, quilômetro por quilômetro, a não ser pelo súbito jorrar medonho, quase instantaneamente diminuído e silente, de um carro preto fechado, e a não ser pelo solitário e sinistro bater de saltos na pedra, que mostra jamais um rosto e entra, logo, uma porta um caixilho rente à calçada, e escala a imediata escada sem luz, quilômetro por quilômetro, pedra, pedra, lisos jorros mapeados de pedra, as ruas sob suas luzes alçadas se estendem vazias ante a eternidade. New Orleans se move, chacoalha, e desliza vagamente em sua fragrância e na enorme riqueza de sua luxúria; ainda há táxis estacionados pela rua Dauphine e o ar floral, como de seios, formiga com os stilettos e os bordados de sobre os tambores-estertores de negro sangue de eloquente corneta rachada indescobrível, que existe apenas na imaginação e em algum lugar passado, no coração partido de Louis Armstrong; e no entanto mesmo naquela pequena parcela que são os genitais contaminados daquela cidade, nunca livre, nem de desejo nem da dor desperta, há as atmosferas das ternas desolações da mais profunda noite. Sob, estende-se sonhando o golfo, e sob, sonhando, aquela mulher, aquele id, o continente americano meridional, jaz estendida diante dos céus em sua riqueza. Os parques de suas cidades são ferro, marga, silentes, as doces fontes cerradas, e as puras fachadas, confusas, qual cal virgem à luz da rua são agudas, são imóveis.

Parte I

Uma carta do interior

Uma carta do interior

É tarde, uma noite de verão, em uma casa posta a fundo e solitária no interior do país; todos nesta casa que não eu estão dormindo; estou sentado a uma mesa, encarando uma parede divisória; e olho para um lampião de querosene aceso que está sobre a mesa perto da parede, e logo além do sono de minha mão esquerda, relaxada; com a mão esquerda estou vez por outra escrevendo, com um lápis macio, em um caderno de redação de crianças; mas neste exato momento, estou totalmente concentrado no lampião, e luz.

É de vidro, metal leve tinto de ouro, e tecido de trama pesada.

O vidro foi vertido em um molde, imagino, que fez a base e o globo, que são uma só peça; o vidro é grosso e limpo, com gélidos reflexos. A base é uma saia oca simplesmente afilada; se apoia na mesa; é solidificada em um estreitamento, redondos dois centímetros de puro vidro espesso, e então oca-se de novo, um globo quase meio achatado, o vidro em orbe espesso, também; e ele contém óleo, cuja linha de prata vejo, um pouco menos que pela metade do globo, seu nível um muito pouco — pois a base não é exatamente reta — adernado contra o eixo da base.

Esse "óleo" não é de todo oleoso, mas ralo, fugaz, evocando ferrugem, e áspero; apanhado entre indicador e polegar ele limpa de tal maneira sua textura que afia seus mútuos tatos em uma nova borda cunhada, ou o mamilo castanho de um seio ereto no frio; e o odor é limpo, alegre e humilde, menos vivo de longe que o da gasolina, até um tanto aguado: e um sutil suor deste óleo está na superfície mais alta do globo, como que atravessando o vidro, e como se o vidro fosse um jarro de água fria em um cômodo quente. Eu não compreendo nem tento deduzir, mas gosto desse fato; corro o polegar por sobre ele e cheiro meu polegar, e apago seus rastros listrados sobre o vidro; e limpo polegar e indicador secando-os nas calças, e continuo olhando.

Neste globo, e neste óleo que é transparente e claro como a água, e que me lembra criaturas e coisas que um dia viveram e que vi suspensas em potes em um apavorante odor de álcool — serpentes, solitárias, sapos, embriões, todos drenados em uma brônzea palidez de absoluta morte; e também as serenas flores envoltas em echarpes em úteros tranquilos (e também bronzepálidas, flácidas, e no fedor da morte exposta, filhos da fúria, paciência e amor que se exibem nas desonras da fama aceita e do assassinato dos olhares nos museus); nesse globo como uma ideia, um sonho, o futuro, dorme o firme traço entretecido do pavio, e por este pavio acima suga-se o óleo, para o calor; por um tubo rijo e estreito de folha de flandres, e por um pequeno sorriso fendido de flandres dourada, que ali se acaba emplumado em chamas, no fogo; a flama, limpo leque com garras:

I:

A luz neste cômodo é de um lampião. Sua chama no vidro é da seca, silente e esfaimada delicadeza do mais tardo de tarde da noite, e de tão final, tamanha sacralidade de silêncio e de paz que todos na terra e dentro da mais radical reminiscência parecem nela suspensos em perfeição como que sobre água reflexiva: e sinto que se puder por total quietude ter sucesso em não perturbar este silêncio, em nem sequer tocar essa planície de água, eu posso contar a vocês tudo de dentro do domínio de Deus, o que quer que seja, que deseje lhes contar, e que seja o que isso possa ser, você não será capaz de evitar não deixar de entender.

É o meio e o puro ápice e a integralidade do verão e de uma noite de verão, o fôlego contido, de um ano planetário; encalhada em praia alta dorme a maré cristada: que dia do mês eu não sei, que dia da semana não tenho certeza, muito menos que hora da noite. O relógio de um dólar que comprei há alguns dias, como também de vez em quando compro uma lapiseira de dez centavos, e a uso pouco antes de perdê-la de vista, parou aos dezessete minutos depois das dez horas de antes de ontem pela manhã, e naquela hora acabou para mim o tempo medido pelas máquinas, e é um marco. Sei do avançado da hora e do apogeu pelo brilho silenciosamente faminto de meus sentidos, que há pouco tempo passaram pela transição que leva além de toda e qualquer necessidade de sono sem dar muito por isso, como, nas avançadas trevas, o transatlântico há muito acostumado perde o último negro promontório, e silenciosamente entrega sua fronte ao longo lar aberto do mar: e por uma qualidade da própria noite que de fato não era aparente a qualquer dos sentidos, e sim, por certa via oblíqua, a todos os sentidos em um, de um completíssimo recuo, e universalmente compartilhado, à fonte, como a breve paralisia que encanta uma cidade enquanto depõem-se sobre um cenotáfio coroas, e, em surdina, brilha a inscrição de um clarim, no retesamento logo antes do relaxamento desse, imóvel, enxame em silêncio, até que, chapéus a postos, crescem, marcham suaves engrenagens, o pé erguido detido em fotograma completa seu passo, mais uma vez a crina branca do cavalo, tração, esparge-se no ar ensolarado: agora vibra toda aquela vasta colmeia de pedra: em retomar-se, reencetar-se, a vida normal.

E é nesses termos que eu lhes contaria, muito à vontade, e com todos os detalhes, o que quer que se possa contar: sobre onde estou; sobre o que percebo.

Aqui, luz de lampião, e solitária, tarde: o odor é o do pinho que se fechou durante todo o calor de um dia quente: o odor de um sótão na alva canícula: e todas as paredes que não aquela superfície imediatamente ao alcance do toque do lampião, onde como a água adormecida à luz de lanternas os veios se discernem com tanta clareza em seu repouso além do sono da forma altiva dos pinheiros, e que não os tristes ornamentos colados, pregados, são de uma vaga-cor extremamente sombria de uma prata acinzentada respirada sobre um vermelhamarelo que é tom e aura do cômodo; e sobre mim, negror: onde, para além de ossos de vigas subiluminadas, um estômago se grudava contra a espinha aspirando amedrontado, o teto saca seu pico: e trata-se de um escuro assustador, que de novo tem a ver com sótãos: pois é o escuro que repousa logo escada-acima, retraindo-se para fora do alcance dos olhos da luz, vindo de uma porta de sótão deixada entreaberta, percebida quando você estava a caminho da cama, relembrada depois de estar lá: de modo que divago imaginando que não exatamente criaturas e que não exatamente formas suspendem-se como morcegos sobre e por trás de minha cabeça curvada; e o quanto se afundam em seu peso concentrado enquanto meus olhos estão nesta escrita; e como destras velozes voltam a subir sugando seus corpos às trevas quando viro a cabeça: e acima de tudo, por que têm de ser tão acanhadas, elas, que com um toque viscoso de frias membranas pendentes poderiam apagar em uma bofetada a luz e me tomar: e que me detêm desde o começo de todos os tempos. E no entanto esse mero fato de pensar as mantém à distância, como aos demônios, crucifixos, com tanta leveza e tão bem que quase me convenço de estar apenas imaginando; em cujo exercício eu seria delas ainda mais profundamente, além da possibilidade do resgate, sem saber, e sem temer, que fosse.

Acima daquela concha e carapaça, mais frágil contra os céus que fragílima membrana de vidro, nada, direto às formidandas estrelas: de que se energiza o céu inteiro; e das quais a mais próxima é um escopo tão louco que minha substância murcha apenas em pensar nela: e nós, essa flor do Ártico enraizada em neve, última chama de fósforo resguardada em planície ventosa, estamos sentados entre essas estrelas sozinhos: ninguém a quem nos dirigirmos, ninguém que os torne conhecidos; pequeno assentamento do interior tão fundo, tão perdido em salva e sombra, em seu orvalho, que de nós ninguém sequer se ri. Não é de admirar o quão pateticamente amemos nossos lares, agarrados à noite à barra de suas saias, nos regozijamos em seu largo sorriso estelissedutor, quando toda e qualquer estrela nos golpeia com o medo: será que de fato sequer existimos?

> *Não moro neste mundo, estou, só de passagem:*
> *Tesouros, esperanças, só, além do céu,*
> *Amigos, e parentes, mortos, tenho, muitos,*
> *E não, me sinto, mais, em casa, neste, mundo.**

E assim, também, essas famílias, não de outra forma em relação a toda e qualquer família da terra, o quanto cada uma, à parte, inconcebivelmente so-

---

* Tradicional hino religioso de que Agee aproveita dois versos (os que abrem e fecham o quarteto), inserindo dois outros e, além disso, modificando a pontuação do poema segundo critérios pessoais. (N. T)

litárias, entristecidas, e isoladas! Nem uma outra sobre a terra, ou em qualquer sonho, que se possa importar tanto com o que lhe venha, de modo que no exato momento em que estão sentados perto do lampião jantando, a piada de que riem não poderia ser assim tão engraçada para nenhuma outra pessoa; e a menor das crianças, que se põe de pé sobre o banco, solene, com a comida rebrilhando por todo o rosto à luz do lampião, essa menor das crianças de que falo não está lá, ele é de outra família, e é uma mulher diferente quem limpa de seu rosto a comida e sobre as coxas toma seu peso, e contra seu corpo, e o alimenta, e deixa que seu peso se afrouxe contra o dela em seu sono pesadiço; e o homem que aplica outro pano molhado sobre o câncer na pele de seu ombro; é a esposa dele que está olhando, e essa criança que se estende naufragada sobre o chão com sua boca macia aberta larga e sua nudez vertical como um cão que se rola, dormindo: e as pessoas, as próximas, rua acima não podem se importar da mesma forma, com nada disso: pois estão absortas em si próprias: e os negros lá para lá da fonte fecharam bem suas venezianas, a luz do lampião pulsa como mel ferido através das fendas da noite macia, e há riso: mas ninguém mais se importa. Por toda a terra redonda e nos assentamentos, nas vilas, e nas grandes pedras férreas das cidades, as pessoas se fecham nos limites de suas pequenas conchas de cômodos, e podem-se ver em seus maravilhosos e patéticos atos através das superfícies de suas janelas iluminadas por milhares, por milhões, como aquários dourados, em cadeiras, lendo, pondo mesas, costurando, jogando cartas, sem falar, falando, rindo inaudivelmente, preparando drinques, mexendo nos rádios, comendo, em mangas de camisa, zelosamente vestidas, flertando, provocando, amando, seduzindo, despindo, deixando vazia a sala em sua luz vazia, sós e escrevendo uma carta com urgência, aos pares casadas, em cadeiras separadas, em festas de família, em festas animadas, preparando-se para o leito, preparando-se para o sono: e ninguém pode se importar para além daquele cômodo; e ninguém pode ser alvo desse cuidado, de ninguém além daquele cômodo: e não é de admirar que se sintam tão covardemente atraídos a essa proximidade, e não é de admirar o grau do desespero seco com que uma mãe pode cerrar suas garras e sua boca de vampira sobre a alma de seu filho que resiste e sugá-lo até que se esvazie, leve como a pele de um gafanhoto: e apenas é de admirar que uma era que gerou suas crianças e tem de perder e as perdeu, e perdeu a vida, possa ainda gerar vida; mas é assim:

* * *

Um homem e uma mulher são atraídos para uma cama e há um filho e há filhos:

Primeiro são bocas, depois se tornam instrumentos auxiliares da lida: depois são afastados, e tornam-se pais e mães de filhos, que se hão de tornar pais e mães de filhos:

Seu pai e sua mãe já foram, em seu tempo, filhos cada um de pais diferentes, que em seu tempo foram cada um filhos de pais:

Isso vem acontecendo há bastante tempo: seu início foi antes das estrelas:

Vai continuar ainda longamente: ninguém sabe onde vai acabar:

Enquanto ainda são atraídos para dentro de um só abrigo em torno do centro de seus pais, esses filhos e seus pais compõem juntos uma família:

Essa família deve cuidar de si própria; ela não tem mãe nem pai: não há outro abrigo, nem recursos outros, ou qualquer amor, interesse, força mantenedora ou conforto, tão próximos, nem pode qualquer coisa feliz ou dolorosa que aconteça a qualquer dos membros dessa família ter a possibilidade de significar para os que são de fora o que para eles significa, dentro: mas ela, conforme me tem sido dito, é inconcebivelmente solitária, retraída por sobre si própria como os vagabundos são atraídos para o entorno de uma fogueira nos climas mais cruéis: e assim e em tal solidão ela existe em meio a outras famílias, cada uma delas igualmente solitária, e na mesma medida desprovida de auxílio ou consolo, e igualmente retraída por sobre si própria:

Uma tal família dura um certo tempo: os filhos ficam presos a um centro magnético:

Então com o tempo o magnetismo enfraquece, tanto por si próprio em seu cansaço, de idade e dor, e contra a força do crescimento de cada criança, e contra a força das atrações externas, e um a um os filhos são afastados:

Dos que são afastados, cada um é atraído para outro ponto na direção de alguém: uma vez mais um homem e uma mulher, em uma solidão que não provavelmente não hão de perceber em momento algum, são comprimidos sobre uma cama: e outra família surgiu:

Mais ainda, essas flexões estão ocorrendo por toda parte, como um movimento simultâneo de todas as ondas da água do mundo: e esses são os padrões clássicos, e é essa a trama, da vida humana: de cujo tecido cada indivíduo faz parte: e de todas as partes desse tecido tenha-se disso consciência:

* * *

Cada uma se liga intimamente ao fundo e ao mais radical alcance do tempo:

Cada uma se compõe de substâncias idênticas à substância de tudo que a cerca, tanto dos objetos comuns de seu desdém quanto do centro quente das estrelas:

Tudo que cada pessoa é e vive, e jamais há de viver, em corpo e mente, tudo isso são expressões diferentes dela mesma e de uma só raiz, que são idênticas: e nem uma só dessas coisas e nem uma só dessas pessoas jamais será exatamente duplicada, ou substituída, e nem teve antecedente exato: mas cada uma delas é uma vida nova e incomunicavelmente delicada, que a cada alento recebe chagas, e é quase tão fácil de matar quanto o é de ferir: suportando, por algum tempo, sem defesa, os imensos ataques do universo:

De modo que como pode ser possível que uma pedra, uma planta, uma estrela possam assumir o fardo do ser: e como pode uma criança assumir o fardo de respirar; e como graças a tão longas prorrogação e acumulação do fardo de cada momento umas sobre as outras podem quaisquer criaturas suportar existir, e não se romper completamente em fragmentos de nada: são questões formidáveis demais e fortalezas demasiado gigantescas para meditarmos demais e não adorarmos para sempre:

Um mero centímetro além da superfície dessa parede que encaro fica outra superfície, uma das quatro paredes que enquadram e colaboram contra o ar um outro cômodo, e lá se estendem adormecidos, em duas camas de ferro e em esteiras no chão, um homem e sua esposa e a irmã dela, e quatro crianças, uma menina e três meninos feridos. Seu lampião está apagado, a luz acabou há muito tempo, e há muito tempo que nenhum deles emite qualquer som. Nem mesmo me concentrando posso ouvir sua respiração: na verdade, tenho um conhecimento não exatamente sensório de uma espécie de suspiro, menos respiração que aquela indiscernível absorção do empíreo de que vivem as plantas, e assim sei que descansam e a profundidade de seu cansaço, como se estivesse eu em cada um desses sete corpos cujo sono posso quase tocar através dessa parede, e que no escuro vejo tão claramente, com todo o tato e o peso de meu corpo: o corpo vermelho de George, já algo curvo com o fardo de trinta anos, nodoso como madeira de carvalho, em sua limpa roupa de verão branca do sindicato, que usa para dormir; e o de sua mulher a seu lado, o de Annie Mae, esguio, e feito pontas pelos ossos, que dez anos atrás deve ter tido tanta beleza, e agora é riscado de veias no seio e a pele dos seios, translúcida, delicadamente emurchecida, e azul, e ela e sua irmã Emma vestem combinações simples de algodão; e o corpo de Emma, sua irmã, forte, grosso e largo, alto, os seios postos abertos e altos, rasos e redondos, ainda não os de uma mulher plena, as pernas longas grossas e fortes; e o lindo corpo verde de Louise, os seios vagos mal brotados entre ombros amplos, as coxas longas, limpas e leves em sua linha do quadril ao joelho, a cabeça posta íngreme e silente para trás, para o chão, o queixo o mais alto, e a combinação branca erguida até a divisa de suas coxas; e o corpinho endurecido de Junior, pele grossa e arenosa, os pés incrustados de machucados; e o leitoso corpo menor e sem-força de Burt, cujas veias brilham tanto nas têmporas; e o murcho e inútil, acima de tudo lamentoso, corpo de Squinchy, que não vai crescer:

Mas não são só seus corpos, mas suas posturas, que conheço, e seu peso sobre a cama ou sobre o chão, de modo que me estendo dentro de cada um deles como exausto em uma cama, e me torno não minhas forma e peso e eu, mas os de cada um deles, um todo, naufragados no sono como pedras; de modo que sei quase os sonhos de que não vão se lembrar, e a alma e o corpo de cada um desses sete, e de todos eles juntos nesse quarto adormecidos, como se fossem música que ouvisse, cada voz relacionada às outras, e todas audíveis, individualmente, e como um só organismo, e uma música que não pode ser comunicada: e assim se estendem nesse silêncio, e descansam.

Burt semiacordou, choramingando antes de despertar, um soprano sem articulação falando mas não exatamente chorando em uma queixa dirigida a sua mãe como que diante de um júri seguro sobre certo medo ou sonho: a cama rangeu e ouvi seus lentos pés descalços, as solas se arrastando, e sua voz, sem sussurrar mas abafada e doce, Dorme agora, vai drumi de novo, tem nada que vai te incomodá não, vai drumi de novo, naquela cadência de força e conforto de abrigo que assujeita todas as cercas da linguagem e supera a música; e a voz rabugentada e sonolenta de George, e a dela a ele, sem palavras que se ouvissem; e os pés; e um contorcer-se nas camas, e o resmungar das molas fracas; e o choramingar naufragando, expirando; e o som da respiração, forte, sem dormir, agora, ralentado, modulado em sono, agora, mais firme; e agora, longo, longo, puxado como mais leve mais lábil lâmina de arco, fino, ainda mais fino, um fio, filamento; nada: e mais uma vez aquele silêncio em que mais fundo que na luz dos astros soçobra esta casa.

Gosto de Emma, e lamento muito por ela, e provavelmente nunca mais hei de vê-la dentro de poucas horas. Quero lhes contar o que posso sobre ela.

Ela é uma menina grande, quase tão grande quanto sua irmã é seca, embora nada seja gorda: seu porte é mais o de uma jovem rainha de uma história mágica de crianças que foi totalmente enrijecida pela vida camponesa e da terra e o trabalho, e seus olhos e seus modos, também, bondosos, não-plenamente-formados, resolutos, desorientados, e tristes. Seu cabelo castanho macio abundante e levemente encaracolado está cortado reto rente aos ombros, o que em sua bela cabeça grande é particularmente infantil, e de fato Emma é mais uma criança grande, sexualizada além da adequação a sua idade, que uma moça; e isso se pode ver em uma espécie de vagueza de definição em seus traços, sua pele, e na forma de seu corpo, que em mais alguns anos se há de perder. Está usando um colar de uma loja de dez centavos e um vestido de algodão domingueiro estampado porque está de visita, e é da cidade, mas tirou os chinelos assim que chegou, e trabalhou com Annie Mae. Segundo o pai ela é a mãe cuspida e escarrada quando a mãe era jovem; Annie Mae tende ao pai e a sua gente, que eram todos pequenos e miúdos.

Emma gosta muito do pai e lamenta muito por ele, assim como sua irmã, e nenhuma delas consegue suportar a segunda esposa. Tenho para mim que seu casamento com ela teve muito a ver com o casamento da própria Emma, contra o qual seu pai tão vigorosamente a aconselhou. Ele se casou pela segunda vez quando Emma tinha treze anos, e por um longo tempo eles viveram quase insanamente, como vou lhes contar mais tarde, no meio de um pântano: e quando Emma tinha dezesseis anos ela se casou com um homem da idade do pai, um carpinteiro de Cherokee City. Ela está casada com ele há dois anos; não têm filhos. Emma adora festas, e cidades, e gente de sua idade, e ele é ciumento e a trata mal e com desconfiança. Ele não lhe deu vestidos bonitos nem o dinheiro para que comprasse o tecido com que fazê-los. O tempo todo em que está em casa ele fica com o olho grudado nela como se ela estivesse aprontando alguma coisa, e quando sai, o que faz o mínimo que pode, ele a deixa trancada: de modo que já por duas vezes ela o deixou e voltou para casa, para ficar, e então depois de um tempo ele apareceu implorando, e chorando, e jurando que vai tratá-la bem, e lhe dar tudo que ela pedir, e que vai começar a beber ou vai se matar se ela o abandonar, e ela voltou: pois em casa não é nada agradável, odiando como ela odeia aquela mulher, e ela não pode se divertir com qualquer outra pessoa porque é casada e ninguém vai se divertir com ela desse jeito: e agora (e acho que pode não ser devido apenas à Depressão mas a ficar em casa por causa do ciúme e por medo de morar com ela em uma cidade, e tão perto de uma casa para onde ela pode voltar), seu marido não consegue mais ganhar a vida em Cherokee City; ele ouviu falar de uma plantação em uma fazenda lá nos morros vermelhos do Mississippi e já foi, e a assumiu, e mandou um recado para Emma, de que ela deve ir com o caminhão com que um homem que ele conhece, e que tem motivos para ir naquela direção, vai levar a mobília deles; e o caminhão dele sai amanhã. Ela não tem a menor vontade de ir, e durante os dois últimos dias tem se fechado na casa com a irmã e chorado bastante, quase sem lágrimas e quase sem voz, como se soubesse tanto chorar quanto tomar conta de sua vida; e Annie Mae é vigorosamente contra sua ida, aquela lonjura, para um homem que a deixa para trás e depois simplesmente manda buscá-la, dizendo, Agora vem; e George também está tão firme a respeito disso quanto acha que vai parecer certo ou parecer problema seu estar, ele, homem, e casado, a respeito da mulher de um outro homem, que não é parente sua, mas apenas a irmã de sua mulher, e por quem ele próprio se sente inocultavelmente atraído: mas ela vai mesmo assim, sem sequer compreender por quê. Annie Mae tem certeza de que ela não vai ficar muito tempo por lá, não assim sozinha no interior longe dos parentes com aquele homem; é isso que ela fica repetindo, para Emma, e para George, e até para mim; mas na verdade ela tem quase certeza de que pode nunca mais ver a irmã mais nova, e lamenta por ela, e por perdê-la para sua própria solidão, pois ela a ama, tanto pelo que ela é quanto por sua dependência e por aquela maciez da juventude que já está tão profundamente sugada armadilha adentro, e em que Annie Mae pode se perceber como era dez anos atrás; e ela não demonstra perceber os comportamentos desajeitados e desenxabidos, que se pretendem sutis, do flerte que George é burro o suficiente para acreditar que ela não entende pelo que é: pois George ficaria apenas espantado caso ela lhe desse permissão abertamente, e Emma também não era de confiança. Assim, essa triste comédia tem prosseguido sem quaisquer comentários, o que vai dar em nada: e uma outra espécie tem se desenrolado conosco, de um tipo tão integralmente inútil quanto aquele. Nós dois somos atraentes para Emma, tanto em proximidade sexual quanto como símbolos ou manifestações de uma vida que ela quer e sabe que jamais terá; e nós dois gostamos dela, e nos sentimos atraídos por ela. Somos não apenas estranhos para ela, mas somos estrangeiros, inexplicáveis, além do que eu possa ainda começar a compreender plenamente. Agimos para com ela com os maiores cuidado e timidez e tranquilidade possíveis, e no entanto fomos também abertos ou "claros", de modo que ela sabe que a compreendemos e gostamos dela e nos importamos com ela de uma forma quase íntima. Isso a intriga e no entanto não chega a incomodá-la, mas sim a excita; mas nada se pode fazer a respeito, de qualquer lado. Há ternura e doçura e prazer mútuos em um tal "flerte" que não conteríamos ou eliminaríamos por nada, e no entanto há também uma crueldade essencial, a respeito da qual nada se pode fazer, e a forte possibilidade de crueldade por incompreensão, e inibição, e impossibilidade, que pode ser contida, e que preferiríamos morrer a causar: mas se trata de uma situação cruel e ridícula e limitada, e todos em certa medida se dão conta disso. Todos se dão conta, acho, em certa medida tal que: mesmo supondo-se que nada se possa evitar a respeito do casamento, supondo que ela vá embora e prossiga com essa história, o que não deveria, então se pelo menos Emma pudesse passar seus últimos dias de vida se divertindo imensamente na cama, com George, um tipo de homem com que está mais acostumada, e com Walker e eu, por quem sente curiosidade e atração e que são ao mesmo tempo tangíveis e amistosos e nada temíveis, e por outro lado têm para ela o mistério ou o glamour quase das criaturas mitológicas. Isso muitas vezes nos últimos poucos dias surgiu muito claramente entre nós todos exceto as crianças, e sem medo, em súbitas e sutis mas inequívocas expressões dos olhos, ou modos de sorrir: e no entanto nem um só dentre nós seria capaz de se confiar a essa situação a não ser que além de qualquer dúvida soubesse cada um que os outros eram também capazes: e mesmo então com que grau de loucura se atropelariam as partes condicionadas e inferiores de nossos seres, para se vingar. Mas esta é apenas uma especialização em ponto pequeno de uma pena generalizada e brutal: quase qualquer um, por mais que seja problemático e envenenado e cego, é infinitamente mais capaz de inteligência e de alegria do que se permite ter ou do que normalmente conhece; e mesmo que não tivesse motivos para temer seus próprios venenos, ele tem os que estão nos outros para temer, para presumir e com que se cuidar, se não pretende ferir a si e àquela outra pessoa e ao ato puro além da possibilidade da cura.

Mas aqui eu vou saltar adiante do ponto em que escrevo, para algo que há de acontecer, ou que aconteceu, na manhã seguinte (vocês não devem se intrigar com isso, estou escrevendo em um continuum), e dizer o que resultou disso.

A manhã seguinte foi cheia dos movimentos desorganizados, semi-inertes, e no entanto muito ativos da vida comum cindida por um evento: a partida de Emma. Eu ia levá-la, com sua irmã Annie Mae, até a casa de seu irmão Gallatin perto de Cookstown, onde ela se encontraria com o homem e seu caminhão, e estava esperando na varanda da frente no crescente sol quente-fresco da manhã, trabalhando em minhas notas, enquanto o trabalho doméstico matutino se fazia com especial velocidade. (George havia saído cerca de uma hora antes, imediatamente depois do café da manhã de que eles todos haviam participado, sem falar muito. Houvera uma espécie de demora em comer e nos silêncios, e um pouco quando acabaram com a comida, rompida por falas para evitar que os silêncios se tornassem assustadores demais; eu havia deixado que o café da manhã começasse tarde ao lhes dizer que as levaria de carro; então súbito ele se levantou dizendo, "Bom, Jimmy, se você...". Se ele ia dar um beijo de adeus em Emma, como uma espécie de parente, estava passando pela cabeça de todos. Ele chegou desajeitadamente próximo de fazê-lo: ela meio que se levantou de sua cadeira, e seus corpos súbita e agudamente se aproximaram um do outro em alguns centímetros: mas ele era tímido demais, e sequer tocou-a com a mão que estendeu para apertar a dela. Annie Mae disse arrastada, sorrindo, Que que cê tem George?; ela não vai te rancá um pedaço; e todos riram, e Emma se levantou e eles se abraçaram, rindo, e ele deu um beijo no rosto dela que subitamente se virava de lado, um pouco como se beijam um pai e um filho adolescente, e lhe disse adeus e lhe desejou boa sorte, e eu o levei de carro para o trabalho, e voltei. E agora aqui estava eu, como disse, na varanda.) Aqui estava eu na varanda, rabiscando um caderno e ouvindo os sons do trabalho e os padrões mutáveis das vozes do lado de dentro, e o ruído incomum do couro de sapato sobre o piso, porque alguém estava vestido para viajar; e uma galinha marchava entre sementes secas de melancia no piso de carvalho, lembrando, como costumam lembrar, um professor míope; e morro abaixo além do campo aberto um pouco de vento se reclinou como uma parede contra as folhas cintilantes da alta floresta e atravessou com um longo ruído granuloso de água rumorejante; e a galinha se deixou cair da beira da varanda para o chão estercado com um quicar apático, e um pio involuntário no que sua gravidade atingiu o chão com as pernas esticadas; e o longo e leve vento breve libertou as árvores e se foi, errando por sobre a terra franjada em seus afazeres como uma criança de escola no sábado, ao sol, e as folhas pendiam intrigadas após sua passagem; e ouvi passos na sala e Emma surgiu, toda vestida para ir embora, parecendo de alguma maneira ter vindo relatar uma decisão que havia sido tomada em uma conferência, por que eu, sem sabê-lo, parecia estar esperando. Falou também da mesma maneira, sem gastar qualquer tempo de circunlóquios ou esperar por um ritmo adequado, e contudo sem pressa, olhando-me firme e docemente nos olhos, e disse, Quiria que o sinhor e o seu Walker subesse o quanto que nóis tudo gostamo docês, purque ocês faz a gente se sinti à vontade; a gente não pricisa sê diferente du que é normal a gente sê, e a gente não pricisa ficá pensano o que que ocês tão pensano de nóis, é bem como se ocês fosse igual a gente e tivesse morado aqui desde sempre com nós, cês são tudo tão gentil e simpático e tranquilo e fácil de levá e a gente quiria que ocês nunca mais não fosse embora mas fosse ficando aqui com nós, e eu só quiria dizê o quanto que nós tudo gosta de ocês; Annie Mae mandô dizê a mesma coisa, e o sinhor pur favor conte também pru seu Walker, se eu não vê ele antes deu i imbora. (Eu sabia que ela jamais conseguiria repetir aquilo e jurei que certamente lhe diria.)

De que vale tentar dizer o que senti. Ela demorou bastante para dizer o que queria tanto dizer, e foi difícil para ela, mas lá estava ela olhando firme em meus olhos, e eu firme nos dela, por mais tempo do que você acharia possível suportar. Eu teria feito absolutamente qualquer coisa por ela (isso é sempre uma característica, imagino, do ataque do mais vigoroso amor que se pode sentir: pena, e o desejo de morrer por uma pessoa, porque nada existe que você possa fazer e que seja sequer remotamente compatível com o tamanho de seu amor), e tudo que eu podia fazer, o máximo, por essa menina que tão cedo desapareceria de minha vida entrando em uma, sua, tão desesperançosa, o máximo que eu podia fazer era não demonstrar o quanto me importava com ela e com o que ela estava dizendo, e nem sequer tentar fazer, ou insinuar o bem que gostaria de poder lhe fazer e era tão completamente incapaz de fazer. Tinha por ela uma ternura e uma gratidão tais que enquanto ela falava eu muito intensamente, como algo mais estável que um "impulso", quis em resposta tomar seu corpo grande em meus braços e tirar de sua testa seu cabelo úmido e beijar e consolar e abrigá-la como a uma criança, e posso jurar que tanto hoje quanto naquele momento eu quase acredito que naquele instante ela teria compreendido isso tão bem, e encarado tão pura e tranquilamente, que tanto hoje quanto naquele momento eu apenas peço a Deus que o tivesse feito; mas em vez disso só consegui ficar encarando-a, e continuar olhando em seus olhos (fazendo-lhe a cortesia de ao menos saber que ela não queria ser liberada dessa situação), e, dando conta de evitar que as lágrimas corressem por meu rosto, sorrir para ela e dizer que nada existia em minha vida que me tivesse sido tão importante ouvir, e que me deixasse tão grato (e acredito de fato nisso); e que queria que ela soubesse o quanto eu também gostava deles, e dela mesma, e que eu certamente sentia que eles eram minha gente, e queria que fossem, mais que qualquer outra espécie de pessoa no mundo, e que se eles achavam isso de mim, e que meu lugar era com eles, e todos nos sentíamos bem e à vontade uns com os outros e gostávamos uns dos outros, então nada havia no mundo que me desse mais felicidade, ou que mais me alegrasse saber (e isso também é verdade); e que eu sabia que podia dizer exatamente a mesma coisa por Walker (e isso, também, sei que estava certo em dizer). Eu havia me posto de pé, quase sem perceber que o estava fazendo, no momento em que ela apareceu e começou a falar, como que diante de alguma ação formal, ou real, ou ritual, e permanecemos assim, de pé, sem nos apoiar ou tocar em qualquer coisa, separados por cerca de um metro, encarando um ao outro. Prossegui dizendo que acontecesse o que acontecesse com ela ou fizesse ela o que fizesse na vida eu lhe desejava a melhor das sortes que se pudesse imaginar, e que jamais esquecesse, que ninguém tem direito de ser infeliz, ou de viver de forma que gere sua infelicidade, em nome do medo, ou do que as pessoas possam pensar, ou em nome de qualquer outra pessoa, se existe qualquer outra forma de viver possivelmente melhor, que não machuque demais outras pessoas. Ela lenta e levemente corou enquanto eu falava com ela e seus olhos ficaram úmidos e brilhantes, e disse que com certeza me desejava a mesma coisa. E aí não tínhamos mais o que dizer, a não ser que inventássemos alguma coisa, e nada a fazer, e algo subitamente e no mesmo instante nós sorrimos, e ela disse bom, ela achava que era melhor ela entrar e dar uma mão para a Annie Mae, e eu fiz que sim, e ela entrou, e meia hora depois eu estava levando Annie Mae, ela, e seu pai, e Louise, e Junior, e Burt, e o bebê, para a casa de seu irmão perto de Cookstown. As crianças estavam caladas e concentradas na empolgação de andar de carro, empilhadas umas sobre as outras em torno da mãe no banco traseiro e olhando pelas janelas como cachorros, a não ser Louise, cujos terríveis olhos cinzentos encontravam os meus sempre que eu os buscava de relance no espelho do carro. Emma ia entre mim e seu pai, os braços redondos sem mangas algo constrangidos a sua frente. Minhas mangas estavam bem arregaçadas, de modo que no carro lotado nossa carne se tocava. Cada um de nós nos primeiros desses contatos silenciosamente se afastou, e então ela relaxou os braços, assim como o corpo e as coxas, e eu também o fiz, e por talvez quinze minutos restamos quieta e proximamente lado a lado, e intimamente nos comunicamos também em pensamento. Nossos corpos estavam muito quentes, e o carro estava entupido de corpos quentes e suarentos, e com um fino sal e um odor rançoso como o de grama esmigalhada: e assim muito breve, apesar de eu saber que a velocidade não condizia com o humor de ninguém e de estar indo tão lentamente quanto sentia poder ser feito com decência, cobrimos os curtos dez quilômetros de terra, depois pedrisco, até Cookstown, e passamos mais lentamente pela cidade (olhos, olhos sobre nós, de homens, de sob abas de chapéus), e descemos a rua serpeante agora de areia até onde morava seu irmão. Eu o havia visto uma vez, um homem de seus trinta anos com um rosto amargo, inteligente, feito de crânio; e sua esposa azeda, e suas crianças de pele de ouro: e agora aqui também estava um outro homem, quarenta e tantos anos, couráceo-forte, glabro-negro, chapéu negro, botas, a boca fina apertada em torno de um talo de grama mostrando dentes manchados de ouro, seus olhos frios, maus, de um azul quase branco; e sardonicamente esperava, e seu caminhão, carregado de cadeiras e ferragens de cama, restava ao sol onde a sombra das

árvores já deslizara além dele. Ele estudava Emma friamente e quase sem furtividade, e ela evitava seus olhos. Era impossível irmos tão imediatamente.
Ficamos todos sentados por ali algum tempo e tomamos limonada de uma
jarra de vidro prensado, de que ele já tinha tomado pelo menos dois copos de
bons augúrios. Ela havia sido feita com certa esperança de ajudar a despedida
a se passar por alguma espécie de festa, com dois limões e água da fonte, sem
gelo, e era tépida, violentamente doce (como que por compensar a falta de limões), e quase nulamente pungente; havia meio copo para cada um de nós,
em cinco martelos, e todos demos quase tudo para as crianças. As crianças das
duas famílias ficaram muito quietas, tímidas com as outras; os outros; exceto
pelo homem de chapéu preto, tentaram falar, sem conseguir muito; tentaram
com especial afinco quando Emma se ergueu, súbita como se tivesse de vomi-
tar, entrou no cômodo ao lado e fechou a porta, e Annie Mae foi atrás dela.
Gallatin disse que era muito difícil para uma moça assim tão novinha deixar
os parentes e ir tão longe. O homem do chapéu retorceu a boca em torno da
grama e, sem abrir os dentes, disse, Pois é, como se tivesse suas próprias opiniões a respeito. Tentávamos não tentar ouvir as vozes no cômodo ao lado,
e aquele mesmo choro indefeso, congelado, rangente que eu ouvira antes; e
depois de um certo tempo ele se aquietou; e depois de um pouco mais elas
saíram, Emma farinhentamente empoada até os olhos, e os olhos como se houvesse chorado areia em vez de lágrimas; e o homem disse — foi o primeiro
gesto bondoso que o vi fazer e um dos poucos, suspeito, em toda sua vida, e
tenho certeza de que foi bondoso sem intenção sua: "Bão, a gente não pode ficá
aqui o dia intero. Acho que é milhor cê vim vindo, se ocê vai i".

Com isso, Emma e seu pai se beijaram, tímida e desenxabidamente, crianças fazendo "aquilo" na frente dos pais; e assim também ela e seu irmão; ela e
Annie Mae se abraçam; ela e eu nos apertamos as mãos e dizemos adeus: tudo
isso com aquele tipo de velocidade entrecortada em que uma família se des-
pede ao lado da parede negra de um trem fumegante quando os últimos baús
foram postos a bordo e parece certo que a qualquer momento as janelas, e os
rostos inclinados e desprovidos de lamento, vão começar a deslizar sobre o
ferro. A maleta de papelão de Emma é erguida para dentro do caminhão junto das molas da cama que hão de sustentar os anos e mais anos de suas noites
frias, desesperadas; ajudam-na a subir até o assento duro ao lado do motorista sobre o motor quente e sem chão, seus pés com chinelos empoleirados

tortos à beira daquele abismo que dá para a estrada; o motor estala e tosse e pega e se estabiliza em um rugido metálico branco ralo desprovido de umidade, e com um pavoroso ruído rascante que levanta as mansas cabeças de gado a meio quilômetro de distância o caminhão se arranca da carne da terra aplainada do quintal e se contorce rumo à estrada e segue bufando, nós acenando, ela acenando, o chapéu negro reto adiante, ela desviando o rosto, sem suportar, nossas mãos caídas, e nós restamos desconsolados e esvaziados sob o sol; e durante todas essas muitas horas vindouras enquanto lentos nos movemos nos limites dos rodeios ancorados de nossa vida, a quente viagem urrante, chacoalhante, de trinta quilômetros por hora se alonga firme rastejante, formiga perdida, severa e contrariada, rumo oeste sobre trilhas rubras e sobre alvas no sol febril sobre apoio nenhum, suspensa, sustida da queda por apenas a força de seu crescimento em expansão, como o longo e exíguo e incongruente ramo leve que uma vinha rápido gasta sobre o vasto muro branco da terra, como cabeça de cobra e o risco de um rio que tateia o caminho, para se fixar, e se ancorar, tão longe, tão afastado do caule forte e estável: e isso é Emma.

Mas neste momento isso não aconteceu, e agora ela dorme, aqui no quarto ao lado, entre seis outros que me são caros em suas vidas, e se fosse seccionar e remover uma parte dessa tão fina concha e proteção da parede, ali estariam eles como em uma cirurgia, ou um desenho médico, o cérebro por sob o elmo erguido e tão leve do crânio, os órgãos de câmaras profundas, poderosos e tão vulneráveis, tão delicadamente arruinados, entripados, os mais vitais, por trás da plácida pele ao amor deleitosa; e algumas horas antes eles estavam indo para a cama, e não muito antes, estavam comendo o jantar, e por causa de sua tristeza, e por causa da empolgação de estar ela aqui, o jantar tinha em suas falas e em todos seus modos um tom fora do comum, uma atmosfera de uma ocasião, quase de uma festa, quase de contentamento, com um pálido pudim de chocolate, feito de cacau e amido, de sobremesa, e uma espécie de conversa feita e de piadas meio forçadas pelo medo da tristeza, e meio estimuladas genuinamente pela presença dela e por uma timidez e uma estima por nós: e no meio da mesa ficava a flor do lampião aceso, mais bondoso, mais amistoso na luz do dia que ainda não partira e mais lindo do que se pode expor em palavras sob seu fato: e quando o jantar terminou, ele se desintegrou sem sutura ou transição em trabalho, sono, descanso: Annie Mae, Emma, Louise, as três mulheres, erguendo-se para o trabalho que mal haviam interrompido durante a refeição (pois haviam nos servido, comendo entrementes), limpando, raspando, varrendo o oleado úmido com um pano úmido à luz, lavando pratos, enquanto isso falando (Louise sem falar, ouvindo-as, mulheres mais velhas, absorvendo, absorvendo profundamente, grão a grão, tonelada a tonelada, aquilo de que não há de escapar): as mulheres erguendo-se de suas cadeiras para este trabalho; as crianças enquanto isso se afundando estendidas a cinco braças cinco milhas de profundidade pelo chão exaurido: e nós, segundo os bons modos, trasladados com George, um ou dois metros além da porta da cozinha, na sala aberta da varanda, reclinados em cadeiras contra a parede, ou reclinados entre os joelhos e os pés plantados, ele, seus sapatos de trabalho, pés tomando, bebendo sedentos como as cabeças afundadas de cavalos no cocho, a fresca e a repousante tranquilidade das tábuas ásperas cheias de veios do piso; e ele falando um pouco, mas cansado demais para falar, e enrolando um cigarro úmido e tragando sua curta doçura até queimar o pétreo polegar, com um corpo de criança erguido adormecido entre os joelhos:

e quando as mulheres acabaram, elas podem ou não sair também, com os vestidos molhados na frente por terem lavado a louça e as mãos duras amolecidas e cerzidas como que murchas pela água, e se sentar um pouco com o homem ou os homens; e se o fazem, não é por muito tempo, pois estão todos cansados demais, e estão acordados e ocupados desde que a luz do dia clareou um pouco por trás das árvores no morro, e agora já é muito perto do escuro, com a luz do dia pouco mais que uma espécie de tintura no ar, e essa diminuição, e o crescendo dos sapos, e os gafanhotos, os grilos, e as aves da noite, tentativas, afinando-se, naquele grandioso domínio de orvalho nevoento e afogado, que com tanta realeza há de bordar a aromática nuvem de sombra terrestre da noite ingente: e assim, também, a fala é esporádica, e se afunda em longos silêncios inconstrangidos; as sentenças, os comentários, os monossílabos, sacados do mais fundo dentro de si sem pensar e com vago ranger do peso como se poços fossem, e vertidos em um arrastar plano e fresco, e tranquilamente respondidos; e um silêncio; e de novo, algumas palavras: e não se trata de fato de fala, ou sentido, mas uma outra e mais profunda espécie de comunicação, um ritmo a ser completado por respostas e feito pleno por silêncios, uma canção lírica, como os cavalos que se roçam nas pastagens, ou como pássaros sonolentos que com seu cansaço antes de dormir fazem pesado um ramo escuro: e é seu lazer depois do trabalho; mas não dura; e em quinze minutos, ou no máximo uma meia hora, acabou-se, e se forçam a um movimento rumo à cama:

um a um, em uma bacia esmaltada que imita granito, ainda nova, que apenas para isso se presta, eles lavam os pés na água fria — pois se trata de uma família muito limpa e decente — e começam a se mover na direção do quarto: primeiro as crianças, depois as mulheres, por último George: dispõem-se as esteiras; o lampião está no quarto; George sentado no escuro da varanda, fumando outro cigarro. Júnior, cabisbaixo e resmungante e meio cego de sono, se despe, deslizando nos ombros as alças e de sua nudez o macacão e se afundando já adormecido em sua camisola, sobre a fina esteira de algodão. Burt mal chega a despertar pela metade quando sua irmã tira sua roupa, uma criança feita de massa de pão, e é depositado qual cadáver ao lado de seu cruel irmão. Squinchy está sedado a ponto de não ouvir o juízo final: sua pesada cabeça, um rebocador, cai por sobre o braço dobrado dela frouxa como a de um pássaro morto, a boca escancarada, pálpebras reluzindo oleosas, enquanto sua mãe mete em seu corpo anão o vestido até os quadris, de um botão; e as mulheres, suas simples combinações retiradas dos pregos do armário, despem-se, meio viradas umas para longe das outras, e com o cuidado de não olhar: a mãe, cujo corpo já aos 27 é tão torcido e drenado e velho, um animal esquelético, infinitamente cansado e delicado, os pobres emblemas do deleite ora impraticáveis a todos que não os mais fatigados e rangentes usos: sua grande irmã mais nova, ainda sem filhos, e tonta, suave como a lua em flor, e ainda saudável, que emana certa violação perturbadora ou inconsciente: e o corpo ainda inviolado e lírico de uma criança, consideravelmente pertencente à terra, e contudo atraído para aquela curta e angélica fase do que parece não terrenal, que dentro em tão pouco há de perder: cada uma delas consciente de si e das outras, e cada uma ocultando o que a envergonha ou magoa: e as duas mais velhas falando (e a criança, chapa fotográfica, recebendo: Elas são mulheres, eu sou uma mulher, não sou mais criança, estou me despindo com mulheres, e é assim que são as mulheres, e falam assim), seguindo conversando, as duas mulheres, com vozes planas, seguras, arrastadas e rachadas, nem tímidas nem deliberadamente comunicativas, mas francamente comunicati-

84

vas, a fala se soltando delas serena e tranquilamente firme e sem restrições de incerteza de uma para com a outra como a música alternada e pregueada de duas torneiras que lentas gotejam; e estão na cama e George arremessa seu cigarro, lançando sua centelha na noite do quintal, e entra, e elas viram o rosto enquanto ele se despe; e ele tira a rala roupa limpa do sindicato de seu prego junto da cabeceira de ferro recurvado da cama; e se mete entre os lençóis ásperos e entrega seu peso; e por mais algum tempo, porque estão estimulados, eles continuam falando, enquanto as crianças dormem, e enquanto Louise fica deitada olhando e ouvindo, com a luz ainda acesa, e há quase volúpia na fala, e quase contentamento uma vez mais, e piadas inaudíveis, e pequenos surtos de riso como andorinhas assustadas; e gradualmente se aquietam e há um silêncio pleno de ideias em surdina; e George, diz, Bão; e abafa o lampião, e sua luz pelas frestas de minha parede, e há silêncio; e George fala, baixo, e é respondido pelas duas mulheres; e um silêncio; e Emma murmura alguma coisa; e depois de alguns segundos Annie Mae murmura uma resposta; e há silêncio, e um lento e amarrado retorcer-se sobre molas e o estender-se de um corpo, e silêncio; e um longo silêncio no escuro do quarto povoado e baldaquinado pela escuridão do continente diante das estrelas desatentas; e Louise diz, Boa noite mamãe; e Annie Mae diz, Boa noite Louise; e Louise diz, Boa noite papai; e George diz, Boa noite Louise; boa noite George; noite Imma; noite, Annie Mae; noite, George; noite, Imma; noite, Annie Mae; noite, Louise; noite; boa noite, boa noite:

Cria: Criança:
Teu porte cinge o júri das estrelas:

E a terra ensandecida e exaltada flui em paz tão nobre, a ampla testa
    imersa em sonhos,
água da terra mapeada, dócil, dócil;

Ó crânio infante, prostrando-te de um braço sobre a alta luz dos astros,
    que corria por luzente capoeira:
Ó mundo, tu que é rico de pessoas, tu, arca em rumo sóbrio, pedra
    quieta, tu, grânulo,
    que não encontra um ararat:

Ó, tu, seio de menina:

II:

Há neste morro três dessas famílias de que quero falar para vocês: os Gudger, que dormem no quarto ao lado; e os Woods, cujas filhas são Emma e Annie Mae; e além desses, os Ricketts, que moram numa estradazinha para lá dos Woods; e assim chegamos a eles:

Saiam deste cômodo e sigam muito silenciosamente pelo corredor aberto que divide a casa, passando pela porta do quarto, e pelo cachorro que dorme diante dela, e sigam para fora, o quintal, subindo o morro: entre o paiol de ferramentas e o galinheiro (o jardim está à esquerda), e virem à esquerda na comprida cabana baixa que faz as vezes de celeiro. Não peguem então a trilha à esquerda: ela só leva até a fonte; mas cortem direto pela ladeira; e sigam junto do algodão plantado no cimo, e por uma área de pinho, nogueiras, troncos mortos e moitas de amoreira (teias úmidas de aranha se ligarão no escuro ao rosto de vocês; mas segue-se a trilha com considerável facilidade); e além dali, atravessando uma grande baralha de ravinas de barro, que por fim se solidificam em um milharal. Sigam reto esse milharal por entre duas fileiras, atravessem um celeiro, e virem à esquerda. Aqui há todo um amontoado de casas; são todas de negros; as venezianas estão bem fechadas. Vocês podem acordar, ou não, alguns cães: se acordarem, vocês mal vão conseguir evitar o susto, pois em alguns minutos todo aquele campo estará berrando na escuridão, e se espalhará sobre seus movimentos todos assim tão tarde e tão na calada da noite, e o som, com a aquiescência das pessoas despertadas, cabeças no escuro erguendo-se um pouco da dura palha estralejante dos travesseiros de suas camas de ferro, tolda toda sua existência, em sua mente, com uma compleição de culpa, furtividade, e perigo:

Mas eles vão silenciar.

Vão silenciar, as cabeças solitárias relaxam e adormecem; depois de um pouco recomeçam os fogos-fátuos, seu cansado açoitar da noite pastoral, e os vigorosos sapos; e vocês estão na estrada, e de novo morro acima, que vocês encontraram naquelas casas amontoadas; pinheiros à esquerda, um muro de cerdas de nuvem, e o morro que se ergue; o lento campo que se levanta, sob o olhar suave do algodão, muitos acres, à direita; e à esquerda a mata cede, cem metros; mais algodão; e ali acomodada, à borda do morro, a pequena casa simples que você está vendo é a casa dos Woods, que parece encolhida sobre seu miolo sob a luz das estrelas, o teto de lata mal rebrilhando, o algodão irrigado encarando:

A casa a quase meio quilômetro, logo à direita da estrada, de pé com árvores e sombra, é a dos Ricketts. A terra nua é mais úmida à sombra temperada; e úmida, tenra de podridão, a madeira esfiapada da varanda, que está tão densamente coberta de baldes de banha, sobras de ferro, arame dobrado, corda arrebentada, velhos odores, as coisas não mais úteis que em uma fazenda jamais são descartadas. As árvores: convocam em seus caules suas nuvens de estações pesadas; o celeiro: brilha no ar perfeito; no quintal vazio um arbusto em flor de quase quatro metros de altura: amortalhado de bastos botões em seu sono, e dentro: nus, nus lado a lado os irmãos e irmãs, as mais lindas crianças; e o louco, ligeiro, o palhaço do pai; e a mãe; e as duas filhas velhas; enfiadas em suas camas fedorentas, descansam durante a noite:

Fred, Sadie, Margaret, Paralee, Garvrin, Richard, Flora Merry Lee, Katy, Clair Bell; e os cães, e os gatos, e as galinhas, e as mulas, e os porcos, e a vaca e o novilho:

Woods, e sua jovem esposa, e a mãe dela, e a filha da jovem esposa, e o filho dela e de Woods, a filha pequena deles, e aquela criatura de cenho pesado que cresce dentro de sua barriga; Bud, e Ivy, e Senhorita-Molly, e Pearl, e Thomas, e Ellen, e a planta inominada de sexo desconhecido; e o gato, e o cão, e a mula, e o porco, e a vaca, e as galinhas, e os pintinhos amontoados:

E George, e sua esposa, e a irmã dela, e os filhos deles, e seus animais; e as vespas cadentes, mosquitos que arremetem, moscas entorpecidas, e ratos em revista:

Todos, espalhados em elevada quietude sobre o morro:

Sadie, meia-irmã de Bud, e afogada nas reminiscências deles: aquele longo poço espiral que escalaram, dos barracões sobre o xisto, rígida como milho na espiga, saindo do território de mineração, a longa jornada, ela, seu orgulho da beleza, ele, sua longa força em matrimônio, para isto: este tempo presente, e este futuro próximo:

George seus direitos de nascimento perdidos, posse de terra ruim, e aquela infância entre cedros e ribeiros límpidos tocados por febre nenhuma, e onde na luminosa e grandiosa noite oca o calcário brilhava como ovelhas: e as meninas fortes, alegres:

Fred, o que dizer dele: não consigo imaginar. E Annie Mae, aquele chapéu; que ainda assim, tão estragado, o odor funéreo de penas e seda no mentol, está amarrotado em uma gaveta; e as semanas em que foi feliz, e para seu marido e para seu coração era agradável estarem vivos:

Agora ela está sonhando, com medo, com uma espingarda: George a virou para ela; e não há gatilho:

Ivy, e sua mãe: quais são os sonhos dos cães?

Margaret, com um marido, e terra forte, e damas que aquiescem nos passeios.

E todas essas crianças:

Essas crianças, ainda na ternura de suas vidas, que vão extrair suas futuras reminiscências, e suas futuras mágoas, deste lugar: e os estranhos, animais: para a lida, a morte, alimento: e as safras magras: fazendo o que devem o melhor que podem, como crianças sem temperamentos e sem vontade: descansam agora, entre as contorções solares:

Ah, ficamos velhos; foi uma longa, uma longa escalada; não restará muito disso; depois repousaremos: mágoa nem suor nem dor nas costas, doença, nem piedade, sem esperança, a surdez dos céus; nada nos há de tomar ou tocar mais: nem trovão nem os vermes farfalhantes nem chaleira escaldante nem criança que chora nos hão de despertar onde repousamos: essas coisas serão tarefa de outros: essas coisas serão tarefa de nossos filhos, e de seus filhos; nós vamos descansar:

De que forma estávamos presos? onde, engano nosso? o quê, onde, como, quando, de que forma, poderiam essas coisas todas ter sido diferentes, se tivéssemos feito de outro jeito? se tivéssemos sabido. Onde perdida aquela reluzente sanidade de amor que sabia tão ao certo que permaneceria; como, como ela se afundou, além da possibilidade do socorro, do desejo, da lembrança; e onde o peso e a riqueza daquele ano vigoroso em que havia mais de comer do que podíamos segurar nas mãos, roupas novas, uma vitrola, e dinheiro no banco? Como, como tudo isso se perdeu tão rápido em naufrágio, como aquela grandiosa nuvem de agosto que se forma — o dia se cala escuro e estremece, e as folhas espumam — e mal cobre de vapor a terra? Como são essas coisas?

Nos anos em que vivemos junto ao rio tínhamos todo o peixe que queríamos, e leite amarelo, que chegava para vender, e compramos duas mulas:

Quando mudamos para cá eu quis deixar a casa bonita, dobrei um monte de papel estampado e cortei uma renda bonita e pendurei na lareira: mas agora eu simplesmente não me importo mais, não me importa a aparência das coisas:

Minha mãe me deu um vestido dos mais lindos, todo fresquinho, para a escola; eu usei no primeiro dia, e todo mundo riu e se divertiu às minhas custas; ele não era como os outros vestidos, nem o tecido, nem o corte, e eu nunca...

Eu fiz um vestido tão lindinho para ela e ela usou uma vez só, e nunca mais usou fora de casa:

Ah, graças a Deus que nenhum de vocês sabe como todo mundo ri escondido do pai de vocês.

Acho que a gente é as pessoas mais malvadas de toda essa região aqui.

George Gudger? Onde é que você foi achar *aquilo*? Eu não passo por aquela estrada tem 25 anos.

Fred Ricketts? Ora, aquele safado filho de uma puta, ele *conta vantagem* porque não compra uma barra de sabão para a família dele tem cinco anos.

Ricketts? Gente ruim. Tem mistura de sangue dos Miller. As crianças são um problemão na escola.

Ora, Ivy Prichert era uma das maiores vagabundas de toda essa região aqui: a única que era pior era a mãe dela. Eles são o pior tipo de ralé que o senhor pode encontrar.

Ora, ela ficou com um homem lá no meio do mato anos antes de *ele* casar com ela; teve dois filho dele.

Gudger? É um fazendeiro decente. Fazendeiro decente de algodão, mas não tem um fiapo de juízo.

Nenhum deles tem juízo, nem iniciativa. Se tivessem, não iam estar plantando de meeiros.

Dê dinheiro para eles e eles só vão é jogar fora.

Ora, tem vezes que eles me dão inveja. Nenhum risco, a gente fica com o risco todo; tudo quanto é roupa que eles precisam para se cobrir; a comida saindo direto da terra.

Então o senhor está lá com os Gudger, é? E o que o senhor está achando da comida que eles dão? Pois é, éééééééé, o que que o senhor acha daquela comida caseira da boa?; o que que o senhor acha daquela comida caseira saudável da boa?

Para lhe dizer bem a verdade, eles devem muito dinheiro para nós. Agora o senhor só me diga, se for possível, o que aquela gente ia fazer se não fosse nós?

Como que pegaram a gente? Por que que as coisa parece sempre que vai contra a gente? Por que será que nunca dá para se ter prazer na vida? Eu estou tão cansado que não parece que um dia eu vou conseguir descansar de verdade. Eu estou tão cansado na hora que eu levanto de manhã quanto na hora que eu deito de noite. Às vezes parece que nunca que isso vai ter fim, nem um aliviozinho. Um ano parece que as coisa vão ficar bem direitinho; mas você consegue guardar um dinheirinho, alguma coisa sempre acontece.

Eu vou contar pro senhor, *eu* não vou ficá triste quando morrê. Eu não ia ficá triste agorinha mesmo se não fosse pela Louise e o Squinchy aqui. O resto dêis tudo ia se virá direito.

(Mas *eu* sou jovem; e eu sou jovem, e forte, e com boa saúde; e eu sou jovem e bonita de se ver; e eu sou jovem demais para me preocupar; e sou mesmo, porque a minha mãe é boa comigo; e a gente corre no ar claro que nem os bicho, e os pé descalço da gente que nem planta na terra boa: o mundo natural está em volta de nós que nem um lago e um sorriso grande e a gente está crescendo: um por um a gente está ficando mais forte, e um por um no terrível vazio e no tempo à toa vamos queimar e tremer e estremecer com a luxúria, e um por um vamos nos soltar desse lugar, e vamos nos casar, e vai ser diferente do que estamos vendo, porque a gente vai ser feliz e vai se amar, e deixar a casa limpa, e cuidar de um jardim bonito, e comprar um arado, e usar um fertilizante de alta qualidade, e a gente vai saber fazer as coisas direito; vai ser muito diferente:) (? :)

(　 (?) 　) 　 :)

Como que pegaram a gente?

Como assim, que que foi que aconteceu? Que que foi que andou acontecendo que a gente está vivendo assim?

As criança não são do jeito que parecia que elas podia ser:

Ela não é bonita mais:

Ele não cuida mais de mim, ele só me pega quando ele me quer:

Tem tanto trabalho que parece que nunca vai acabar:

Eu fico com tanto calor quando acabo de fazer uma comida que sentar pra comer já é demais:

Como foi que pegaram a gente?

Pois, vendo as multidões, subiu ao monte; e, tendo se assentado, aproximaram-se os seus discípulos:

E ele se pôs a ensiná-los, dizendo:

Bem-aventurados os humildes de espírito, porque deles é o reino dos céus.

Bem-aventurados os que choram, porque eles serão consolados.

Bem-aventurados os mansos, porque eles herdarão a terra.

Bem-aventurados os que têm fome e sede de justiça, porque eles serão fartos.

Bem-aventurados os misericordiosos, porque eles alcançarão misericórdia.

Bem-aventurados os limpos de coração, porque eles verão a Deus.

Bem-aventurados os pacificadores, porque eles serão chamados filhos de Deus.

Bem-aventurados os que são perseguidos por causa da justiça, porque deles é o reino dos céus.

Bem-aventurados sois vós, quando vos injuriarem e perseguirem e, mentindo, disserem todo mal contra vós por minha causa.

Alegrai-vos e exultai, porque é grande o vosso galardão nos céus; porque assim perseguiram aos profetas que foram antes de vós.

III:

Contudo:

Ah, contudo:

Europa e suas espiras que surgem, no meio de sua manhã, trouxe-lhe cidades em alto-relevo, sua fachada de país encaracolada de aço;

o globo Atlântico está polido, fervilhado de navios, pavimentado e encaminhado de ar, rebrilha por cegar;

ombro livre com ombro de seu hangar; Brasil e Labrador; flama fulge;

de praia pétrea, árvore cenho-rude, pássaros chamados cintilantes e cada planta: ergue sua raiz, alça a cabeça, aceita uma vez mais o verão:

e assim hão de estes: enquanto segue a leste a terra cintilante: serão atraídos para o alto como plantas com o fardo do ser às costas, pernas pesadas, olhos quietos e doentes, o peso do dia que os observa calado do teto, na sala de afiação; hão de se alçar; alçar — não há porquê, não há como não — as pernas da

cama e seus pés ao chão e a estatura de seus corpos sobre os pés e a carga sobre eles, e deixar que se acomode sobre a espinha, e a largura dos ombros algo
recurvos, o peso que não se resguarda; e são atraídos a se liberar de suas casas
um milhão sobre a terra, sob a luz que se eleva silente, para trabalhar:

E aqui:

Observam do colchão estralejante como as estrelas, através do teto, conquanto fortes, estão no entanto tão cansadas.

A noite secou.

Nada é ainda visível no quarto, mas mais uma vez começamos a ter consciência: das paredes, seu odor e leveza, uma diante da outra; e das posturas da
mobília. A cômoda, acomodada a um canto, e seu espelho cego recebendo,
refletindo, a cegueira da cama. O ferro da cama. A máquina de costura, o baú
de lata, e a cadeira de palhinha. As beldades nas paredes.

Fora, vindo de perto, há um som novo. Acontece toda noite, e é muito triste.
É a voz de um galo claro, gordo e medroso, uma criatura como que amedrontada por suas próprias fêmeas; e nessa sua pobre voz, lúgubre, quase sub-rep-
tícia, ele faz uma declaração em que está tão equivocado que se trata mais de
uma pergunta que não demanda resposta alguma que não os totais desdém e
negação do silêncio; e nenhuma recebe; mas serve apenas para nos lembrar
dos ruídos da noite, que talvez em momento algum tenham cessado.

Talvez em momento nenhum eles tenham cessado, mas isso jamais será sabido com certeza, pois se perdem, depois de algum tempo, com tanta facilidade;
e os ouvimos outra vez com uma espécie tranquila de surpresa, que apenas
lentamente se torna a percepção, ou quase certeza, de que estiveram ali o tempo todo:

Ainda estão ali, ainda nos transmitem não uma proximidade meramente íntima, mas toda a terra cega abrangem: eles fluem correntificados como violinos
de água, uma chuva reta e ascendente que se extrai do mundo: e no entanto
estão nessa hora tão profundamente retraídos a si próprios, são tão vagamente

o eco de um eco, a lembrança da música em um sonho moribundo, fustigados inteiros com o açoite dos noitibós, pranteador e gênio da grandiosa noite de verão: e mesmo aquela ave lamuriosa agora por duas vezes vacilou, e um voo borrado cor de casca levou seu canto para mais fundo entre os bosques. E a terra:

A terra, campos pálidos, matas negras enevoadas, e os lampiões tardios nas ruas centrais da raras e inexpiáveis cidades: Nova Orleans; Birmingham; cujas fachadas se erguem nuas sob a luz metálica de seu medo:

a terra, em sua amplidão: estende: estende-se:

Ela se estende como o oco e silêncio da água que se forma na raiz de uma onda que se forma, e espera: não uma folha, não uma lâmina de grama, treme, até: mas se estende: estendida: estendida: e espera (a estridência do sangue corrente enquanto isso fluindo): espera (o noitibó estabeleceu-se em uma árvore muito mais próxima; quase conhecemos as penas que laboram em sua laringe; mas ele, incerto):

não subitamente, nem com susto, mas certamente sem linha que se cruze, sem começo, houve uma mudança no ar, uma crise atravessada no sono; pois agora, que no mesmo instante parece estava tão encantado calado, há um tremor quase mudo de cada folha da vegetação de toda essa parte do mundo, um virar-se tão delicado com medo do sono como o da agulha que registra minúscula perturbação no lado distante do planeta espesso, e tão quasemente mudo, e no entanto tão unânime, é o indistinguível e sussurrado suspiro de todas as gerações dos mortos, o desmoronar de uma onda planetária tão distante que um metro mais distante não seria audível.

e contudo aquele tremor: o de um corpo desesperançado de pé, embora seja doce o ar: não rompe, mas sim intensifica a espera (isso acontece não só aqui mas em uma faixa, de alguns quilômetros de largura, que atravessa reta o Canadá, e desce pelos Andes): o ar escurece para o violeta negro, e as estrelas se refrescam:

e casualmente, e com rascante triunfo, o sinal é entregue no crepúsculo: o berro seguro selvagem e brilhante de um galo; luz numa espada levantada.

* * *

Ele está a uma longa distância daqui, parecem ser infindos quilômetros, a beirada mais extrema do universo, a leste. Ele acordou há pouco, imediatamente todo desperto, e intensamente consciente, como se acorda e se toma consciência, no escuro total, de alguém estranho no quarto, e seu olho redondo afiou-se no escuro, botão enfurecido, cabeça de lado, e ser inteiro ouvindo; o que será isso; tenso com empolgação e premonição, uma espécie de medo alegre, as penugens eriçadas por isso:

E com a rispidez de um ataque epiléptico um poder muito maior que ele o tomou inteiro; há de ser a voz de um outro galo, que a recebeu de outro, e assim até as bordas do continente, onde os primeiros, dorsos negros quentes e esplêndidos sob a luz, espetam o milho; ele é tomado inteiro; cerra a força toda de seu corpo e de sua alma ígnea fundo em um punho, e a esforça contra o céu, toda sua força estremecendo:

e é ouvido: e por mais que distante, ele se fende em seu pleno fortíssimo: ruído tão valoroso quanto clarim de resgate, ou tenor rompeu sua garganta em busca: e resposta nenhuma:

e então a resposta: funda, íngreme no fundo atrás além de minha cabeça prostrada:

(o violeta vira gris; o gris caminha através das paredes)

silêncio: o noitibó; implorando; deplorando:

o primeiro de novo, muito mais violento:

e, quase o interrompendo, um terceiro, além dos bosques:

(*"noi-tibó! noit-i-bó!*)

De novo o segundo; finalmente, nosso louro, sua voz andrógina engasgada com uma confiança fingida: um quarto: o primeiro (o campo toma forma): outro:

agora o terceiro (emerge como uma foto em imersão; vejo distintamente as paredes do cômodo, e sobre a terra as cidades, medalhões): agora três novos: outro: agora outro: esticam-se sobre seus dedos córneos e gritam.

A essa altura é plena luz vítrea, limpa, gris embranquecente, sem sombra, e o ar está frio, com um odor de carne de porco e terra úmida, e o pinacular-se dos galos tornou-se rotina. O noitibó passou por isso tudo além da última valeta, sussurrando quase visível de entre as distintas folhas cinzentas de uma árvore próxima; agora afundou-se e sumiu, e o ar fervilha de pássaros pequenos e habilidosos, que assoviam, e batem metais com martelos leves; e um cachorro vem casual conquanto algo rigidamente pelo canto da casa, e fumaça furtivando-se das chaminés: e a luz ainda embranquece:

Mas muito mais cedo, enquanto ainda não era luz, cerca do canto do segundo galo, Annie Mae acordou, deitada de costas, e olhou para o teto sobre si; e a essa hora Margaret Ricketts já está de pé há meia hora, fogão estralejando, e está cozinhando à luz do lampião antes sequer de as janelas empalidecerem, pois seu pai sofre de calos de estribo, e tem sete quilômetros pela mata a caminhar até o trabalho. E Fred, e sua esposa, e Paralee, estão em suas camas reunindo suas forças, e as crianças dormem ainda:

Annie Mae olha o teto sobre si, e está tão doente de sono como se tivesse passado a noite estendida sob um peso pouco mais que suportável: e olhando para cima no escuro, ao lado de seu marido, o teto se torna visível, e olhando nos olhos dela, o peso do dia. Ela não fica sem cansaço, como uma carga em todo seu corpo, nem por um dia, desde que era menina, e também não há de ficar; e é daquela tribo que por disposição glandular parece se exaurir ao invés de se renovar com o sono, e para quem o ato de se levantar é quase insuportavelmente doloroso. Mas quando o teto se tornou visível não há mais como evitar, e ela se arranca dali, e sacode corpo abaixo um vestido, e arrasta os pés descalçados pela varanda até a bacia, e concha dois canecos da água do balde e dela enche as mãos, e com ela encharca o rosto, com um choque, um tremor que a põe ereta; e se seca no saco de farinha rasgado que pende de um prego; e agora é capaz de estar viva, de trabalhar:

Sendo seu primeiro trabalho, fazer o fogo, e fazer biscoitos e ovos e carne e café:

Com o barulho no fogão, George acorda. Sem ter de procurar, ele estende a mão ao chão junto à cama e encontra a caixinha de papel de cigarro e o tabaco, e a caixa de fósforos à prova de suor que fez de uma lata de tabaco Prince Albert truncada. Em um habilidoso e lindo conluio de seus dedos duros e grossos ele enrola um cigarro, e apoia a cabeça, e fuma, encarando a parede através do ferro ornado, enquanto os pássaros se aguçam e se adoçam:

(Ivy enquanto isso se levantou: ela foi acordada na serena quietude de um animal da floresta, nem cansado nem repousado, mas vácua e fresca como água; seus bons pés grandes alisam e lesam o chão, e Bud desperta, erguendo sua cabeça de menininho, sardônica-doce, inocente, vagamente criminosa, passeriforme, do travesseiro, lençol puxado até o queixo: a luz que limpa é fresca: as crianças dormem; Pearl, pálida, adenoidal, já erótica; e Thomas como uma dança, pernas de sapo, punhos nos olhos; e Ellen, como um bebê, boca de peixe entre suas enormes bochechas:)

A luz que limpa é fresca: os Ricketts mais velhos passam correndo pelo café da manhã. Há um rápido gaguejar de pés e Clair Bell entra correndo amedrontada: que seu pai tenha ido trabalhar sem lhe dar um beijo de adeus. Eles a pegam no colo e garantem que nunca que ele ia fazer uma coisa dessas, e a ajudam a beber seu café.

Quando criança eu costumava na inocência da fé me tirar da cama graças à fria água luzente da manhã de Cumberland e servir no altar na primeira e mais solitária Missa, cujas palavras eram riachos rumorejantes de música e cujos movimentos, uma dança grave: e ali entre mãos estendidas o corpo e o sangue de Cristo eram criados entre palavras e erguidos diante de Deus em um debulhar de sinos triplicados, e dos fundos da igreja vazia vinham secre-

tos uma viúva serena e um epiléptico selvagem, docemente cegos, e se ajoe-
lhavam, e nas palmas das mãos e na boca recebiam a força e, cegos, se retiravam: e a manhã clangorava com a totalidade de uma escola desperta quando
acabávamos, e saíamos, e essa era a paz de um dia: e é com não menos beleza
que aqui começam os gestos de um dia; e nos mesmos silêncio e solidão: erguem-se as tampas de ferro: depõem-se os gravetos na grade: e as tampas re-
postas: e aplica-se por baixo um fósforo espirrante: e peneira-se a farinha por
uma tela de janela que se agita, e mistura-se com banha e água, soda, e um
pouco de sal: põe-se o café sobre o fogão, seus grãos boiando na água fria:
mais madeira posta: enformados os biscoitos, e enfiados no forno: tudo isso
com movimentos padronizados, progressões, rotinas e retraçamentos, de pés
descalços e de braços como gravetos, mãos de gravetos, contrações do corpo
pontiagudo: e a carne se corta e se enfia, espetada, na frigideira preta: e que-
bram-se os ovos, consignadas as cascas; erguem-se da varanda para a mesa as
cadeiras, e o sorgo posto a ela, e a manteiga, açúcar, sal, pimenta, uma colher
endireitada, o lampião posto ao centro: os ovos virados; o café fervilhante
posto de lado; a carne reaquecida; os biscoitos examinados; o cabelo reto negro, saturado de suor e fumaça da carne de porco, preso melhor junto à cabeça por quatro grampos negros; os biscoitos castanhos, os ovos prontos, o café
pronto, a carne pronta, o café da manhã pronto:

e eles entram, por ordem de idade, mascarados com o arrepio da água que os
mantém juntos, e calados pelo sono; e os animais se levantam do chão e se
estabelecem embaixo da mesa, erguendo cabeças abertas:

e o café da manhã é uma refeição séria demais para conversas; e é difícil e
repulsivo uma refeição pesada antes de acordar; mas é necessário, pois com
essa comida deve-se escalar o morro ardente e íngreme da manhã, sempre
mais quente, até o meio-dia, e então para Fred e George apenas um almoço
frio, e retomar, e horas mais de lida: de modo que tuas duas metades se mantêm unidas e eretas graças a essa comida como fora ela uma imensa fivela de
cinto apertada do tamanho da barriga, que não dá alívio mas sim um naco,
pedra, lastro, de força: resistência com ela, ou uma alavanca para mover o dia,
como uma pedra entalada: que derrete lentamente e é absorvida mais igualmente por todo o corpo, e a força se torna couro fácil:

é basicamente igual na casa dos Woods, um pouco diferente; Ivy se arrasta e regateia como água, seu cabelo solto cai em torno da cabeça; e o rosto de Pearl à mesa é uma bolsa solene com olhos pantanosos; e Woods, seu corpo é idoso, não forte, ele tem de recolhê-lo como barbantes em um nó; e seus olhos observam a manhã, a partir de seu cérebro inteligente e mal equipado, com uma espécie de semissorriso azedo, especulação desesperançosa, enquanto fala um pouco:

e na casa dos Ricketts, mais vivaz, pois há muita gente; o pai fala ininterruptamente, e embora tenha agora saído, caminhando como que descalço em um campo de rebarbas de metal, há acidentes com a comida e as crianças, e confusão que baste sobre quem cuida de qual, para que se mantenham ocupados;

e os cafés da manhã acabaram, as casas se abriram como casulos com o aumento do sol, e eles se espalharam no vento de um dia de trabalho.

(*Como foi que pegaram a gente?*)

IV:

Sete quilômetros atrás, no nordeste, em uma folga plana em meio aos morros baixos, turbulentos sob seus mantos de árvores, há um longo retângulo cuja madeira foi toda cortada, e além dele, pinheiros de pé.

O retângulo tem no centro uma pilha de lenha fresca que se ergue em um nimbo amarelo. A estrada se bifurca em torno dele em meio ao mato alto e encharcado e se reencontra do outro lado onde, ainda bem perto, dentro da sombra fria, escura, matinal, estão as estruturas andaimadas e negras de fuligem do maquinário de uma serraria e da força; a alta vela negra da pilha flamejada com límpido calor enroscado por sob a bandeira manchada da fumaça iluminada de ferrugem; e um negro à espera, olhando frequentemente seu relógio com ainda um resto em si, depois de anos de costume, da empolgação de uma criança com a responsabilidade e o poder: e o espaço enquanto isso se contorce cada vez mais cheio de homens, não muitos na verdade, e contudo nessas matas e no pungente silêncio da manhã eles parecem uma multidão, trazida em carroças chacoalhantes e por caminhões e a pé através do gélido aroma de nogueira e da sombra frondosa da floresta matinal; e o sol está forte.

Já está forte, e cada vez fica mais, como a nota sustentada de uma trompa. Ele se ergue bem no meio da ponta mais distante entre os topos dos pinheiros negros e queima um redemoinho de teias através deles, e os pinheiros são fatiados e picados, lã cardada, em uma névoa acre entre a qual seu brilho se refrata e arde e reluz, de modo que se erguem lenta e esplendidamente em longos planos e estandartes rasgados que se desfraldam, e em toda a clareira há um brilho do ar límpido de uma tal intensidade que chega quase a ferir os olhos.

Mais à esquerda o cadeado de latão pende frouxo de um novo paiol de pinho para ferramentas e arreios de tração, e em uma área de troncos descascados atrás dele ficam as mulas, e junto à cerca, as carroças dispostas em linhas, línguas no ar como uma saudação de elefantes. São longas carroças-esqueletos baixas de varas duras, sem flancos, para puxar troncos; algumas delas motorizadas e com pneus de borracha; e sua madeira de carvalho agora empalidece com o calor, e seus detalhes de metal já estão quentes ao toque. As mulas erram em um lamaçal de água conturbada riscado de cascos em um trecho de sombra iluminada de marrom fatiada pelo sol, um capão de árvores novas que suas línguas privaram de folhas até onde alcançaram, os troncos lisos com os esfregões: com uma aparência muito nua e de alguma maneira tímidas sem os arreios, como se não tivessem exatamente o direito à natureza, elas restam, vagueiam, esperam, deslizam por entre os brotos verticais encerados sob a luz de camuflagem, e erguem suas cabeças cínicas como flores enquanto os homens que controlam seus dias erguem a tranca do portão e avançam em sua direção: algumas param, dóceis, e aceitam o freio com uma espécie de mansidão sarcástica; outras tranquilamente erguem os cascos na terra picada e vagueiam, como em uma convenção decente mais que em rebelião; duas ou três se recolhem o mais fundo entre as árvores estreitas quanto lhes permitam as estacas pontiagudas da cerca, e toleram uma aproximação considerável, e então deslizam para longe, e essas recebem chutes na barriga e chicotadas no queixo e nos olhos; há entre esses negros uma mula cheia de cicatrizes mas de puro branco, cuja presença entre eles nessa luz mágica é a de um unicórnio escravizado: e são levadas e deixadas junto aos postes e encilhadas em parelhas em geometrias de couro, corda e metal que canta como aves, tão doce em seus acentos quanto o velame de uma chalupa; e os homens agora esperam calados e em um torpor casualmente tenso, falando um pouco, enrolando cigarros úmidos, e ajustando a violência férrea de seu desjejum dentro de si; e um negro, encilhando suas mulas, ergue da garganta úmida, alegre, três vezes na manhã resplendente a longa frase preta naufragada-em-dor e inconclusa de modo anarcaico em cuja exaltação ele começa cada dia; e os homens ainda aguardam; e as mulas presas, sacudindo as moscas metálicas, consentindo suas cabeças compridas: e embora o ar ainda esteja fresco, há agora o odor cortante da grama e das ervas, e um suor frio irrompe e vagamente aferroa em padrões geométricos na testa, nos pulsos, na viga dos ombros, e na espinha; e lá na sombra que se encurta e não refresca no negro altar do maquinário, o negro resta com uma mão pendente de um cabo triangular e com o tempo como um lago na palma da outra, cuja superfície encara, e no segundo preciso ele puxa o cabo; e em um rijo irromper de vapor, o ar é um só rico pio fétido através do qual vibra a luz do sol: e as mulas travam; e o negro desliza o relógio, que a ele se agrilhoa por um cadarço preto ainda novo, de volta ao bolsinho no centro de seu peito; e o apito é cortado como um homicídio, deixando fraco o aquário da clareira com o silêncio que em todos seus lados se reflete em diminuendo, o ruído como uma surra, murchando-se plano das ondas que contornam um centro: elas se espalham sobre os morros como o súbito florir explosivo de uma rosa de aço e se retraem à raiz: e há um enrijecer de força contra os arreios sob o chio dos chicotes de couro e elas se movem, as compridas carroças barulhentas, em uma linha traçada em torno da lenha de pinho empilhada e pelo lado mais distante da clareira e mais além, além do maquinário e morro-acima à direita ao longo de um largo cocho quebrado de tocos ervas fétidas sombra de ferro e ferro e luz esplêndida, e são empregadas ao longo das matas esfarrapadas e com postes de tocos restados para a retomada do trabalho de ontem: picar, serrar, rebocar, carregar, o silvo da serra rascante são ondas rolando no mar: e são agora seis horas e trinta e seis minutos, e entre esses homens estão George Gudger e...

Dois-pontos

Cai o pano

Dois-pontos

Mas isso tem de ter um fim: um fim abrupto e silêncio limpo: uma retirada brusca e seriíssima: um novo e mais sucinto recomeço:

Para tanto devo evitar todos os mistérios de nossas coexistências — todos eles, todas essas coisas, devem ser procrastinados — e devo aqui expor com o olhar que me seja possível as lamentáveis e brutais, furiosas conquanto belas estruturas da vida que incumbe a cada um de vocês diariamente: e isso nos termos mais limpos que posso aprender a especificar: devo mediar, devo tentar registrar, as vidas humanas estranhas e cálidas de cada um de vocês em relação a seu mundo:

E isso também não pode ser feito levianamente: levianamente não, nem levemente, de forma alguma: e nem com qualquer esperança de "sucesso":

Pois aquele que se dispõe a olhar com um mínimo de franqueza, com um mínimo de objetividade para a verdade, para os olhos vivos de uma vida humana: o que é que ali contempla que o congela de tal maneira e de tal forma abate seu ambicioso coração? O que será, profundo por trás das janelas externas de cada um de vocês, imune mesmo ao toque de suas próprias suspeitas, recolhido apertado e longe contra a parede dos fundos e o negrume da caverna que é sua prisão, de modo que apenas os olhos brilham sua própria glória raivosa, mas os olhos de um animal selvagem preso, ou de um anjo enfurecido pregado ao chão pelas asas, ou de qualquer outra forma que se possa vagamente designar a "alma" humana, aquilo que tem fúria, aquilo que seja selvagem, que é indomável, que é pleno de saúde e sacro, aquilo que é competente em toda obtenção de vantagens dentro dos limites da esperança dos sonhos humanos, aquilo que, maravilhosíssimo e preciosíssimo a nosso conhecimento e extremissimamente avançado sobre a futuridade dentre todos os florescimentos do âmbito da criação, é de todos eles o menos destrutível, o menos corruptível, o mais indefeso, o mais fácil e multitudinariamente ferido, frustrado, aprisionado, e pregado a um fingimento de si próprio; situado no universo de maneira tal que aquelas três horas na cruz são apenas um emblema nobre e trivial de como em cada indivíduo dentre a maioria dos 2 bilhões hoje vivos e em cada instante sucessivo da existência de cada existência não apenas ser humano mas nele a mais elevada e mais candente esperança de divindade está em um coralizar bilionado e um zumbido da dor de gerações após gerações incessantemente sendo crucificada e evocando e provocando crucifixões que se tornam suas necessidades e são cada uma delas no mais casual de sua vida tão imensuravelmente desacreditadas, feridas, insultadas, envenenadas, enganadas, como nem toda ira, compaixão, inteligência, poder de retificação em todo o alcance do futuro há de no mínimo expiar ou tornar um grama mais leve: como, olhando assim em nossos olhos e assim vendo, como cada um de vocês é uma criatura que jamais em todo o tempo existiu anteriormente e que jamais em todo o tempo existirá novamente e que não é exatamente igual a nenhuma outra e que tem a grandiosa estatura e o calor natural de todas as outras e cuja existência mede-se toda sobre um tempo ainda louco e incurável; como posso falar de vocês como "fazendeiros" "colonos", como "representantes" de sua "classe", como números inteiros sociais em uma economia criminosa, ou como indivíduos, pais, esposas, filhos, filhas, e como meus amigos e como eu "conheço" vocês? Concedo — mais, insisto — que é nessas todas particularidades que cada um de vocês é o que é; essas particularidades, e questões ordinárias e óbvias, estão precisamente elas além das designações das palavras, são membros da soma total de vocês todos obrigatoriíssimos para a busca humana da perfeição: e contudo dar nome a essas coisas e fracassar em lhes conceder sua estatura, seu sentido, seu poder de ferir, parece ímpio, parece criminoso, parede indecente, parece traiçoeiro no mais fundo: e fazer menos mal parece impossível: e contudo em sonegações de especificações eu só posso trair vocês de forma ainda pior.

Deixem-me dizer, então, como gostaria que esse relato fosse construído.

Eu poderia sugerir que sua estrutura fosse globular: ou fossem dezoito ou vinte esferas que se intersectam, o entrelaçamento de bolhas na face de um riacho; um desses globos é cada um de vocês.

O coração, nervo, centro de cada um deles é uma vida humana individual.

Deveríamos primeiro meditar e estabelecer suas antigas, depois mais recentes, suas amplas e mais locais história e situação: como ele é filho da substância e das entranhas das estrelas e de todo o espaço: como ele se cria de uma aberração de uma migalha e germe e grão de pó este planeta, este planeta jovem, naquele campo grandistenso: como na juventude deste planeta ela é a mais jovem, ainda mal sequer tendo recebido o alento e contudo nata, para seu crescimento futuro: como ela floresce no mais fútil dos ramos, mais precário, mais propício, potencial e mais medonho de toda a criação conhecida, da existência humana, da consciência humana, da possibilidade humana de se construir ruína ou maravilha: como ela é o mensageiro de o que quer que venha a ser o futuro: como em si própria, sem importar qual a nuga individual que seja, ela é em sua incepção capaz, em seus termos, de saúde, que é perfeição, que é santidade, que é o simples e salgado, sanguíneo funcionamento de cada animal em seu melhor: e é igualmente capaz de todo o mal para si própria e para outros: como tudo isso pode fazer toda essa diferença é circunstância, física e mental: como nada existe na consciência e na recepção de nossos sentidos que não seja parte incorporada desse corpo e dessa força de dar forma às circunstâncias, e nada há de tão minúsculo que não imponha sobre esta vida humana mais poder, mais importância, mais sentido ou impacto do que as palavras mais exatas ou violentas jamais poderão contar:

Neste centro depomos esta semente, cuja genealogia sugerimos e cujo contexto na história eterna, sua realeza, sua miraculosidade, sua grande potencialidade: tentamos ao menos sugerir também sua incomparável delicadeza diante da experiência, sua maleabilidade, a nudez e a indefesidade quase inimagináveis desse maravilhoso núcleo e cerne de cinco janelas: o tamanho, a misericórdia, a abominação dos crimes que há de receber, contra as incríveis doçura, força e beleza do que pode ser e lhe é negado em trapaças:

Sem jamais relaxar a simultaneidade de suas estrelas ancestrais e irmãs, trazemos suas forças para uma convergência mais próxima em um lugar de tempo local: de que forma ele se origina de uma cadeia e de uma trama, uma textura de carne dolorosa e demente, que em todos os séculos anteriores mal dentre poucas centenas sem-sentido forjou uma só cabeça do fundo cego do mar humano e respirou uma taça de brilho e ar singelo, e sobre ela desvanta-geamentos foram acumulados e entretecidos no retorcimento de um conti-nente e tragados por sobre mares e por sobre uma mais nova para destinos em nada melhores, e aqui algumas poucas gerações habitaram nas matas e nas mortas argilas em liberdade bestial ou em servidão, tremendo com febres, fragilizadas e adoentadas por comidas, espremidas no trabalho até sob o sol forte restarem lassidão e falta de esperança ou cuidado, na ignorância de to-das as causas, de todo o ser, toda a conduta, esperança de socorro ou cura, sa-turadas de males e hábitos, crenças inensináveis, os germes que carregam nas entranhas gastos, rachados, partidos, maculados, já de saída viciados, carteira de moedas falsas:

Aqui temos dois, cada um deles crucificado, crucificam ainda um outro sobre o raso prazer de uma cama de ferro e instigam na barriga de uma mu-lher uma crucifixão de célula e esperma açoitado: cuja criatura é nosso cen-tro, nosso nervo de que falamos; nesse instante seu globo já se arredonda so-bre ele e é sua prisão, que poderia ter sido seu reino: ele teve início em uma estima rubrinegra de uma cegueira e pulsação de sangue ferido invencível e se informa inteiro do fermento desse sangue, de que também se extrai trabalho duro, uma dieta indecente, em cujos sonhos há susto e mágoa, e não muito ou nada de amor, uma mente desarmada está meditando como pode; esta criatu-ra, motivo mesmo de sua criação, saltou, rompeu-se, foi escravizada e coman-dada por um mundo crimempanturrado: pois ela é feita para trabalhar, para quem a maltrata, nem seu mestre mesmo que inapreensível nem mesmo me-ro escravo de seus pais ou de um estado saudável, mas de maus-tratos sem os quais sequer pode viver: e é em obediência a essas pressões que foi feito o ca-samento e foi ele concebido, e que é ninado e inv005cerado entre os desencora-jamentos dessa surra de sangue batido; e é rumo a esta servidão que o germe se desdobra e floresce, escala vindo daquele mar macio e flutuado por trevas e sangue adulador a íngreme escada de cordas que atravessa todos os turnos da natureza e, baixo o elmo imenso e manso acovardado, mãos cobrindo olhos ilumes, joelhos, pés recolhidos tensos como se recebera o golpe de uma baioneta no plexo solar, flutua sempre para cima equilibrado sobre sua surdez e finalmente, como o explosivo latejar dos pulmões de um mergulhador de águas profundas, irrompe na felicidade do ar

para se encontrar:

como ele havia de saber, como esses pobres pais que com tanta honestidade desejam seu bem, jamais poderiam suspeitar melhor que muito pouco, como em sua ignorância e tristeza esfolada jamais hão de aprender, que todo o auxílio que lhe prestem fará apenas mau

para se encontrar:

enfraquecido, internamente já ferido mais do que se pode estimar, e contudo ainda acessível a toda bondade estivesse ela ali:

e indefeso e inconsciente, sem escolha, sem conhecimento para a escolha se a tivesse, sem poder de escolha, tivesse conhecimento

para se encontrar

Ahh, tão preparado tão pressionado, tão revistado até já o mais íntimo da alma por venenos, monstros, todas as formas de ruína, mandíbulas sorridentes de cárceres, que aquele verimítico homem natural dos sonhos raciais, aquele herói autoventuroso, aquele jovem forte era muito mais feliz, que no fim de uma jornada tão íngreme e árdua e de uma fuga do solo da criação revisitado, pulmões prontos a explodir coração se rompendo, corpo nu, suas armas primevas perdidas porque pudesse sequer nadar, irrompe sangrando na liberdade de seu elemento oxigenante para encontrar, a sua volta, não apenas em círculo sobre um chão em cova limitada qual Daniel, mas em tal complexidade de um tal círculo que chega a soprar em torno a ele uma bolha e globo inconsútil, seus amarelissoridentes grinçantes maquinarmados garramorosos furiosos inimigos de olhos calcinados:

Pois este homem tem consciência; ele pode ter habilidade; é pela habilidade; pela consciência pela inocência pela inteligência pelo amor, pela mágica que havemos de vencer e só assim; essa habilidade ele pode ter e por essa habilidade pode falar; pode dizer ou flautar uma linguagem tão mansa e cômoda que essas bestas dissolvem seus cenhos, anelam docemente em estremecimentos e soluções de ardor em sua direção e sobre ele, rolam diante, e indefendem seus dourados ventres inumanos a seus pés com todo o pasmo do empíreo:

e se ele for pouco; ou se falhar; sua morte é precoce, acaba, como um choque de relâmpago:

enquanto que esse outro: *sua* morte, *sua* destruição, é tranquila, sutil, contínua, muito lenta, em considerável medida iludida, em alguma medida o ato do amor de mais ternas intenções, sendo seus inimigos daquela espécie silente, insinuante e mascarada, e ele, vácuo de toda habilidade contra:

Esta criatura, este centro, alma, nervo, vejam como agora nasce, e eu disse, como redondo se engloba, com o que há de fazê-la e feri-la: quais são os constituintes desse globo? quais são as forças diversas de seus poderes sobre ele?

Estava além de qualquer possibilidade de esperança de poder dizer, enquanto contudo ele estava no sangue de sua mãe pouco mais que consciente, quando este globo estava em seu mais simples e mínimo: como então podemos agora dizer mais, quando com algumas horas de contorções ele é arrancado dessa angra por uma mudança tão cataclísmica que dura para sempre, sem retirada, seu lugar erradicado, desenraizado e humano em um mundo tão imane e ultrajante, louco, irresponsável, perigosidiota: como ainda poderemos melhor que nulamente sugerir, ou expor, algumas possíveis leis?

Nossos cinco ou vinte sentidos humanos conhecidos: não há motivo para assumir que não sejam poucos, são cruamente tecidos, que enxames de imediações na melhor das hipóteses escorrem por entre essas redes, conquanto sejam assistidas por sonho, razão, e pelas constrições de vidro-diamante e luz com que fazemos furos íngremes nas entranhas dos céus que pairam, sabemos o cerne o sal da terra, pisamos medidas na grandiosa propriedade do ser: contudo: contudo e em seu momento mais fraco, mais fraco e mais desarmado desses instrumentos, sua tomada é titânica além da exaustão de conta ou valoração, e é praticamente infinitamente populosa além do conhecimento de cada momento ou de uma vida: e aquilo que recebemos e contudo não reconhecemos, nem sustemos no foco de um momento, é contudo e contínua

112

e vigorosamente implantado em nossos cérebros, em nosso sangue: sustenta-se: sustenta-se: cada um entalha sua pequena marca: cada folha soprada de uma mata meio quilômetro distante enquanto estou absorto em uma exatidão qualquer: cada um desses registros entalha sua marca: nenhum deles é negligenciável: e medem, não apenas por multitudes dentro de cada instante granular, mas por iteração, o que está mais uma vez além de nossos cômputos não só mas também a mais remota percepção de nossa carne e mesmo cérebro: e com cada iteração o pequeno talho corta-se um tanto mais distinto, um tanto mais fundo, um tanto mais cicatriz e um formar-se de uma substância que podia ter assumido outra forma e que em cada rerregistro perde um pouco mais e um pouco mais o poder de se haver com esta possibilidade: e mais e mais inexorável e fixamente é atraída e moldada na mais fundonáufraga de todas as covas em que se enterra viva a esperança humana, o poder e a cegueira, a rigidez e a indefesidade da habituação, da aceitação, da resignação tão totalmente fundas que navegaram para além da memória da resignação ou do pensamento de outra possibilidade: um entorpecer, congelante, uma paralisia, um tornar-se pedra, misericordioso em meio a toda aquela tempestade de tortura, relativamente resistente a males muito mais agudos, mas sempre na medida daquela petrificação dez vezes obtusada contra a esperança, a possibilidade, a cura:

Mais ainda, essas danificações globulares são de muitas espécies e graus e cores e de um talento infinito de ludibrio: sendo de tantas espécies quanto comporta aquele conjunto particular de sentidos e pode aquela inteligência particular em seu coração perceber e receber e a que pode reagir e sobre a qual pode refletir: tudo que é "físico", tudo que é da "mente", tudo que é das "emoções", tudo que é da condição "econômica" e "mental" e "glandular" e "médica", tudo que é da "crença", e é do "hábito", e é da "moralidade", e é do "medo", "orgulho", necessidade de "amor", "calor", "aprovação", tudo que está ligado aos "significados", das "ideias", "palavras", "ações", "coisas", "símbolos": isso tudo posto à parte, todos esses elementos em um complexo orquestral em que se imbricam, interformam uns aos outros, e conspiram em seu companheirismo armadilhas e equações de destruição mais agudas ferozes estritas sutis osteomordentes do que está no poder de qualquer dos cinco deles independentes uns dos outros:

Aqui, de novo, em meio a tudo isso, está essa humana criatura, nascida, aguardando seu toque:

Nós o especializamos mais um pouco: sim, ele é das profundezas da classe operária; de colonos do sul do Alabama; certos indivíduos são seus pais, diferentes de outros indivíduos; eles vivem em uma certa casa, algo diferente de outras casas; plantam certas formas e forças de terra, em uma certa vizinhança precisa, para um certo proprietário: todas as coisas como essas determinam esse inseto, esse centro, consideravelmente:

Com outro nascimento, ele romperia sua concha contra outras formas de loucura: poderia, por exemplo, ter surgido no abrigo e na vergonha macia e na culpa do dinheiro, que nesta terra neste momento obtém-se a custa de outros espíritos e do bem humano, e que traz suas próprias doenças, tão pavorosas que não se pode com sabedoria e honestidade ou invejar ou odiar a imagem, digamos, do proprietário de terras que sugiro ao lado dessa criança: Ou ainda de outra forma, no abrigo culpado de mesmo um certo bem-estar, a mente, o espírito, o coração, que nele tão prestamente serão mortos ou obtundidos, ele poderia ter criado sua luta, e descobriria, e teria de suportar, algo das verdadeiras proporções da selvageria do mundo, e algo do verdadeiro peso da responsabilidade que cada ser humano tem de aprender a empreender por todos os outros, e algo da verdadeira magnitude do terror e da dúvida com que em cada ser humano essa responsabilidade tem de ser procurada e empreendida; e poderia facilmente ter se enganado, e se tornado um instrumento do veneno, ou, menos enganado, ter recebido aquelas outras agonias da percepção tão grandes que se pode muito dubitavelmente sentir minimamente feliz ou desprovido de culpas o abraço das alegrias e lacerações dessa consciência sem o todo não comprometido e raro perfurante e a intenção do próprio "gênio": vejam, nessa consciência, que enxame e gosma de monstros encontraríamos, cujas habilidade, dor, doença e traiçoeiridade são multiplicadas em proporção ao alcance e ao limite dessa mesma "consciência" que é nossa única esperança, o mundo deste monstro, um inimigo, certo e tremendamente fenecedor: desse mundo particular de esperança e de horror sorriso -mascarado ele está quase livre, pois em seu mundo poucas dessas bestas existem, e os instrumentos com que poderia vê-las se existissem, ou de si próprio em ato natas; suas lentes são esmagadas em sua infância, os parafusos de ajuste travados; seu mundo é mais quasemente puro um mundo tátil, fragrante, visível, físico, em que por seu profundo isolamento essas feias fisicalidades impulsionam e impõem seus acentos tanto mais agudamente sobre ele; e caso ele por vago e irregularíssimo acaso realizasse sua pequena, terrível e fiel luta por uma saída, para uma esfera quão muito menos torturada há de fazer-se essa fuga: pois esta esfera humana é apenas doença e loucura imbricadas e maravilhosamente variegadas e preênseis, que homem em 10 milhões há de presumir que foi limpo dela ou mais que os outros, há de ousar mais que muito hesitantemente arriscar, que uma forma desta ruína é em mais que um milionésimo a outra preferível?

Aqui então está ele, ou aqui está ela: aqui está esta frágil e indefesa vida humana: sujeita ao que nela é imediato e a todo o pavor amplIficado de seu futuro: provinda de uma linha, um peso e um fardo de dor e veneno da fadiga que maculam seu sangue e por sob os quais ela levanta sua pequena cabeça trêmula a uma posição vertical, levando sobre os ombros o peso de todas as gerações espalhadas de seus mortos: cercada já, com pressões adicionais, imposições: a dor, cansaço, e nesciência de seus pais em seus cercados acima e em torno a ela: a pavorosa influência de seu desamor, sua falta de conhecimento esperança ou acaso, como amar, o que é o prazer, por que estão aqui trancados juntos: seu recorrente testemunho do ato primal, aquela batalha e aquela brutalidade sobre um leito que de sua esteira no chão do mesmo quarto ele ergue a cabeça e ouve e vê e teme e é dilacerado: a inocência sem esperança de parte deles sobre como "criá-lo", uma ignorância não menos enorme que nos pais do resto do mundo, contudo não menos relevante nem menos horrenda por causa disso: a comida que se extrai de sua mãe destilada do lixo que deve comer; e o lixo para o qual se gradua: as estruturas adicionais de violência, estrangulamento, aleijamento psicológicos que tomam forma e acento entre ele e seus irmãos e suas irmãs e entre eles todos e seus pais; pois de todos esses todos são inocentes, totalmente indefesos: a lenta, silente, doce, calma contudo tão profundamente comovente expansão do mundo físico, sensual emocional em que, como dissemos, nem o menor dos detalhes de cuja imposição e poder de entrincheirar e habituar deixa de ser mais intenso do que se pode calcular: tudo de forma que nos anos de sua mais violenta indefesidade, que há de sempre ser indefeso, e nos anos de sua mais extrema maleabilidade, à altura em que tiver cinco ou seis anos de idade, ele esteja de pé no centro desse enorme pequeno globo como um aleijado de cuja curabilidade deve-se ao menos ter a mais séria dúvida: e agora novos mundos se abrem sobre ele nos múltiplos velozes desdobramentos de uma grande flor, e em cada abertura ele é mais firmemente trancafiado, suas primeiras chagas mais salgadas, as pequenas covas rasgadas da possibilidade angélica mais selvagemente pisoteadas em dança e conspurcadas além da capacidade de memória de sua existência: tudo aceito, tudo assimilado, todos os novos fardos assumidos, a lida precoce, precoce subserviência, aclimatação a insultos e calúnias de formas de liberdade, as piadas hediondas da educação e seu violento fim em um precoce pior, o aprendizado de nossa situação em relação ao mundo e sua aceitação, os intumescimentos e tremores da adolescência, a liberação da saída do lar para a errância, o brilho fatal e as doces iras do prazer no amor e no casamento enlaçado e no trabalho, a constante falta de dinheiro, necessidade, emaciação, trabalho de partir as costas, consciência de estar sendo enganado, inanidade para protestar ou ordenar que seja de outra forma, roupas gastas, senhorios impostos sobre si, cidades de escambos...

Isto tudo é um dois-pontos:

Aqui no centro está uma criatura: seria nossa tarefa mostrar como em cada instante de cada dia de cada ano de sua existência em vida ela é por todos os lados inundada pelo externo, bombardeada, perfurada, destruída pelo imenso granizar de todos os objetos formas e fantasmas, quão enormes quão minúsculos não importa, que cercam e que seus sentidos recebem: com tão grande e perfeita e exata particularidade quanto podemos nomeá-los:

Essa seria nossa tarefa, mostrá-las todas assim transfixadas como entre os trilhões de dardos das estrelas e cada uma das transfixões: mas fazê-lo está além de minha força humana. O máximo que posso fazer — o mais que posso esperar conseguir — é criar uma quantidade de entidades físicas o mais simples e vívidas que possa, e tentar alguns palpites, algumas conjecturas; e deixar para vocês boa parte do fardo de perceber em cada uma delas o que nelas como um todo quis deixar claro: como cada uma é ela mesma; e como cada uma é uma formatadora.

Intentamos não muito, mas algo, dizer: dizer, o que é esta casa: para quem ele trabalha: quem é ele e de onde vem, que ele agora está aqui; o que tem sido sua vida e o que fez a ele: o que é de sua vida e da de seus filhos, cada um, pois de todos eles cada um é uma vida, um pleno universo: quais são suas roupas: que comida têm para comer: o que é que está em seus sentidos e em suas mentes: qual é a vida e a maneira de seus dias, de uma estação, de um ano: qual, interna e externa, é sua forma de viver, de gastarem e usarem a abertura desses poucos anos longe da morte negra vasta e sem sentido; qual é sua forma de vida:

Tudo isso, todas essas coisas, vocês podem ver, cercam de forma tão intensa e tiram significado de um certo centro que seremos incapazes de manter firme diante de nossos olhos, que deveria ser escrito, deveria ser listado, calculado, analisado, conjecturado, como se todo em uma só sentença e espalhada suspensão e fuga ou cânon musical: e que eu não serei capaz de sustentá-lo, de sustentar assim sua intensidade na direção dessa vida humana do centro, cedê-lo assim de mim por que acerte em um golpe interno esse centro de uma só vez e em todas as suas intersecções e nos sentidos de suas inter-relações e inter-realçamentos: é isso que me tanto paralisa: contudo pode-se escrever apenas uma palavra por vez, e se elas parecem meras listas e inventários, coisas mortas para si próprias, privadas de magnetismos recíprocos, e se naufragam, perdem ímpeto, metro, intensidade, então lembrem pelo menos meu desejo, e percebam nelas e nelas restaurem toda a força que puderem sozinhos: pois eu devo lhes dizer, esta não é uma obra de arte ou de entretenimento, e também não vou assumir as obrigações do artista ou do mestre de cerimônias, mas sim um esforço humano que deve requerer cooperação humana.

Essa violenta retirada e silêncio e meditação de cuja necessidade falava; a seu pico agora nos retraímos em preciso silêncio: de onde me permitam esperar que o todo daquela paisagem por que tentaremos viajar seja visível e possa ser conhecido como estando lá de imediato: que isso seja considerado, para que, quando descermos entre seus meandros e bloqueios, ao exame de suas exíguas particularidades, esta sua completude e seu simultâneo mapa vivo não podem ser negligenciados, por mais que se possa perder a amplidão da terra no caminhar sinuoso de cada sentença.

Parte II

Certas descobertas
e comentários

Dinheiro

Vocês são fazendeiros; eu também sou fazendeiro.
Franklin Delano Roosevelt

Woods e Ricketts trabalham para Michael e T. Hudson Margraves, dois irmãos, sócios, que moram em Cookstown. Gudger trabalhou para os Margraves por três anos; ele hoje (1936) trabalha para Chester Boles, que mora a três quilômetros ao sul de Cookstown.

Sobre seus contratos e históricos de trabalho, e sobre seu dinheiro escrevi um capítulo longo demais para ser incluído neste volume sem sacrificar coisas demais. Colocarei aqui em seu lugar um resumo tão radical quanto consiga realizar.

Gudger não tem casa, terra, mula; nenhum dos equipamentos agrícolas mais importantes. Tudo isso ele precisa obter de seu senhorio. Boles, por sua parcela do milho e do algodão, também lhe adianta o dinheiro para as rações de comida durante quatro meses do ano, de março a junho, e seu fertilizante.

Gudger lhe paga com seu trabalho e com o trabalho de sua família.

No fim da estação ele lhe paga ainda mais: com metade de seu milho; com metade de seu algodão; com metade de suas sementes de algodão. De sua própria metade dessa safra ele também paga o valor das rações, com juros, e sua parte do fertilizante, com juros, e outras dívidas que tais, com juros, conforme possam ter sido contraídas.

O que sobra, depois de deduzidas contas de médicos e outras dívidas, é sua renda do ano.

Gudger vive estritamente a meias, um meeiro.

Woods e Ricketts não são donos de casa nem terra, mas Woods tem uma mula e Ricketts tem duas, e são donos de seus implementos agrícolas. Como não precisam alugar essas ferramentas e animais, eles trabalham em condições ligeiramente diferentes. Entregam ao senhorio apenas um terço de seu algodão e um quarto de seu milho. Da parte que lhes cabe das safras, no entanto, eles lhe devem o preço de dois terços de seu fertilizante de algodão e três quartos de seu fertilizante de milho, com juros; e, com juros, as mesmas dívidas do valor das rações.

Woods e Ricketts são colonos: eles trabalham em terços e quartos.

Muito poucos colonos pagam aluguel em dinheiro: mas esses dois tipos de condições, com variações locais (armazéns centrais; comida em vez de dinheiro para as rações; divisões ligeiramente diferentes das safras) são básicas para os plantadores de algodão em todo o sul.

De março a junho, enquanto se cultiva o algodão, eles vivem do dinheiro das rações.

De julho até o fim de agosto, enquanto o algodão cresce, eles vivem como possam.

Do fim de agosto até outubro ou novembro, durante a estação de colheita e beneficiamento, eles vivem do dinheiro de sua parcela das sementes de algodão.

Daí até março, vivem do que quer que tenham ganhado durante o ano; ou como consigam.

Durante seis a sete meses de cada ano, então — ou seja, exatamente durante o período em que seu trabalho com o algodão é absolutamente necessário para o senhorio — eles podem contar com a subsistência que se faça possível graças aos adiantamentos das rações e ao dinheiro das sementes de algodão.

Durante cinco a seis meses do ano, dos quais três são os meses mais duros de qualquer ano, com o pior do clima, a menor adequação dos abrigos, o pior e o mais escasso da comida, o pior da saúde, basicamente normais e inevitáveis, eles com nada podem contar que não o fato de que podem esperar o mínimo possível de ajuda de seus senhorios.

Gudger — uma família de seis — vive com uma ração de dez dólares por mês durante quatro meses do ano. Ele já viveu com oito, e com seis. Woods — uma família de seis — até este ano não conseguia mais que oito por mês durante o mesmo período; neste ano ele conseguiu elevar para dez. Ricketts — uma família de nove — vive com dez dólares por mês durante o período desta primavera e do começo do verão.

Essa dívida é paga no outono com juros de 8%. Cobram-se 8% também no fertilizante e em todas as outras dívidas que os colonos contraem nessa região.

Com preços normais, um colono meeiro recebe cerca de seis dólares por fardo de sua cota das sementes de algodão. Um colono meeiro com uma mula consegue em média três fardos. Esse meeiro, então, Gudger, pode contar com dezoito dólares, mais ou menos, com que viver durante a colheita e o beneficiamento: embora nada receba antes de ser beneficiado seu primeiro fardo.

Trabalhando a terços e quartos, um colono recebe o dinheiro de dois terços das sementes de algodão de cada fardo: nove dólares o fardo. Woods, com uma mula, obtém três fardos, e recebe 27 dólares. Ricketts, com duas mulas, obtém e recebe o dobro disso, para viver durante o fim do verão e o outono.

Nunca se pode confiar na renda do fim de um dado ano e, mesmo avançada a estação, ela nunca é previsível. Pode ser o bastante para atravessar os meses mortos do inverno, às vezes até melhor que isso: pode ser o bastante, bem esticada, para encarar dois meses, e uma doença, ou seis semanas, ou um mês: pode ser tão pouco que chegue a ser completamente insignificante: pode ser nada: pode ser mais que nada o bastante para garantir a um colono apenas uma falta de dinheiro igualmente desesperada no fim do trabalho do próximo ano: e o que quer que um ano possa trazer de boa sorte, jamais há qualquer motivo para esperar que aquela sorte se repita no ano seguinte ou no outro.

O máximo que Woods ganhou na vida foram 1300 dólares em um ano da guerra. Nos anos 1910 e 20 ele com bastante frequência chegou a ganhar trezentos dólares; com muita frequência ganhou cinquenta dólares ou menos; duas ou três vezes ele terminou o ano devendo. Durante os anos da Depressão ele no mais das vezes ganhou cinquenta dólares ou menos; no ano passado ele ganhou 150 dólares, mas uma doença séria durante o inverno consumiu tudo rapidamente.

O máximo que Gudger ganhou na vida foi 125 dólares. Isso foi no ano em que arou a terra pela primeira vez. Ele se sentiu extremamente esperançoso e comprou uma mula: mas quando seu senhorio o advertiu de como seria o ano seguinte, ele a vendeu. Na maioria dos anos ele não ganhou mais que 25 a trinta dólares; e em talvez um em cada três anos ele terminou em dívida. No ano retrasado ele acabou devendo oitenta dólares; no ano passado, doze dólares; a Boles, seu novo senhorio, a primeira coisa que teve de pedir foi um empréstimo de quinze dólares para passar o inverno até que começassem os adiantamentos das rações.

Anos atrás os Ricketts eram, em termos relativos, quase prósperos. Além do plantio de algodão eles tinham dez vacas e vendiam leite, e moravam perto de um riacho bom e tinham quanto peixe quisessem. Ricketts se endividou em quatrocentos dólares por um belo par de mulas. Uma das mulas morreu antes de ter feito sua primeira safra: a outra morreu no ano seguinte; diante desse medo, que chegava às alturas do horror, de afundar ao nível de meeiro, em que nada é seu, Ricketts se endividou para comprar outras mulas, piores; suas vacas se foram uma por uma em dívidas e escambos desesperados e em doenças; ele teve febre terçã, sua mulher teve pelagra; vários de seus filhos morreram; ele teve apendicite e ficou dias a fio deitado com uma bolsa de gelo; a pelagra de sua mulher foi para o cérebro; por dez anos seguidos já, apesar de terem vivido com o parco dinheiro das rações, eles não ganharam nem tiveram qualquer esperança de ganhar um centavo no fim do ano.

* * *

Não é frequente, então, que no fim da estação um colono ganhe dinheiro suficiente para atravessar o inverno, ou mesmo uma parte dele. Mais geralmente ele pode contar que, durante a maior parte dos quatro meses entre a parada no outono e o começo do trabalho e a retomada dos adiantamentos das rações no começo da primavera, ele não terá dinheiro e não poderá esperar dinheiro algum, nem nenhuma ajuda, de seu senhorio: e de não ter dinheiro durante as seis semanas de espera no meio do verão, ele pode ter ainda mais certeza. Entre quatro e seis meses de cada ano, em outras palavras, ele tem muito mais probabilidade de ter nada, e durante esses meses ele tem de cuidar de si: ele não é responsabilidade do senhorio. E tudo que pode esperar é conseguir trabalho. Isso é difícil, porque há bastantes desempregados nas cidades, e eles são mais adequados à maioria das vagas de trabalho e podem estar à disposição o tempo todo se for necessário; e também não há aumento, durante esses dois períodos agrícolas mortos, de outros tipos de trabalho que se possa fazer. E assim, com a mesma quantidade de vagas de trabalho do resto do ano, e com uma quantidade suficiente de homens já prontos para ficar com elas, toda a população de colonos, centenas e milhares em qualquer localidade, está desesperadamente necessitada de trabalho.

Um senhorio guarda certos trabalhos ocasionais para essa época do ano: eles vão, por menos do que seria pago a outros, para aqueles dentre seus colonos que por acaso morem mais perto ou àqueles que mais consideram; e mesmo no melhor dos tempos eles não rendem muito.

Quanto a matas na fazenda, um senhorio normalmente permite que um colono corte e venda lenha pelo preço que conseguir. O máximo que um colono ganha com isso é cerca de um dólar por carga, mas na maioria das vezes (pois o mercado está saturado, de tanta gente tentando vender lenha) ele não consegue mais que metade disso ou menos, e com considerável frequência, no fim de um dia de negociações duras, a quilômetros de casa, ele prefere se livrar dela por 25 ou até por quinze centavos em vez de puxá-la de volta até sua casa: então não rende muito. E, também, de maneira alguma são todos que têm madeira para cortar e vender: em toda a metade sul do país, em que estávamos fazendo a maior parte de nosso trabalho, havia tão pouca madeira que os negros, durante o duro inverno de 1935-6, estavam queimando partes de suas cercas, paióis, mobília e casas e estavam morrendo em quantidades imensas e não seriamente computadas, de problemas pneumônicos e pulmonares de outras naturezas.

O trabalho para a WPA* estava à disposição de muito poucos colonos: eles, tecnicamente, têm empregos, e assim não têm direito a ele: e se por acaso conseguirem, é mais que provável que os senhorios intervenham. Eles acham que receber salário estraga os colonos, mesmo que seja por um curto período. Um colono que sequer tente conseguir esse tipo de trabalho sofre desaprovação.

Não há muito auxílio direto nem mesmo para as viúvas e os idosos no interior.

Gudger e Ricketts, durante este ano, tiveram imensa sorte. Depois que eles, e Woods, foram retirados do trabalho do governo, encontraram emprego em uma serraria. Ganharam o emprego com a condição de que ficariam nele até que a serraria saísse dali, e estritamente condicionado à permissão de seus senhorios: e seu empregador sequer daria uma ideia de quanto poderia durar o trabalho. Seus senhorios deram a permissão com bastante má vontade, com a condição de que pagassem por qualquer mão de obra extra que fosse necessária em sua ausência durante a estação da colheita. Gudger contratou um peão, a oito dólares por mês, com casa e comida. Ricketts não precisava: sua família era grande o bastante. Eles receberam 1,25 dólar por dia cinco dias por semana e 75 centavos no sábado, sete dólares por semana, dez horas de trabalho por dia. Woods nem tentou conseguir este trabalho: estava velho e doente demais.

---

* Work Projects Administration [Administração dos Projetos de Trabalho], um dos diversos órgãos de assistência e assistencialismo que foram implementados pelo plano de combate à recessão chamado de New Deal. A WPA organizava frentes de trabalho constituídas por homens sem formação e desempregados para projetos de diversas naturezas. (N. T.)

Abrigo

Irei ao altar de Deus

ABRIGO: um roteiro

Uma casa em seus campos
A fonte: a horta: os galpões

A casa dos Gudger
    A casa fica só

    Em frente da casa: sua estrutura geral

    Em frente da casa: a fachada
    O cômodo sob a casa

    O corredor
    Estrutura dos quatro cômodos

    Odores
    Nudez e espaço

1. O quarto da frente
    Geral
    Disposição da mobília

    A mobília

    O altar
    O tabernáculo

II. O quarto dos fundos
    Geral

    A lareira
    O topo da lareira
    O armário
    As camas

III. A cozinha
    Geral

    A mesa: o lampião

IV. A despensa
    Dois elementos essenciais

    No cômodo

No quarto da frente: o sinal
A volta

A casa dos Woods
A casa dos Ricketts

Notas
    Beleza

    Relações e médias

    Outros comentários sobre relações e médias

    Idade

    Habitabilidade geral

    Condições sanitárias e iluminação

Hino recessional e vórtice

Abrigo

Uma casa em seus campos

George Gudger tem de Chester Boles um pouco mais de vinte acres de terra arável aberta, alguns acres a mais de matas e de ravinas em encostas de morros, uma casa, um celeiro, um defumadouro, um galinheiro, uma horta e uma fonte, todos suspensos e alocados em solidão lá no fim de um quilômetro de uma estrada vicinal que ali murcha, fora da vista e do alcance de uma caminhada de cinco quilômetros a partir de qualquer outra casa habitada. Um pouco de sua terra fica no topo plano do morro; o resto se quebra em grandes retalhos entre ravinas e matas ao longo das formas derrubadas do morro e em pequenos retalhos ao longo da estrada que o tira dali. A casa e os galpões, a horta e a fonte, ficam mais ou menos a meio caminho dos trechos de terra principais, e mais ou menos a meio caminho morro abaixo.

Os três acres mais altos são um longo retângulo plano de terra violentamente vermelha e estão plantados com algodão. Entre a borda do morro e o pátio de seu celeiro nada está plantado, apenas mato e espinhos em um conjunto de aparência ralada de superfícies arredondadas e escavadas, e uma trilha estreita que se enfia deslizante e sinuosa entre eles, mas dessa borda, de pé à beira do algodão, vocês veem a casa e o pátio do celeiro, lembrando uma grande maquete de museu ou um estabelecimento para bonecas grandes, postos no meio da ladeira, de-costas-para-vocês, encarando exatamente o oeste, e dois grandes campos diante deles e a sua esquerda, que compõem quase todo o resto da fazenda, todo este delimitado por um abrupto horizonte de árvores. Vez por outra um vago ruído ventoso de velocidade ou um ruído de moagem, varrendo um crescente oriental além das arvores e atravessando uma estreita seção das árvores, por dois segundos, o incerto relance de um volume que paira: e esses são os sedans e caminhões vagamente espaçados que usam uma artéria menor entre duas capitais de condados profundamente distantes para um homem a pé.

Um desses campos começa em um ponto muito fundo atrás da casa a sua esquerda, e ao longo de seu flanco esquerdo os pés de algodão quase tocam o muro; é quase tudo algodão. Voltando para além dele e abaixo dele, em uma clareira na mata alta, fica um trecho menor de milho. O campo que se encerra duzentos metros na frente da casa é todo de milho adolescente, que suave reluz, terminando em uma floresta alta cujas folhas correm como trigo de azougue pelas lesões do ar aquecido. Lá para os lados do flanco direito da casa fica um trecho difícil de quase-morro, parcialmente nu, sulcado pela chuva, sem plantação, brotado de mato alto e gramas fumacentas e moitas de framboesas, pinheiros jovens e pequenas fileiras e ilhas de árvores jovens, parecendo aberto, e contudo fundindo-se logo em um sólido litoral de mata bem crescida. Lá junto da estrada que, começando logo abaixo da casa, leva para a direita e para o norte, há outros pequenos terrenos e fatias de terra arável, todas menos uma com menos de um acre, e que ficam basicamente dentro da umidade das árvores durante várias horas do dia, com algodão, com milho, com cana de sorgo, com amendoim, com melancias e com batatas-doces. Parte dessa terra de Gudger é de terra arenosa, do laranjofosco a um tom mortiço de amarelo; parte é areia escura; e um pouco é marga. Ele tem ao todo cerca de onze acres de algodão, nove de milho, um quarto com cana de sorgo, cerca de meio acre dividido entre as melancias, amendoins, e batatas, e há ervilhas plantadas entre as fileiras de algodão.

Esses campos são locais de trabalho, ou áreas de trabalho cheirosas mas basicamente estéreis sem paredes e com um teto de acaso incontrolável, medo, ruminações e orações propiciatórias, e são como as pétalas espalhadas e partidas de uma flor cujo centro bissexual é a casa.

Ou a fazenda é também uma aranha-de-água cujos pés marcam mas não rompem a deslizante membrana de água: é assim delicada e brevemente que, em seus campos e estruturas, ela sustenta seu ser com o alento cego e constante empuxo da natureza.

Ou é o seio torcido das necessidades de uma só família humana e da ganância de um proprietário, dando sangue e soro em seu ralo leite azul, e a casa, concentração de vida e ganância, é o mamilo rachado: e de tais seios o planeta se pavimenta espessa e desesperadamente como a fabulosa fronte de uma deusa da Índia ocidental.

Os campos são parte orgânica do todo, e de sua própria natureza, e do trabalho que se verte sobre eles: a fonte, a horta, os galpões, são parte orgânica da própria casa.

A fonte
A horta
Os galpões

A fonte fica para o lado dos fundos da casa e acima dela, cerca de 150 metros de distância à direita, uma distância que não é curta para se caminhar para cada gota d'água de que se precisa. A trilha se ergue do fim do cômodo dos fundos entre o galinheiro e o defumadouro até logo abaixo do celeiro, ali gira para a esquerda, separa-se da trilha do morro, e corre estreita, mas lisa como um escalpo, por entre mato espesso sob a luz do sol e na direção de árvores cujos sombrios verde-castanho e frescor são repentinos e cujo silêncio, diferente do da luz aberta, parece ser consciente e aguardar a repetição de um sinal. Menos de 1,5 metro adentro, um odor delicado mas poderoso de umidade na sombra constante, uma larga frente de frescor sem vento como o que vem da porta de uma geladeira, e um minúsculo ruído amarfanhado de água: e três metros adentro sob o teto de folhas, baixa, à direita elevada, a fonte, a terra toda em torno escura e fortenraizada e aromática, compactada, alisada como sabão por pés descalços, e um pedaço salmilhado de tábua para se pôr o joelho e pegar a água. A água se eleva de entre estratos arredondados de pedra escura submersa como que de entre lábios ou rolos, com uma aparência não de movimento mas de tranquila compulsão, em uma bacia de trinta centímetros de profundidade forrada de folhas mortas de carvalho e escorada por madeira visguenta. Em uma prateleira submersa pequenos potes de manteiga, creme e leite restam afundados até os olhos, atados com pedaços de sacas de trigo encharcadas. Uma árvore jovem próxima da fonte foi cortada para fazer uma estaca, e dela pende uma lata de café preta de ferrugem e arrebentada pelas bordas. A fonte não fica velada tão fundo sob o morro que sua água seja brilhante e nervurada, parecendo quebrar-se na boca como cristais, como pode a água das fontes: tem a têmpera da água de uma torneira, e sabe frouxa e vagamente triste, e como que à beira do ranço. Não é exatamente tépida, no entanto, e não parece ter gosto doce e de doença, como a água que a família Woods tem de usar.

Três metros mais abaixo, em uma pequena angra aberta à beira da mata, a água sai de um cano enferrujado e vaga solta. Há aqui um rústico banco de carvalho para as banheiras,* e pedras queimadas postas quadradas em torno das cinzas brilhantes de fogueiras, e, perto dessas pedras, fica uma daquelas pesadíssimas e belas chaleiras de ferro preto em que as pessoas um grau mais primitivas ainda fazem seu próprio sabão.

Então, no fim de uma esbelta liana de trilha seca que corre do coração da casa, uma pequena flor úmida suspensa: a fonte.

O terreno da horta fica próximo da casa, à direita, nos fundos. Tem quase a forma e quase dois terços do tamanho de uma quadra de tênis, e se cerca de paliçadas contra a fome e os danos dos animais. Essas paliçadas são finas tiras de pinho rachado com cerca de um metro de altura e quatro centímetros de largura, atadas verticalmente por arame, separadas por algo como sua largura. A textura e o corte errático desse pinho deram a cada uma um diferente caos e fluxo ondulado em marulhos de superfície e estrutura de padrão; as intempéries fizeram tudo isso como se fosse uma prata fosca e seda, extremamente sensível à luz; e essas tiras delas muito se aproximam mas raramente aperfeiçoam suas perpendiculares; de modo que quando o sol está

---

* Havia também uma tábua de lavar roupa rachada e consertada cujas costelas eram feitas com serrote, a partir de um corte largo de tábua de pinho.

sobre elas, e com os segmentos de jardim entre cada uma, há aqui um virtuo-
sismo que se poderia observar por dias calados a fio meramente pela variedade e a distinção de sua beleza, sem pensamento ou qualquer espaço relevante para se pensar, e sem possibilidade de absorver tudo que ali está por
se ver. Fora, as ervas desgrenhadas erguem-se até a metade desses muros: dentro, o que se planta se concentra ao mais extremo possível, em feijões amarelos verdes raiados de rosa e aveludados feijões-manteiga, e em viçosos tomates, baixos, abertos sobre o chão, em botões cabeludos de quiabo, todos
eles brotando carregados de sementes e sufocados em sombras texturizadas
de suas folhas, cheios como balões a ponto de explodir no mais amplo do
verão, cada um em seu formato e natureza, de modo que todo este espaço é
uma só piscina desalinhada e cerdosa e um esplendor de plantas bordadas
de minhocas e insetos e dos odores selvagens de suas singulares luxúrias que
aferroam nosso rosto ao se juntarem, cutucando as paliçadas como as barras do zoológico: pela cintura de quem tente o vau, em pináculos tão espira-
lados e esticados uns para os outros que as trilhas entre as fileiras são dis-
cerníveis apenas como degraus borrados pela neve: um portão de madeira,
perto da cozinha, fica atado, fechado contra essa explosão, por um pedaço
de arame.

Atrás da casa a terra é loura e nua, exceto por uma penugem de brotos de
grama nas raízes das estruturas, e trapos pisoteados de grama que se espessam
junto das laterais. Ela suavemente se eleva, talvez 1,5 metro em vinte: atravessando a linha do topo desses vinte metros fica o celeiro, posto alguns metros
à direita do centro dos fundos da casa. A meio caminho entre o celeiro e a casa, simétricos ao eixo da casa, o galinheiro e o defumadouro se encaram através de um espaço nu de talvez 3,5 metros de terra.

Eles, como a casa, são feitos de pinho sem pintura. Em parte dessa madeira os veios são largos e distintos: em certa parte os veios quase sumiram,
e a madeira tem uma textura e uma aparência como as de ossos expostos ao
tempo.

O galinheiro tem pouco mais de meio metro quadrado e 1,5 metro de
altura coberto de telhas podres. É construído algo aleatoriamente de tábuas

que variam de largura entre trinta e dez centímetros, pregadas horizontalmente com espaços estreitos entre suas beiradas. No lado que dá para o morro, um poste curto se inclina contra o telhado com lascas e paus pregados à guisa de degraus e uma caixa pregada ao topo contendo palha; mas a maioria dos ovos as crianças encontram em lugares que as próprias galinhas escolhem e para onde retornam. Dentro do galinheiro, três ou quatro ramos cortados, dispostos de modo a evitar que as galinhas se sujem umas às outras; essas traves, alisadas por seus pés; os fortes rasgos de luz entre as tábuas; o odor de madeira confinada e aquecida; e o odor quase insuportável das penas e das excreções das galinhas.

O defumadouro tem cerca de pouco menos de um metro quadrado e cerca de dois metros de altura até o pico do telhado. É construído de pranchas verticais de largura uniforme. A porta fica direto na parede sem caixilho e é mantida fechada por um botão de madeira. Do lado que dá para o morro, no centro da parede e grudada nela, pende uma tina quase nova, os concêntricos em seu fundo circular como um alvo. Seu material galvanizado é brilhante e secamente comestível ao sol; a madeira da parede em si não é muito menos brilhante. O uso natural de um defumadouro é para defumar e armazenar comida, mas aqui não se defuma carne: trata-se de uma despensa. Basicamente, há umas duas dúzias de latas aqui, de muitos e diversos tamanhos e usos anteriores, que contêm agora sorgo; quatro pás; um conjunto de vassouras; um arado quebrado; peças de uma geladeira de sorvete; uma lata de pregos enferrujados; diversas ferraduras de mula; a tira de um chinelo branco; um par de sapatos de trabalho verdemente consumidos, amassados, com o peito rasgado, solas largamente gastas e furadas, carregando ainda o odor de pés; um rolo azul de arame liso; alguns metros de arame farpado enferrujado; uma coalheira de mula apodrecida; pedaços aleatórios de arame:* todas as

---

* Invenção aqui: não inventoriei; havia mais do que pude lembrar. Lembro com certeza apenas das latas de sorgo, das vassouras, das pás, dos sapatos, dos pregos; com uma lembrança mais vaga das peças aleatórias de arreios e de máquinas quebradas: pode ser que houvesse, por exemplo, um farol destruído de carro e um boné empapado e gasto de menino. Muitas dessas latas de sorgo, por falar nisso, eram quase as únicas coisas brilhantes e com aparência de novas na fazenda. Gudger pode tê-las comprado. Se foi isso, elas são notáveis, pois os colonos raramente compram coisas novas.

mesmas criaturas partidas da varanda dos Ricketts, de inutilidade e de quase infinda coleta.

Mal se poderia chamá-lo "celeiro"; trata-se de uma imitação muito ordinária de um: um longo galpão baixo dividido em três câmaras, um pátio cercado, um chafurdeiro de porcos e a casinha suja dos porcos. Um cômodo é feito de troncos grossos e finos, parcialmente vedados com barro, e esse é o curral da mula, quando ela está ali: o resto são tábuas de pinho. A próxima divisão é para a vaca. Em um canto do pequeno pátio cercado que delimita essa parte do celeiro, em terra algo pisoteada e estercada, fica o chiqueiro, feito de troncos; além dele, um cômodo usado, alternadamente, como espigueiro e como armazém para o algodão antes do descaroçamento. Não há um palheiro. Toda a estrutura tem pouco mais de oito metros de comprimento e não mais que dois de altura e dois, dois e meio de profundidade. O piso, a não ser pelo espigueiro, é de terra.

Aqui devo dizer, um pouco ao menos: o que mal posso esperar confirmar no registro: que uma casa de gente simples que fica vazia e silente na vasta luz do sol da manhã do interior do sul do país, e tudo que naquela manhã em eterno espaço ela por acaso contém, tudo assim deixado aberto e indefeso diante de um espião reverente e frio em sua operação, reluz com tal grandiosidade; tal dolorosa sacralidade de suas exatidões na existência, que consciência humana nenhuma jamais poderá corretamente perceber, muito menos transmitir a outra: que pode haver mais beleza e mais profundas maravilhas nas posturas e espaçamentos de mudas peças de mobiliário em um chão nu entre os limites cerrados das paredes que em qualquer música jamais escrita: que essa casa quadrada, de pé sobre terra sensombra entre o desenrolar dos anos dos céus, é, não para mim mas por si própria, uma entre as serenas e finais, incapturáveis belezas da existência: que essa beleza se faz entre a natureza chagada mas invencível e as mais simples crueldades e necessidades da existência humana neste tempo incurado, e é inextricável de entre elas, e tão impossível sem elas como um santo nascido no paraíso.

Mas digo essas coisas apenas porque reluto em mentir inteiramente. Agora nada mais posso ter a ver com elas. Estou aqui apenas esperando contar um pouco, apenas tão bem quanto possa, a respeito de uma casa comum,* em que vivi por um tempo, e que é o lar, neste momento, da família Gudger, e é o tipo de casa em que vive uma família de colonos, mobiliada e decorada como eles mobiliam e decoram. Por ser tema tão integralmente estático, o trajeto pode ser lento. Será como possa ser.

* O problema todo, se eu estivesse tentando dar corpo à casa de forma plena, seria falar dela exatamente em seus termos comuns.

A casa dos Gudger

A casa fica só

Lentamente eles diminuíram pela trilha do morro, ela, e sua filha, e seus três filhos, em coluna relaxada sob a luz. A mãe primeiro, sua filha em seguida logo trás, seu filho mais velho, seu tresmalhado, choramingando; seus pés nus por pressão arrancavam da terra quente suaves explosões de ouro. Ela carregava o filho mais novo, joelhos travados simiescos em torno dela, mãos leves em seu pescoço, e a cabeça ereta, noturna encapuzada, próxima à dela, rodava mansa por sobre o globo do mundo, um periscópio. O cachorro, um batedor, pregueava seu caminho com suas idas e vindas através dos espinheiros. Ela estava usando a beleza da flórea touca de sol com que tem vergonha de aparecer diante de nós. Com o tempo, bem no alto no morro, sua fala se encolheu e se tornou inaudível, e naquele ponto dará um aviso seguro no morro de sua volta. Seus corpos adernados lentamente se endireitaram, um a um, ao longo da borda, e viraram para leste, um friso lento, e afundaram sob a borda na ordem de sua altura, mastros naufragados em um horizonte; o cachorro, cada uma das crianças a pé, a seu tempo; finalmente, as cândidas jactações serpentinas do bebê, a cabeça alta, em chamas, da mãe.

Eles se foram.

Ninguém está em casa, em toda esta casa. Demorará muito para voltarem. Hei de me mover como confiariam que não fizesse, e como não poderia, estivessem eles aqui. Nada hei de tocar senão como se tocasse a mais delicada das chagas, o mais consagrado dos objetos.

O silêncio do brilho desse meio de manhã aumenta sobre mim momento a momento e sobre esta casa, e sobre esta casa a totalidade do céu se encolhe em uma lente; e esta casa por si própria, em cada um de seus objetos, ela, também, é uma lente.

Estou sendo transformado em testemunha de coisas que nenhum ser humano pode ver.

Há um frio pulsar em meu plexo solar. Movo-me com excessivos silêncio e lentidão para não desonrar nem despertar esta casa: e em cada instante de silêncio, ela se torna mais integralmente aperfeiçoada sobre si própria embaixo do sol. Tomo água quente do balde, sem som, e ela traz violento o suor e eu o enxugo, lembrando envergonhado seu trabalho, George, neste mesmo instante, duro, no calor extenuante, e sobre a superfície brônzea desse continente, este campo pavoroso em que se faz algodão, infinitesimal, o brilho como que de formigas dos suados trabalhos de 9 milhões. Lembro como no ardente começo da puberdade, percebendo-me deixado só durante toda uma cavernosa e ensombrecida tarde na grande casa sensentinelas de meu avô, eu era assolado na boca do estômago por uma inquietude amarguíssima, um deslizar criminoso e de fria serpente, e errava de cômodo vazio em cômodo vazio examinando em cada ponto secreto da sobterra fungoide ao teto raroquente e do teto encarava angustiado e com desprezo as frondosas sufocações da cidade do meio do verão; tentando ler; tentando tocar piano; predando volumes de nus em tintas suaves; olhando fixa e esfaimada e odiosamente em espelhos; percorrendo gavetas, armários, caixas, pelo mero toque nos lábios e o odor de tecidos, peles, joias, mechas de cabelo; fumando charutos, sugando os licores ocultados; lendo os lamentáveis entusiasmos de cartas fechadas com fitas guardadas em baús de sótãos: por fim eu tirava toda a roupa, estendia-me sobre as velhas colchas de todas as camas, plantava minhas obscenidades nos frios corações de todos os espelhos preventivamente, que obras e atos não vistos espreitaram em emboscada desses fundos mares brancos diante dos inocentes apetrechos do cabelo de uma dama: nada eu permitia que escapasse à digitação de meus sentidos nem ao insulto da fria fúria reptiliana do terror do desejo solitário que me tomava:

Não é de todo diferente agora, nesta solidão desumana, a nudez deste corpo que dorme aqui diante de mim, este tabernáculo a cuja dessacralização eu tão reverentemente me aplico: contudo difere em algo: pois aqui não há desejo sexual aberto, não há inquietude, nada de desespero: mas a vigilância silenciosamente triunfante dos sentidos que se estendem diante de uma tarefa ou cirurgia delicada, uma profunda furtividade, não por vergonha das pessoas, mas por medo e em honra da própria casa, uma consciência de estar trabalhando. E por essa mesma consciência, junto com a frieza, a adoração, a pena, a aguda culpa no coração, completa casualidade. Sou meramente eu mesmo, um certo jovem, de pé em minhas roupas suadas nos fundos de uma varanda divisória de uma certa casa, naufragado como uma pedra no mar na mais funda ruralidade do Alabama, sob o branco calcinante de uma calma manhã branca; as folhas, filtrando delicadíssimas em seus milhões toda e qualquer extensão de terra aberta que vejo, sob espirais ascendentes de ar transparente, e aqui, em sua casa; e eles se foram; e agora é minha chance de apreender isto, sua casa, como é, em cujo oco coração ressoa o alto e cintilante pulso cardíaco de zinco do despertador barato duas horas adiantado em tempo falso; um abrigo humano, um ninho estranhamente forrado, uma criatura de pinho assassinado, suturada por pregos em um traje tão rude quanto possa qualquer família empregar contra as hostilidades do céu.

Primeiro ficamos encarando-a, bem na sua frente, na imensa e pacífica luz dessa manhã de agosto:

E ela fica diante de nós, encarando-nos, bem na nossa frente, silente e indefesa sob o sol.

Em frente da casa: sua estrutura geral

Dois blocos, cada um com dois cômodos, um cômodo atrás do outro. Entre esses blocos um corredor, com piso e com teto, aberto escancarado tanto na frente quanto nos fundos: de modo que esses blocos são dois barcos retangulares num só jugo, ou tanques flutuando, ou caixões, cada um deles, por uma parede interna, dividido em duas câmaras quadradas. O teto, algo íngreme inclinado na frente e nos fundos, suas cartas se encontrando pregadas em um ângulo agudo. O piso encara de perto a terra. À esquerda do corredor, dois cômodos, cada um deles um quadrado exato. À direita um cômodo dianteiro quadrado e, construído depois, atrás dele, usando o revestimento externo como sua parede dianteira, uma cozinha, um puxado, com metade do tamanho.

No centro exato de cada uma das paredes externas de cada cômodo, uma janela. As da cozinha são pequenas, mais altas que largas, e são envidraçadas. As dos outros cômodos são exatamente quadradas e fechadas por venezianas de madeira.

De cada cômodo uma porta dá para o corredor. As portas dos dois cômodos da frente são exatamente opostas: as portas dos cômodos dos fundos são exatamente opostas. Os dois cômodos de cada lado do corredor são também ligados internamente por portas que atravessam suas paredes divisórias.

À esquerda da casa, começando logo acima da janela lateral do quarto da frente, um pequeno telhado se estica e se apoia em postes finos sobre o chão nu: abrigo para carroça ou para carro.

À direita da casa, logo abaixo da janela lateral do quarto da frente, uma espaçosa caixa de ferramentas, construída contra a parede. Fechada com pregos.

O corredor dá para uma varanda dianteira de cerca de 1,5 metro de largura por três de comprimento, chegando quase até as janelas de cada lado, posta bem no meio da frente da casa. Uma pequena língua de telhas, do mesmo tamanho, estica-se levemente inclinada sobre ela, e é sustentada por quatro postes estreitos de que se arrancou a maior parte da casca.

Três degraus descem pelo centro; são de carvalho: o mais baixo está rachado e fraco, apesar de toda sua espessura. Empilharam-se pedras debaixo dele, mas elas escorregaram para os lados, e ele cede sensivelmente ao solo quando pisado. Logo abaixo e além dele fica um largo pedaço chato de xisto da cor de uma ferida. Está quebrado em diversas direções e se enterra na terra.

O quadrado de doze metros na frente da casa, o "jardim da frente", está despido de quaisquer árvores ou arbustos; absolutamente nada da altura da casa fica perto dela, e nada que dê qualquer sombra. Este pedaço de terra dobra-se um pouco sobre si próprio em uma curva graciosa. Através da névoa seca de mato e do funcho em flor sua amarelidade avermelhada e morta brilha silente, uma aparência de fogo sob o sol, e é visível o quão intricadamente é riscada e vincada com mechas de chuva; como se, erguido o crânio, o cérebro estivesse exposto, de algum ser de idade mas não intelecto que vivera longa e dificultosamente.

De onde estamos, bem diante da casa, ela é quase perfeitamente simétrica. Suas duas paredes dianteiras, retas, equilibradas, do mesmo tamanho, fendidas pelo corredor; o teto erguido; no centro de cada parede, uma janela quadrada, persianas fechadas; a varanda e seu teto e os quatro pequenos postes como velas:

Cada janela é emoldurada por um quadrado de tábuas.

Três metros, 3,5 metros para dentro desse jardim e precisamente alinhados com essas janelas dianteiras, como se fossem projeções delas, e mais ou menos com o mesmo tamanho, dois quadrados ocos de madeira estão largados sobre a terra e enfiados ao nível dela: e eles são de fato duas projeções e têm relação com aquelas janelas, e de fato são janelas, de certa forma: pois seu objetivo é deixar passar por suas molduras vinda do muro vazio e escuro da terra uma luz agradável, singular e graciosa; são canteiros de flores. O da esquerda está coberto com os mesmos funchos indiscriminados do jardim; o da direita, a mesma coisa. Mas aqui entre esse desfile de bastardia se ergue, em seu caule fraco, pálida e desbotada, uma petúnia magenta, que encara seu pé cansado; e esta na área dessas três fazendas é a única flor doméstica.

Agora, erguendo os olhos, lentamente, diante dessa força do sol, para olhar a casa em seu rosto cego:

Em frente da casa: a fachada

A varanda: resta em sua sombra reta e breve:

O corredor: está também na sombra, a não ser onde uma parede, 4,5 metros ao fundo, recebe torto o açoite da luz:

No fundo desse poço-corredor, a terra aberta, levantada um pouco, solo duro e calvo; as dianteiras face a face de defumadouro e galinheiro, e um pedaço do celeiro: e toda essa imagem emoldurada um pouco não naturalmente brilhante e vital, como todas as coisas fortemente iluminadas parecem através de corredores de trevas:

E este corredor ao meio, como a válvula aberta de uma criatura marinha, continuamente bombeando a livre amplidão do oceano por sua existência infinitesimal: em cada lado dele, as caixas quadradas, os cômodos dianteiros quadrados, erguidos verticalmente à terra, e de frente para nós como duas proas quadradas de barca ou asas de madeira, sombra sob sua borda inferior e em seus beirais; e o teto:

E essas paredes:

Feitas a pregos de tábuas e vigas, as tábuas de frente para o tempo, em largas cartas de madeira enseadas de janelas tapadas por venezianas: paredes, horizontais, de tábuas externas algo estreitas; as janelas cercadas de tábuas da mesma largura em um quadrado: as venezianas, de largas tábuas verticais dispostas lado a lado, sem se sobrepor: cada uma dessas tábuas foi um dia a carne viva de um pinheiro; foi cortada junto à terra, e entre os gemidos agudos das serras foi feita em fitas estritas; e agora, o que era vertical é horizontal com a terra, e outra abraçada contra o comprimento de sua borda externa e presa e seu lado de baixo abraça outra, e essas tábuas, pregadas firmemente a vigas de pinho, fazem de suas horizontalidades uma parede: e o sol traça próximos horizontes paralelos ao longo das beiras dessas tábuas, de luz e sombra contrastadas, paralelos aqui reforçados em uma leve divergência em linha reta do nível, e na sutil curva de faca da que frouxa se empena em outro ponto: outro "padrão" irregular se faz nos fins e nas sobras das tábuas:

E o teto:

É de tábuas curtas entalhadas à mão tão grossas e largas que são telhas só se de um tipo antiquíssimo: atravessados sobre vigas rijas, pregaram-se sarrafos, não muito distantes, e sobre esses sarrafos, em fileiras sucessivas de dezenas e centenas, e aqui também, embora com regularidade, com um certo embaralhar de erratismo contra a pura simetria, essas largas telhas espessas são colocadas sobrepondo-se do pico à borda projetada como a plumagem de uma ave que precisa encarar as intempéries: e de fato com uma plumagem ordenada e formalizada, como de uma efígie sacra, elas se parecem, e feitas de placas prodigalizadas de metal valioso; pois jamais foram maculadas, nem tocadas ou tingidas de outra forma que não apenas por todos os hábitos do céu: e nem qualquer outra madeira dessa casa jamais foi tocada de outra forma: de modo que, em todos os lugares em que o tempo das estações a tocou, a madeira do todo desta casa brilha com a mais nobre doçura da prata esti-

mada, basicamente como (contudo de maneira diferente), pelo piso, nos tri-
lhares de milhões de suaves movimentos ondulares de pés nus, ela pode ser
ainda mais melodiosamente encantada em seus nós, e é como madeira há
muito acarinhada em um mar delicado:

Sobre essas estruturas, luz:

Ela está só o que baste longe da vertical para que cada folha de telha, em
suas bordas, e cada borda de tábua horizontal (bloqueadas, em cada centro,
por verticais quadradas) seja tinta negríssima e cortante: e toda superfície tocada pela luz está assim: uma tal intensidade e um esplendor de prata na luz
prateada, que parece arder, e arde e cega nos olhos quase como neve; contudo
com nada daquele reluzir ou refulgir em que se perdem os detalhes: cada textura da madeira, como a dos ossos, é nítida aos olhos como navalha: cada cabeça de prego é nítida: cada emenda e rachadura; e cada pequeno empenamento; cada nó e olho aleatório da madeira: e em cada tábua, em música tão
agradável quanto um mapa de curvas de contorno e tão singular quanto uma
impressão digital, sua textura, que foi sua força de vida, e essas ravinas selvagens cortadas duramente por serras; e em nos aproximando, os arcos e sombras justapostas daquelas mesmas rodas rascantes: e este, mais puro e mais
simples que os ossos, mais nu e mais nobre que o mais severo dórico, mais rico e mais variado que o chamalote, é o tecido e é a estatura de uma casa.

É montada com a madeira de pinho mais barata que se possa encontrar,
e usa-se dela o menos possível que estique uma pele de uma só espessura contra terra e ar; e isso tudo é feito segundo um dos três ou quatro planos mais
simples, avaros e logo mais clássicos que se possam encontrar, todos tradicionais dessa região: e o trabalho é feito por homens semicapacitados, semipa-
gos, que nenhuma necessidade têm de fazer direito, e que portanto vingam-se
do mundo o quanto possam em uma apatia cínica e parcialmente intencio-
nal; e é isso o que resulta: uma simetria e uma simplicidade das mais imensas
e tolas. Linhas que bastem, e bastantes delas fora de prumo, para que essa simetria esteja forte mas sutilmente retorcida em seus eixos, algo mais vigoroso que tanto a plena simetria quanto o rompimento e a compensação deli-
beradas das "monotonias" podem pretender ser. Uma aparência de ter sido
muito francamente feita à mão, como um desenho de criança, algo criado da

necessidade, do amor, da paciência e da habilidade forçada ao último na inocência de uma raça. Em parte alguma um só grama ou centímetro gasto em ornamento, nem um só traço de relevo ou de disfarce: uma monotonia sem igual, e em uma variedade sem igual, e isso de novo absolutamente contido, mantido rígido: e de tudo isso, nada que não seja intrínseco aos materiais da estrutura, à terra, e ao céu aberto. As linhas principais da estrutura, cada horizontal de cada tábua, e cada borda de telha, o rigor e contudo o sutil desalinho das telhas, as cabeças dos pregos, que são introduzidos segundo geométrica necessidade, e contudo não estão em perfeita ordem, os veios, que em cada centímetro de cada tábua e em cada tábua diferem dos outros, os muitos nós nessa madeira barata: todas essas fluências e irregularidades, todas essas sombras de padrões sobre cada peça de madeira, todas elas em fitas retilíneas presas em uma só música quadrada, angulada e enrodilhada, compondo um acorde de quatro câmaras sobre uma alma e um centro de ar límpido: e sobre todas essas massas e bordas e acasos e florações de texturas, as mudanças das tinturas de todas as estações, e as lentas compleições e marchas da pura luz.

Ou, dito de outra forma:

"Nesta casa toda:

"Nesta casa inteira nem um só centímetro de madeira gasto em embelezamento, ou acabamento, ou em qualquer forma de relevo, ou mesmo em qualquer redobrar das paredes: é na verdade como se um couro bem fino de madeira tivesse sido esticado ao máximo para cobrir exatamente uma vez, ou pouco menos que uma vez, em todos os seis planos as vigas esqueletais que, com a superfície interna das tábuas são as paredes internas; e toque nenhum, como disse, de qualquer lavagem ou pintura, nem, sobre o chão, qualquer espécie de cobertura, nem, para três dos cômodos, qualquer espécie de forro, mas em todos os lugares deixadas à mostra as essências cruas da estrutura; como resultado, todas essas simetrias quase perfeitas têm sua força plena, e cada centímetro da estrutura, e cada aspecto e localização dos materiais de construção, ganha inevitável e puramente uma existência estética, sendo o único outro condicionador e discriminador entre as funções e propriedades do interno e do externo as luzes e as operações do céu."

Ou, em ainda outras notas:

"Sobre a simetria; a casa é rudimentar como um desenho de criança, e de uma nudez, de uma limpeza e de uma sobriedade que apenas a arquitetura dórica, até onde eu saiba, pode ter esperança de aproximar: essa simetria exata sofre saltos leves e sutis, aqui e ali, um canto da casa um pouco fora da vertical, um feixe de tábuas na parede se desviando da horizontal entre duas paralelas, uma janela não exatamente quadrada, por falta de habilidade e por peso e fragilidade da madeira e do tempo: e essas pequenas falhas, suas forças que saltam contra centros e oposições de uma exatidão assim tão rígida e franca, armam intensidades de relações muito mais vigorosas que a plena simetria, ou uma assimetria propositada, ou o uso do relevo ou ornamento, jamais podem vir a ter: de fato, a força é de um mundo e de uma ordem diferentes dos seus, e há, como mencionei, uma qualidade particular de algo feito à mão, que por comparação posso sugerir melhor assim: pela grandiosidade que vem do esforço de um homem em manter coesa em um só instrumento, como se estivesse domando para freio e cavalgada um monstro selvagem, uma das maiores fugas de Bach, em um órgão, ou contra as ardilosas colaborações e os clímaces espontâneos da mesma peça nas manipulações de uma orquestra."

Ou, ainda, por materiais: e por superfícies e substâncias: o porte e a forma de paredes, telhado, janelas, verticais ou persianas, oposições e fendas de massa como disse, e as superfícies e substâncias: "A varanda da frente, de tábuas de carvalho de sessenta centímetros por 3,5 metros tão duras que ainda ostentam vigorosa camada perfurante de farpas; as quatro colunas de sustentação que têm os delicados vieses e fluências de árvores jovens e cuja superfície se aproxima da do mármore lixado; nas musculaturas de seus nós desnudos elas têm a força esfolada e especializada dos estudos anatômicos: e o resto da casa integralmente de pinho, o mais barato dos materiais de construção locais e desse material uma das mais baixas qualidades: nas superfícies dessas tábuas há três espécies de beleza e elas são simultâneas, mutuamente transparentes: uma é a força fluente e assassinada dos veios, infinita, talentosa e irrepetível centímetro a centímetro, o gênio florido da natureza que é incapaz de errar: uma são os arcos transversos justapostos, dúzias por metro, que são as sombras dos alentos e alimentos selvagens das serras circulares: pouco dessa madeira foi aplainado: uma é o tom e a qualidade que o tempo lhe deu, que de um lado se relaciona com os ossos, de outro com o cetim, de outro com a prata por polir, mas lisa: todas elas são visíveis ao mesmo tempo, embora uma ou outra possa ser destacada pelo grau e a direção da luz e pelo grau de umidade: mais ainda, como é tão barata a madeira, os nós são frequentes, e aqui e ali entre os nós perdeu-se o centro ferreamente rígido, vermelho e amargo, e em seu lugar há um buraco; os veios perto desses nós entram em convulsões ou êxtases como os que instava a surdez de Beethoven; e com esses nós os planos da casa são condecorados aleatoriamente, e ainda além disso, essas loucas fugas e fluxos de veios, que são da livre inocência perfeita da natureza, são serradas e fatiadas em fitas rígidas e por linhas e fronteiras rígidas, na cativa inocência perfeita da ciência, de forma que colaboram e se interenvolvem de perto em cada superfície: e em pontos estratégicos para a estrutura: e regidas pela necessidade, e tentativamente buscando suas próprias simetrias, e contudo sem um alinhamento perfeito (tal é a inocência torturada mas de novo perfeita dos homens, presos entre as pressões da natureza e da ciência), as padronagens e as constelações das cabeças dos pregos batidos: e todas essas coisas, ajustadas no planeta contorcido que as aninha, se beneficiam de toda a luz e de todo o clima que o céu em sua parte do mundo pode conceder, sendo isso, em seus termos, sutilmente irrepetível e provavelmente infinito, e qualificado como poucas estruturas diferentes podem ser, para empregar plenamente esses dons. Na mais breve sugestão: na plena simetria do sol, as superfícies são de prata estonteante, as sombras, fortes como facas e nanquim, e no entanto os veios e os detalhes, claros: na luz enviesada, só vieses e afiações da sombra: na luz abafada, o aspecto de ossos, uma relíquia: à noite, as massas equilibradas, pacientes na base do mundo: na chuva, desses tons de osso argênteo surgem as cores da ágata, a parede inteira, um só tecido e zebra louca de minerais esquartejados e chamalotes: e no corredor abrigado conquanto aberto, um cinza granítico e aparência de quase granítica dureza, os veios pouco nítidos, as marcas de serra muito fortes; na força dessas marcas e na peculiar sobriedade da cor, parece que houve uma lenta e exata substituição por cálcio em toda a extensão da matéria: dentro dos cômodos, a madeira se mantém muito mais próxima de suas cores originais de amarelos, vermelhos e ouros camponeses profundamente puxados para o cinza, e contudo reluzindo tranquilos através dele como o mundo de barro reluz atravessando o verão."

Mas basta.

O cômodo sob a casa

As bordas traseiras da casa em parte repousam sobre pedras empilhadas, em parte sobre a terra; em parte pendem um pouco além dessa terra. Sob a casa essa terra se afunda suavemente, de modo que as bordas laterais e frontais são erguidas até o nível em parte por pilhas mais altas de pedra, em parte sobre grossos pedaços arredondados de troncos. O piso da varanda, as partes da frente da casa, estão cerca de um metro acima do nível do solo.

Essa fria placa de terra por baixo, que ostenta o formato de uma casa e se tornou diferente da terra outra, como a parte de uma parede contra a qual durante anos pendeu um quadro: que poderá ter sido campo, pasto, floresta, mera terra indiscriminada: por acaso:

Em um momento brilhante sob o sol, e em uma subitaneidade estranha aos ritmos que a terra conheceu ao longo dessas centenas de milhões de anos, madeira de outra terra foi trazida chacoalhando em carroças amarelas e presa entre martelos em pleno ar diante do céu indiferente um altar oco, um templo ou pobre santuário, abrigo humano, que pelo espaço de diversas estações há de manter desnaturada essa forma de terra: e contudo em cuja história essa casa terá passado doce e casualmente como um floco de neve que cai sobre o negro chão de uma fonte, e se derrete ao tocar.

Ali na poeira gélida e miúda que fica sob as varandas, os sutis funis dos tatuzinhos cuja provocação, com a palha de uma vassoura, é uma das pacientes absorções da infância de joelhos, e ali, naquela poeira e no pó mais úmido e na terra, ramos mortos dos vivos, varridos da árvore urgente, signos, e relíquias: pregos tortos, murchos e enrugados de ferrugem; um botão de osso, seus dois olhos rasgados em um só; o dorso perfurado de um despertador, gorduroso ao toque; um pedaço rasgado de uma estampa ilustrada; uma cápsula vazia e achatada de bala de carabina de quinze milímetros, seu metal verde, letras ainda visíveis; o ilhós branco de metal de um sapato de verão; e, numa camada rala, o excremento seco e o ainda macio das galinhas, que passeiam e cutucam e ficam, rebolando, bicando seus piolhos, e saem de novo passeando para o sol tão inexpressivas como quando dele se despediram. E outras coisas também: um longo e esguio ribeiro infinitesimalmente rumorejante e um sistema de formigas em seus deveres: o ventre da casa, tão esparsamente erguido mesmo na frente, e encontrando a terra suavemente inchada tão de perto que mal há luz nos fundos: e aqui a terra existe fria, continuamente úmida, e nos odores de mofo e de poço, e há insetos frios, suturados e laminados, velozes sobre muitos pés que correm em onda e nimbo ao longo de seus corpos estreitos; e aranhas fortes aqui, e outras mortas, pálidas como cogumelos, suspensas nas ruínas de suas vidas, ou fortes, ávidas, distintas entre suas limpas construções, imóveis, lentamente palpitantes em seus corpos espessos, observando você com uma agudeza peçonhenta do olhar que você não pode ter certeza de estar vendo, súbitas em se mover e ágeis, e algumas que saltam: e o limpo ventre de pinho da casa, louro como o chão de uma tartaruga, que o sol jamais e o tempo raramente tocou, de modo que ainda parece novo, como se até aqui não tivesse sofrido as dores que viessem de cima, mas apenas uma esperança que ainda estava no processo de se aproximar, como outrora esteve toda esta casa, toda fresca e núbil, quatro cômodos ocos cheios transbordando de uma luz de mel:

(*Ah, portanto na límpida calma, na calma esperança, no doce aroma, à espera, de cada nova moradia montada no ar pelos homens, sinta a dor, como que da armadilha disparada, o exíguo pulso roído, a pequena raposa desastrosa:*

Ela se ergue sob o sol e a noiva sorri: muito em breve as prateleiras são forradas de papel: os garfos novos saboreiam a comida:

Ruína, a ruína está em nossas esperanças: nem esperança, auxílio, uma cura qualquer:)

de suas frágeis estruturas ele se orna e se contorna, e se encerra em terra fresca e úmida em quasetrevas: e é deste mudo submundo variegado tampa chata mal erguida, teto e firmamento: e acima:

Esse ventre, e firmamento, e abrigo e cemitério de agudas vidas estranhas, e curtas, e armazém errante de sobras de hábitos, e retiro de galinhas, e alívio de cães, e espaço de meditação das crianças, e gradações de constante sombra, e fornecedor para o acima de dura umidade de inverno, por vezes deslizado também por cobras, e esterilizador da terra que contígua, logo além da região de seu domínio, doente que seja, flui e geme inaudível com verdes violências: ele também em sua superfície de cima é o chão e a base de ainda outro viver, larga planta de dois centímetros de espessura de madeira, varrida por palha e não raro esfregada, ensaboada e coberta pelo calor da água, que se filtra por suas emendas, e de joelhos, respirando pesado, com palha dura fustigada e pura: as paredes se erguem de suas bordas e encaram umas às outras; e sua superfície sustenta os pontos e pesos distribuídos da mobília dos vivos, e os movimentos e direções de desejo, necessidade, trabalho e inércia: um piso, sustentador da vida humana; em que se deixam cair crianças e cães em seus cansaço e descanso, e sono, e sobre uma esteira dorme um bebê, coberto por um saco de farinha contra invasões por moscas, e dorme, e aqui uma câmera móvel poderia saber, sobre sua nudez, o lugar dos quatro pés de ferro de uma cama, a madeira de uma cadeira, o pedal enrodilhado de uma máquina de costura, a postura em ângulos retos da madeira crua que se ergue da madeira crua, os grandiosos e belos veios e cicatrizes dessa madeira vertical e prostrada, os imensos e nobres movimentos de vassouras e de joelhos e de pés, e como com barro, e animais, e o rosto apoiado de uma mulher, essas estão entre as mais precoces e mais profundas absorções de uma criança muito nova.

O corredor

Estrutura dos quatro cômodos

O corredor são longas fileiras de tábuas de frente umas para as outras em paredes separadas por quase dois metros, indistintas a não ser por dois pares de portas opostas, sem forro, mas sob a elevada angulação vazia do telhado: talvez por causa do vazio dessas paredes, e sua proximidade contraposta em relação a seu comprimento paralelo, há uma sensação fortíssima da nudez e da estreiteza de sua presença, e da vasta amplidão, expondo a terra livre, em cada ponta. O piso foi colocado sobre vigas consideravelmente separadas. Em toda a parte de trás ele cede para o chão sob peso excessivo: os últimos poucos centímetros se estendem sólidos sobre o chão, que é uma lama forte em tempo úmido.

O único objeto estático no corredor está nos fundos, logo atrás da porta da cozinha. Trata-se de uma prateleira de madeira, na altura da cintura de uma pessoa, e, sobre ela, um balde, uma concha, uma bacia, e normalmente uma barra de sabão, e pendente de um prego logo acima, uma toalha. A bacia é de metal esmaltado, imitando granito, pequena para as mãos de um homem, com marcas de ferrugem no fundo. O balde é um balde comum galvanizado de 7,5 litros, um pouco amassado, e lembrando, ao olfato e ao tato, um tipo de brilho peixeprateado de uma gordura além do poder da limpeza. Ele está cheio pela metade de uma água que se aquece lentamente e que para começar já não era muito fria: muito mais baixo que isso e a água já sabe algo estranha e ruim de se beber, embora ainda sirva muito bem para se lavar. O sabão é às vezes o forte sabão marrom "de cozinha", às vezes um sabão de toucador barato, branco, de lavanda, gelatinoso. Fica na prateleira sobre um pires de louça. A concha é do mesmo metal esmaltado, e também cheia de bolhas de ferrugem no fundo. Às vezes boia no balde; às vezes fica ao lado do balde sobre a prateleira. A toalha é metade de um saco de farinha, com a estampa azul, vermelha e preta ainda vagamente ali. Quando limpa e seca é o tecido mais agradável que conheço para toalhas. Fora isso, é particularmente pegajosa, grudenta e suja ao toque.

Algumas notas de discriminação podem ser úteis:

As toalhas em casas de fazenda como essas são sempre sacos de farinha. Panos de prato pertencem a um outro mundo e a outra classe de fazendeiros, e toalhas "de rosto" e "de banho" a uma ainda mais diferente.

De maneira alguma se pode pensar que todos os fazendeiros pobres usam alguma espécie de sabão "de toucador". Alguns raramente usam sabão, de qualquer tipo. Quando usam algo diferente do sabão de cozinha, trata-se de um dentre três tipos, todos eles da espécie disponível em lojas de pechinchas e armazéns de secos e molhados de cidades pequenas. Um é o sabão de "lava" ou de "aveia", cuja textura áspera é agradável e convence de sua limpeza uma pessoa que trabalha com as mãos. Os sabões brancos cheiram vagamente a soda: de novo, o odor é de limpeza. Ou se o sabão é mais chique, é de uma cor rosada, de limão ou roxa, forte e vulgarmente aromatizado, que gera muita espuma. Não se usa nenhum tipo de sabonete barato e com aroma algo agradável, como Lux.

Na considerável maioria das vezes, a bacia e a concha são de latão simples, sem esmalte. Imagino, mas não tenho certeza, que aquelas custem uns poucos centavos a menos. De qualquer maneira o odor, o gosto e a textura brilhante e gordurosa logo ficam fortes. O uso de artefatos de esmalte é uma pequena, mas aguda, distinção e sintoma de "bom gosto", e de "classe", e de uma espécie de consciência semiestética, de escolha e vontade. O uso do cinza contra o branco é ainda outra discriminação. Que tenham comprado tamanhos pequenos, que são muito poucos centavos mais baratos, não precisa de explicação. Assim como o fato de que tiveram dinheiro para comprar mais uma bacia, não exatamente do tamanho adequado para isso, em que lavam os pés.

Às vezes há também um espelho aqui, e um pente; mas na maioria das vezes eles ficam na lareira do quarto.

O corredor e a varanda da frente são como que um cômodo, e são consideravelmente usados. A sra. Gudger e seus filhos se sentam na varanda em horas vazias da manhã e da tarde: nos fundos do corredor fica o lugar de se sentar à noite, antes do jantar ou por alguns momentos logo depois dele. As cadeiras são em número pequeno o suficiente para que tenham de ser levadas de um lado para outro da casa conforme sejam necessárias, mas normalmente há uma cadeira de balanço na varanda e uma cadeira reta no fundo do corredor perto da porta do quarto. Essa cadeira de balanço é de construção barata e "rústica": pedaços de nogueira nova ainda com a casca. No piso duro e não exatamente plano da varanda o balanço é pedregoso e macadâmico, com um pouco do som de um automóvel atravessando uma ponte de madeira frouxa. Três das cadeiras retas são fortes, simples, com assento de nogueira, ainda não decrépitas, que custam um dólar e meio quando novas; há também uma cadeira do tipo das de cozinha com um padrão vazado na madeira escura e entalhada no espaldar, e o assento quebrado em dois.

Quando conhecemos os Gudger eles estavam com a mesa de refeições no meio do corredor, pois só no corredor há a chance de qualquer brisa, e a cozinha, onde quase todas as famílias comem, era tão quente que eles às vezes mal podiam suportar comer nela. Mas tratava-se apenas de uma experiência, e não foi exatamente bem-sucedida. O corredor é estreito demais para proporcionar qualquer conforto para uma família toda grudada em volta de uma mesa. Se fosse apenas meio metro mais largo, seria muito mais útil para eles, mas isso não teria ocorrido a quem o construiu e nem, caso tivesse, teriam feito algo a respeito.

Quatro cômodos constituem uma casa de colonos maior do que o normal: muitas têm três; muitas têm dois; mais delas têm um que quatro: e três desses cômodos são bem espaçosos, com mais de três metros de lado. Por diversas razões, no entanto, que poderiam facilmente ter sido todas evitadas na construção da casa, só dois desses cômodos, cozinha e quarto dos fundos, são de fato habitáveis. Nenhum dos dois quartos da frente tem forro, e as telhas foram colocadas tão canhestramente, e agora há tamanha profusão de goteiras, que seria o caso não de um conserto mas de uma completa redistribuição de telhas para fazer um telhado sólido. Entre as vigas nos beirais, ao longo de toda a fachada da casa, e o alto da parede em que repousam as vigas, há espaços abertos. No quarto dianteiro da direita, diversas fileiras de tábuas foram omitidas entre a altura dos beirais e o pico do telhado: um buraco que uma vaca conseguiria atravessar. As paredes, e as venezianas, e os pisos, não são nem de longe sólidos: na verdade, e além e sem contar com qualquer tentativa de laboriosa calafetação, eles deixam entrar luz em muitas dúzias de lugares. Não há telas nas janelas, com apenas uma exceção, no quarto dos fundos. Como durante metade do ano os mosquitos da febre infestam a região e há fortes tempestades, e na outra metade por semanas a fio há frio e umidade, com fortes ventos enviesados e às vezes neve, o quarto dianteiro da direita não é usado como habitação e o da esquerda é usado apenas de forma dúbia e irregular, embora ali esteja a máquina de costura e ele esteja completamente mobiliado tanto como quarto de dormir quanto como sala de estar. As crianças às vezes o usam, e ele é cedido aos hóspedes (como o foi para nós), mas as tempestades, os mosquitos e o hábito os forçam de volta ao outro quarto onde toda a família dorme junta.

Mas agora eu quero tomar esses quatro cômodos um por um, e dar ao menos uma *certa* ideia grosseira do que há em cada um deles e de qual a "aparência" de cada um, embora ache que deva começar por alguns comentários mais gerais.

Odores

Nudez e espaço

A casa dos Gudger, por ser jovem, apenas oito anos de idade, tem um cheiro um pouco mais seco e limpo, e mais distintamente de sua madeira, que uma casa de colonos brancos típica, e tem também um certo odor que nunca encontrei em outras casas como ela: além dessas sutilezas, agudas conquanto ligeiras, ela tem o odor ou os odores que são clássicos em toda e qualquer casa absolutamente pobre de brancos do interior do sul do país, e pelos quais se poderia identificar uma dessas casas, às cegas, em qualquer parte do mundo, entre não importa quais outros odores. Ele se compacta de muitos odores feitos um só, que é muito vago e leve no ar, e mais sutil do que pode parecer na análise, e no entanto muito aguda e constantemente perceptível. São estes seus ingredientes. O odor da madeira de pinho, amplas cartas finas de madeira, aquecidas ao sol, nulamente forradas ou isoladas, em um ar fechado e escurecido. O odor da fumaça de madeira, sendo basicamente o combustível novamente pinho, mas em parte também nogueira, carvalho e cedro. Os odores da cozinha. Entre eles, os mais fortes, os odores de porco salgado frito e da banha de porco frita e cozida, e em segundo lugar, o odor do milho cozido. Os odores do suor em muitos estágios de idade e frescor, sendo esse suor um destilado de carne de porco, banha, milho, fumaça de madeira, pinho e amônia. Os odores do sono, da roupa de cama e da respiração, pois a ventilação é insuficiente. Os odores de toda a sujeira que com o passar do tempo pode se acumular em uma colcha e um colchão. Odores rançosos de roupas penduradas ou guardadas, sem lavar. Devo descrever ainda o odor do milho: no suor, ou nos dentes, e no hálito, quando se come tanto quanto eles comem, trata-se de um fedor abafado e particularmente doce, cujo paralelo mais próximo é o odor do excremento amarelo de um bebê. Todos esses odores, como eu disse, estão tão combinados em um só que estão todos e sempre presentes de maneira equilibrada, nada pesada, e contudo tão abrangente que todos os tecidos das roupas de cama e das roupas se saturam deles, e tão penetrantes que se erguem suavemente das fibras das roupas recém-lavadas. Alguns de seus componentes são extremamente "agradáveis", alguns são "desagradáveis"; a soma resultante de todos eles tem grande poder nostálgico. Quando estão em uma casa velha, escurecida e úmida, e tragados por toda a madeira, e empilhados sobre anos de uma base velha e fervilhante deles mesmos, como na casa dos Ricketts, é difícil nos acostumarmos com eles ou mesmo suportá-los. Na casa dos Woods, eles são desalinhados e algo úmidos e sujos. Na dos Gudger, como mencionei, são mais jovens, mais leves, e cheiram mais limpo. Lá também há um outro odor, especial, muito seco e enviesado: fica em algum ponto entre o odor de papel impresso muito velho e o de um quarto vitoriano em que, depois de prolongada doença, e muitos remédios, alguém morreu e o quarto foi defumado, e no entanto o odor de remédios de um marrom-escuro, da doença de um corpo seco, e do olhar fixo da morte, ainda é forte no papel de parede manchado e no cobertor.

Nudez e espaço (e o espaçamento) são tão difíceis e me parecem ter tamanha grandeza que nem sequer tentarei escrever séria ou plenamente a seu respeito. Mas um pouco, que se aplica especialmente aos dois quartos.

O piso é feito de tábuas largas, e entre algumas delas se vê a terra iluminada pelo dia, e é desnudado de qualquer espécie de pintura ou pano ou cobertura de qualquer linóleo, e nelas se alisaram trilhas com pés nus, em uma superfície sutilmente desigual em que os nós polidos são particularmente belos. Um piso perfeitamente nu de tábuas anchas faz um cômodo parecer maior do que seria se o chão fosse coberto, e a mobília também, fica sobre ele em um tipo de relação diferente e muito mais limpo. As paredes como eu disse são esqueletos; assim também o forro em um desses quartos; os quartos têm quase quatro metros de lado e são parcamente mobiliados, e são um todo de nudez e completa simplicidade tão grandioso e final que mesmo os objetos sobre uma prateleira atafulhada parecem postos bem distantes uns dos outros, e cada tem uma entidade particularmente aguda que é sua. Mais ainda, todas as pessoas realmente simples e ingênuas* têm uma forte inclinação por simetrias exatas, e têm alguma espécie de repulsa instintiva pela ideia de que qualquer coisa toque uma outra, a não ser que esteja sobre ela, de modo que cadeiras, camas, cômodas, baús, vasos, bibelôs, pequenos objetos em geral, são dispostos muito clara e regularmente separados uns dos outros e das paredes, nos centros exatos ou tão perto deles quanto seja possível, e esse tipo de espaçamento dá a cada objeto uma força plena que de outro modo não teria, e dá a suas diversas relações, ali dispostos sobre prateleiras ou de frente, em um cômodo, a mais pura força que pode ter tal relação. Isso é ainda mais agudamente verdadeiro com pessoas como os Gudger, que ainda têm um desejo contido mas sincero de que tudo seja tão agradável e adequado de se ter em torno quanto seja possível, do que com outros, como os Woods e os Ricketts, que são bagunçados e que por cansaço desistiram de qualquer esperança ou cuidado dessa natureza.

* E muitas das mais complexas, e não muitas no meio do caminho.

1. O QUARTO DA FRENTE

Geral: disposição da mobília

Sua parede oeste é a frente da casa; sua parede norte, o corredor; sua parede leste, a divisória; sua parede sul, o lado da casa. No centro da parede divisória há uma lareira. No centro da parede lateral e da parede da frente há uma janela exatamente quadrada, com cerca de um metro de lado. No centro da parede norte uma porta leva para o quarto dos fundos. As portas são pranchas verticais muito largas, não divididas em painéis, mas atravessadas por tábuas em Z. São fechadas por sólidos botões de madeira e ficam fechadas quase o tempo todo. As venezianas quadradas, pendentes de frouxas, enferrujadas ruidosas dobradiças, são verticais menos largas. Sempre à noite e quase sempre durante o dia estão fechadas e presas, uma por uma tira de couro em um prego, outra por um pedaço de trapo em um prego. Quando estão fechadas, o quarto é escuro e tem um calor e um odor especiais de escuridão à luz do dia; mas há também uma forte luz de estrelas do sol com rasgos, e lâminas e dardos de luz pelo teto e as duas paredes externas e, olhando-se através do piso, pode-se ver a tranquila textura desensolaradamente iluminada da terra, estranha de se ver como o fundo de um lago; e nessa escuridão estranhamente iluminada, certas migalhas do quarto são brilhantemente escolhidas, e todas as partes são visíveis. Quando se abre uma das persianas, a luz é nova e pouco-à-vontade no quarto, como se os objetos estivessem piscando ou tivessem sido apanhados em atos secretos, ou, ainda, como um arqueólogo que deixa entrar os primeiros raios de sol em uma tumba egípcia não violada: e a sensação e o odor de sua escuridão particular jamais a deixam: e aqui, no chão nu, entre os limites das amplas paredes nuas, a mobília se ergue: a mobília, suas roupas, e cada pequeno ornamento sobre parede ou prateleira, e o conteúdo de cada caixa e gaveta, e a limpeza do chão central, tamanha, que seria possível lambê-lo com a língua e ele ficaria muito pouco mais limpo, e os fiapos enroscados em si próprios sob a cama e atrás da máquina de costura e grossos sob a cômoda, e as paredes de pinho, que por fora o tempo faz tão puras, ainda mantendo seus vermelhos e amarelos entre seus cinzas, limpas de veios, e alinhadas em vigorosas paralelas nos lados de fora de tábuas de trinta-por-setenta fortemente pregadas, em cujos flancos, aqui e ali, pregos racharam suas pontas entre lascas de madeira que parece fresca.

A cama, entre a porta do corredor e a parede da frente, no ângulo das duas paredes, cabeceira para a parede, a cerca de quinze centímetros de cada uma, pés para a janela.

No outro lado da porta do corredor, no meio, entre essa porta e o ângulo da parede divisória, um "canapé".

Bem na frente da lareira, mas sem tocá-la, uma pequena mesa. Sobre a lareira, na parte que dela se projeta da parede, uma prateleira.

De novo longe das paredes, simetricamente atravessada no ângulo reto feito pela parede divisória e a parede lateral, seu espelho alto ereto sobre si, uma cômoda.

Exatamente sob a janela da parede lateral, de novo um pouco longe da parede, um baú:

Exatamente atravessada no ângulo das paredes lateral e frontal, e ainda mais uma vez, sem tocar essas paredes, uma máquina de costura.

Exatamente no centro atrás e abaixo da máquina de costura, no chão, um candeeiro de base e cúpula quadradas de vidro pesado e transparente, empoeirada, e sem sua chaminé, a base quebrada e o pedaço quebrado encaixado mas não consertado:

Exatamente sob o centro da mesa, sobre uma prateleira logo acima do nível do piso, com os dedos ainda apontados, paralelos, para o centro da lareira, um grande par, ainda novo, de sapatos domingueiros masculinos, saltos sujos de barro e os contrafortes de um preto brilhante estreitamente riscados com um barro cor de ouro furioso.

Sobre a cômoda, o móvel da lareira, a mesa e uma parede, objetos; pequenos, simples e variados: que, únicas criaturas adornadas ou decoradas deste cômodo, conferem a sua nudez a qualidade de um altar.

A mobília

O escuro pedal de ferro fundido da máquina de costura declara claramente, no meio de seus arabescos, a palavra *conquest*. Ela se repete em dourado na cobertura de madeira rachada, mas a maior parte do dourado já se gastou.

O "canapé": algo elegantemente feito de estreitas canas vergadas; ruidoso e quebrado; desconfortável demais para se prestar a muitos usos. O assento está completamente partido. Uma fina almofada feita em casa, estofada de algodão cru; a cobertura é do tipo mais frágil e barato de tecido de algodão, branco sujo, salmilhado de largas rosas rosa.

É um baú pequeno, idoso, outrora alegre, hoje sóbrio, e muito bonito, tampa rasamente abobadada, algo alto e estreito e, assim, portando-se com uma espécie de inocência severa como o fazem certas casas revestidas de madeira e certos automóveis arcaicos. Ele é recoberto de folha de flandres que um dia foi de um vermelho brilhante e de um brilhante azul, e esse metal, hoje quase totalmente marrom, é estampado com um espesso complexo de margaridas e cravejado com pequenos pregos arredondados antes dourados; e o corpo do baú é preso por tábuas e com duas fitas recentemente pregadas de um ferro azulado. As alças de couro são verdacinzentadas e semiapodrecidas, as dobradiças estão soltas, a tranca está arrombada. Ao se abrir este baú leve, salta dele uma fragrância como que de canela velha e pós contra a febre e seu revestimento interior é inesperadamente brilhante como se fosse uma caixa de luz solar domesticada, em seu forro de papel branco rasgado listrado de madeira marrom, amarelofresca, em seus veios entre os pontos rasgados, o forro branco brilhante estampado com grandes e brilhantes margaridas malva sem centro. Neste baú: uma combinação velha de algodão um pouco suja; um boné duro, cinza e barato de menino; um vestido de bebê; um sapatinho de tricô brancocinza, de bebê; um par de meias de um azul muito forte, finas, mercerizadas, com um padrão chamativo, do tipo que se compra por dez centavos, furadas nos calcanhares, com uma faixa de algodão xadrez atada no topo de uma, à guisa de liga, e uma faixa de algodão cor-de-rosa na outra. Em um canto do chão do baú, encarando azuis com centros negros, colados às pontas de uma forquilha de arame cuja junção é um leve peso de chumbo, os olhos de uma bonequinha.

A armação da cama não é alta e nada tem de ornada, como são muitas camas de ferro. Sua antiga superfície de tinta branca dura está quase totalmente gasta, expondo o ferro nu, marrom-azulado. É uma cama três-quartos, o que vale dizer uma cama de casal na medida em que se trate dos hábitos dos colonos. Por se tratar da cama de hóspedes, na sala de estar, e ser pouco usada, está coberta por uma colcha fina, magenta, áspera de seda química.

A cômoda foi em algum momento definitivamente uma peça de mobília classe média.* Ela é bem ampla e muito pesada, laminada com sombrias madeiras vermelhas de ricos veios, com placas de metal intricadamente vazadas nos puxadores das três gavetas, e o espelho tem pelo menos um metro de altura e é emoldurado em madeira entalhada a máquina. O laminado agora se rachou e desfolhou em muitos lugares da base amarela de madeira mole; os puxadores das três gavetas estão quase todos fora de alinhamento e dois caíram; as gavetas não abrem nem fecham com facilidade. O espelho está em tão adiantado estado de deterioração que se encrespa de cinza, iridesce em certas partes, e tem em todos seus reflexos um zincoplatinado profundamente triste, dando a sua moldura uma beleza quase incalculavelmente antiga, doce, frágil e piedosa, como a que se pode ver em daguerreótipos de grupos familiares em cenários de estúdio ou ouvir em quase todas as gravações esgotadas de jazz feitas por homens muito jovens, loucos e devotados que em breve se destruiriam, em New Orleans, no começo da década de 1920. A superfície dessa cômoda está coberta por uma toalha de rosto envelhecida, pedregosa, de um

---

* Mais precisamente, ela teria sido uma imitação classe média baixa de uma peça classe média, imitando peso, volume, sobriedade, ornamento e valor.

tecido bom demais para ser usado nesta casa para os propósitos a que se prestava. Sobre esta toalha repousavam estes objetos: um velho pente preto, cheirando a fungo e borracha morta, quase sem dentes. Uma concha branca de marisco com pó marrom no fundo e dentro dela um pequeno botão branco. Uma almofadinha de alfinetes feita de um tecido rosa que imitava seda com o torso de corpete de uma boneca de porcelana com uma peruca de henna brotando dela, rosto e uma mão quebrados. Um coelho de porcelana de cor creme e sombreado em marrom, com sete ou dez centímetros de altura, com reflexos azulados na porcelana, uma orelha posta entortada: está quebrado nas costas e os pedaços foram encaixados, não colados, em delicado equilíbrio. Uma cadelinha buldogue de porcelana, sentada, com sua ninhada de três filhotinhos menores de porcelana, sentados em torno dela em um triângulo equilátero, olhos que sobre ela se intersectam: Louise os ganhou no Natal do ano passado e, com uma exceção, são o bem que ela mais preza. Uma pesada Bíblia marrom e úmida, folhas quase fracas como neve, cuja fragrância fria, obscena e inexplicável eu descobri em minha primeira noite nesta casa.

Não vou listar integralmente o conteúdo das gavetas da cômoda. Elas contêm, entre outras coisas, livros escolares; e em uma gaveta há diversos pedaços de papel de presente, cada um deles dobrado separada e muito cuidadosamente para não fazer mais vincos que o necessário. Parte dessas folhas é de um azul-escuro com grandes sinos e estrelas dourados e pequenas casas douradas. Parte é de azevinho vermelho e verde sobre fundo branco. Parte é papel de seda todo vermelho ou branco ou verde ou azul. Uma folha é de papel de embrulho simples marrom, mas tem grudados diversos selos de Papai-Noel e de terriers escoceses e sinos e guirlandas de azevinho. Esses papéis estão já rasgados em vários lugares, algo escuros e desbotados, e intricadamente riscados e marcados em toda sua superfície por anos de embrulho e desembrulho. Têm um cheiro rançoso e velho. Há aqui também barbantes vermelhos, prateados e dourados, esfiapados, enrolados alguns em carretéis, outros em fósforos ou pregos.

E, centralizados um sobre o outro e no centro de sua parede divisória estendida quadrada, todos exatamente defronte da janela quadrada, a mesa e a lareira e a prateleira que, com a parede, cria um santuário e um altar.

O altar

As três outras paredes são de vigas retas e anguladas e são as superfícies internas de tábuas de pinho que não foram aplainadas. Essa parede divisória é feita de horizontais de madeira estreita e cuidadosamente aplainada, dispostas justas, lado a lado; a madeira é um pinho de outra qualidade, com veios estreitos de finos amarelos e ricos dourados vermelhoferro, muito lisa e como que lixada, corpos docemente reluzentes e brilhantes, quase espelhados: e é a única parede do cômodo que sequer suporta ornamentos, e é a única parede ornamentada. Em seu centro, a lareira e o móvel da lareira, pintados, uma demão, de um velho e ralo brancazul: defronte à lareira, cobrindo não muito mais que a toda largura de sua abertura, a mesinha: e do outro lado, sob ela, os tijolos cinzentos, varridos e no entanto cobertos de cinzas, do pequeno espaço da lareira, e os silentes sapatos: e sobre a mesa, e sobre o móvel da lareira, e espalhadas acima e longe delas nas paredes, as coisas de que agora falarei.

Sobre a mesa; é tinta azul de automóvel: uma toalha branca, pendendo um pouco dos cantos. Sobre a toalha, ao centro, uma tigelinha bisotada de vidro verde em que repousa um cisne de porcelana branca, perfilado com o norte.

Sobre a lareira contra o brilho da parede, cada um deles a cerca de vinte centímetros das extremidades da lareira, dois vasinhos gêmeos, soprados de forma muito simples, de vidro iridescente com textura de pedrisco. Exatamente no centro, entre eles, um pires bisotado, com uma borda de renda grosseira, um copo leitoso moldado, que a mãe de Louise lhe deu para que com ela ficasse e ao qual ela dá mais importância que a todo o resto das coisas que tem. Pregada em toda a extensão dessa lareira, uma larga franja de papel de seda branco que a sra. Gudger dobrou muitas vezes sobre si próprio e com a tesoura, cortou em geometrias vazadas de renda, de que fala como sendo seus últimos esforços para deixar esta casa bonita.

Na parede, colados ou pregados ou presos com tachinhas ou impressos, postos bem separados uns dos outros, em relações geométricas não exatamente aperfeiçoadas:

Um pequeno porta-retratos octogonal coberto de fitas marfim e negras de fina palha ou sisal, o vidro quebrado: nessa moldura, sem preenchê-la, um instantâneo desbotado de câmera portátil: terra baixa, cinza, de aparência morta que se estende ao fundo em profundo horizonte; vinte metros depois, um canto de uma casa de colono, centrais no primeiro plano, duas mulheres: a irmã de Annie Mae, Emma, uma menina de doze anos, de chinelos e meias e com um vestido de domingo, de pé um pouco constrangida com olhos intrigantes, consciente de sua aparência e de seu sexo vagamente velado; e sua mãe, ampla e alta, em um vestido domingueiro ainda molhado do trabalho doméstico, mãos grandes pendendo frouxas e enviesadas contra as coxas, porte forte, fatigado, e nobre, rosto desbotado quase indistinguível, como se em sua morte e por certo toque secreto a própria imagem da bela cabeça de que tão bem cuidara seu marido houvesse docemente fenecido, tendo mesmo ali enquanto se detinham paradas começado sua herança florescente na jovem filha a seu lado.

Um calendário, que anuncia os sapatos ___, retratando uma morena bonita com lábios vermelhos enfeitados, com um chapéu vermelho de abas largas, ninando flores vermelhas. O título é *Cherie*, e escrito duas vezes, na caligrafia de uma menininha: Louise, Louise.

Um calendário, que anuncia mobília financiada: uma fotografia colorida à mão de um imaculado menino de doze anos de idade, com um macacão novinho, usando um largo chapéu novo de palha, aba desfiada pelo artista, pescando. O título é *Pescando*.

Pendendo torto de sua corrente presa a um prego fino, um medalhão oval aberto, envidraçado. Em um dos lados do medalhão, um retrato colorido de Jesus, mão direita abençoando, coração vermelho exposto em uma aura dourada pontiaguda em explosão. No outro lado, um retrato, do mesmo artista, da Virgem Maria, de azul, coração igualmente exposto e aurado, e perfurado por sete pequenas espadas.*

Rasgados de um livro infantil barato, retratos de fantasias em cores fortes e borradas que ilustravam, exatamente como deveriam e poderiam ilustrar, estes títulos:

---

* Se os Gudger se dessem conta de que isso é católico romano, ficariam surpresos e espantados e quase certamente o retirariam dali. É interessante e misterioso para mim que o tenham encontrado em algum lugar dessa região, que é tão solidamente anticatólica quanto é romana a província do Quebec.

"O harpista era mais feliz que um rei, sentado junto de sua lareira."
"Ela tomou o pequeno príncipe em seus braços e o beijou." ("Ela" é uma menina que cuida de gansos.)

Rasgada de uma lata, uma tira de papel carmesim brilhante com um grande peixe branco e as palavras:

SALOMAR
CAVALA DE QUALIDADE SUPERIOR

À direita da lareira, feita a cal, nítidas todas as suas volutas, a impressão da mão de uma criança.

O tabernáculo

Na gaveta da mesa, nesta ordem:
Um delicado odor insético de pinho, pano suado fechado, e mofo.

Um vestido de festa, extaticamente longo, de bebê, de fragílima musselina, bordado com três faixas de pequenas flores de fio de algodão. Duas tiras estreitas de renda barata mas de ponto fino estão presas perto da barra da saia. Essa peça de roupa foi feita à mão, com pontos dolorosamente pequenos e elaborados. Está dobrada, mas não passada, e não está bem limpa.

Um vestido de bebê, simples, de algodão branco; um trapo rasgado: feito à mão, menos aplicadamente; dobrado.

Outro, marcas finas de um cinzazul desbotado sobre fundo branco. As silhuetas de dois coelhos amarelos desbotados, recortados em casa, estão costuradas na frente, seus traços em ponto de cruz de fio cor-de-rosa.

Um gato de pano quase chato, azul, cauda azul, quase rasgada, traços em fio preto.

Um chapéu largo e de abas largas e copa mole, aba partida em diversos pontos, tecidos manchados e mofados. A copa é dourada, de pelúcia ou do mais barato veludo. A fita era um largo trançado de seda cor de madeira que reluzia em laranjas e pérolas. Nas bordas ela é riscada de branco e as riscas são contornadas por fios dourados. A aba é debruada com mais de dois centímetros de brocado dourado. A parte de baixo da aba é de algodão mercerizado cor de creme, marcado em um ponto por um lápis indelével. Por um rasgo se vê o papelão da aba: foi cortado de uma caixa de sapatos. Os pontos de toda a costura são pacientes, devotados, e diminutos. O chapéu é uma só massa disforme, meio úmida e mofada.

Uma caixa alta, azul, de Talco em Pó do Dr. Peters, Rosas, vazia, a não ser por algum pequeno objeto rígido que chacoalha. O aroma do pó, um pouco como o das máquinas de perfume nos banheiros dos teatros.

Um vestido de bebê de um xadrez miúdo rosa e branco.

Um vestido de bebê, um trapo. Ponto pé-de-galinha azul com fio mercerizado.

Uma luva marrom, algodão, de criança, da mão direita. O dedo indicador termina em um buraco.

Um hexágono feito a tesoura de uma notícia:

> *GHAM NEWS*
> nta-feira à tarde, 5 de março, 1936
> Preço: 3 cents
>   em G
>   (ou
>
> Milh
> stão em d
> por tod
> egundo sua
>
> para Birn

(sobre duas fotografias:)
    Vidro e cacetetes voam na greve
(legenda:)

    entre a polícia e os grevistas agora
    York. Um fotógrafo estava bem
    ua Vinte e Dois.

(as fotografias, ambas cenas noturnas com flash:)

1. Um homem com roupas civis, luvas inclusive, de costas, está fazendo algo inidentificável com o que pode ser a porta de um elevador.

2. Uma rua. Dois policiais. Um se equilibra afastando-se de um ato recém-realizado. O rosto diz ah, sim. O outro, de óculos, cabeça dominante, cacetete que acaba de voltar do crânio de mãos cerradas de um civil de sobretudo e sem chapéu cuja cabeça está na altura dos quadris. Calçada iluminada pelo flash, manchada de gordura ou sangue. No fundo negro mãos, a frente de uma camisa, relógio, preparado para correr, por sob um vago oval de rostochapéu seccionado por uma fita escura de chapéu.

(À esquerda:)

NOVO ATO GREV
IDO COMO PAZ
ULAÇÃO SE ROM

para arbitrar se
cai por verd
o grup

etários
das neg
balhista
RGE

QUAISQUER INVESTIMENTOS EM ARM

RSEG
EIÇÃO

Programa planejava
manter a paz com
exército maior

(legenda sobre fotografia pequena:)
Veterano guerreiro
chinês se prepara
para conflito comunista

(abaixo:)
Marechal Yen Hsi-Suan
Uma ameaça iminente de 10 mil comunistas chineses contra a província
tai-yuanesa de Shensi, na China, levou o marechal Yen Hsi-Suan, veterano guerreiro, a declarar uma emergência e a mobilizar um exército para
deter sua aproximação. Vinte e seis missionários americanos podem estar em perigo. (Fotografia Associated Press)

SHAW CONFESSA
QUE É UMA "DESGRAÇA"
Satirista britânico admite que é um
fracasso, já que o mundo
não lhe dá importância

(sobre uma fotografia:)
ROSTINHOS DE BEBÊS

(abaixo:)
Muito imbora Kenneth House Jr., de quatro meses
os médicos observam o progresso com raios X
que ele engoliu há seis dias, até aqui
uma cirurgia será necessária para a remoção.
sua mãe, a sra. Betty House, de Denver, C

Carrossel Nacional
continuação da página 1

TOU

Erguido contra a luz, os conteúdos dos dois lados do papel são visíveis ao mesmo tempo.

Os dois pedaços de um botão partido.
Um ganchinho preto, repousando em seu ilhós.
Outro ganchinho preto.
Nos cantos da pálida madeira interna, fina poeira cinza e uma poeira marrom inidentificável, de grãos grossos.
Em uma rachadura no fundo da gaveta, uma pequena agulha brilhante, apontada para o norte, como o cisne acima dela.

II. O QUARTO DOS FUNDOS

Geral

Tem metade da claridade e sensação de lugar aberto (e parece ainda menos) da sala que deixamos e permanece escuro: todo menos a janela da parede lateral, cujas persianas estão fechadas grudadas, cobertas por um pedaço pregado de tela nova cinzenta: depois de mais um minuto ele parece também algo sombrio; ou assim: o chão desde a janela em um leque amplo e toda a parede oposta estão brilhantemente iluminados, nenhum deles sob o sol direto: mas a parede dos fundos e o canto à esquerda estão muito menos claros.

Há aqui duas camas, ambas tamanho três-quartos, postas paralelas, cabeceiras perto da parede dos fundos, lados perto das duas paredes laterais. Uma fica bem na frente dessa parede divisória, a guarda do pé dessa cama chega quase até a porta da cozinha: a outra fica bem na frente da porta de um armário muito estreito construído na divisória. A lareira, na parede divisória, encara a persiana fechada dos fundos ao longo da nua nave de tábuas transversais entre elas: e as duas juntas quase enchem todo seu lado do cômodo. Essas duas camas estão cobertas de lençóis brancos bem esticados, e na parte central da cabeceira de cada uma delas, enviesa-se um pouco em relação à capa do acolchoado um travesseiro duro de fronha branca. Em cada uma dessas superfícies há uma rala constelação de talvez umas doze moscas negras. De vez em quando várias delas simultaneamente se movem rápidas um, dois centímetros em linhas retas, ou uma repentinamente decola em espiral e se atira contra a tela da janela: mas por minutos a fio elas todas ficam juntas, imóveis. Essas duas camas são de ferro. Desta que encaramos, que é a cama de George, e de sua esposa, o ferro é escuro e liso, e o padrão, simples, alguns poucos redondos verticais, e verticais mais altas na cabeceira: a outra é de barras brancas mais esguias, dobradas em equilibradas curvas.

Sobre a cabeceira desta cama mais próxima, suspensa de duas forquilhas pregadas à parede, uma carabina leve.

De um prego logo ao lado da janela pende o traje branco de verão com que dorme George.

Há sob a janela lateral um baú, muito similar ao baú do cômodo da frente.

A lareira

Toda a moldura e o móvel da lareira e a parede nua, algo escura, até um quadrado de talvez 1,70 metro de altura, e parte da parede além da moldura, são caiados, há tanto tempo que a parede se cobre de cicatrizes de fósforos e o veio aparece forte através do branco, que é contudo um branco muito frio e decente, as bordas do trabalho cuidadosamente trabalhadas e não experientes. À direita da lareira, sem se ver equilibrada do outro lado, há uma larga tábua vertical, criando entre seu domínio estrutural e a centralidade da lareira um dilema de simetrias, agudo, conquanto estreito. O caiamento, com um instinto adequado e corajoso, foi aplicado para seguir a simetria da madeira, de modo que a lareira salta alguns centímetros do centro dentro de sua larga moldura branca; e contudo, como ela ainda tem um foco central tão vigoroso em sua parede, orquestra-se poderosa vibração entre os dois centros.

O topo da lareira

Sobre a parte de cima da lareira:
Uma caixinha redonda de papelão:

(na frente:)

Pó-de-arroz Cashmere Bouquet
Rachel suave

(atrás:)

O aristocrata dos pós-de-arroz
A mesma qualidade da embalagem de cinquenta centavos.

Dentro da caixa, uma esponja pequena. O fundo da caixa e a face inferior da esponja carregam leve poeira de pó aromático e suavemente tinto.

Uma jarra de bálsamo mentolado, do menor tamanho, em que resta apenas um terço.

Um pequeno retrós de fio de algodão branco número 50, consumido quase pela metade e pela metade desenrolado.

Uma caneca de barbear de cerâmica florida de rosas, rachada, quebrada na borda. Nela fica um pincel de verniz muito gasto, de mais de dois centímetros de largura. Também na caneca ficam onze pregos enferrujados, um botão azul sintético, um alfinete com cabeça de pérola (imitação), três fósforos de cozinha sujos, um pedaço de sabonete de toucador.

Um pente rosa de celuloide em formato de crescente: 27 dentes, dos quais faltam três; dezesseis diamantes de imitação.

Uma lixa de unhas.

Um pequeno espelho reluzente em uma armação de arame.

Pendente de um prego ao lado da lareira: um atiçador feito de uma peça de carro dobrada.

Pendente de um outro prego, por um canto: uma almofada de alfinetes quadrada. Presos a ela, diversos alfinetes comuns, dois alfinetes de segurança grandes, três ou quatro alfinetes com cabeças de vidro branco ou colorido; um broche pequeno de vidro verde em flandres dourada; uma agulha com 45 centímetros de linha branca grossa.

Sobre a lareira, à direita do centro, um calendário: um retrato em sombras castanhavermelhadas, e em luzes vermelhas e amarelas de uma lareira confortável. Uma jovem mãe de cabelos escuros em uma cadeira junto ao fogo: uma menininha em uma longa camisola branca se ajoelha entre seus joelhos com as mãos juntas: o olhar da mãe é uma mistura de atenção e didatismo. O título é *Apenas uma oração no crepúsculo.*

O armário

Em pregos do lado de dentro da porta do armário estreito:

Uma combinação curta feita em casa de algodão branco grosseiro, retangular embaixo dos braços e no peito e nas costas: um nó na alça direita.

Um vestido de bebê, feito em casa. A parte de cima é de sarja cinza; o colarinho é debruado de rosa; a saia, de um material mais fino, é de um xadrez miúdo brancamarelo.

Uma combinação longa feita à mão de algodão branco grosseiro, o mesmo modelo retilíneo citado acima. Uma tintura de perspiração e de sexo.

No chão do armário, à esquerda, uma pilha de macacões, vestidos, camisas, roupas de cama etc., prontas para a lavanderia.

Em uma prateleira acima, três ou quatro colchas de retalhos de variados graus de elaboração e inventividade de padrões, e em vários graus de esfiapamento, idade, descoloração, absorção de sujeira, e sensação-de-infestação, recheadas de algodão e emitindo um odor forte.

Em pregos pela parede, macacões, vestidos, roupas de crianças; os macacões ostentando o formato do joelho e da coxa; um odor de tecido suado.

No chão, à direita, dobradas uma sobre a outra, duas esteiras de criança, feitas em casa: sacos retangulares chatos de tecido branco ralo e ralo estofo de algodão.

No chão, ao centro, dois a dois, bicos para a parede, um par de chinelos pretos de mulher, desgastados nos saltos baixos. Um par de sapatos de trabalho, muito velhos, moldados na forma dos pés. Um par de chinelos de menina, embranquecidos sobre barro raspado e novamente riscados de barro. Um par de sapatos de menino, de um preto brilhante, estragados no bico e com as solas gastas, o bico violentamente virado para cima; alças em laços nos tornozelos: barro grosso raspado. Um par de sapatos de menina um pouco mais estreitos e macios, de abotoar, marrons brilhantes, igualmente gastos, retorcidos e raspados. Sandálias marrons de bebê. Esses sapatos, particularmente os das crianças, estão algo roídos, e há cocô de rato pelo chão.

As camas

A cama das crianças no quarto dos fundos tem um estrado gasto e enferrujado de molas; as molas das outras duas camas são redes de arame, igualmente enferrujadas e consumidas. Sem contar com isso e com os detalhes previamente mencionados, as camas podem ser descritas como uma só. Há dois acolchoados em cada uma delas, ambos muito finos, estofados, eu imaginaria, um com algodão cru e um com palha de milho. Eles têm um cheiro velho, rançoso e úmido, e estão infestados de carrapatos, de pulgas, e, acredito, de piolhos. São feitos em casa. As capas não são de sarja, mas de um algodão algo fraco e não alvejado. Embora o estofo seja costurado com a capa, para ficar firme no lugar, ele ficou desagradavelmente encaroçado em alguns pontos, apenas tecido em outros. Os lençóis são de um algodão grosseiro e lindo, não-alvejado mas quase branco, costurado em casa pelo meio, no comprimento, com um ponto ou encavalado ou separado. É uma roupa de cama de um tipo que absorve e mantém rapidamente o calor corporal, e que é úmida não importando qual a umidade do ar, e o tecido é áspero contra a pele. Os travesseiros foram comprados prontos, os mais baratos que se podem encontrar: finos, duros, que estralam sob qualquer movimento da cabeça; e parecem, como os acolchoados, estar infestados. As fronhas são feitas em casa, com o tecido dos lençóis; uma é um saco de farinha de quinze quilos, lavado e macio. A sarja listrada aparece bem através do tecido. As camas são tão inseguras em suas juntas que os movimentos corpóreos têm de ser delicados, equilibrados, e em certa medida premeditados. Os acolchoados e as molas são ruidosos, cada um de uma maneira diferente, com qualquer movimento. As molas afundam tanto que duas ou mais pessoas, dormindo ali, caem juntas no meio quase como em uma rede. Os lençóis são bem esticados quando se arruma a cama, em parte por um ritual doméstico, em parte, acredito, no desejo de fazer que as camas cronicamente afundadas pareçam planas. Às vezes isso dá certo. Outras vezes a cama, por mais que esteja bem arrumada, parece um bolo solado.

Com muita frequência Burt só consegue dormir no colo da mãe. Durante quase o ano todo a família dorme neste único quarto. Os mais novos nunca dormem em outro lugar. Mesmo quando estão no quarto ao lado, a divisória é muito fina. Mesmo que não houvesse crianças, pais como estes são limitados o bastante para ficar profundamente constrangidos e transtornados com ruídos provindos de qualquer contexto sexual e que o delatem. Mesmo que não houvesse ruídos, as armações das camas são inseguras, as molas se afundam frouxas, os acolchoados são ralos e caroçudos, os lençóis não são muito agradáveis.

Nessas camas, contudo, e entre seus filhos, eles conseguem qualquer bem sexual que tenham um do outro, com o mínimo de ruído e de movimento possível. E nessas camas, depois de passarem dois terços de suas vidas em um trabalho duro e cansativo e em um viver consciente e que de todas as formas possíveis fere e distorce a "mente", as "emoções", e os "nervos", eles passam um terço de suas vidas recebendo o alívio e o repouso do sono.

III. A COZINHA

Geral

Há na cozinha um telhado de lata. Ele tem goteiras somente quando a chuva é muito pesada e, então, apenas ao longo da junção com o telhado da casa principal. A dificuldade é mais com o calor. O cômodo é pequeno: muito pouco mais que grande o bastante para que nele se empilhem o fogão e a mesa e cadeiras: e esse teto improvisado baixo e inclinado fica bem baixo sobre ele, sem forro, e metade do próprio metal visível. A luz do sol do lado de fora já está perto dos quarenta graus durante muitas horas dia após dia semanas a fio; o fino teto de metal recolhe e envia esse calor quase com a mesma força de uma lupa; o fogo aceso é particularmente intenso e violento e mal há um metro entre o fogão e uma extremidade da mesa: entre o calor natural, o calor acumulado e transmitido que se arranca do teto cômodo abaixo e o calor do fogão, a cozinha na hora da almoço se transforma em um lugar que, mal se entra nele, gera uma camada de suor em toda a superfície do corpo, e trava o plexo solar e a garganta em nós apertados que pulsam e se relaxam o bastante para admitir comida só depois de dois ou três minutos.

A cozinha é um puxado. A parede da frente é o antigo exterior da casa. A porta do corredor fica no centro dessa parede; há outra porta logo atrás da cabeceira da mesa, a pouco mais de um metro do ponto extremo do cômodo, levando para o quarto da frente; no centro da parede dos fundos há uma janela; há uma outra no centro da parede lateral. Essas janelas têm vidros finos ondulados e marcados, e são divididas em duas partes, mas, desprovidas de pesos, mantêm-se abertas com a ajuda de achas de lenha. O fogão fica no canto entre elas, a "cristaleira" fica contra a parede dianteira para lá da porta da despensa, a mesa, ao longo da parede da frente entre aquela porta e o corredor, a caixa de comida e a bacia de lavar pés, no canto criado entre a parede dos fundos e a do corredor; a caixa de lenha fica do lado de cá do fogão; sob o fogão fica a bacia de lavar pratos; o bule e uma chaleira de pé sobre ela, guardados; panelas pendem de pregos pelas paredes do canto do fogão; tampas ficam enfiadas entre a parede e uma tábua; uma das frigideiras está presa quase horizontal; seu cabo está enfiado em uma fresta entre duas tábuas da parede e por esta fresta pode-se ver uma pequena fatia do exterior. A vassoura fica no canto ao pé da mesa e acima dela, de pregos, pendem a cabeça redonda de louça da batedeira de manteiga, e o batedor. É agradavelmente claro aqui, sem a luz do sol, mas uma luz quase fresca, forte, calma, do tipo que se estabelece em qualquer peça de vidro que não brilhe.

O cômodo é um pouco pequeno para ser confortável, e aqui, como é desnecessário nos outros cômodos, tudo que pode sê-lo está grudado à parede. Não há cadeiras no lado da mesa que dá para a parede, mas um banco comprido e algo estreito, muito perto da parede, e a mesa é empurrada para bem perto dele, de modo que as crianças têm considerável dificuldade para trepar até seus lugares: e apesar dessa economia, a mesa se projeta para além da porta do corredor, as cadeiras deste lado um pouco mais, e quando estão todos sentados o cômodo fica praticamente intransitável. A cadeira da ponta se aglomera junto da mesa, também, pois há apenas o espaço suficiente para isso entre a porta do corredor e a porta da despensa. O fogão precisa ser posto bem distante das paredes de seu canto, mais de meio metro no mínimo de cada uma, e isso deixa um espaço que mal é suficiente entre o fogão e o canto da mesa. Apesar de todo o ar livre, a cozinha tem um forte cheiro de comida, pois as paredes estão impregnadas dele.

A "cristaleira", um guarda-tudo para utensílios de cozinha, louça, talheres, e os menos perecíveis dos insumos crônicos da culinária, jamais é chamada de cristaleira no interior do sul do país, mas sempre de cofre.* O cofre típico é um móvel de madeira alto, escuro, frágil, com inúmeras prateleiras, portas duplas cobertas de flandres enferrujada perfurada em padrões ventilatórios de geometrias e flores radiantes, e com um cheiro abafado mas bem doce de galinha, manteiga e porco frito, e das ferragens baratas de suas dobradiças. Falo disso porque o cofre dos Gudger diverge tão largamente do comum que chega a parecer cômico ou surrealista em seu ambiente, como pareceria uma geladeira. Ele é de pinho amarelo brilhante e envernizado e as portas são de metal branco esmaltado com molduras estreitas, e as trancas das portas não são botões com forma de tigela, como no tipo mais comum de cofre do século XIX, mas são de níquel brilhante, do tipo que se emprega em refrigeradores; e ele é mais amplo que os cofres antiquados. Há um pote forrado de metal para guardar a farinha de trigo, e latas esmaltadas e etiquetadas para AÇÚCAR, CAFÉ, SAL, CHÁ, que parecem ter vindo com a casa. É um móvel realmente bom; e tem algo como uma aparência de alcova classe média que o liga a anúncios em revistas femininas e às vozes culinárias de mulheres no rádio, de modo que aqui fica peculiarmente ofensivo e patético; e ele já pegou o aroma de cozinha de colono, para o qual jamais foi concebido.

O fogão é de um ferro barroco enferrujado, com forno. Ele é pequeno, e baixo o bastante para exigir que se inclinem sobre ele em um ângulo bem fechado. Uma grande chaleira preta de ferro fica posta na parte de trás; em pregos atrás dele, em seu canto, algumas panelas escuras e formas de assar de aparência plana foram penduradas, e uma pesada frigideira preta; a frigideira está enfiada pelo cabo em uma fresta da parede e estende sua mão redonda plana na direção do centro do cômodo.

A caixa de mantimentos é uma lata de banha de trinta quilos, cheia pela metade. Ela fica coberta por uma peneira, feita em casa a partir de uma tela de janela rasgada, e três moscas presas, cobertas de farelo, rompem a cabeça contra o fundo.

---

* Não sei como isso começou, mas me parece ter algum interesse o fato de que as famílias de fazendeiros, cujo tesouro mais urgente é a comida que comem, usem para o móvel que a acomoda o nome usado entre as pessoas de classe média para o guardião do dinheiro, documentos e "papéis" de valor.

A vassoura é do tipo barato, de trinta-a-quarenta-centavos, e é quase nova, mas não se deixe enganar: a velha, ainda mantida no limbo porque nada é jogado fora, foi bem usada antes de ser descartada: ela varre mais ou menos como um pé torto.

O batedor ganha os deliciosos aromas e ternuras do leite e da manteiga, e brilha como brilharia o mármore contra a parede crua.

As cadeiras restam imóveis em exata escala de alturas desiguais com a encantadora sobriedade de crianças se fingindo de oficiais ou juízes.

A mesa: o lampião

A mesa está posta para o jantar.

A toalha de oleado xadrez verde-amarelo está gasta, fina e furada nos cantos e nas bordas da mesa e ao longo das bordas eriçadas da superfície de tábuas, e em um ou dois pontos em que cotovelos repousaram mais tempo, rasgou-se nela um largo buraco. Em suas superfícies intactas ela brilha bela e fosca reflete a janela e partes dos objetos sobre ela, pois foi cuidadosamente esfregada com um trapo úmido, e exibe também os rastros desse trapo. Onde foi gasta até rasgar, a madeira é azeda e gordurosa, e há migalhas de pão nas costuras e sob as bordas do oleado, que cheiram a mofo, e esses odores se misturam tão profundamente com os do tecido que são em sua totalidade o odor clássico da mesa de refeições dos colonos.

Há duas facas e dois garfos de aço inoxidável com bons cabos, que teriam custado dez centavos cada, e contra tudo o que pudemos fazer a respeito, estão postos em nossos lugares: mas no costume efetivo da casa eles pertencem aos pais.

Fora eles, os garfos e facas e colheres são daquele metal muito barato, leve e fosco que parece ser quase universal entre as famílias de trabalhadores, e nos tipos mais caridosos e idealistas de instituições, e que conferem a cada grama de comida que toquem seu gosto e fedor particular, que são um pouco como os de uma lata que conteve um peixe de gosto forte. Os dentes de quase todos os garfos estiveram entortados e depois foram novamente trazidos a algo próximo de uma ordem; as facas são dentadas.

Quase não existem pares de pratos, ou xícaras, ou copos, ou pires, que tenham o mesmo tamanho e padrão. Todos os copos menos um são vidros de geleia de tamanhos e formatos diferentes. Uma das xícaras é fina, azul, imitação de porcelana colonial comprada da Woolworth:* o cabo se foi; duas das outras são brancas e grossas, do tipo usado em vagões-restaurantes, mas de qualidade mais baixa, granulosas, e lembrando um pouco arenito nas bordas; uma delas está lascada; a quarta é uma xícara mais alta do mesmo tipo, com uma rachadura fina como um fio correndo por toda sua altura. Dois dos pratos são do tamanho normal de pratos de refeição, da mesma cerâmica grossa de vagão-restaurante, outro é de um branco translúcido de tamanho entre o de um pires e o de um prato; outro, cor de creme, fundo, coberto de fissuras marrons, tem impressa uma guirlanda de milho amarelo e folhas verdes. As crianças comem na maioria das vezes nos pires e tigelas. A comida é servida em parte direto das panelas, e em parte de dois pratos de sopa largos e rasos e uma travessa pequena, branca e grossa. No meio da mesa ficam um pote de conserva, cheio de sorgo, uma caixa de pimenta-do-reino, e um saleiro alto cujo topo é verde, todos em torno do lampião apagado que, em plena luz do dia, se ergue com a beleza de uma jovem nua.

---

* Loja fundada no final do século xix, uma das primeiras a se tornar uma grande cadeia varejista de produtos baratos. (N. T.)

iv. A despensa

Dois elementos essenciais

Dois elementos essenciais, a que não posso ter esperança de dar corpo nem mesmo de forma atenuada mas devo apenas dizer, o que são, e o que deveriam ser se pudessem ser escritos: um se refere à casa como um todo; um pode ser concebido nos termos de um só cômodo. O primeiro é válido para qualquer casa de mais de um cômodo. O segundo é privilégio apenas de uma casa como esta, de que falo.

O primeiro é este: em qualquer casa, se nos deixamos ficar em qualquer de seus cômodos, ou nos deixamos estar em ausência na lembrança, é possível, por suficiente concentração calma e passiva, perceber em um átimo ao mesmo tempo a simultaneidade da existência de todos os seus cômodos em suas precisas estruturas e relações mútuas no espaço e em tudo que contêm; e perceber isso não apenas com a mente que calcula, nem com a imaginação dos olhos, que em nada é percepção, mas com a totalidade do corpo e do ser, e em traduções dos sentidos de modo que ao menos parcialmente eles se tornam extra-humanos, tornam-se parte da natureza e do ser desses cômodos, de seus conteúdos e dessa casa: ou em uma espécie de sonho-construtor, uma consciência sem corpo se deixa ficar em uma plataforma aberta de piso, sem paredes nem telhado:

e em um estremecer de martelos e com amplos movimentos tranquilos provindos de todos os cantos da consciência, nas bordas da plataforma erguem-se em uma lufada as amplas cartas das paredes de madeira, como o fechamento acelerado das pétalas das flores, e suas bordas se juntam em uma sutura de pregos e, começando verticais e contrapostas uma à outra ao longo da viga central como as asas fechadas de uma borboleta, as grandes asas do telhado se espalham, abertas, e descem pairando nos dois lados em escurecimento, para repousar finalmente sobre as bordas superiores deste poço de madeira quadrado, e onde estas paredes se ergueram e se tocaram, suas superfícies quadradas encaram umas às outras aos pares e formam um quadrado interno, uma câmara, e todos os quatro cômodos desta casa em que moram os Gudger estão aqui ao mesmo tempo cada um em seu espaço e cada um equilibrando os outros em um acorde: e é do pleno reconhecimento corporal deste acorde que falo particularmente, e de que pode desta forma parar o coração: e de como todos esses móveis e objetos, dentro desses cômodos, são contidos e encantados como que em âmbar.

O segundo, ele também vale para qualquer lugar, mas é mais vigoroso onde todos os materiais da estrutura estão desnudados diante de nós, como estão aqui. Trata-se de, tendo examinado cientificamente ou como que em planta baixa como se constrói uma casa dessas desde as fundações, em cada parte estritamente medida de sua madeira, e em cada prego reforçador, e com quase cada centímetro dessa estrutura aberto diante dos olhos como está em um destes cômodos, deixar que todas essas coisas, cada uma em seu lugar, e todas em suas relações e em suas plenas substâncias, *sejam, imediatamente,* levadas a nossa consciência, centro único: e existe aqui um contraponto tão aniquilador como o que poderia haver se você pudesse em um instante ouvir e ser cada uma das vozes, de ponta a ponta, da fuga musical de mais ampla concepção: e essa primeira essência de uma das coisas que uma casa nua é, a pura casca, em que hão de viver como puderem os fados de sucessivas famílias, pode ser mais bem percebida neste cômodo escuro na frente da cozinha, pois ele mal é usado, e jamais é aberto para a luz do dia aberto, e está quase vazio, e ali residem basicamente apenas as meras paredes, e o piso, e o telhado, encarando uns aos outros e um centro único como espelhos de pinho.

Mas sobre este cômodo apenas posso fazer essas sugestões, e posso dizer muito pouco a respeito dele, de outro jeito.

No cômodo

Entra-se pela porta da cozinha. A porta do corredor e as venezianas estão fechadas com pregos. Como ele fica tão constantemente fechado, o calor e a escuridão e o odor de madeira aqui são diferentes de outros lugares da casa; e como ele é tão pouco usado o silêncio recebe de si próprio tamanho impacto e sobre si próprio se compõe com tanta intensidade que passa a ser quase um bloco sólido, mantendo as paredes afastadas umas das outras. A pouca luz que existe entra pela fresta sobre a parede, e pelos beirais, e pelas muitas imperfeições das paredes e do telhado, caindo em farpas sobre o chão. Há um odor de aniagem e um odor seco de depósito e de um mausoléu ou uma tumba. Ao longo da parede norte há compridas prateleiras com potes. De um prego junto à porta da cozinha pendem quatro ou cinco espigas de milho de pipoca vermelho e amarelo, com anos de idade. Na direção do centro do piso estão diversas sacas, algumas cheias, algumas vazias. No telhado alto passeia uma vespa, atingida aqui e ali por raios de sol; nesses instantes ela se torna uma fagulha elétrica. Há opacas teias de aranha fumacentas nas vigas pelos cantos. Excetuando-se um caminho junto das prateleiras e até as sacas, trata-se de um piso da mais suave poeira trilhada de ratos, tão acumulada que mal se podem ver os veios da madeira. Nada mais há no quarto. Uma das sacas é pesada, cabeça caindo sobre o ventre, cheia com dois terços de farelo de milho. Outra está parcialmente cheia de ervilhas secas. Outra é leve, cheia de ervilhas por debulhar. Muitas estão vazias. Vão conter ervilhas e farelo para o inverno. À esquerda delas estão restos de folhas e galhos quebrados. São folhas de amendoim, bom alimento para os animais. Há também um saco de farinha quase cheio de pêssegos secos. Ao longo das prateleiras, usando muito pouco de seu espaço, estão talvez três dúzias de potes de conserva dos quais cerca de vinte estão vazios, e quinze ou vinte potes de geleia, dos quais seis ou oito estão sendo usados: geleias e doces de maçã e de framboesas silvestres, e pêssegos, tomates e feijão enlatados: Um ou dois já começaram a apodrecer. Quase nada resta aqui do inverno passado, mas nesta época do ano as prateleiras começam a ser abastecidas para o próximo inverno. Chegando o frio, cada um destes potes terá sido usado, e todos os outros que a sra. Gudger conseguir obter.

No quarto da frente: o sinal

Estou deitado onde me deitei ao nascer do sol.)

Se eu não estivesse aqui; e eu sou um elemento estranho; um olho sem corpo; isto jamais teria existência na percepção humana.

Não tem. Não me faço bem-vindo aqui. Toda minha carne; todo meu ser; retira-se ao nada. Nem mesmo estou aqui tanto quanto, ontem à noite, no diálogo entre aquelas duas criaturas das trevas. O que está acontecendo aqui, e ocorre diariamente neste silêncio, é parte de um comércio íntimo entre essa casa e o espaço eterno; e a consciência nele não tem residência nem pertinência a não ser pelo fato de que, com o privilégio ardiloso da contemplação, tememos esta lenda: nós nos recolhemos; nos curvamos; e nem mesmo ousamos ter o orgulho de tentar decifrá-la:

Neste dado momento do fim da manhã, então, no mais alto verão, aqui neste cômodo escuro e fechado, por um buraco na madeira próxima da crista aguda do telhado, um sinal ou uma designação são feitos a cada dia em silêncio e despercebidos. Uma longa e brilhante lança de luz toma em sua ponta, no lado esquerdo da lareira, um dos pequenos vasos de vidro leitoso e opalescente; de tal maneira, pela garganta, e sem tocar qualquer outra coisa, que de dentro de si este frasco abobadado reluz toda sua forma na obscuridade, sóbrio graal ou divindade específica desta casa; e ninguém o observa, forma arcaica e pérola alabastrina e apara capturada da lua reluzente, em quaisquer piedade ou medo desumanos que demonstre: e depois de meio minuto ele desbotou e mudou, e é apenas um vaso na luz, companheiro de um gêmeo jamais iluminado, e eles restam em largo equilíbrio sobre a lareira estreita; e agora a luz o abandonou por completo, e oblata sua rotundidade em nítida digital da parede de pinho a seu lado, e esta, lentamente, desliza, na torsão dos firmamentos em seus engenhos, enquanto a borda redonda do planeta percorre como um mar suas modulações, e por todo o vago Oregon como fósforos em um jogo de varetas, os galos em espanto se incendeiam uns pelos outros, erguem-se as trevas, cortina de aço de uma vitrine.

Aqui também, com seu ruído como um nervo há muito esticado por trás de si, a vespa violino retorna para sua casa no ângulo do telhado, fica calada por meio minuto e de novo se desfralda por sob os beirais para a luz do pleno dia.

Mas ela: ela não é estranha aqui: é uma construtora; uma colona. Ela não percebe; não é uma leitora de signos.

A volta

Mas agora naquele morro cuja massa se porta como uma onda atrás de nós eu ouço sua voz e as vozes de seus filhos, e com o conhecimento dos lugares secretos que abri, as mágoas, belezas, roupas que retirei de seus lugares, levei aos lábios, cujos aromas senti, que dobrei e repus tão organizada, tão reverentemente quanto mortalhas, ou, sacerdote, as toalhas abençoadas, recebo um violento choque em meu coração, e me movo silente e velozmente.

Quando por fim ouço a inocência de seus movimentos nos fundos do corredor, o ruído da água rude e da concha, estou sentado na varanda da frente com um lápis e um caderno aberto, e me levanto e vou em sua direção.

Algo confusos, mesmo assim eles gostam de mim, e eu, e como, gosto deles; e confiam em mim, apesar de feridos e do mistério, posto fundo, longe da compleição de uma palavra como confiança.

Não vai ser fácil olhar nos olhos deles.

Sobre as casas dos Woods e dos Ricketts terei de ser mais breve. Não presuma, pela relativa brevidade, que sejam menos mobiliadas, ou que me pareçam menos significativas, que a casa dos Gudger.

A CASA DOS WOODS

A casa dos Woods fica bem afastada da estrada como descrevi. Ela dá para o sul: primeiro um curto quintal de grama grossa e dura e mato, depois vem a horta, cuja cerca está caída pela metade, e depois disso um longo campo profundo de algodão muito medianamente bom. À direita da casa fica uma longa eira para secar milho, um pequeno celeiro apodrecido, e uma grande macieira convulsa cujos frutos são pequenos e azedos. É uma casa de três cômodos: dois cômodos erguidos lado a lado e uma cozinha apoiada no cômodo mais distante do celeiro. O único quarto, a oeste, tinha uma abertura para uma porta dianteira e as marcas de degraus que não mais existem. Diante da porta para o outro cômodo, há uma varanda. Ela é de pinho macio, está quebrada em um ponto, e esfarrapada em todas as bordas externas das tábuas. Ao entardecer estende-se uma colcha presa a pregos entre duas das colunas, para proteção contra o sol. Há duas janelas no quarto oeste, envidraçadas, sem cortinas, e uma janela envidraçada, quadrada, de cerca de 45 centímetros de lado na cozinha, cuja principal fonte de luz e de ventilação são duas portas opostas, uma dando para o quintal, a outra para o cômodo da frente. O quarto oeste é um quarto de dormir, de cerca de três por 3,5 metros, desprovido de mobília no chão, com exceção de um pequeno baú de estanho, uma cadeira quebrada com fundo de nogueira, e uma cama três-quartos de ferro floreado coberta por uma colcha basicamente branca de um padrão de talento incomum.* Da parede do outro lado desta cama pende uma espada cega de oficial em uma bainha enferrujada; foi usada por um ancestral do sr. Woods. Perto da porta fica um espelho em uma moldura do começo ou do meio do século XIX de estanho moldado e oxidado: estrelas, e uma águia agarrada a dardos-trovões cruzados. Da parede dos fundos, de pregos pendem macacões, camisas, e um vestido sujo, e um vestido limpo em um cabide de arame.

O cômodo leste, um quadrado de cerca de três metros de lado, é quarto e sala de estar combinados. A cama de ferro é tão fraca em suas juntas que Woods a pregou à parede. Ela está desfeita e sobre ela foi jogada uma colcha quase totalmente cinza de sujeira, o algodão escuro e craquento vazando de suas chagas. Embora parte alguma do exterior da casa jamais tenha sido tocada, as paredes deste cômodo e da cozinha foram caiadas e entre o escorrer resinoso dos veios, a cal ainda aparece vagamente. Há aqui uma cadeira redonda sem braços, de ferro, com um assento feito em casa de pinho novo e reluzente: e sobre uma mesa, perto do lampião, um vaso de flores de papel com cabos de estanho ainda brilhante; e sobre elas, na parede, "Apenas uma oração ao crepúsculo", e na parede dos fundos, uma fotografia com legenda, recortada de alguma inexplicável revista, de Barbara Drake,** aos três anos de idade, e de John B. Drake III,*** com talvez seis anos de idade, de Chicago, que já aperfeiçoou a expressão peçonhenta que a seu tempo há de lhe servir tão bem em sua carreira social-financeira-sexual. A legenda é "Os pequenos Drake", e eles estão sentados junto da água.

A cozinha, um quadrado com 2,5 metros de lado, contém em primeiro lugar um pequeno e heroico fogão que já serviu à vida de uma família e está há bastante tempo com outra. Cai um pouco mais além das possibilidades de ser adequadamente consertado, contudo, a cada vez que se mudam, e Woods tem certeza de que os rigores de mais uma só mudança vão acabar de vez com sua utilidade. Do lado oposto da cozinha ficam uma pequena mesa nua em que comem; e nas paredes, o que vocês podem ver em uma das fotografias.

---

* Obra da mãe da sra. Woods. Ela também bordou de forma magnífica um par de fronhas, com linha marrom-rosa, seguindo apenas as linhas e pontos mais simples que uma criança desenharia. Um era a cabeça de um homem, e uma flor que a equilibrava, a outra, com uma flor, a cabeça de uma mulher.

** Líder trabalhista inglesa (1876-1963). (N. T.)

*** Hoteleiro americano (1872-1964). (N. T.)

A fonte dos Woods

Fora, nos fundos, três metros ou talvez nem isso de um quintal vermelho e riscado de cicatrizes, então a terra se curva abruptamente e desce íngreme por quase vinte metros até um quasenível: e um pouco além da margem mais baixa desse barranco, uma pequena fonte quente, protegida por paredes de madeira. O barranco é íngreme o suficiente para que boa parte de sua extensão tenha de ser escalada em quatro apoios: mas isso só é necessário quando o dispositivo de apanhar água quebra. Este dispositivo, que fica perto da borda do quintal, é chamado de "menino preguiçoso". Consiste de um molinete, uma corda, um balde e uma pedra pesada. O balde, que de tão batido quase não tem mais forma, é solto com grande velocidade, pela diversão que isso gera; o lastro de pedra garante que vai acertar a água direito e se encher. A corda é montada de retalhos de lençóis, cordas finas e cordame de varal, e em diversos pontos está se esfiapando até ter um só fio e está atada e reatada onde se rompeu, mais ou menos de meio em meio metro: o molinete está montado de forma tão insegura que durante a operação de erguer o balde é necessário evitar com uma mão que ele desmorone enquanto se enrola a corda com a outra: e mesmo assim um terço da água jorra para fora antes de o balde chegar aonde se pode alcançá-lo. Às vezes ele funciona quase sem dar trabalho por dois ou três dias a fio; então, como se tivesse metido na cabeça que tem de ser do contra, a corda escorrega da roldana na outra ponta, ou a alavanca escapa da mão que a protege, ou a corda se rompe a meio caminho, e o balde todo despenca para o meio do inferno e alguém tem de ir atrás dele, às vezes uma viagem sim, uma não.

Essa água, como eu disse, é quente e tem um gosto ruim, plumado, nauseabundo; eles acreditam que esteja plena de febre. E fervorosamente atribuem esse estado doentio da água ao fato de que a fonte também é usada por uma família de negros que vivem abaixo deles na clareira. Por essa razão Pearl se esconde de vigia no alto de seu barranco e, quando as crianças negras aparecem (elas sempre vêm em duplas; têm medo de vir sozinhas), ou mesmo o pai e a mãe, cobre-os de pedras que recolheu, e de tocos de madeira. E em retaliação, as crianças algumas vezes tiveram a coragem de tirar a corda da roldana, ou uma vez, até, de ficar ali e esvaziar o balde três vezes seguida antes que, tomando juízo, parassem de rir e corressem o quanto podiam para dentro da mata mais abaixo. Mas na maior parte das vezes elas sabem que não adianta revidar, e tentam simplesmente vir buscar sua água em momentos do dia em que não sejam esperadas.

A casa dos Ricketts

As casas dos Gudger e dos Woods pertencem solidamente ao tipo de casa de colonos e eram assim quando novas e recém-construídas. Os Ricketts, morando à vista dos Woods, algumas centenas de metros estrada acima, ocupam um tipo completamente diferente de lugar: ou seja, uma casa que foi originalmente propriedade do homem que nela viveu, um pequeno-agricultor, não um colono, e projetada e construída conforme os padrões dessa classe. Enquanto que, por exemplo, as casas deles são do tipo mais simples de construção, em formato de caixa, e são baixas em relação ao espaço que ocupam, e são feitas de madeira cheia de nós que jamais foi pintada ou mesmo caiada, esta casa dos Ricketts é construída como uma casa sólida comum de classe média baixa se constrói, e simula tanto solidez no solo quando a altura e o volume de um segundo piso que não tem, e a madeira externa ainda tem raspas e poeiras e escamas de uma tinta amarela fosca com frisos chocolate. Mais ainda, e de novo como não é o caso das demais, ela se protege sob duas grandes árvores de sombra, e há um arbusto florido no quintal varrido, nu e grande ainda informe; o celeiro, embora agora esteja estragado e tenha com isso a aparência de prata branca improvisada e exposta ao tempo, tem tamanho de celeiro, com currais de verdade e um palheiro; e do lado de lá da casa há uma ampla pilha de pedras e tábuas apodrecidas cercando um buraco mais estreito,... no fundo desse buraco, o brilho de escória e dor de um antigo poço, e atrás da casa outras pedras e outras tábuas apodrecidas e um súbito e violento espumar de ervas onde antes houve uma privada: de fato, um tipo de estabelecimento muito diferente e à primeira vista mais próspero; mas esse homem, quem quer que tenha sido, evidentemente perdeu a casa e a terra, não importando o quanto possa ter se importado com elas e o quanto possa ter tentado mantê-las, e provavelmente por execução de sua hipoteca, e muito provavelmente para os irmãos Margraves, que agora são os proprietários, e que arrancaram a maior parte de seus 2600 acres de sob os pés de famílias exatamente como essa e precisamente por esse tipo de cuidadosa observação da letra da lei: e isso sem levar em conta o fato de que foi precisamente de uma família de pequenos-proprietários como essa que eles mesmos vieram: então agora a casa e a terra são entregues a colonos; e há quatro anos os colonos são Fred Ricketts e sua família.

O lado longo se estende ao longo da estrada. Primeiro a varanda lateral e a cozinha; depois o quarto de dormir, ligado à cozinha por um corredor-dormitório sem janelas que mal tem largura e comprimento suficientes para abrigar uma cama três-quartos e ainda permitir passagem: esse quarto é a frente da casa, que fica em um ângulo reto com a estrada. Por toda sua fachada há uma larga varanda, com um teto tão profundo e longo que pouca luz consegue entrar pela janela deste lado: além dessa varanda outro grande quarto quadrado construído como uma unidade isolada; e entre ele e a casa principal, a varanda se estende por cerca de 4,5 metros ao longo da lateral da casa, onde em seu último 1,5 metro as tábuas apodrecidas estão quebradas sob um telhado quebrado, e sobre um poço raso e com cheiro horrendo que um dia foi um porão; e além disso, um terreno aberto com mato alto, e as cercas da horta, e defronte e se estendendo largamente à esquerda, um grande campo de algodão que se funde à terra dos Woods; e morando aqui, um homem e sua esposa e sete dos quinze filhos que trouxeram à existência.

A varanda da frente é o local da socialização e do repouso e é mantida quase livre de tralhas. O chão cede muito perceptivelmente, com sons de aviso, sob as pernas ou o balanço de qualquer cadeira em que se sente um peso adulto, e em diversos pontos está desmoronado; e contudo em geral ela ainda é segura, e a instável cadeira de fundo de nogueira e a cadeira de balanço da cozinha, seu assento quebrado coberto com uma almofada, que não são necessárias na mesa da cozinha, estão sempre ali, junto com a cadeira de bebê de Clair Bell.

A varanda lateral junto da cozinha é utilitária: está cheia de coisas e em um dos cantos tem uma pilha alta de latas de banha, ferraduras, peças quebradas de máquinas e ferramentas, todas coisas que não podem propriamente ser chamadas de lixo porque estão aqui com a ideia de que se há de encontrar um uso para elas; e a pia do banheiro e sua cuba estão aqui também. A bacia para se lavar é uma velha calota amassada do tipo que é como um disco largo, e não há sabão porque é bobagem gastar com sabão dinheiro com que se pode comer quando qualquer bobo sabe que não há nada mais limpo que a água. A água de beber e cozinhar é apanhada do telhado e encaminhada por calhas amarrotadas para debaixo da varanda, onde se armazena. O quão sólidas são as paredes dessa cisterna me parece ser possivelmente importante, "esteticamente" no mínimo, porque o grande buraco no corredor da varanda sobre o antigo porão, a cerca de quatro metros dali, é usado para alívio de necessidades noturnas. Como essa água da cisterna tem de ser usada com a maior parcimônia possível mesmo para se beber e cozinhar se eles quiserem evitar a água de febre que os Woods têm de usar, e que mesmo assim seca durante a parte mais quente do verão, as roupas são sempre lavadas na fonte dos Woods, a quinhentos metros e um morro íngreme de distância: e por causa disso, e porque, além disso, graus de sujeira e o que é suportável ou adequado são em um certo sentido tão acentuadamente relativos e sociais em sua concepção, quase nunca se lava a roupa, e descontados seus rostos e mãos as pessoas, e suas roupas e roupas de cama, e suas panelas e pratos, e sua casa, são em geral por padrões diferentes daqueles que eles detêm insana ou completamente imundos, ou estão quase além da possibilidade de ser mais imundos, quase em um estado de aquisição deliberada ou ritualística de sujeira.

Aqui novamente como na casa dos Gudger há quatro cômodos; mas aqui novamente isso não quer dizer o que parece. O cômodo construído independentemente da casa, embora seja bastante grande, e seja a parte mais iluminada da casa, não é usado para habitação. Várias das vidraças estão quebradas, e embora algumas delas estejam tapadas com trapos e com retângulos de papelão, isso não basta: pois toda a parede dos fundos da lareira está esburacada, deixando entrar um grande rombo de luz do sol, e a chaminé de pedra caiu sobre si própria; e então este cômodo não serve para habitação e não há mobília nele, mas apenas o odor das maçãs e o odor munificente e quase desfalecedor dos melões amarelos quentes, em sua época, ou durante a estação da colheita o terrível odor do algodão quente armazenado. No centro da chaminé de pedra, entre duas janelas, e alinhados sobre o túnel embutido de paisagem brilhante e afogada, pendiam um chapéu e uma placa. O chapéu é redondo, e é feito em casa, com brilhante palha de milho. A placa é feita do lado liso de um retângulo de papelão ondulado, com giz de cera azul, parte em letras de forma e parte em uma cursiva inclinada, e diz:

PUR FAVOR!

FASSA

SILENSIO

e é uma relíquia de um esforço religioso de que falarei mais tarde.

Então a vida se passa em três cômodos, a cozinha muito espaçosa, com talvez 4,5 metros de comprimento por quatro de largura, de modo que com sua mobília escassa e amplamente espaçada parece maior do que é; e o quarto da frente, com quatro metros de lado, cheio, lotado, principalmente por duas camas; e o terceiro quarto geminado tão pequeno, escuro e abafado que mal parece honesto contá-lo como um "cômodo".

Mas todos esses três cômodos são escuros, a bem da verdade. Isso se deve em parte à disposição das janelas, mas mais ainda ao fato de que as paredes outrora caiadas estão assim tão sujas. Durante os anos elas absorveram fumaça e gordura e sujeira em uma rica pátina escura tão incrustada na madeira que espanar e lavar a afetam tão levemente como se fosse de ferro; de modo que mesmo na cozinha, onde duas janelas não são cobertas por varanda ou árvores, mas ficam livremente expostas a todo o fulgor do céu, o brilho ainda que poderoso é restrito, frágil e químico como o de uma lâmpada incandescente, e se opacifica e se afoga no negrume férreo de todas as paredes.

Essas superfícies de frente também impõem ao cômodo uma fragrância própria, dura como aço, e desse ar amorfo e cabeludo como barba-de-velho, viscoso como roupa velha e carne deteriorada, pendem os odores da roupa de cama, e da cozinha, e das pessoas no suor e no sono entre cujas mãos se aninha sua vida: mas isso se torna insuportável e generalizado, de fato quase imperceptível, de modo que o odor da mesa de refeições, na cozinha, é uma coisa por si próprio: pois aqui o oleado está apodrecido e se tornou pouco mais que uma rede negra, e o tecido e a madeira acumularam fumaça e gordura rançosa e porco e milho e carne em um grau que estende um globo de quase dois metros de náusea quase incombatível, grossa e plástica como óleo borrifado.

No cômodo da frente, paralelas, cabeceiras diante da lareira, e preenchendo toda sua parte do quarto a não ser pelo caminho entre elas que leva à porta, estão duas camas não de ferro mas de madeira. Uma dessas camas é de madeira de construção simples e não muito pesada; a outra é de madeira vitoriana escura, pesada e ornamentada, alta e floreada na cabeceira contra a escura parede de tábuas, e com cicatrizes e lascas de muitos anos de uso, e elas estão cobertas por colchas fendidas, quase negras, consideravelmente mais deterioradas que as que normalmente se encontram no lixo, e em suas cabeceiras há travesseiros, alguns nus e outros em fronhas, em ambos os casos com a sarja ou o tecido das fronhas rasgado e reduzido a um cinza decomposto e ao amarelo-urina que é a mancha dos cabelos.

A lareira dos Ricketts

A lareira diante dessas camas é larga e alta, e bela em seus painéis helênicos.

Os Ricketts são muito mais ativamente dedicados a coisas bonitas que as outras famílias, e moram aqui há mais tempo que elas, e em obediência a essas equações a parede da lareira é profundamente incrustada de atraentes pedaços de papel no intricado esplendor de um bolo de casamento ou do leque de um pavão branco: calendários de cenas nevadas ou de caça ao veado moldados em um baixo-relevo de polpa branca e reluzentes de uma areia de lantejoulas vermelhas e azuis e verdes e douradas, e delicadamente pintados; outros calendários e capas de revistas agrícolas ou anúncios de cinofilia; a santa domesticidade ao-pé-do-fogo das casas dos pobres; índias virgens observando seus seios em lagoas ou remando por cursos enluarados entre as folhagens; louras exuberantes em vestidos luminosos reclinadas em balanços, ou bebendo Coca-Cola com canudinhos, ou sob frondes de palmeiras ao entardecer, aceitando cigarros de rapazes com casacos de pele de macaco, jovens donas de casa felizes diante de fogões resplandecentes em cozinhas que o sol adora, maridos de smoking mostrando uma fornalha a óleo a seus convidados, velhas senhoras reclinadas em cadeiras de balanço, mãos relaxadas em seu bordado, rostos intrigados à luz do lampião, menininhos e menininhas felizes ou traquinas ou acompanhados de cães ou rezando, grandes bebês rosados de olhos azuis chupando os polegares até o osso em nuvens de azul ou cor-de-rosa, close-ups de moças que brava e candidamente encaram os mais graves problemas da vida sob o abrigo de Lysol, retratos de bolos, carne assada, perus fumegantes, e presuntos decorados, pequenos cartões em duplicata e uma série retratando acontecimentos da vida de Jesus com os versículos correspondentes embaixo, ricas paisagens com velozes tratores em primeiro plano, gatinhos presos em novelos de barbante, ou usando óculos, ou piscando sobre lacinhos azuis ou cor-de-rosa, buldogues brancos com cartolas usando monóculos, garotas com roupas de amazonas fazendo amor com as longas cabeças dos cavalos, fotografias coloridas de saladas de verão, coronéis rubicundos com cavanhaques sorrindo sobre xícaras de café ou recebendo uísque Four Roses de negros vicariamente deslumbrados, menininhas, menininhos, moças adolescentes, rapazes adolescentes, e jovens mães todos exiguamente traçados, com vestidos novos, macacões, roupinhas de duas peças, uniformes escolares, com vestidos ou terninhos, vestidos de debutante, primeiras calças compridas, suéteres esportivos, vestidos domésticos, vestidos de noite e roupas de praia, dickensianos na ceia de Natal, cavalheiros do século XVIII em uma taverna da Idade Média em uma ceia de Natal, médicos do interior observando crianças doentes acamadas, vistas de três-quartos de locomotivas em plena velocidade, jovens casais admirando sofás novos marrons e de brocado: todas essas coisas sobrepostas em complexos e texturizadas com os nomes e as numerações dos dias meses anos e fases da lua e com palavras e frases e nomes como Sapatos ___; Móveis ___, Feno, Grãos e Rações, Lojas Yellow, Secos e Molhados, Kelvinator, Cortesia de, Não sabíeis que estou na casa de meu Pai, Mazola, Era das Ferrovias, Casa Maxwell, Satisfação Garantida, México México, A Pausa que Refresca, Birmingham, O Fazendeiro Progressista, Depois das Seis, Congoleum, Fazenda e Lareira, O Divino Dom do Amor, Custa Caro Demais *NÃO* Ter, Suave, Lindas Mãos, Você Deve Isso a Ela, Você Deve Isso a Ele, Vocês Devem Isso a Eles, Country Gentleman, Filhas de Jerusalém, não choreis, chorai antes por vossos filhos, e os filhos de vossos filhos, Energize, Poupe, Até que Enfim, Não Seja Estraga-Prazeres, *et cetera.**

O quarto geminado é integralmente preenchido e mobiliado por uma cama de ferro três-quartos e, na parede diante dela, por uma camada espessa de roupas pendentes de cabeças de prego. Aqui dormem as duas filhas mais velhas; quatro das crianças mais novas dormem na mais simples das outras duas camas. O sr. e a sra. Ricketts e Clair Bell dormem na cama grande. As crianças dormem ou com camisolas curtas ou completamente nuas.

A cozinha contém a mesa de que falei, cercada de cadeiras e um banco; outra cadeira fica no meio do cômodo; perto do canto diante da mesa fica um fogão grande, muito velho, quase inutilizável e quase inconcebivelmente sujo, coberto de uma pilha de panelas que não foram lavadas; e perto dele uma mesa quebrada cuja superfície de madeira sem pintura é negra como carvão e em que se faz a massa de biscoito. Esse é todo o conteúdo da cozinha.

---

* Isso é em parte de memória, em parte montado a partir de outras memórias, em parte improvisado, mas não ultrapassa em abundância, variedade ou espécie o que lá estava. Está tudo muito mais bem registrado em fotografias que este volume não comporta.

Notas

Estas notas, que podem muito bem ser o meio adequado para qualquer grau de expansão, redefinição e reconexão, devem ter exatamente a brevidade que lhes consiga conferir. Provavelmente será necessário fazer afirmações categóricas, e levantar problemas mais que tentar resolvê-los. Quanto às afirmações categóricas, por favor saiba que considerei seus contextos com todo o escrúpulo de que sou capaz; e quanto aos problemas, que quero "resolvê-los" ou ao menos considerá-los tão plenamente quanto possa, com o tempo.

"Beleza"

Acredito que casas como estas se aproximam de, ou às vezes por acaso atingem, uma extraordinária "beleza". Em parte porque ela é normalmente negligenciada ou mesmo representada equivocadamente em favor de suas fraquezas como abrigos; e em parte porque seu sucesso estético me parece ainda mais importante que seu fracasso funcional; e finalmente por causa do incontrolável esforço em ser fiel a minhas predileções pessoais, eu negligenciei a função em favor da estética. Tentarei um pouco retificar este fato (não através de negação); mas no momento atual, mais alguns comentários sobre a própria "beleza", e os problemas morais envolvidos em sua avaliação.

As casas são construídas na "mesquinharia", no descuido, e nas tradições de uma agência impessoal; elas pertencem ao mundo das casas de "companhias". São mobiliadas, decoradas e usadas nas necessidades, tradições e ingenuidades famélicas de indivíduos profundamente simples. Assim, veem-se expressas duas espécies de classicismo, essencialmente diferentes conquanto relacionadas e lindamente eufônicas. Esses classicismos são criados por necessidade econômica, disponibilidade local e tradição local-primitiva: e em sua pureza são propriedade e privilégio exclusivos das pessoas do mais baixo daquele mundo. Para os que a detêm e a criam essa "beleza" é, contudo, irrelevante e indiscernível. Ela é mais facilmente discernível por aqueles que graças a vantagens econômicas de treinamento têm a ela apenas um direito vergonhoso e de ladrões: e pode ser dito que eles têm quaisquer "direitos" que tenham apenas na proporção em que reconhecem a feiura e a desgraça implícitas em seu privilégio de percepção. A solução normal, não percepção, ou percepção apologética, ou desprezo por quem a percebe e valoriza, parece-me no mínimo pouco sábia. De fato me parece necessário insistir que a beleza de uma casa, inextricavelmente embrulhada como está em uma abominação econômica e humana, é parte pelo menos tão importante daquele fato quanto a própria abominação: mas que temos condições de insistir nisso apenas na proporção em que encaramos o peso de nosso próprio "pecado" ao fazê-lo e o peso dos sentidos, contra seres humanos, da própria abominação.

Mas considere isso apenas como uma questão levantada: pois me doem e me causam incerteza as respostas, e não posso mais escrever sobre isso aqui.*

Surge, é claro, outra questão: podem ser "belas" coisas que não foram feitas com essa intenção, mas sim criadas em convergências de acaso, necessidade, inocência ou ignorância, e por propósitos inteiramente irrelevantes? Aqui só posso responder diretamente: primeiro, que a beleza pretendida é muito mais uma questão de acaso e necessidade que do poder da intenção, e que a beleza "fortuita" das "irrelevâncias" é profundamente formada por instintos e necessidades que popularmente se acredita serem propriedade apenas da "arte":

---

* O "pecado", em minha opinião atual, está em nos sentirmos de qualquer maneira apologéticos por perceber a beleza das casas.

segundo, que questões de "acaso" e "não intenção" podem ser e são "belas" e são todo um universo em si próprias. Ou: o concerto para piano número 4 de Beethoven *É* importantemente, entre outras coisas, uma obra "cega" da "natureza", do mundo e da raça humana; e a parede divisória do quarto da frente da casa dos Gudger *É* importantemente, entre outras coisas, um grandioso poema trágico.

Relações e médias

De novo brevemente, quero relacionar essas casas com "a média dos colonos" (ou as médias), na medida em que a conheço, e a outras casas sulistas relevantes.

Por localização ou posição na terra, a casa dos Gudger é em muito falsa em relação à média: a terra é irregular demais, a casa afastada demais, a terra cultivada de uma só fazenda é cerradamente murada por madeira espessa. Por toda essa aparência ela sugere mais uma casa de fronteira em 1800 em terreno recém-conquistado, ou um lar de "montanheses", que uma casa de colono.

A posição das casas dos Woods e dos Ricketts é melhor. Solitários três quilômetros de estrada em morro baixo, entre uma dúzia de casas usadas e quatro abandonadas, ela se encaixa muito bem em uma "média" importante: a dos habitantes das pequenas estradas vicinais na região raramente cruzada, profundamente povoada e imensa que se estende entre os horizontes inconcebivelmente estreitos da autoestrada. E contudo devo mencionar enfaticamente que por ainda outra "média" talvez mais comum, os colonos vivem em terras quase planas e muito menos cobertas de árvores, com casas suficientemente à vista umas das outras para gerar a sensação de um mundo: de modo que existe, em um horizonte de três quilômetros, ou no embrião de uma estrada solitária, a "sensação" de se ver uma parte grande conquanto pequena de uma cidade monótona e monocomercial imensamente povoada e contudo imensamente amortecida: ou seja, uma cidade de 9 milhões de habitantes, esticada até ficar rala por sobre um algodoal que por sua vez foi puxado sobre 450 quilômetros em uma direção e novecentos na outra.

* * *

Novamente, em certos quesitos de moldura externa e aparência, nenhuma dessas casas cai numa média.

As "médias" podem ser brevemente descritas assim:

A cabana de um cômodo é de tábuas verticais, uma porta no centro da fachada e no centro aos fundos, janelas quadradas com persianas e sem vidros, uma chaminé de barro e gravetos; a casa é, com exceção do telhado, um cubo quase perfeito.

A de dois cômodos é na maioria das vezes uma de três cômodos, sendo o terceiro um puxado. A casa é quase sempre feita de tábuas verticais, mas muitas vezes de horizontais, tábuas chanfradas ou mesmo tábuas de revestimento ou de bordas encaixadas. Com bastante frequência uma pequena janela envidraçada no puxado da cozinha; as outras são quadradas e fechadas com venezianas. As duas portas estão no centro da fachada e dos fundos, e normalmente há uma pequena varanda coberta na frente. Os cômodos, todos emendados de modo que a fachada tem a largura de dois deles.

Todas as casas de colonos têm muito vigorosamente em comum estas características: madeiras sem pintura e expostas ao tempo ou caiadas apenas uma vez e expostas: levantadas do chão de modo que a terra e a luz do sol fiquem livres sob o todo da casa; uma duas ou três das plantas baixas mais simples que se podem conceber; quintal de terra batida e nua; ou sombra nenhuma ou a de um arbusto; sem árvores próximas, a casa baixa é basicamente a coisa mais alta que se pode ver; sem flores, ou com muito poucas; outras casas muito semelhantes ou idênticas à vista, várias ao mesmo tempo, e contudo em cada uma delas uma aparência de profundos isolamento e solidão; os galpões pequenos e mais baixos do que seria a proporção de uma "fazenda"; a casa muito claramente um baú ou caixa ampliados, mal tendo sido modificada para uso humano; em todo o estabelecimento a aparência do mais radical extremo possível de precariedade e nudez.

Uma casa assim não pode ser confundida com nenhuma outra coisa nessa região com a exceção, vez por outra, da casa do tipo mais fraco e mais pobre de pequeno proprietário. Ao mesmo tempo, o que você considera a casa "dele" pode com facilidade se revelar uma casa habitada por um colono.

Em sua primeira aparência a casa dos Ricketts é a de um pequeno agricultor desleixado mas de maneira alguma desesperado. Vista com maior clareza, ela ainda pode com grande facilidade ser a casa de um proprietário das camadas mais baixas da classe proprietária.

Nem a casa dos Woods nem a dos Gudger teriam qualquer probabilidade de pertencer a um pequeno proprietário, por menor que fosse ele.

Por outro lado, e embora preencham muitas das características "médias" dos colonos, elas diferem seriamente no que se refere a isto: no fato de lhes faltar a aparência rígida, de produção em massa, que vem das quase identidades dos formatos mais comuns. O tipo casa-dupla dos Gudger, com o corredor aberto, que calha de ser uma das melhores plantas de que tenho notícia, é raro, e deve ser derivado das casas duplas de troncos quadrados dos fazendeiros com mais recursos nas fronteiras e nas montanhas.* A casa dos Woods, por formato exterior, rasa, com fachada ampla e um puxado, é a mais próxima do padrão ou da classe entre as casas dos colonos; mas tendo começado como uma cabana de dois cômodos ela tem duas portas dianteiras, nenhuma delas no centro no mais puro estilo encaixotado: e eu desejaria também que suas paredes fossem de tábuas verticais e que ela não estivesse tão cercada de árvores próximas.

Na comparação com outras casas na vizinhança: quase ninguém no sul rural ou nas cidades pequenas vive "bem" ou "confortavelmente"; as casas sequer são "mantidas" como são, por exemplo, em Ohio ou na Nova Inglaterra; e em geral seria dito que todos vivem em casas que equivalem às casas dos que no norte estão todo um degrau abaixo na escala socioeconômica: com o raro esplendor e o tamanho das mansões das plantações do pré-guerra, hoje desaparecidos, e com a casa típica de colono tendo emergido abaixo da escala da analogia com o norte; e, por falta de manutenção ou de uma tradição de medo que force a manutenção, com cada categoria novamente parecendo todo um grau "mais pobre" do que era originalmente.

* Eu me lembro dessas casas duplas de troncos quadrados em partes montanhosas do Tennessee. Posteriormente à escrita deste trecho vejo-as mencionadas por Victor Tixier, um francês que viajou pelo Missouri nos anos 1830. Se me lembro corretamente, Huckleberry Finn também descreve uma delas.

Outros comentários sobre relações e médias

A casa dos colonos como casca é, então, uma coisa em si própria, criada pelo sistema de cultivo por colonos, mas tendo muito em comum com as "vilas" de funcionários sulistas em geral. Mas além disso, falar como se o próprio sistema de colonos meeiros fosse responsável, como muitas vezes se faz ou poucas vezes se evita, é desonesto ou ridículo ou ignorante, ou de qualquer maneira enganoso e perigoso. É perigoso porque ao atribuir causas erradas ele nos persuade de que a "cura" é possível através de meios que na verdade teriam pouco efeito que não o de gerar nos salvadores uma falsa e confortável ideia de que nada mais precisa ser feito, ou mesmo considerado. É enganoso porque, a bem da verdade, pelos móveis, pela decoração, pela rudeza da função física de abrigo, por praticamente tudo que se considera "terrível" ou "deletério" nas casas dos colonos, essas casas têm de qualquer maneira mais do que menos em comum com as casas de toda a classe mais pobre dos fazendeiros de algodão que são *donos* de suas terras, e com toda a tribo e raça gêmea dos seres humanos mais pobres das cidades pequenas e rurais e em considerável medida mesmo com o lado urbano do sul; a fonte econômica de maneira alguma é tão limitada quanto o sistema de colonos meeiros, mas é o sistema mais amplo de que este é apenas uma modificação; e há nas próprias pessoas, e na terra e no clima, outras fontes igualmente poderosas mas de definição menos fácil, e de "cura" muito menos simples: e elas são, para sugeri-las de forma excessivamente direta, psicológicas, semânticas, tradicionais, talvez glandulares. Posso ainda acrescentar aqui que essa difusão da responsabilidade para além do sistema de colonos é válida também para quaisquer outros aspectos das dificuldades em suas vidas físicas e mentais. Perdoem tanta repetição do que deve ser óbvio para qualquer pessoa com qualquer semelhança de inteligência, mas compreendo que o tema particular dos colonos está ficando cada vez mais "na moda" como foco de "reformas",* e no que diz respeito às pessoas que vão sofrer e ser traídas nas mãos desses "reformadores", jamais poderia haver esforço que bastasse para abrir seus olhos um pouco mais.

---

* Agora que estamos ocupados nos gabando de sermos o último bastião da democracia, o interesse por essas questões constrangedoras diminuiu discretamente.

Idade

Nenhum dos colonos e poucos senhorios tem qualquer ideia clara da idade de qualquer uma das casas, e isso também não pode ser adivinhado com facilidade a partir das próprias casas, pois foram construídas segundo exatamente os mesmos padrões e com os mesmos materiais por várias gerações: a casa onde nasceu Jesse James, por exemplo (1847), é indistinguível de dezenas de milhares de casas por todo o sul dos dias de hoje, a casa de Gudger é muito nova (1928), e, com exceção da dureza de sua madeira, já está, na noção de escala que o interior impõe, atemporalmente antiga. A parte mais velha da casa de Woods eu julgaria ter entre quarenta e sessenta anos de idade; a de Ricketts, cerca de cinquenta. Mas antigas senzalas ainda são usadas aqui e ali, e desde o começo os colonos tiveram um denominador comum primitivo que não teve motivo para mudar.

Habitabilidade geral

É muito fácil, mencionando, digamos, uma lareira, fazer uma casa parecer mais ou menos bem equipada do que de fato é: além disso, em meu entusiasmo por certos aspectos, negligenciei outros. Quero aqui brevemente rever as casas em termos de suas funções como abrigos.

Mesmo quando uma parede ou um telhado passa pelo teste da "luz do sol", ou seja, se, em um cômodo escurecido, não entra luz pelas emendas, eles ainda são uma proteção muito fraca contra o clima, principalmente o vento a umidade e o frio do inverno: pois trata-se apenas de uma fina espessura de madeira, cercando um espaço que não pode ser aquecido adequadamente. Mais ainda, uma casa de colonos fica exposta ao clima em todos os seus seis lados, pois o chão é elevado, e raras vezes há pranchas de proteção entre o piso e o solo; e os forros no teto não são nada comuns. Buracos e janelas quebradas são vedados como for possível com trapos, papéis, cordas, algodão cru e papelão, mas nada disso é nem vagamente eficaz. Apenas os Ricketts têm paredes duplas e, em seu quarto, uma lareira grande o bastante para aquecer o cômodo. As outras têm tamanho suficiente apenas para aquecer seu entorno imediato; as chaminés são mal construídas e não conduzem bem a fumaça; não se podem deixar as lareiras acesas a noite inteira; a roupa de cama é esfarrapada e inadequada; os pisos sem carpete são muito frios.* O cômodo mais quente e mais bem protegido na casa dos Gudger é a cozinha. Ela é quente demais no verão. O pior cômodo na casa dos Woods é a cozinha. Ela é fria demais no inverno. A cozinha dos Ricketts é grande demais para oferecer conforto no inverno. A única tela em todas as três fazendas é a dos Gudger. Fora isso, janelas e portas ficam bem fechadas à noite, no inverno por causa do frio, no verão por hábito, e por causa do "sereno", e por causa dos mosquitos da febre. Como eu indiquei, dois dos quatro cômodos dos Gudger são tão mal construídos que chegam a ser inabitáveis. Não há possibilidade de privacidade em momento nenhum, qualquer que seja o objetivo. O tipo das instalações hidráulicas força a lavanderia e a limpeza pessoal a ficarem no nível tradicional ou abaixo dele; a uma virtual nulidade durante os meses frios do ano, e, no caso dos Ricketts e dos Woods, a água é muito provavelmente insalubre. As camas, as roupas de cama, e as infestações são um crime tão grande contra o sexo e a necessidade de repouso que nem um gênio sádico poderia pensar em algo muito melhor. A mobília em geral e os instrumentos com que comem estão todos no ou muito perto do ponto mais baixo de sua escala: quebrados, inseguros, desconfortáveis, malcheirosos, tudo que um homem sem dinheiro deve constantemente aceitar, quando consegue esse acesso, e com que deve se contentar, ou se virar. Como falei de "estética", o mínimo que posso fazer é acrescentar uma nota a seu respeito nos termos dos colonos: eles vivem em inalteráveis vergonha e ultraje de desconfortos, inseguranças e inferioridades, juntando tudo isso em qualquer vestígio de vida confortável que consigam obter, e essa totalidade é uma nudez desabrida de improvisos e faltas de meios; e contudo eles, é claro, são também profundamente anestesiados. A única opinião direta que obtive sobre as casas como tais veio da sra. Gudger, e foi, com lágrimas nos olhos, "Ah, eu *odeio tanto* essa casa! Parece que não tem nada no mundo que eu posso fazê pra dexá ela bunita". Quanto à anestesia: a mim parece um pouco mais infeliz, se possível, estar inconsciente de um mal do que estar dele consciente; embora a mais profunda e mais honesta e incontroversa racionalização do homem da classe média do sul do país seja a de que está "acostumado" com ele.

* Falo aqui em parte por dedução, e em parte por experiência no inverno em casas comparáveis.

Condições "sanitárias" e iluminação

Não posso me empolgar categoricamente a favor da eletricidade rural, pois gosto demais da luz dos lampiões. Nem em favor de vasos sanitários com descarga, pois desprezo e deploro a adoração que a classe média americana tem pela esterilidade e o medo-adoração que sentem por seus próprios excrementos. E contudo concederei ou na verdade insistirei que é importante que a luz de querosene está para os serviços elétricos como a viagem a pé e com mulas está para a viagem com automóveis e aeroplanos, ou como a terra arada, para a pavimentação, e que esses fatos e abismos diários têm influências incalculavelmente poderosas e em muitos aspectos deletérias sobre a mente e o corpo. Por ser parte de um abismo e de um atraso similares, a falta de vasos sanitários é também de grande importância. Mas aqui eu não preciso fazer tantas ressalvas. A essas famílias falta não só "o encanamento", mas também as "casinhas" que jocosamente supomos ser propriedade de um fazendeiro americano, e os catálogos de pedidos pelo correio que, de novo com um estridente rirrirri, imaginamos ser o papel higiênico desse fazendeiro. Eles se retiram aos arbustos; e se limpam como podem com jornal se o tiverem pela casa, caso contrário, com espigas de milho, gravetos ou folhas. Dizer que quanto a isso eles se veem forçados a viver "como animais" é um pouco tolo, pois os animais levam vantagem sobre eles em muitos aspectos. Direi, então, que não importando se Banheiro O Belo deve ou não ser louvado em todas as nações, não é uma vantagem para eles em um mundo "civilizado" ter de lidar com suas necessidades íntimas como o fazem os mais simples dos selvagens.

Hino recessional e vórtice

Perto do celeiro de Woods indo para a estrada há um pequeno terreno inclinado, cercado e coberto de grama, e durante este período tranquilo do verão três mulas, duas delas de Ricketts, passam a maior parte de seu tempo pastando ali. Elas são ossudas, muito resistentes, e com inúmeras cicatrizes, e têm nos olhos e nas cabeças inclinadas a aparência mongólica que é comum entre animais tratados com crueldade. Todas as três ostentam as molduras inflamadas dos arreios, e grandes chagas verdes e de um vermelho escuro corroem-se contra seus ossos mais proeminentes: uma delas sofre em todo o dorso de alguma doença com erupções pustulentas que atraem as maiores dentre as moscas, cujo ferrão é mais doloroso que o dos marimbondos, e mais ou menos a cada três minutos, hora após hora, depois de primeiro tentar comer, e caminhar sob galhos baixos, então, depois de ficar contorcendo todo seu couro, chicoteando-o com a cauda, jogando a cabeça de um lado para o outro, e pisoteando e chutando, ainda tentando mascar a gosma cor de enxofre, e finalmente se retesando, tremendo em todo o corpo, com toda sua força ela se arremessa contra o solo com um impacto que você acha que sente a cinquenta e ouve a duzentos metros de distância, e com os cascos batendo soltos e se agitando, de barriga para cima, raspa as costas com tanta força que a grama naquele espaço é arrancada e desnudada.

Há também uma vaca chamada Molly, que, segundo a sra. Woods, se pudesse matava os pequenininhos, e que um dia no inverno passado derrubou a sra. Woods e pisou nela, que ficou com uns cortes feios nas canelas, cicatrizes que ainda aparecem, e machucada da cabeça aos pés. É uma vaca nova e teve só um bezerro, e está louca desse jeito desde que o perdeu.

Também há um leitão vermelho e esfaimado, e lembro bem como uma manhã ele estava perto dos degraus da frente cutucando, com o focinho, a cauda de um gato preto, que se encolhia enquanto isso acontecia, e olhava para trás por sobre o ombro, apreensivo, mas que estava também ele tão entorpecido pela fome que não conseguia se mover nem fazer qualquer outra coisa, afinal, que não abrir sua boca vermelha em um miado arranhado, quase mudo; ou até mesmo para compreender muito bem que estava sendo considerado como alimento. Depois de um tempo, no entanto, o porco perdeu o interesse e seguiu adiante, e o gatinho ficou ali sentado onde tinha se encolhido e lambeu sua cauda fina de rato para limpá-la da gosma do focinho.

Na verdade cada uma dessas famílias é proprietária e cercada de animais, para o trabalho, para alimento, ou para funções mais vagas: uma mula como uma espécie de centro e fulcro, uma vaca como um outro, um porco ainda outro, um cachorro em diferentes sentidos seus próprios, a vida de vagabundo e ladrão tolerado do gato, as três gerações de galinhas, as esferas periféricas e parasíticas ou quase desmagnetizadas de ratos, pragas, insetos e serpentes, todos por sua vez em meio a vegetação mantida e aleatória, e finalmente, os que passam seu tempo nos campos, e as muitas aves, e os que são caçados; e em qualquer relato adequado seria necessário fazer um registro completo de todos eles por si próprios e em seus sentidos e relações mútuos e humanos, como aqui não é possível: pois, mesmo adotando apenas um centro, só os animais humanos, eles vivem em uma textura imediata e elaboradíssima de outras formas de existência, de toda a necessidade, o medo e o alcance da natureza na parte que lhes cabe da superfície da terra; e este fato é de um significado não menos poderoso e definitivo pelo fato de ser impossível mensurá-lo. E contudo aqui posso fazer apenas o mais breve dos inventários.

Gudger: o galo pesado, amarelo e insano de que já falei. Um bando de galinhas obesas e atormentadas por piolhos cujos corpos têm um fim sujo, como cascas de cevada deixadas na chuva. Diversos franguinhos, e alguns pintinhos esfiapados, mal crescidos, cujas cabeças ainda são como as dos lagartos.

Um par de galinhas-d'angola cujas pequenas cabeças pintadas e corpos metálicos pontilham as redondezas com o brilho exótico dos sonhos naturalistas. Um cão sóbrio, marrom-escuro, de tamanho médio chamado Bagunceiro, que, embora seja extremissimamente sugestivo no que se assemelha a André Gide, ainda assim é tão intensamente de sua nação, região e classe quanto o próprio Gudger. Um cachorrinho chamado Sipco. Dois leitões pernaltas, enferrujados e estreitos pelos quais Gudger pagou nove dólares a seu senhorio quando eram bacorinhos. Uma vaca, levada por uma corda de um lado para o outro pelas verdes extensões, e seu bezerro. Um gato semicrescido e reptiliano chamado Crioulo,* tão preto que é iridescente sob o sol. Um gato adolescente tigrado sem nome que acabou de se juntar a eles. E uma mula alugada, que não estava à mão durante nosso tempo ali.

Gudger ganhou a vaca em troca de uma vitrola. Ela nunca prestou muito para a ordenha. Os porcos serão engordados e mortos no outono, para o próximo inverno. As galinhas fornecem ovos o tempo todo e uma delas é comida de vez em quando. Vez por outra eles encontram ovos de galinha-d'angola mas elas são selvagens e habilidosas em esconder seus ninhos. No outono, Gudger normalmente consegue comprar uma caixa de balas para a eventualidade de carne fresca e sai para abatê-la: coelhos, esquilos ou gambás. Bagunceiro é um bom coelheiro quando decide sê-lo, mas não presta para mais nada; ficam com ele porque os cães são um costume. Sipco é o bichinho de Louise. Ela o pegou de algumas pessoas do outro lado da autoestrada. Os gatos não são bons em absolutamente nada; não é nem mesmo frequente que matem um rato.

Os animais de Woods, com exceção das galinhas, eu já mencionei. Ele não tem um cachorro, e só isso já o marcaria nesta região como um homem diferente. Os Ricketts, além das mulas, têm uma vaca boa e um bezerro, três cachorros, muito poucas galinhas em relação ao tamanho de sua família, um gato, e uma gatinha. Os cães são todos vira-latas de cães de caça rurais com os olhos sicofânticos e os quadris de dançarinas de hula típicos nessa região, mais animados e tratados com mais carinho que Bagunceiro, apesar de mais famintos. De fato, eles são quase exasperantemente ossudos: e no entanto estão gordos e rechonchudos na comparação com a gatinha preta, não muito maior que um besouro, cujos movimentos pelos amplos pisos da casa são os de um brin-

---

* Minhas desculpas aos esquerdistas mais ferrenhos: o nome é Negro.

206

quedo mecânico defeituoso, e cujo couro se rasga vermelho por todo seu esqueleto. Os nomes dos dois cães são Sport e Rainha. A gata, cujo nome é Avelã, que a identifica perfeitamente, tem tamanho para conseguir sozinha a comida de que precisa. Dois dos galos são chamados de Tom e George. Duas das galinhas são chamadas de Ivy e Annie Mae. Esse ato de dar nome às galinhas não é comum e indica, talvez, o relativo "primitivismo" dos Ricketts; embora indique também coisas menos sociológicas e mais atraentes a respeito deles; embora essas, por sua vez, sejam mais difíceis de definir, ou mesmo de compreender, e seriam meramente cansativas para aqueles cuja inteligência se aplica inteiramente a Melhorar o Meeiro, e que sentem que não há tempo a perder com detalhes insignificantes. Esses mesmos marchadores velozes* da vanguarda humana ficarão igualmente desinteressados pelo fato de que a sra. Woods chama os bebês de pretinhos e os pintinhos de piopios, ou pior ainda vão acenar condescendentes com a cabeça em uma aprovação do tipo "queamorzinho" ou vão de alguma maneira conseguir se servir do fato politicamente ou contra os senhorios como a invencível poesia dos oprimidos, mas eu vou registrá-lo de qualquer maneira, e vou me arriscar a dizer que ele é mais valioso do que eles pensam, ou, a bem da verdade, do que são.

As crianças são educadas para jamais tratar mal demais as vacas: para, por exemplo, não chutar seus úberes: pode prejudicar o suprimento de leite. Uma mula é outra questão. Mesmo quando se coloca o arreio, a cabeça delas recebe alguns trancos de um lado para o outro, e em todos os seus movimentos relevantes aos que a usam ela é tratada com o tipo de rispidez gratuita que um policial americano usa contra todos (exceto as pessoas certas) que calhem de cair em seu poder: e isso em parte pelas mesmas "razões": endureça antes da vítima; ou, no caso da mula, antes de ela ficar teimosa ou manhosa. E de fato as mulas são em geral dadas a refugos e manhas; acho que são em parte extremamente inteligentes e em parte insanas, e são muito menos suscetíveis à reação dos brancos, que é bater nelas, que às dos negros, que, mesmo que com toda sua dose de crueldade, é conversar. Em qualquer caso se uma mula fica manhosa, ou ainda pior se ela refuga, está se expondo a uma disputa física e a um inferno na mão do fazendeiro branco típico; e este fazendeiro tem

---

* Usando sapatos Enna Jettick e W. L. Douglas durante o dia, sandálias Liggett (made in U.S.A.) e pantufas camponesas da Russian Gift Shop à noite.

grandes chances de ser um expert em toda a gama de ameaças, surras e torturas contra este animal em particular, e de ter uma necessidade egoísta e sexual peculiarmente urgente de exercer a violência e o domínio plenos sobre algo vivo, de preferência algo pelo menos tão grande e forte quanto ele. Deve-se acrescentar a sugestão de que a mula se torna uma vítima mais provável que qualquer outro animal porque é usada no trabalho mais central e mais desesperado, porque é um símbolo imediato deste trabalho, e porque por transferência ela é o próprio fazendeiro, e no longo jugo mútuo em que membros e forças de todo um mundo se batem e usam e impulsionam e forçam, se pretendem continuar vivos, é a única criatura diante desse fazendeiro. Mas qualquer conjunto adequado de sugestões, que dirá declarações a respeito disso, e a respeito das causas e das espécies de sadismo no sul, necessitaria de mais espaço, tempo e compreensão do que tenho neste momento. Aqui posso apenas dizer que nas pessoas dessa região por quem você mais se importa, quase que sem exceções você precisa reconhecer características, necessidades, doenças e acima de tudo meros hábitos naturais, que diferem dos seus, de uma casualidade, apatia, um egocentrismo, uma crueldade, inconsciente, repentina e deliberada, em relação com a vida extra-humana e para com os negros, terrível a ponto de congelar seu sangue ou de partir seu coração ou de impelir você ao assassinato; e que você tem de reconhecê-los "inocentes" mesmo da pior parte disso tudo; e tem de perceber que é no mínimo improvável que um número suficiente dessas causas jamais possa ser alterado, ou dessas pressões, retirado, para fazer muita diferença.

Eu poderia lhes contar detalhes, a maioria deles bem casuais, além do que venho dizendo aqui, e poderia explicar ainda bem melhor e tentar adivinhar motivos, mas acho que é melhor postergar tudo isso até ter mais espaço e até compreender melhor, e aqui vou acrescentar apenas algumas notas curtas.

Os animais são alimentados e tratados em proporção a sua utilidade: primeiro a vaca e a mula e os porcos, depois os cães, *et cetera*. Os gatos normalmente são detestados de forma casual mas concreta e nada recebem; jamais são alimentados, que dirá acariciados: e contudo sua presença e certas formas de roubo são toleradas. Ou ainda: os cães jamais são tocados com afeto pelos adultos, a não ser que sejam filhotes; as crianças brincam com eles com a mistura normal de ternura e tortura; os Gudger alimentam Bagunceiro com certa irregularidade da comida de seus pratos, raramente com um pratinho para ele mesmo; os Ricketts põem um prato para seus cães; os gatos pegam o que conseguem pegar no fim de uma refeição ou do prato dos cães. As crianças são admoestadas muito casualmente, depois que os gritos ficaram altos demais, quando maltratam os gatinhos; cães, se ficam no caminho ou são lentos em obedecer uma ordem, são chutados com uma força que bastaria para quebrar suas costelas, e, com os modos que inspiraram o homem a chamá-los, em competição apenas com sua mãe, de seu melhor amigo, imediatamente oferecem seus pedidos de desculpas; a doença ou o sofrimento durante uma doença de qualquer animal que não tenha função como comida ou força passam quase despercebidos, ainda que não de forma desprovida de algum afeto.

As cobras são cobras pretas, serpentes do Garter, falsas corais, serpentes do lodo, serpentes de Gopher, cobras-cipós, cabeças-de-cobre e cascavéis. As falsas-corais andam pelos celeiros e chupam as tetas das vacas; as serpentes do lodo prendem a cauda na boca e se afastam correndo como aros; as serpentes de Gopher incham e urram como um touro quando ficam encurraladas; as cobras-cipós são verdes, pequenas e bonitas; cascavéis são usados como amuletos pelos brancos assim como pelos negros; as cabeças-de-cobre são as piores de todas. Nenhuma delas é comum no sentido de aparecer diariamente, mas de maneira alguma são raras, e durante os meses quentes do ano todos tomam um cuidado razoável ao olhar por onde andam — mas é algo infeliz escrever sobre animais quando não há tempo para se escrever sobre eles adequadamente; e assim também com as plantas: e assim, com apenas mais algumas palavras, meramente a sugestão do que se texturiza nos limites de qualquer um desses horizontes silentes e de aparência ampla e do que dentro e em torno dessas mesmas casas vazias de madeira se costura nessas vidas humanas: sobre a terra, couraça, e o sono dos pântanos, e o deslizar da água corrente, na sombra leve e profunda, derramam-se nogueiras, carvalhos americanos, choupos, pinheiros, zimbros, cedros, castanheiras, acácias-falsas, nogueiras-pretas, salgueiros do pântano, macieiras selvagens, ameixas selvagens, azevinho, louro, cinamomo, mandrágora americana, árbutos, madressilvas, jasmins-da-virgínia, arnica, todos os tipos de margaridas selvagens, muitas samambaias, milho, algodão, sorgo, melancias, melões, amendoins, inhames, batatas-doces, batatas-inglesas, três tipos de feijões, ervilhas, quiabo, tomates, nabos, funcho, ambrósia-americana, estramônio: e eles se enredam com o tráfego e o fervilhar de abelhas e vespas e marimbondos e libélulas, e com as necessidades e os lazeres de coelhos, esquilos vermelhos, cinzentos, gambás, guaxinins, javalis selvagens, gatos selvagens, talvez raras raposas, e aranhas estendem fantasmas de sóis entre galhos e disparam por sobre a água, e girinos e sapos estão na água e sapos sobre a terra e as árvores, e peixinhos em seta, e tartarugas do lodo, e jabutis com seu odor curioso, e as árvores se glandulam dos ninhos de aves e o ar se risca e cintila com seu voo, os pardais, triste-pias, melros, sabiás-do-campo, rouxinóis americanos, corvos, tordos-sargentos, cardeais, e rolinhas gemendo e flautando, o tordo e a precisa corruíra, os colibris diamantes e seu canto tímido, sustentados em suas esferas vibratórias, e à noite a coruja e o noitibó, os grilos e os sapos aos berros, as mariposas adormecidas nos pântanos iluminados pelo sol, as monarcas e os campos em baixa revoada de papel amarelo que rebrilha ao sol, e na casa, as galinhas que ciscam e bicam o esterco cheio de farelo que o cachorrinho ou, pesadamente, a menor das crianças dispôs no piso da varanda, e que, satisfeitas, limpam os bicos contra o carvalho, olhos azulados de autoerotismo, o ruído das ágeis e afras galinhas-d'angola, as vespas lancetam os beirais e o telhado escuro e quente, o milho e as árvores se movem como se uma página grandiosa estivesse sendo virada, o gato acua um sapo chifrudo que será rápido demais para ele, as moscas fazem o que podem entre este momento e a hora do jantar, os percevejos dormem, e também dormem os ratos que hoje à noite vão correr e fazer barulho e roer e lutar com os gatos, e o cão cai no sono à sombra, e o cachorrinho branco, intestinos explodindo de comida petrificada, se balança pelo quintal sombreado bem perto da casa, nariz contra a terra nua, e para os lados da fonte a vaca fica à sombra, mexendo a mandíbula, e suspendendo por sobre a criação a larga lâmpada ambarina e sagrada de sua consciência, e a uma fresta de seu chiqueiro a carne do próximo inverno dilata esperançosa seu disco gosmento: e o jantar, e são todos atraídos para o único e mais quente cômodo, o dos pais; as crianças; e sob a mesa o cão e o filhote e os gatos deslizantes, e sobre ela literais trevas pardas de moscas, e estendido por todos os cantos, o sonho fervilhante mantido em seu horizonte mas mesmo assim transbordando dele, e do mundo natural, e 130 quilômetros mais ao leste e ao norte, a dura, plana, incurável chaga de Birmingham.

210

* * *

Enquanto isso o piso, o telhado, as paredes que se encaram, a mobília, em sua escuridão quente: observam todos um único centro oco. O intricado tecido está imóvel. O cisne, a agulha escondida, mantêm seu rumo. Nas paredes de ouro vermelho dorme um borrão longo, desbotado e elipsoidal de luz. O vaso está escuro. Pelos caprichos da terra a casa toda é erguida diante da aproximação das trevas como um barco e como um sacramento.

(Na varanda: 2

(*Na varanda: 2*

Estávamos deitados na varanda da frente. Eram grossas tábuas de carvalho não aplainado, de comprimentos desiguais, presas por pregos de vinte centavos. Um telhado leve estendia sua língua acima de nós escura e retangularmente, sustentando em sua borda externa pelos troncos escorregadios de quatro árvores jovens de que se havia retirado a casca. Havia quatro degraus que desciam, tábuas de carvalho de 0,5 por 3,5 metros; a quarta, quando pisada, tocava o solo. Esses degraus ficavam no meio da varanda. Eles levavam, atravessada a varanda, para um corredor coberto e sem portas, de cerca de dois metros de largura, que atravessava toda a casa e a cindia ao meio. Esse corredor tinha um piso, de tábuas largas não aplainadas. Dispostas sobre vigas separadas demais, elas cediam sob um passo pesado. Por três metros nos fundos do corredor elas estavam a apenas dois centímetros do chão. E no fim se apoiavam totalmente nele.

Estávamos deitados na varanda da frente à esquerda de quem entra pelo corredor. Um de nós estava deitado no assento traseiro de um sedan Chevrolet, o outro em um pedaço de colcha rala recheada de algodão, retirado de um divã feito de vime. Trocávamos de lugar toda noite. O problema com o banco do carro era sua altura de um lado e seu rebaixamento do outro, seu tamanho, curto, e sua textura. Deixando o peso de seu corpo cair bem para o lado mais alto era possível chegar a um equilíbrio no qual você gozava de boa parte da largura do assento e no entanto não rolava para fora dele. Se você se deitava com a cabeça sobre o assento, a parte de baixo cedia abruptamente alguns centímetros acima de seu joelho: então era melhor dormir de costas, ou, enroscado, de lado. Dormindo de bruços você transformava seus pés em molas de sustentação, e isso leve e invariavelmente evocava o ato sexual. Um lenço ou uma toalha sob a bochecha era útil enquanto durava, mas geralmente acabava caindo enquanto você dormia de modo que, ao acordar, sua bochecha estava vermelha e queimada com o atrito do veludo aquecido. Não demorou muito, é claro, para termos a ideia de nivelar o banco empilhando livros sob o lado mais baixo. Era melhor; mas mesmo assim, as molas eram fortes e grandes de um lado e pequenas e fracas do outro. Nossos corpos aprenderam a se acomodar à manutenção da tensão do equilíbrio enquanto estavam inconscientes.

Descontada uma algo razoável suspeita de que contivesse percevejos, ou piolhos, ou as duas coisas, não havia dificuldades com a esteira. Era fina; as tábuas duras e suas emendas se imprimiam distintamente na carne através dela. Era curta, mas, sendo tão rala, não oferecia inconvenientes ao comprimento do osso da perna. Sua textura era macia e permeável. Aqui também você abria um lenço ou uma camisa ou uma toalha para a testa; e de novo eles tinham grandes chances de escapar de você. Ao acordar, sentindo no rosto a maciez quase gosmenta dos fiapos soltos de algodão e do tecido frágil, tantas vezes lavado, rasgado, e imediatamente recordando seu medo dos insetos que pudesse abrigar, suas primeiras reações eram de ligeiros nojo e medo, pois seu rosto, que estava inchado e úmido do sono e coberto de fiapos, parecia conspurcado, secreta e imundamente mordido e esvaído de seu sangue, insultado. Isso sempre passava depois de alguns momentos, mas sempre ao despertar você experimentava toda sua força.

Ficávamos trocando de lugar não porque um fosse preferível ao outro mas porque não havia jeito de decidirmos se um era preferível. Eu talvez preferisse muito levemente a esteira, em parte porque gosto da finalidade e do imediatismo do chão e também porque as crianças estavam dormindo em esteiras. O banco do carro, como virtualmente todas as outras coisas que nos cercavam, não se aproximava tanto assim da norma do que estávamos vivendo quanto poderíamos ter preferido. Mas a sensação e o som das molas que cediam, as posturas sempre algo cômicas de nossas pernas desconfortáveis, e a textura do veludo, como uma noite passada em um ônibus, sob os lábios e as bochechas, tornavam-no atraente sob o corpo, e traziam consigo, em um tempo de celibato, um vagar agradável e nostálgico da memória e da imaginação. Mesmo correndo o risco da forma grosseira como isso pode ser interpretado, e que desprezo, nenhum de nós estava ruim de cama.

O pinho e o carvalho velhos, o chão, o orvalho, o ar, todo o reino daquilo sobre que se estendiam nossos corpos e por onde nossas mentes, silentes, erravam, caminhavam, nadavam, e que vigiavam, era delicadamente aromático como um paraíso, e, como tudo que é de melhor, era frouxo, leve, casual, totalmente *verdadeiro*. Havia, em nossas mentes, nossas memórias, nossos pensamentos e sensações, alguma combinação, alguma generalização, alguma arte, e ciência; mas nada da pudicícia de joelhos cerrados da ciência, e nada do formalismo e dos exageros da arte que cobre o ouro de ouropéis. Todo o comprimento do corpo e todas suas partes e funções estavam participando, e estavam sendo percebidas e recompensadas, inseparáveis da mente, idênticas a ela: e todas as coisas, tudo que a mente tocava, era a realidade, e todas as coisas, tudo que a mente tocava se transformava imediatamente, e contudo sem nada perder da qualidade de sua individualidade total, em alegria e verdade, ou melhor, revelava, por si próprio, a verdade, que por sua mesma natureza era alegria, que deve ser o fim da arte, da investigação, e de toda a multivária existência humana.

A situação é possível em quaisquer pontos do tempo, espaço e consciência: e exatamente como (ao menos na medida em que podemos saber e podemos estar envolvidos) é a nossa consciência sozinha, no fim, que devemos agradecer pela alegria, assim também é nossa consciência, sozinha, que é defeituosa quando não a atingimos. É curioso, e infeliz, que tão raramente encontremos essa sorte; que seja tão quase puramente uma questão de acaso: e contudo ela, como são as coisas, torna-se parte inextricável de toda a textura do prazer: em tal momento temos o conhecimento de que estamos testemunhando, participando, sendo, um fenômeno análogo àquele ardiloso complexo de equações de infinito acaso que se transformou, nesta jovem terra, de desvida, em vida. Não há como duvidar do fato de que valorizamos excessivamente a diferença entre a vida e sua ausência, mas há uma certa diferença, exatamente como, na situação de que falamos, uma diferença é notória: a diferença entre uma conjunção de tempo, lugar e consciência inconsciente e uma conjunção de tempo, lugar e consciência consciente é, no que se refere a nós, a diferença entre alegria e verdade e a falta de alegria e verdade. A não ser que o encanto nada seja por si próprio, mas apenas uma lua que brilha apenas na misericórdia de um sentimento de encanto, e a não ser que o encanto seja peculiar à consciência e seja, mais ainda, uma emoção cuja juvenilidade, na medida em que amadurece, a consciência aprenderá, e descartará, ou sob cujo poder ela apenas se refrescará agradecida como sob o poder do sono e da vitalidade medicinal dos sonhos, e tudo isso parece um pouco mais provável que improvável, os materiais que povoam uma intersecção qualquer de tempo e lugar são a todo momento maravilhosos, independente da consciência: e em qualquer ou todos os casos pode ser adequado perguntarmos se existe algo mais maravilhoso ou mais valioso no estado do ser que distinguimos como "vida" do que no estado de ser de uma pedra, a energia acerebral de uma estrela, a difusa existência do espaço. Certamente a vida é valiosa; indispensável a todos nossos cálculos pessoais, sua verdadeira coluna vertebral: mas devemos perceber que a vida e a consciência são apenas muletas especiais dos vivos e conscientes, e que ao atribuirmos, como fazemos, um valor tão alto a elas estamos em certa medida fazendo da necessidade uma virtude; e sendo provincianos; estamos defendendo uma causa local: como aquela pequena cidade de Nevada cujo orgulho, por ser sua principal distinção exclusiva perceptível, é uma fonte mineral cuja água, auxiliada por sal e pimenta, tem um sabor tremendamente semelhante ao da sopa de galinha.

Essa afortunada situação de alegria, essa ao menos ilusão de totalidade ou integridade pessoal, pode nos tomar repentinamente graças a um qualquer dentre vários acasos imprevisíveis: a fratura da luz do sol na fachada e no tráfego de uma rua; o fino fio ereto da fumaça das chaminés; o rico alçar-se da voz de um trem pelas trevas; a memória de uma frase de inspirado trompete; o odor do tecido chamuscado, do escapamento de um carro, de uma moça, de carne de porco, da cera de abelhas sobre um ferro quente, de folhas jovens, de amendoins; a aparência de um carro de bombeiros de brinquedo, ou de uma centena de ágatas ensacadas em musselina vermelha; o oleoso ruído deslizante quando se domestica um rifle; a aparência da virilha de uma criança com seus ossos redondos soltos em alcinhas de algodão; o enrijecer da neve em uma luva de lã; o aroma do sabão de cozinha, do sabonete de bebê, de faixas de umbigo chamuscadas: a flexão de uma mão, o torcer de um joelho; as modulações em uma coxa quando alguém sai de uma cadeira: o movimento de um carro em velocidade por uma curva inclinada: a sensação inchada, ferida da boca e a tenacidade e a densidade do odor de um pó desconhecido, caminhar insone nas primeiras horas da manhã de uma cidade industrial e precisar de café, o gosto de gim barato misturado a gengibirra barata sem muito gelo: o gosto de folhas de nabo; de uma semente apodrecida retirada de entre os dentes; do uísque de centeio no copo verde de plástico de um banheiro de hotel: o hálito que sai de uma sala de cinema: a memória das notas de piccolo que cavalgam e transfixam a tempestade pastoral de Beethoven: o odor de um jornal recém-impresso; o fedor das samambaias apanhadas na luz quente do sol de uma janela saliente; o gosto de uma noite de verão nas montanhas; o oscilar e arrastar-se sob o corpo de um trem nas trevas; a terra aquecida, temperada e esfarelada sob os pés na queda; uma memória de cantochão ou da primeira meia hora depois de receber a absolvição infantil; a súbita repercepção de um ano-luz em termos físicos, literais, ou da dança e difusão cintilantes de uma massa de granito: descontados tais súbitos ataques vindos de direções imprevistas, dons que via de regra são tão precários e passageiros quanto os retornos e ilusões do amor por uma moça que não mais amamos, há poucas formas em que ela pode se dar a você. Caminhando só; na doença; em trens ou ônibus; no decorrer de uma ressaca forte; em qualquer situação rara que rompe ou diminui nossa impaciência normal, nossa vitalidade superficial, excesso de ansiedade por chegar a conclusões, e preguiça. Estávamos nesse momento, e em todo o tempo que o cercava, em uma tal situação; e nem poderíamos ter escapado a ela por um só momento, mesmo que o tivéssemos desejado. Às vezes, exauridos por ela, de fato desejamos tentar, mas mesmo quando nossas mentes estavam completamente exaustas e quando mais sufocavam o alento que porventura tivéssemos, e de que subsistíamos, não importando qual fosse sua mudança de constituintes ou de odor (e agora me parece de forma algo falseada que essa mudança ocorria a cada respiração) era o alento da mesma e contínua empolgação; uma empolgação cuja natureza me parece não apenas final, mas essencialmente além do poder da arte representar.

* * *

Estávamos deitados de costas separados por cerca de meio metro calados, olhos abertos, ouvindo. A terra que estava embaixo de nós se estendia por toda nossa volta e sua continuidade era imensa como se fôssemos lascas ou fósforos boiando, mantendo-se graças a sua própria insignificância, muito distantes sobre a superfície de um mar ternamente convulso. O céu era ainda maior.

Oficialmente, na medida em que se trata de seres humanos; e literalmente; muito dessa grande superfície e desse ritmo da terra caíra sob a sujeição dos instrumentos e das ações rituais da necessidade humana. Boa parte dela era cultivada para a subsistência imediata ou para o lucro de alguém. Estava pontilhada de casas, a maioria delas mais como do que não como a casa em cuja varanda nos estendíamos; esparsamente pontilhada de casas; muito mais esparsamente de vilas; muito remotamente de cidades.

Seres humanos, com a ajuda de mulas, trabalhavam essa terra para que pudessem viver. A esfera de poder de uma só família humana e uma mula é pequena; e dentro dos limites de cada uma dessas pequenas esferas a essencial fragilidade humana, a chaga finalmente mortal que é viver e a força indignada para não perecer, ergueram contra suas circunstâncias hostis esta casca de ferida, este abrigo para uma família e seus animais: de modo que os campos, as casas, as vilas, as cidades se exprimiam sobre a magoada membrana da terra na simetria da doença: a simetria literal da doença literal de que eram literalmente parte tão essencial.

O estágio fundamental, genérico e inescapável dessa doença é o ser. Uma complicação especial é a vida. Uma variante maligna dessa complicação é a consciência. A forma mais complexa e maligna que dela conhecemos é a consciência humana. Mesmo em sua forma mais simples esta chaga erige tal casca: toda substância é esta casca: casca e chaga são uma e a mesma coisa. Ganhando forma e complexidade da doença; idênticas a ela, de fato; essas chaga e casca idênticas preenchem não apenas toda a substância e todos os processos e elaborações da substância, mas os recessos mais inacessíveis do pensamento, da dedução e da imaginação; a exatidão dessa expressão pode ser vista no crânio que como casca cobre um cérebro, na deidade que a raça erigiu para escudar-se do horror dos céus, na parede de lata moldada de um pequeno restaurante em que persiste algo da doença grega através da persistência de alguma doença do Renascimento: em tudo que esteja dentro e provavelmente no que quer que esteja fora da concepção humana; e em toda e qualquer combinação e mutação dessas coisas: e em certo importante sentido deve-se lembrar que nesses termos, em termos, vale dizer, das manifestações do ser, tomadas como tais, que são sempre estritas e perfeitas, nada pode ser considerado falso. Uma falsidade é inteiramente verdadeira para os desatinos que a produziram e que tornaram possível sua emergência em verdade; e um exame dessa falsidade pode revelar mais da "verdade" "verdadeira" que qualquer tentativa mais direta na direção da própria "verdade" "verdadeira".

Algumas palavras também sobre simetria:

Em terrenos perfeitamente regulares, de qualidade perfeitamente regular, sob clima ou ritmos climáticos perfeitamente regulares, essa simetria teria o absoluto simples que de fato quase tem em partes do meio-oeste deste país, assim como junto à margem de outras estradas, sob outras pressões, ela quase chega ao simples absoluto sob os rigores que impõem uma cidade, uma vila industrial, uma série de máquinas, a pobreza total, uma flor, uma religião fortemente organizada, uma sonata ou uma colmeia. Mas é uma simetria sensível aos contornos e à qualidade do terreno, a irregularidades e acasos do clima, à força ou à fraqueza casuais e à produtividade do homem ou da mula individuais, ao acaso ou falta de eficácia ou relativa obsolescência do maquinário, ao acaso meteorológico, geológico, histórico, físico, biológico, mental: a outras questões que não tenho poderes de imaginação para considerar aqui. E contudo dessas irregularidades de equações complexas, que provavelmente jamais se repetem, inevitabilidades infalivelmente ganham sua forma. A simetria como a empregamos aqui, então, precisa de um exame um pouco mais detido. Por ser uma simetria sensível a tantas síncopes do acaso (que, todas elas, surgiram inevitavelmente de acasos que eram inevitáveis), ela é de fato assimétrica, como a arte oriental.* Mas também, por ser tão maleável, tão refinadamente obediente diante das infinitas irregularidades do acaso, ela reatinge a simetria que tinha por aquela docilidade perdido em um plano "mais elevado": em um plano que de qualquer maneira é mais complexo, mais abrangente, nascido de uma orquestração mais sutil, numerosa, menos óbvia de causas. Essa assimetria agora nos parece se estender em uma preocupação até

* Como me dizem ser central à arte chinesa.

das rígidas danças dos átomos e das galáxias, de modo que não mais podemos com qualquer certeza nos representar como uma rajada e uma nuvem convoluta de acaso sustentada entre duas simplicidades.

Essa audição e visão de uma música complexa em cada efeito e nas causas de cada efeito e nos efeitos de que este efeito será causa parcial, e a suspeita mais que razoável de que a todo momento exista mais música envolvida ali, cuja percepção está além do simples equipamento de nossos sentidos e de nossos poderes de reflexão e dedução, talvez nos "leve" a lugar nenhum. Uma razão pela qual ela nos leva a lugar nenhum é que em um grau muito pequeno, e contudo um grau absoluto na medida em que se trate da capacidade de cada um de nós, já estamos lá: e nos aproximamos ainda mais um passo quando percebemos que simetria e doença são idênticas. Nesse grau pequeno mas absoluto então, já estamos lá. Este é um forte argumento em favor da arte que nada prova e afirma mas existe, como já se tentou adivinhar de forma bastante perigosa, por e para si própria. (Também poderia ser dito a respeito arte "problema" que problemas humanos e espirituais severos e de resto insolúveis se resolvem em cada performance, ou na verdade na existência muda do, digamos, quarteto Opus 131 de Beethoven.) Trata-se de uma parte ainda mais forte de um argumento que, admito, não pode se aplicar a todos os "níveis" em todos os contextos, contra qualquer espécie de arte da mais "pura" à mais diluída ou à mais envolvida em questões supostamente irrelevantes à arte. Quantas, não apenas das passagens salientes e óbvias de nossas experiências, mas mais particularmente das mais casuais, carregam tamanhos valor, alegria, força, validez, beleza, integridade, radiância que temos de admitir não apenas que se igualam em seu valor como parte da experiência humana, e da existência, às maiores obras de arte, mas, com seriedade equivalente, que a melhor arte com um vigor igual ao da pior consegue, no próprio processo de digeri-las em arte, distorcer, falsear e mesmo obliterá-las.

Sem qualquer qualificação e se necessário com beligerância eu respeito e creio mesmo nas obras mais supostamente "fantasiosas" da imaginação. Na verdade estou disposto a dizer, porque com justa consistência acredito, que as obras da imaginação (principalmente porque* em um certo grau criam algo que jamais existiu, elas acrescentam algo e de certa forma esclarecem a

---

* E por muitos outros motivos ainda mais poderosos e menos "úteis".

soma total do estado do ser, enquanto que o resto da atividade da mente é meramente dedutiva, descritiva, aquisitiva ou contemplativa) ajudam e fazem progredir a raça humana, e criam uma abertura na escuridão que a cerca, como nada mais pode fazer. Mas a arte e a imaginação têm a capacidade de ser danosas, e provavelmente não é saudável para elas e nem, o que vem mais ao caso, sequer remotamente verdadeiro mesmo diante dos fatos mais singelos, dar-lhes uma classificação tão singularmente elevada. Parece-me que há um valor bastante considerável (para nem mencionarmos a alegria) na tentativa de ver ou transmitir mesmo alguma coisa isolada tão proximamente quanto for possível como aquela coisa é. Reconheço o poder esclarecedor que têm nesse esforço a memória e a imaginação: mas elas são igualmente capazes de turvar e de tornar límpidas as águas e de fato com frequência, com tanta frequência que podemos suspeitar a existência de uma lei à espreita, elas fazem as duas coisas ao mesmo tempo, obnubilando de um jeito o que de outro esclarecem.

George Gudger é um ser humano, um homem, mais parecido com ele mesmo do que com qualquer outro ser humano. Eu poderia inventar incidentes, aparências, acréscimos a seu caráter, suas origens, cercanias, futuro, que poderiam muito bem apontar e indicar e resolver coisas relevantes para ele que de fato eu tenho certeza de serem verdadeiras, e importantes, e que George Gudger imutável e indecorado não indicaria e talvez sequer sugeriria. O resultado, se eu desse sorte, poderia ser uma obra de arte. Mas de alguma maneira um fato a respeito dele, muito mais importante, e digno, e verdadeiro do que eu poderia conseguir inventar, por mais que eu fosse um artista ilimitavelmente melhor do que sou, é o fato de que ele é exatamente, até o último centímetro e instante, quem, o quê, onde, quando e porque ele é. Ele está nesses termos vivendo, neste exato momento, em carne e osso e respirando, em uma parte efetiva do mundo em que também, sem grande relevância para a imaginação, você e eu estamos vivendo. Reconheço que descontado esse fato trata-se de uma coisa pequena, e reconheço também que se trata de algo essencial e finalmente impossível, tentar meramente reproduzir e comunicar sua vida tão próxima e exatamente quanto for possível, e no entanto não consigo pensar em possibilidades de tentativa mais valiosas e consigo, em muitas piores.

O mesmo me parece verdade de todo e qualquer item na experiência de que estou falando, e poderia dizê-lo com a mesma sinceridade de convicção de toda a experiência humana. Mais ainda, e especialmente se você levar em consideração estruturas como as da doença e da simetria que esbocei levemente, não consigo ver como tal obra poderia ser pequena em intensidade, "verdade", complexa riqueza e estatura de forma e natureza, na comparação com uma obra de arte. Chamando temporariamente tudo que não a arte de natureza, eu insistiria que tudo na natureza, cada coisa mais casual, tem uma inevitabilidade e uma perfeição de que a arte como tal pode apenas se aproximar, e compartilha na verdade, não como arte, mas como parte da natureza que é; de modo que, por exemplo, um mapa de relevo é pelo menos uma imagem tão considerável do "belo" absoluto como os contrapontos de Bach a que por acaso se assemelha. Eu ainda insistiria que não faria mal aos seres humanos, inclusive os artistas, reconhecer este fato, e levá-lo em consideração em seu enredar da experiência, e se aproximar tanto quanto consigam, de registrá-lo e reproduzi-lo por seu próprio, e não da arte, bem.

Um motivo por que me importo tão profundamente com a câmera é precisamente este. Dentro de seu alcance (o que é, em seus próprios domínios, tão absoluto de qualquer maneira quanto a distância que viajam palavras e sons), e manejada de forma limpa e literal em seus próprios termos, como um gélido, em certos sentidos limitado, em certos sentidos mais capaz, olho, ela é, como a gravação de fonógrafo e como os instrumentos científicos e diferentemente de outras alavancas artísticas, capaz de registrar nada que não a verdade absoluta, seca.

Quem, o quê, quando, onde e por quê (ou como) são o clichê essencial e o bem-estar do jornalismo: mas não quero parecer falar do jornalismo favoravelmente. Ainda não vi um artigo jornalístico que transmitisse mais que a mais exígua fração do que qualquer pessoa mesmo que apenas moderadamente reflexiva e sensível pretenderia e desejaria dizer com aquelas inatingíveis palavras, e mesmo essa fração nunca vi limpa de um ou outro grau de patente, para nem mencionar sua essencial, falsidade. O jornalismo é verdadeiro no sentido em que tudo é verdadeiro para o estado do ser e o que o condicionou e produziu*

---

* Considerada assim, uma página de jornal pode ter toda a riqueza de uma camada de fósseis, ou de uma pintura.

(o que também é, mas talvez em menor escala, uma limitação da arte e da ciência): mas isso é talvez o ponto máximo que seu valor pode atingir. Isso não pretende acusar ou desprezar o jornalismo por nada que esteja além de sua própria alucinação complacente, e de seu imenso poder de envenenar o público com a mesma alucinação, de que ele está dizendo a verdade nem que seja só das coisas de que fala. O jornalismo dentro de seus próprios limites pode ser "bom" ou "ruim", "verdadeiro" ou "falso", mas não é da natureza do jornalismo ser culpado* por isso; não mais do que se deve culpar uma vaca por não ser um cavalo. A diferença é que poucas vacas podem ter a alucinação ou mesmo o desejo de serem cavalos, e que nenhuma delas pode escapar à culpa desses atos, nem mesmo com uma pequena parcela do público. O próprio sangue e o sêmen do jornalismo, pelo contrário, são uma ampla e bem-sucedida forma de mentir. Retire-se essa forma de mentira e não se tem mais jornalismo.

E também não estou falando de "naturalismo", "realismo": apesar de que pode estar precisamente aqui o divisor de águas mais claro e mais escorregadio dentro dessa primeira discussão.

Tentar, digamos, representar, reproduzir certa rua de uma cidade, com a convicção de que nada é tão importante, tão sublime, tão verdadeiramente poético naquela rua em sua flutuação sobre o tempo e o espaço quanto a própria rua. Nosso meio, infelizmente, não é uma câmera de instantâneos ou de filmagem, mas as palavras. Você abjura todas as metáforas, símbolos, seleções e acima de tudo, é claro, toda tentação de inventar, como sendo obstrutivas, falsas, artísticas. Tão proximamente quanto for possível com palavras (o que, mesmo com a graça do gênio, não seria muito próximo) você tenta dar a rua *em seus próprios termos*: ou seja, ou nos termos em que você (ou uma personagem imaginada) a vê, ou em uma redução e despersonalização em termos que vão tanto quanto possível ser os termos "privados", singulares daquele asfalto, daquelas letras de neon, daqueles e de outros itens combinados, naquela alternância, naquela simultaneidade, de acordes planos, vazios e tremendamente construídos e de um contraponto imensamente elaborado

* E por que não?

que é a própria rua. Você então se atém estritamente a materiais, formas, cores, volumes, texturas, relações espaciais, formas de luz e de sombra, peculiaridades, especializações, de arquitetura e de fontes, ruídos de motores e freios e sapatos, odores de escapamentos: tudo isso ganha tempo e peso que a rua por si própria não tem: ela cede sob seu comprimento e seu peso: e o que é que você tem no final senão uma passagem algo exagerada de um romance naturalista: que de formas importantes está no polo oposto de suas intenções, do que você viu, do próprio fato.

A linguagem da "realidade" (no sentido de "realidade" que estamos tentando abordar aqui) pode ser a mais bela e poderosa mas certamente ela deve de qualquer maneira ser a mais pesada de todas as linguagens. A necessidade de que ela tenha e confira a habilidade, a agudeza, o imediatismo, a velocidade e a sutileza da "realidade" que tenta reproduzir, requereria uma força incrível e uma destreza treinada de parte de quem a manuseia, e requereria também talvez uma audiência, ou a ilusão de uma audiência, para quem a complexa piada possa simplesmente ser contada, sem a necessidade de uma explicação precedente, com cinquenta vezes o tamanho da piada, que faz naufragar qualquer valor que a piada por si própria tenha. Não conheço pessoa alguma com este treinamento particular ou com este interesse que esteja usando palavras, embora um homem, pelo menos, esteja fazendo coisas mais difíceis e mais valiosas.*

Para a câmera, muito disso está resolvido já de saída: está resolvido de forma tão simples, na verdade, que essa facilidade se torna o maior perigo contra o bom uso da câmera.

As palavras podem, acredito eu, ser levadas a fazer ou dizer qualquer coisa dentro dos limites da concepção dos homens. Isso é mais do que se pode dizer dos instrumentos de qualquer outra arte. Mas deve-se acrescentar a respeito das palavras que elas são o mais inevitavelmente impreciso de todos os meios de registro e comunicação, e que atingem muitas das coisas que apenas elas podem fazer através de uma bizarra articulação de fraudes, concessões, esquivas habilidosas e afastamentos sucessivos que engordariam qualquer outra arte até o nível da apoplexia se antes disso a arte não sumisse da existência

---

* Referência possível, aqui e especialmente nos parágrafos seguintes, ao trabalho de James Joyce nos anos 1930, período da elaboração e publicação episódica do *Finnegans wake*. (N. T.)

envergonhada: e que, de duas maneiras centralmente importantes e inescapáveis: a falsificação (por imprecisão de sentido assim como por imprecisão de emoção); e incapacidade de comunicar simultaneamente com qualquer imediatismo; prejudica consideravelmente o valor e a integridade de suas realizações. Pode-se, contudo, acrescentar: as palavras como todas as outras coisas são limitadas por certas leis. Chamar de aleijadas suas realizações em relação ao que tentaram transmitir pode ser muito adequado: mas chamá-las de aleijadas em sua obediência completamente saudável a sua própria natureza é novamente um equívoco: o mesmo equívoco da acusação de uma vaca por sua acavalidade. E se você diz aqui: "Mas as palavras vacas estão tentando ser cavalos", a resposta é: "Essa tentativa é uma das mais vigorosas leis da linguagem, exatamente como sequer é uma lei no que se refere às vacas". Ao obedecer a esta lei as palavras não são, então, sequer necessariamente acusáveis, não mais que ao desobedecerem-na. A higienização e a retificação da linguagem, o rompimento da identificação de palavra e objeto, é muito importante, e muito possivelmente coisas ainda mais importantes vão surgir desse fato do que as que jamais puderam surgir do desejo linguístico da vaca pelo cavalo: mas continua sendo uma outra questão quando as palavras começam a funcionar sob o comando da antiga lei de vacas-e-cavalos. Os seres humanos podem ficar cada vez mais conscientes de estarem acordados, mas ainda são incapazes de não sonhar; e um peixe abandona a água pelo ar por sua própria conta e risco.

Duvido que o "naturalista" ortodoxo compreenda muito bem de que tratam a música e a poesia. Estaria tudo bem se ele entendesse tão intensamente seus materiais que a música e a poesia parecessem menores que suas intenções; mas duvido que faça isso também. É por isso que sua obra mesmo em seus pontos mais altos nunca é muito mais que um documentário. Não que a documentação não tenha grande dignidade e valor; ela tem, e pode-se extrair dela uma "poesia" tão boa quando a que se extrai da própria vida: mas a documentação não é por si própria nem poesia nem música e não é, por si própria, de qualquer valor que equivalha aos delas. De modo que, se você compartilha da opinião do naturalista acerca do "real", mas tem essa opinião a respeito dele em um plano que em sua mente o nivela em valor ao menos à música e à poesia, que por sua vez você valoriza mais que qualquer coisa na terra, é importante que sua representação da "realidade" não ceda até chegar, ou não se unifique ao naturalismo; e na medida em que ela o faça, você pecou, ou seja, você deixou de atingir até mesmo a verdade relativa que percebeu e pretendeu. E se, antiartisticamente, você deseja não apenas apresentar mas falar do que apresenta e de como você tenta apresentá-lo, então uma de suas primeiras angústias, anterior à do fracasso previsto, é deixar claro que um pecado é um pecado.

Sinto-me previamente seguro de que quaisquer esforços no que se segue, de acordo com as linhas que descrevi, serão fracassados.*

"Descrição" é uma palavra de que se deve suspeitar.

As palavras não podem corporificar; elas só podem descrever. Mas uma certa espécie de artista, que distinguiremos dos outros como um poeta mais que um prosador, despreza esse fato a respeito das palavras ou de seu meio de trabalho, e continuamente leva as palavras o mais próximo que pode de uma ilusão de corporificação. Ao fazê-lo ele aceita uma falsidade, mas faz, de alguma maneira pelo menos, arte melhor. Parece muito possivelmente verdade que a superioridade da arte sobre a ciência e sobre todas as outras formas da atividade humana, e sua inferioridade em relação a elas, resida no fato idêntico de que a arte aceita as barganhas mais perigosas e impossíveis e faz o melhor que pode delas, tornando-se, como resultado disso, simultaneamente mais próxima da verdade e mais distante dela do que as coisas que, como a ciência e a arte científica, meramente descrevem, e as coisas que, como seres humanos e sua criação e todo o estado da natureza, meramente são, a verdade.

A maioria dos jovens escritores e artistas se esbalda na descrição como recém-casados em uma cama. Ela lhes vem mais fácil que qualquer outra coisa. Com o correr dos anos, por crescimento ou disciplina, eles se afastam dela. Na melhor das hipóteses eles indubitavelmente têm razão em fazê-lo. Mas de novo suspeito que a volúpia descritiva, e essa volúpia em ação, não seja necessariamente um vício. Objetos e atmosferas simples têm uma beleza e uma

---

* O fracasso, de fato, é quase tão vigorosamente uma obrigação quanto é uma inevitabilidade, em tal trabalho: e aí repousa a mais mortal das armadilhas da consciência exausta.

estatura intrínsecas suficientes para que possa ocorrer de o descritor se tornar mais e não menos desavergonhado: se objetos e atmosferas em cujo nome secretamente é costume escrever um conto ou um poema, e que são cronicamente relegados a um nível ancilar de decoração ou no máximo de iluminura, fossem manuseados e apresentados com seus próprios méritos sem distorção nem apologia. Desde quando os pintores de paisagem pedem desculpas por pintar paisagens?* E desde quando, de novo, uma vaca precisa pôr uma barba falsa e representar o papel de um cavalo ou, de outro lado, ruborizar ou vacilar diante do excelente fato de ser uma boa vaca simples, uma criatura que cavalo algum jamais poderá ser?

George Gudger é um homem, *et cetera*. Mas obviamente, no esforço de falar dele (como exemplo) com toda a verdade que me for possível, estou limitado. Eu o conheço apenas na medida em que o conheço, e apenas nos termos em que o conheço; e tudo isso depende tão plenamente do que eu sou quanto do que é ele.

Tenho confiança de que sou capaz de obter uma certa forma de verdade a respeito dele, *apenas se* for tão fiel quanto me for possível a Gudger como o conheço, a Gudger como, em sua efetiva carne e vida (mas nesse caso de novo sempre na memória e na visão de minha mente) ele é. Mas é claro que será apenas uma verdade relativa.

Deem-me o nome de uma só verdade dentro do alcance do homem que não seja relativa e eu me sentirei um grau mais propenso a me desculpar por isso.

Por essa razão e por outras, eu faria tão mal em simplesmente me eliminar do retrato quanto em simplificar ou inventar personagens, lugares ou atmosferas. Uma cadeia de verdades de fato acabou por se tecer e se entretecer: é a textura delas que quero representar, não trair, nem enfeitar e fazer virar arte. A única coisa que me é profundamente empolgante a respeito de George

---

* Cocteau, escrevendo sobre Picasso e a pintura, comenta que o tema do quadro é meramente uma desculpa para a pintura, e que Picasso se livra da desculpa.

Gudger é que ele é de verdade, está vivendo, neste instante. Ele não é a invenção de algum artista ou jornalista ou propagandista: ele é um ser humano: e no grau em que eu seja capaz é minha tarefa reproduzi-lo como o ser humano que é; não simplesmente amalgamá-lo em alguma imitação inventada e literária de um ser humano.

A momentânea suspensão da descrença fica talvez (e talvez não) muito bem para a literatura e a arte: mas deixa a literatura e a arte, e deixa uma tentativa como esta, em um beco sem saída. Ela equivale a dizer que tudo que for disposto em uma forma artística, por mais que possa ser "verdadeiro" em termos artísticos, está hermeticamente selado, longe da possibilidade da identificação com a "realidade" cotidiana. Não importa o quanto possa ser vívido e forte, sua força e sua vividez não são daquela ordem de coisas que, no ar aberto de nossa vida real, pessoal, tragamos a cada alento. Mesmo na melhor das hipóteses, será faz-de-conta, necessitando do insulto mortal da "suspensão da descrença", porque é arte. Isso vale em um certo grau mesmo para a escrita mais "real" que conheço. É simplesmente impossível que uma pessoa, por mais que a coloque em um ponto alto de estima, conceda à arte a honra singela mas total de aceitar e acreditar nela nos termos em que aceita e honra a respiração, o fazer-amor, a aparência de um jornal, a rua que atravessa. Se você pensa nisso por algum tempo, e tem qualquer grau de respeito pela arte e pelo que a arte é ou deveria ser capaz de ser se deve ser considerada digna de sua própria existência, trata-se de uma questão crucialmente séria.

E contudo existe por acaso alguma boa razão para que a dita arte não possa, sem alguma complicada contorção mental, ser aceita como algo vivo, que fala da "verdade" viva, na medida em que ela encontre você no meio desse caminho, e não tente falar de mais nada?*

Quando, falando com um amigo, você lhe conta, ou o ouve contar, detalhes da infância, esses detalhes são talvez ainda mais reais para você do que sua memória solitária; e são reais e empolgantes para vocês dois de uma forma que a arte não pode ser, ou pelo menos não é. Ele está aceitando o que você diz como verdade, não ficção. Você, por sua vez, e a verdade que você está contando estão condicionados em alguma medida pela personalidade dele — você está em parte, e ele sabe que você está em parte, selecionando ou

---

* Ou mesmo que desdenhe qualquer esforço dessa natureza.

inventando o que combine com a cor dele — mas seu esforço central, em que vocês dois podem estar dispostos e interessados em passar bastante tempo, consiste em reduzir essas meias invenções cada vez mais até a verdade. O fato centralmente empolgante e importante, de que se ramificam os milhares de outros que de outra maneira não teriam existência clara e válida, é: aquilo foi como foi. O que poderia ser mais tocante, significativo ou verdadeiro: cada força e acaso oculto do universo se combinou da maneira certa para que uma certa coisa fosse como foi.

E por que será que, escritos, esses fatos perdem tanto de sua força e realidade? Parcialmente é feito do autor: como analista em tempo parcial ele sente a força da necessidade de selecionar e inventar.* Além disso, ele não tem consciência de que a verdade é mais importante que qualquer mentira bonitinha que possa contar. E parcialmente feito do leitor: ele está tão acostumado com a ideia de que a arte é uma ficção que não consegue se livrar dela. E parcialmente todo o peso da tradição artística, a deificação da imaginação. Muito bem, podem deificá-la: concedo que ela é responsável por toda grande obra de qualquer das artes. E daí! Será então que ela tem de interferir com ainda outra forma de ver e de contar ainda outra forma da verdade que por seu próprio direito é pelo menos tão legítima quanto? Será que existe tal cisão entre o "científico" e o "artístico"? Será que todos os seres humanos não são ao mesmo tempo cientistas e artistas; e quando escrevemos sobre a experiência humana, será que não há muito a se dizer em favor de se reconhecer esse fato e de se usarem ambos os métodos?

Aqui eu vou tentar escrever apenas sobre o que na realidade física ou na mente aconteceu ou apareceu; e meu esforço mais sério será, não o de usar esses "materiais" para a arte, muito menos para o "jornalismo", mas *dá-los como foram e como em minha memória e em minha visão são*. Se existe qualquer coisa neste trabalho que tenha valor e interesse, ela terá de depender integralmente desse fato. Embora eu possa com frequência tentar empregar recursos da arte e possa, em outros momentos, ser ao menos parcialmente "artístico", ser incapaz de evitar seu uso, estou nesta obra ilimitavelmente mais interessado na vida que na arte.

---

* Cada hábito mortal a serviço dos sentidos e da linguagem; cada hábito "artístico" de distorção na avaliação da experiência.

É desnecessário dizer, então, que hei de digredir, e hei de me deter sobre o que podem parecer coisas não essenciais, exatamente conforme me parecer melhor.

Mas não se deixem enganar quanto a isto: não estou de maneira alguma com a ilusão de estar escrevendo esta experiência seca. Nem jamais desejaria espremê-la até estar seca. Há razões de tempo, opinião e simples desejo ou, se você quiser, capricho.

Tempo: um grande artista levou sete anos para registrar dezenove horas e espremê-las a um ponto sequer próximo da secura.* Você mesmo pode imaginar; isto durou várias semanas, não dezenove horas. Levo a sério o que estou tentando aqui mas há outras obras que quero ainda mais realizar.

Opinião: embora eu por um lado acredite seriamente que o universo pode ser visto em um grão de areia e que esta é uma lente tão boa quanto qualquer outra e muito mais prática que o universo, eu de novo não estou aqui tentando qualquer trabalho desse tipo. Em demasiados outros aspectos eu simplesmente não acho que a experiência tenha sido importante** o bastante para justificar um tal esforço. E vou consistentemente esperar manter o esforço e o método em estrita proporção para com minha própria e limitada opinião a respeito da importância da experiência como um todo e em suas partes.

O simples desejo e o capricho devem então ser evidentes: eu só quero contar isso tudo com a exatidão e a clareza que consiga e acabar de uma vez com essa maldita obra.*** Eu novamente falsearia a verdade se falseasse esse ponto.

Muito grosseiramente eu sei que para conseguir obter minha própria espécie de verdade a partir da experiência, devo manuseá-la a partir de quatro planos:

* O tempo que James Joyce consumiu para escrever o *Ulysses*, que de fato cobre pouco menos de um dia. (N. T.)
** Não tenho mais tanta certeza disso.
*** Agora isso é mais complicado.

O da evocação; de recepção, contemplação, *in medias res*: para o qual propiciei este silêncio sob as trevas nesta varanda como uma espécie de estágio preparatório ao qual de tempos em tempos a ação pode ter oportunidade de retornar.*

"Como aconteceu": a narrativa linear na proa na medida em que do primeiro ao último dia ela cortou águas desconhecidas.

Por evocação e memória no presente: que é parte da experiência: e isso inclui a imaginação, que nos outros planos eu juro evitar.

Conforme tento escrever: problemas do registro; que, eles também, são parte orgânica da experiência como um todo.

Eles estão, obviamente, em acirrado conflito. Assim como qualquer experiência humana. Assim também, então, inevitavelmente, encontra-se qualquer tentativa mesmo parcialmente acurada de dar como um todo qualquer experiência.

Neste estágio parece provável que a forma mais verdadeira de se tratar uma fatia do passado seja assim: como se não fosse mais o presente. Em outras palavras, a coisa mais "verdadeira" a respeito da experiência agora não é nem o fato de ela ter sido de hora em hora isso ou aquilo; e nem minha memória razoavelmente "precisa" de como foi de hora a hora em progressão cronológica; mas sim como surge ao ser evocada, sem aquela ordem, projetando suas luzes e associações para a frente e para trás sobre o passado e depois o futuro, atravessando aquela extensão de experiência.**

Se isso é verdade o livro como um todo terá uma forma e um conjunto de tons menos similares aos de uma narrativa que aos da música.***

Por mim isso é bom, e espero que acabe sendo mesmo assim.

Pelo quanto ando falando sobre "esta experiência" vocês podem estar com a ideia de que eu penso que ela foi de egrégia importância. Nesse caso,

---

* Ela ainda pode voltar, mas não neste volume.

** Ainda estou por tentar um tratamento dessa natureza.

*** As formas deste texto são principalmente as da música, dos filmes, e das improvisações e registros de estados emocionais, e da crença.

serão enganados na mesma medida de sua compreensão equivocada. Essa "experiência" foi apenas uma série de coisas diversas, algo complicadas e, para mim, interessantes que percebi ou que me aconteceram no último* verão, e nada mais. Coisas maiores e menores aconteceram, mesmo comigo. E continuo falando tanto assim a respeito delas simplesmente porque respeito as experiências em geral e qualquer experiência que seja, e porque no fim rever, relembrar e tentar contar qualquer coisa é por si só (não porque a experiência tenha sido isso ou aquilo, mas por si só, e como parte da experiência) interessante e importante para mim: e porque, como disse antes, eu me interesso pelo verdadeiro e por seu relato, e portanto gostaria de deixar claro que nada aqui é inventado. A empresa toda pode muito bem lhe parecer estranha. Mas uma parte do que quero dizer é que a experiência se oferece com riqueza e variedade e em muitos termos, não em um só, e que portanto pode ser inteligente registrá-la de forma não menos vária. Na maior parte das vezes vou querer relatar detalhes com muita simplicidade, em seus próprios termos: mas a partir de qualquer conjunto de detalhes é possível e talvez útil generalizar. De qualquer maneira eu sou o tipo de pessoa que generaliza: e se para sua própria conveniência, e a minha, eu deixasse de fora essa tendência, estaria falseando e manipulando desde o começo.

Acho que existe dentro dessa sensação da importância e da dignidade dos fatos reais e da tentativa de reproduzir a analisar o verdadeiro, e dentro desse antagonismo para com a arte, algo de real importância que de maneira nenhuma é descoberta minha, muito menos descoberta particular, mas que é uma noção de "realidade" e de "valores" defendida por um número crescente de pessoas, e os princípios de formas artísticas algo novas, chamem-nas de arte se for necessário, de que as câmeras de instantâneos e de filmagem são os instrumentos e símbolos mais vigorosos. Seria uma arte e uma forma de ver a existência baseada, digamos assim, em uma interseção da física astronômica, da geologia, e (sem excluir a psicologia) da antropologia, conhecida e comentada não em termos científicos, mas humanos. Nada que surja dessa interseção pode sequer correr o risco da insignificância: tudo é proporcionalmente

---

* As três partes de *Na varanda* foram escritas em 1937.

tremendamente significante quando se aproxima em nossa percepção, simultaneamente, de seus próprios termos singulares e de seu ramificado parentesco e provável identificação oculta com todas as coisas.

Nas linhas dessas possíveis "arte" e atitude para com a existência, nada que se segue* pode pretender ser algo mais avançado que uma série de representações cautelosas, rudemente experimentais e fragmentárias de alguns aspectos salientes de uma experiência real vista e recordada em seus próprios termos.

Mas se isso tem qualquer interesse para vocês, é importante que vocês na medida do possível esqueçam que isto é um livro. Que vocês saibam, em outras palavras, que ele não tem a ver com aquele domínio em que a descrença é normalmente suspensa. Ele é muito mais simples que isso. É simplesmente um esforço, uma tentativa de usar as palavras de uma maneira que lhes permita dizer o que quero que digam a respeito de algo que aconteceu e sobre o que, é claro, você não tem como saber coisa alguma. Em alguma medida vale a pena você saber algo a respeito não porque você tenha qualquer interesse por mim, mas simplesmente como pequena parcela que é da experiência humana em geral.

É uma das maneiras de se contar a verdade: a única maneira possível de contar o tipo de verdade que estou mais interessado em contar aqui.

A maior parte da terra que se estende aqui a nossa volta tinha sido tomada por seres humanos, que sofriam e talvez sofram para sempre da ilusão infantil de que são donos dela.

Mas agora, no curto conquanto extremo inverno de sua própria sombra através do qual uma metade contínua da terra contorce sua superfície, essa colonização frágil e rasa foi reduzida a seu mínimo, as poucas brasas frias que as cidades, graças a sua intensa concentração de vida, conseguem constantemente sustentar, tênues, claras até a liberação da aurora, e, sobre a face da

---

* Talvez eu deva explicar que *Na varanda* foi escrito com a ideia de que ficaria no começo de um livro muito maior, em que todo o tema seria tratado em um só volume. Aqui sua intenção ainda é de ser um prefácio ou abertura, mas também uma moldura e uma nota pedal e o cenário preparado e o centro da ação, em relação ao qual todas as outras partes desse volume são concebidas como flashbacks, prenúncios de degustação, iluminações e contradições.

terra, apenas os infinitesimais e astralmente infrequentes reluzires de doença aqui, amor e morte ali. Toda a vida humana normal foi drenada daqui; todas as criaturas do dia, sob a passagem e a influência daquela sombra, foram unanimemente encolhidas no sono como quando, no que se inclinam os trechos austrais do globo para longe do sol, toda a natureza vegetal se desbota como se esvai um rubor, as abelhas ficam atordoadas, e o ar frio em cintilantes enxames de aves tribais é drenado para o sul. Toda essa área do planeta, quase tão literalmente quanto a própria cabeça de um homem, se afrouxou em seu pescoço, caiu e cedeu às profundas influências e memórias, desconhecidas para seu dia cego de sol, de sua primeira infância, antes de o homem se tornar parte dessa experiência. A própria terra cega e a água cega, o céu o bombardeio columbiforme de suas estrelas, o ar, a sombra, as civilizações da terra vegetal, de certos frágeis insetos, certos répteis, aves, e personalidades peludas cujo sono é diurno e o trabalho, noturno, civilizações que enxameiam e dormem, elas sim estão em plena posse de seus eus. Elas sequer toleraram a grandiosa existência hipnotizada, a animação suspensa, da vida humana; simplesmente a ignoraram, como um oceano mal se importa com o tráfego menor que o de brinquedos sobre si.

É claro que sei: elas não a ignoraram menos sob a luz do dia. É claro que sei: que qualquer que tenha sido o triunfo que farejei, senti, ouvi em sua presença, e qualquer que tenha sido o medo, foram meramente humanos, meramente questões pessoais. Nós nos regozijamos sob nosso generoso solzinho como crianças dentro da esfera protetora de seus pais: e talvez jamais possamos superar, ou jamais possamos ousar superar, nossas ilusões a respeito dessa força e sabedoria e de nossa inteligência, competência e segurança; e herdamos deles, como um brilho verde na íris, essas ilusões diurnas, de forma tão inescapável que não podemos não apenas jamais nos desligar da terra, nem mesmo na percepção de nossas mentes, mas não podemos sequer encarar o fato da natureza sem uma cegueira total ou o sentimentalismo: e não podemos suportar, por qualquer período de tempo, carregar em nossas mentes com qualquer literalidade o fato de nosso tamanho reduzido e de nossa juventude. Se esses fossem apenas os problemas pessoais de uma fixação paterna ou materna, nós os levaríamos muito a sério e aqueles dentre nós que pudessem pagar por isso passariam os próximos dois anos falando de si próprios em uma sala obscurecida.* São muito mais sérios que isso: eles afetam os mais profundos sentimentos e ações de toda uma raça já em suas raízes; e além de alguns salmos e de uns poucos trinados e semicolcheias artísticos quase acidentais, quanto pensamento dedicamos a essa questão? À base de nossa existência, que é ainda mais simples e ainda mais literal que a necessidade de comer e de dormir.

Nós sabemos, ou nos disseram que sabemos, há alguns séculos já que o sol não "se põe" ou "nasce": a terra contorce sua superfície entrando e saindo da luz do sol.

Quantos poetas ganharam uma consciência tão nítida desse fato que lhes é natural usá-lo.

Em seus giros a terra também se acalanta de um lado para o outro, algo como um pião, e se inclina sobre uma rota bastante excêntrica, e é esse retirar-se de e um retorno a certa proximidade em relação ao sol que causa a mudança das estações. Quando o Canadá é retirado do verão a Argentina é devolvida ao verão, tão simultaneamente, tão literalmente, quanto a borda da noite se equilibra contra a borda do dia, a meia-noite com o meio-dia. Quanta, exatamente quanta poesia, ou arte, ou meramente quanta consciência humana terá levado isso em conta. Vocês só precisam olhar toda a arte outonal a respeito da morte e toda a arte primaveril a respeito da vida para ter uma ideia: somos tão vendados por fatos locais que sequer podemos imaginar essa simultaneidade. É confortável, e em alguma medida bastante natural, e sem dúvida em alguma medida sábio, ser local: e contudo por exemplo na política nós nos orgulhamos de estar superando essa noção.

Não há dúvidas de que somos sensatos ao dar nomes aos lugares: Canadá; Argentina. Mas seríamos também sensatos se lembrássemos que a terra a que demos esses nomes, e tudo menos a relativamente pequena população humana, não leva esses nomes a sério.

---

* A noite, para alguns, é esta sala obscurecida; e nesta sala eles falam a respeito de si próprios para si próprios, e podem às vezes sair ganhando com isso, e podem romper em alguma medida a paralisia de sua educação. O analista é a percepção que leva ao enigma. O enigma pode ser chamado de Deus.

Não há dúvidas de que temos o "direito" de nos apossar da terra e de usá-la conforme nos pareça melhor: mas talvez fôssemos considerados um pouco mais qualificados para este trabalho se sequer nos ocorresse minimamente qualificar ou questionar esse direito.

Mesmo as que nos parecem ser nossas ideias atuais de justiça mais sólidas e mais definitivas são perceptivelmente arrogantes e provincianas e autocentradas. O que teríamos a pensar de porcos que, depois de ter conseguido garantir a justiça entre si, ainda, continuamente e sem o contraste de uma ideia em sentido contrário, explorassem todas as outras criaturas e os materiais do planeta, e que trouxessem nos olhos, perfeitamente intocada por qualquer outra consideração, a elevada e sacra luz da ciência ou da religião.*

Claro, essas coisas são simples: tão simples, Deus me livre, que parecem meros caprichos. São, no entanto, fatos literais. Nossa falta de atenção a elas é um fato literal. Qualquer criança deveria ser capaz de compreendê-las. Compreender tais fatos, tentar entendê-los e entender sua aplicação, deveria parecer tão básico e relevante e influente para o resto do que somos e fazemos quanto a respiração. Nossa própria incapacidade de compreendê-las ou nossa negligência, o que dá no mesmo, não nos qualifica muito bem para tratarmos de fatos mais difíceis que são de importância central no mínimo (para permanecermos provincianos) para o bem da raça humana.

Sou comunista por simpatia e por convicção.** Mas não parece (só para começarmos) que os comunistas tenham reconhecido ou de alguma maneira levado a sério o fato seguro de que a persistência do que outrora foi insuficientemente descrito como orgulho, um pecado moral, pode danificar e destruir a raça humana tão fria e inevitavelmente quanto o poder total da "cobiça" jamais pôde: e que, socialmente pelo menos, a forma mais perigosa de orgulho não é nem a arrogância nem a humildade, mas sua forma suavizada, seu denominador comum, a complacência.

---

* Talvez seja adequado lembrar que *A revolução dos bichos*, de George Orwell, seria publicado apenas em 1945. (N. T.)

** *Na varanda* está sendo usado sem revisão. A discussão desta e de outras questões é projetada mas procrastinada.

Não sou vítima de qualquer ilusão de que o comunismo possa ser alcançado da noite para o dia, se é que um dia poderá; e nossa flexibilidade ou nossa paciência em relação ao que parecem óbvias ocasiões de equívocos devem ser* tão consideráveis quanto nossa inflexibilidade e nosso destemor diante do que parecem ser os fatos desses fracassos. Continua sendo verdade que os artistas, por exemplo, deveriam ser capazes de compreender a situação a ponto de recusar a eminência social e o elevado pagamento que recebem na Rússia soviética. O estabelecimento de uma aristocracia de operários superiores também não é um bom sinal. Certamente, inegavelmente, nós, seres humanos, na melhor das hipóteses mal entramos na fase pós-fraldas de nosso desenvolvimento, e é questão de bom senso sermos tratados como o que somos, e seria tão danoso e criminoso quanto seria criminoso nos tratarmos como o que não somos. Mas seria genial se o tratamento nos fizesse consistentemente estender a mão e crescer; você não se arrasta para fora do infantilismo se retirando, ou ficando parado, ou recebendo ordens de retirada, para o que qualquer tolo mediano pode ver que é o estágio da enurese noturna.

Certamente não sabemos agora, e jamais saberemos, toda a verdade, mesmo que fosse só a verdade humana. Mas talvez estivesse na hora de admitirmos que sabemos algumas coisas, e de as aproveitarmos plenamente. Provavelmente nunca é de fato sábio, nem mesmo necessário, ou qualquer coisa que fosse melhor que danosa, educar um ser humano para bons fins contando-lhe mentiras.

A algumas centenas de metros dali eu tinha consciência, não pelo som mas por pensar nele, do riacho que se dobrava por entre os arbustos.

Conhecemos esse riacho a 1,5 quilômetro dali, onde ele passava sob a rodovia, e uns poucos metros dele aqui perto da casa. Fora isso nada sabíamos dele; estendia-se apenas muito levemente por sobre nossa experiência e sabíamos sua origem e seu curso e seu fim apenas de forma generalizada, uma origem na nascente das fontes frias, um errar pela terra em formas sensíveis, um fim, ou uma mudança, em um ponto desconhecido onde finalmente sorria continuamente em outro rio maior. Essas coisas sabíamos na imaginação

* Ou será que não?

e contudo podíamos ter certeza delas, mas de maneira muito mais diferente e mais clara, como que sob a luz quente de um holofote de busca, sabíamos de nossa própria parte no riacho: os ruídos tranquilos e a ausência de ruídos com que o fardo de sua água pesada lisa e marrom se estendia por sobre as pedras chatas, os súbitos buracos, os troncos submersos e a areia e o barro de sua canaleta pacientemente traçada. A superfície de um continente, condensada aqui e ali pelo acaso no sério cenho cerrado de um bebê que são as cadeias de montanhas, é afastada pela ação da água em uma trepadeira imensa e aberrantemente estreita. Essa trepadeira cresce não graças à radiante energia centrípeta que compele uma árvore ramificada a explodir cada vez mais em ramos mas sempre por um retirar-se de sua energia para o centro, como as folhas são arrastadas pela passagem de um automóvel, ou como se uma árvore, pela contração vigorosa de sua seiva no outono, perfurasse ainda mais o ar. Como graças ao uso acelerado da câmera de filmagem pelo qual é possível vermos o ato do crescimento contínuo da semente até a queda da flor, podemos ver em um intervalo de cinco minutos as ramificações e buscas e inumeráveis crescimentos de um sistema fluvial, como uma trepadeira tateando e encontrando seus pontos de apoio em um muro, ou como os mais sutis de todos os acasos que, provindos da composição mesma de uma glande impõem à ação dos ramos sobre o ar maleável certas formas, e não outras: esse eterno, ligeiro, manusear, cinzelar, rebuscar do tenro ventre da terra que a água em um sistema fluvial realiza em 10 milhões de partes de uma face da terra ao mesmo tempo, de modo que na menor das dobras da terra repuxada em cicatriz entre dois caules de milho você está vendo uma parte orgânica do grande corpo do rio Mississippi. Não há necessidade de se personificar um rio: seu estar vivo é tão demasiadamente literal a sua maneira, e ele, como o céu e a terra, é uma criatura muito mais poderosa, muito mais básica, que qualquer coisa viva que a terra tenha gerado. Trata-se de uma daquelas poucas, enormes, casuais e distraídas criaturas graças a cuja existência nossa própria existência tornou-se possível; e no mínimo na mesma medida em que é bom ouvir o gemer dos dínamos, os corações manufaturados de nossa civilização, é agradável ouvir, tomar consciência das operações da água entre cujas rendas aracnídeas por acaso vivemos: e acima de tudo é bom saber a respeito delas tanto quanto possamos em seus próprios termos, nos quais a safra que alimenta, a destruição de que é capaz, as represas e cérebros encapacetados dos geradores arremessados sobre ela e como que pegando carona em sua energia pessoal, são incidentes pequenos, irrelevantes, sequer percebidos em sua carreira mais séria, que é por um contínuo afundamento em todas as partes de sua imensa trepadeira ramificada e por uma contínua busca por fraquezas, o passar a ferro e a redução a marítimo nível plano do tecido enrugado da terra. Com que beleza então elas repuxaram nossa terra em vales pregueados, em que língua escreveram sobre a testa genial da terra o nome e o destino da água, como são belos os meandros de sua adoração por planícies amarelas através das quais se enxerga sob a dura luz do sol o cintilar partido e vítreo de uma cidade, são questões menos verdadeiramente importantes que o abrir da ruga de um pequeno canal em um milharal, o estralejar de celofane dos frios ramos das montanhas, a espiral reluzente de areia que se ergue do coração de uma fonte, o sono e passo deslizante de peito erguido de um rio de mais de meio quilômetro de largura, a grandiosa, final, digressiva descarga retal que sob New Orleans amarela o golfo do México: e o conhecimento de que tais ações, transcorrendo intimamente em cada metro de milhares de quilômetros de terra entre o pairar e as descargas do céu, são todos de uma só coisa, todos mais que bestas.

Era bom estarmos fazendo o trabalho que tínhamos vindo fazer e estarmos vendo as coisas que mais nos importava ver, e estar entre as pessoas que mais nos importava conhecer, e saber essas coisas não como um livro que se examina, uma mesa a que se senta, um bom espetáculo assistido, mas como um fato do tamanho do ar; algo absoluto e verdadeiro de que éramos parte e que tragávamos a cada alento, e a que acrescíamos algo com cada mirada do olhar. Era bom até estar fazendo o trabalho limitado que nos havia sido confiado. Estávamos deitados pensando na beleza sem precedente e sem registros, e na dor e na honra da existência, de uma criança que dormia deitada no quarto não longe de nós, e da família rua acima, e da outra família que morava perto deles, e recordando horas que eram ainda quase nada diferentes do conhecimento do presente, e todas as coisas vistas e conhecidas e imaginadas naquelas horas.

Na frente da casa o chão estava duro, e encaroçado de mato fino, em um calombo. Chuvas haviam violentamente destroçado sua inclinação. Aprendida toda uma série de truques, a estrada até a entrada da casa estava tão comprometida que era pouco mais que meramente transitável com tempo bom, e dava ao passante o prazer que provém de qualquer habilidade recém-descoberta. Atrás da casa eram cem metros de vala em queda cheios de encolhidos e convulsos músculos de barro cujos níveis variavam repentinamente em metro e 1,5 metro. Essa vala caía junto ao flanco do milharal e se aplainava subitamente em areia no que se estendia mata adentro. Elas se erguiam ao longo de todo o vale e no morro baixo do lado de lá e varriam em um gesto amplo a frente da casa e o flanco distante de outra lavoura de milho. Dessas matas bastante afastadas no morro veio agora um som que era novo para nós.

Vestuário

Vestuário

Domingo, George Gudger:

Roupa de baixo de gaze de algodão recém-lavada.

Meias mercerizadas verdazuis, sustentadas sobre seus tornozelos que são como punhos por tiras de retalhos de um xadrez verde e rosa.

Compridos sapatos com bicos-bulbos: ainda brilhantes com o lustro de sua primeira idade, riscados de barro.

Calças de uma lã de algodão dura e barata, azul-escuras com finas listras cinza; um cinto de 25 centavos fica sempre nelas.

Uma camisa branca recém-lavada e brilhantemente engomada, com finas listras pretas.

Uma gravata marrom, verde e ouro em largas listras, de rígida e grossa imitação de chamalote.

Um chapéu de feltro muito barato de uma cor entre a de uma pérola e a do ouro mais apagado, com uma faixa preta.

O chapéu ainda está apenas timidamente amassado em seu formato. Seu forro está ainda brilhante e perolado, com apenas uma vaga sombra de óleo. A carneira e a palmilha dos sapatos vão parecer intocadas ainda por muito tempo, e as solas cobertas de cicatrizes dos sapatos ainda são amarelas.

O vinco ainda é nítido nas calças.

Fosse ele mais velho, e fiel à tradição rural de se vestir bem ao invés da dos rapazes das cidades, usaria não um cinto, mas suspensórios, listrados, ou quem sabe decorados com botões de rosa.

Esse é o único par de meias que possui.

Ele não usa e nem tem um paletó e não desejaria ter. O que gostaria de usar é um pulôver.

Tem dois conjuntos de roupa de baixo. Vai dormir com este conjunto hoje à noite e durante o resto da semana. O outro conjunto vai para ser lavado e ele vai vestir no próximo domingo.

Seu pescoço parece violentamente vermelho contra o apertado colarinho branco. Está recém-barbeado, e seu rosto parece tímido e nu.

Ele usa o chapéu reto por um tempo, depois o puxa um pouco, mas conservadoramente, sobre um olho, então o empurra bem para trás na cabeça de modo que seja quase uma auréola, então o ajeita, reto, de novo. É delicado com as mãos ao tocá-lo.

Ele caminha com certo cuidado: os sapatos machucam seus pés.

Sábado, a sra. Gudger:

Rosto, mãos e pés lavados.

O cabelo está preso ainda mais apertado que o normal.

Meias longas pretas ou brancas de algodão.

Tamancos pretos de salto baixo com tiras no peito do pé e um só botão.

Um vestido de algodão estampado recém-lavado preso bem junto da garganta por um broche de dez centavos.

Um colar curto de contas de vidro preto.

Um chapéu.

Ela tem dois pares de meias longas. Às vezes vai de pernas nuas a Cookstown, aos sábados, mas sempre usa meias aos domingos.

O vestido é um de dois que ela não sentiria vergonha de usar fora de casa: ainda não estão gastos ou inerradicavelmente manchados. Em outros quesitos é como todos os seus outros vestidos: feito em casa, de tecido de algodão estampado cuidadosamente escolhido, segundo estreitas variações que ela mesma concebeu, algo diferentes de alguns que vimos e provavelmente uma herança modificada de sua mãe: mangas curtas, uma saia algo estreita vários centímetros mais longa do que é comum. Nenhum tipo de gola bufante, mas em alguns deles um esforço em debruar com fita. São todos bem abertos no decote para a amamentação, como devem ter sido todos os seus vestidos nos últimos dez anos. As linhas são todas longas, retas, e simples.

O chapéu é pequeno e raso, coroado por uma aba ondulada. Ela deve ter feito essa escolha com cuidado. Trata-se de distante imitação de "luxos" "frívolos" ou "coquetes". É feito de frágil palha magenta envernizada em uma malha larga através da qual aparece seu cabelo negro. Perdeu um pouco da forma com a chuva. Ela o usa exatamente nivelado, no topo exato da cabeça lindamente esculpida.

Nenhuma mulher do sul que se dê ao respeito usa rouge ou batom, e seu rosto não ostenta cores. Há vestígios de pó nas asas do nariz e na pele vincada logo à frente da orelha esquerda.

Ela é agudamente consciente de estar cuidadosamente arrumada, e se porta de maneira rígida. Seus olhos são simultaneamente curiosos, tímidos, excitados e desesperadamente tristes.

Sábado é o dia de sair da fazenda e ir até Cookstown, e desde o começo da manhã já posso ver que ela está pensando nisso. É depois de ter feito as tarefas domésticas algo apressadamente e ajeitado as crianças que ela se banha e se prepara, e quando vem do quarto, já de chapéu, pronta para sair, seus olhos, emboscando inclusive a ela, procuram saber o que estou pensando de uma maneira tal que me faz querer lhe dizer o quanto é linda; e não estaria mentindo.

Ela vai se portar dessa maneira rígida, gravemente atenta, e esperançosa durante o dia todo na cidade, cuidando de ajeitar o chapéu, e se retirando o mais fundo que possa atrás das carroças para amamentar o bebê. Na volta para casa na lenta carroça chacoalhante ela estará cansada e largada, chapéu torto, olhos calados, e em uma ocasião vai pegar a menor das crianças e apertá-la intensamente, muito repentinamente.

Domingo: não é muito diferente de sábado, pois ela não tem realmente um vestido "domingueiro", nem outros sapatos bons, nenhum outro chapéu, e nenhumas outras joias. Se está se sentindo feliz, no entanto, ela põe no cabelo o pente rosa de celuloide de que falei, com os diamantes de vidro.

George, no sábado, se veste não com suas roupas boas mas com a mais nova e mais limpa de suas roupas de trabalho; se há tempo, se não está trabalhando até o meio-dia, longe de casa, ele faz a barba naquela manhã e lava os pés. Quando não há trabalho a fazer, no inverno e no meio do verão, ele se barbeia duas vezes por semana.

Ricketts, no domingo:

Sem meias.

Sapatos domingueiros pretos e velhos, lavados com água, e rasgados por uma navalha na parte mais larga dos pés.

Calças escuras muito velhas com os vincos compostos de duas passagens a ferro; suspensórios brancos quase novos com finas listras azuis nos lados e pontos marrons no meio, a tira da direita presa às calças por um prego enferrujado.

Uma camisa de trabalho azul quase nova, usada talvez duas vezes depois de lavada; mangas desenroladas, punhos abotoados, colarinho abotoado; sem gravata.

Um colete aberto, largo e curto demais para ele, de lã pesada, gasta, cinza e preta; o relógio e sua corrente juntando-o na cintura.

Um chapéu de feltro escuro muito velho e cuidadosamente conservado com uma faixa estreita e um laço delicado.

Óculos com aros de chifre.

Os óculos ele usa apenas aos domingos e são talvez meramente simbólicos do dia e de sua dignidade como leitor na igreja; e contudo, também, têm fortes lentes pequenas. Ele os comprou em uma loja de pechinchas em Cherokee City.

Woods, no domingo:

Do que cobria sua cabeça eu não tenho memória certa, mas duas imagens. Um chapéu de palha de textura grosseira, de um amarelo vivo, moldado por uma máquina como os chapéus de feltro o são pelas mãos do dono, com uma faixa listrada. E: um boné chato quase novo de um xadrez sóbrio, do tipo que se prolonga largo acima das orelhas, e de um tipo barato quebradiço, que uma só chuva já destrói.

Sapatos: os de amarrar que um dia foram seus sapatos bons, e com que sua mulher trabalhou durante a semana.

Calças como as que meninos de dezessete anos em cidades pequenas escolhem como suas melhores quando não podem gastar dinheiro e querem todo o exibicionismo possível: uma lã de algodão de malha grosseira e áspera, enrijecida com cola, de um cinzamarelo brilhante e juvenil atravessado em quadrados largos por horizontais de verdazul e verticais de azulverde, e escassamente pedregulhadas com pequenos nódulos de lã vermelha, laranja e roxa. São um pouco grandes para ele. O vinco original desapareceu completamente nos joelhos e é muito marcado do joelho à bainha. Os suspensórios têm uma estampa de guirlandas espaçadas de florezinhas azuis; estão gastos, e foram lavados.

Uma camisa branca, engomada; finas listras marrons. As mangas foram cortadas logo acima dos cotovelos e toscamente chuleadas. Está coberta de marcas de ferrugem, e a imagem de um ferro de passar está chamuscada logo abaixo do coração. Um colarinho destacável de piquê originalmente branco, cinzazul graças às lavagens, fiapos removidos a tesoura. Uma gravata de algodão branco com duas finas linhas pretas ao longo de cada borda; com cerca de 1,5 centímetro de largura de ponta a ponta; as duas "pontas" ficam de fora; a ponta mais próxima do corpo bem mais longa que a externa, e mostrando cinco ou sete centímetros de crochê.

Barba de um dia; o bigode aparado, curto e desenhado; as têmporas e a nuca esguia em seus tendões aparadas até estarem quase nuas, e exibindo o lavor axadrezado e retalhado da tesoura, e a mansidão do pálido escalpo; torrada raspada.

As crianças, lavadas e penteadas, pés descalços, com pés e pernas limpos; de roupa limpa: vou falar mais a respeito delas mais tarde; e, igualmente, da sra. Woods, e da sra. Ricketts, e das meninas dos Ricketts: agora, mais sobre os trajes diários.

Na segunda-feira Gudger veste roupas de trabalho lavadas; os outros dois homens, cujas roupas são lavadas com menos frequência, trocam de roupa em um ciclo mais casual, de duas ou várias semanas: quero agora tentar descrever essas roupas de trabalho: sapatos, macacões, camisas, coberturas para a cabeça: variantes, comentários gerais: e falar aqui talvez, não apenas desses três homens, mas também de maneira um pouco mais geral.

De todas as roupas de que aqui se há de falar existem, dentro do estreito escopo das disponibilidades, tantas variantes que não se pode adequadamente chamar qualquer coisa de "típica", mas vagamente alinhar diversos "tipos". Eu poderia dizer, por exemplo:

Dos sapatos: sapatos de trabalho comuns, a ser descritos mais tarde, podem ser chamados de "típicos"; mas só se você lembrar que velhos sapatos domingueiros, tênis de cano baixo e de cano alto, sandálias, mocassins, pés descalços e mesmo botas são usados nada raramente: deve-se saber, também, que há muitos outros tipos de tratamento pessoal dos sapatos. Principalmente, isto: muitos homens, de modo algum todos, gostam de fazer buracos no couro para que o pé se espalhe e para ventilação: e nisso eles variam consideravelmente entre a utilidade e a arte. Raramente veem-se rasgos puramente utilitários: mesmo os mais grosseiros deles provavelmente serão um pouco mais regulares do que o mero uso requer: por outro lado, alguns sapatos foram trabalhados com incríveis paciência e aplicação para atingir algum tipo de beleza, tomando como modelo a memória de alguma sandália comum, e elaborando-a e melhorando-a muito. Vi sapatos tão lindamente trabalhados dessa forma que sua durabilidade ficava muito reduzida. Falando em termos gerais, os que fazem esse trabalho realmente cuidadoso são negros; mas de novo, de maneira alguma se pode dizer que todos os negros são "artistas" desse tipo.

Dos macacões, pode-se dizer que são o traje de trabalho padrão no sul do país, e que o azul é a cor padrão. Mas deve-se acrescentar que velhas calças domingueiras em variados graus de decomposição são também usadas com talvez metade da frequência dos macacões: que macacões listrados e cáqui por vezes aparecem e macacões de mecânicos, e calças jeans, e calças de trabalho cáqui:

E, de novo, falando agora de camisas, que embora a camisa de trabalho azul seja o padrão, há também camisas de trabalho cinza e marrons; e além dessas, velhas camisas domingueiras (brancas ou listradas) e vez por outra uma camisa feita em casa, e camisas de baixo, camisas polo, e malhas de tricô:

E, de novo, dessas categorias de coberturas para o corpo, que, embora todas as variantes apareçam entre os brancos, são consideravelmente mais frequentes entre os negros; e de novo, também, que entre os negros as predile-

250

ções originais por cores, texturas, simbolismos e contrastes, e as subsequentes modificações e embelezamentos, são muito mais livres e notáveis.

E dos chapéus, vocês podem dizer que o padrão é o palheiro comum de fazendeiro vendido nas lojas de esquina: mas aqui estariam equivocados por diversas razões. Talvez metade dos colonos use esses chapéus de palha, mas mesmo naquela categoria há muitas diferenças de escolha de tipo pelo mesmo preço, indo de chapéus tão conservadores em tamanho e forma quanto os feltros urbanos que imitam, passando por todo o registro do que se supõe seja "típico" do fazendeiro americano, até chapéus que são apenas ligeiras modificações do chapéu de caubói e do sombrero. E além desses palheiros: novamente aqui há todo tipo de variantes: velhos chapéus domingueiros sendo uma classe por si sós; outra, bonés, êmulos de operários de fábricas nas cidades e vilarejos: bonés de beisebol, os bonezinhos que são brindes de empresas de farinha e de tinta, bonés de fábricas; imitações de capacetes coloniais que imitam capatazes que imitam proprietários que imitam os colonos em melodramas com capacetes coloniais; ocasionalmente, também, um chapéu ou boné feito em casa: e aqui de novo, tanto em escolha quanto em modificações, os negros são muito mais ricos.

Contudo não haverá tempo para entrar nessas variantes mais que fazendo menção a elas, e também não haverá tempo algum para falar das roupas de trabalho e domingueiras dos negros, que em todos os quesitos me parecem, como poucas outras coisas nesse país, uma expressão de gênio distribuída entre a quase totalidade de uma raça, tão poderosa e de uma tal pureza que mesmo em suas imitações e plágios da raça branca, ela é praticamente incapaz de esterilidade.*

---

* Há uma grande classe de negros sóbrios, respeitáveis, pios, principalmente de meia-idade que de todas as maneiras possíveis reagem intensamente contra os outros de sua raça, e com a mesma intensidade contra a imitação dos brancos mais respeitáveis. Suas roupas, por exemplo, não têm cor alguma em parte alguma, mas são inteiramente pretas e brancas; e os padrões são igualmente severos. Mas mesmo aqui, os brancos são tão reluzentes e engomadamente brancos, e os negros tão passadaferromente mortos, e as roupas são trajadas com uma sobriedade tão profunda, delicada e adorável, de que eu duvido que a raça branca tenha jamais se aproximado.

Em tudo isso sobre os negros, diga-se de passagem, estou falando estritamente de cidades pequenas e do interior profundo. Os negros das cidades, mesmo no sul, são modificados; e os do norte são ainda uma outra coisa.

Mas agora, tendo sugerido variedades, quero expor e falar dos "tipos", falando da raça branca.

Em geral, então: os sapatos são ou sapatos de trabalho de uma ou outra idade ou sapatos domingueiros gastos. Os trajes do corpo são macacões azuis e camisas de trabalho azuis; de novo, com uma ampla gama de idades. As coberturas para a cabeça são chapéus de palha ou velhos sapatos domingueiros, ou ocasionalmente alguma forma mais urbana de boné. Essas coisas foram compradas já prontas, de forma tão consistente que qualquer substituto feito em casa é digno de nota. Agora mais algumas notas, sobre macacões e camisas de trabalho.

Até onde eu saiba, os macacões são um traje nativo deste país. Sujeitos às substituições de que falei, eles são, no entanto, o traje padrão ou clássico no mínimo (para nos mantermos em nosso quadro) do trabalhador americano rural sulista: são seu uniforme, o distintivo e a proclamação de seu campesinato. Parece haver um classicismo tão profundo nas roupas "camponesas" em todos os lugares e em tempos diferentes que, por exemplo, uma russa e uma mulher do sul deste país, de uma classe suficientemente profunda, seriam indistinguíveis por suas roupas: mais ainda, ele se move para a frente e para trás no tempo: de modo que a sra. Ricketts, por exemplo, é provavelmente indistinguível de uma mulher de sua classe, quinhentos anos atrás. Mas os macacões são trajes relativamente novos e locais.

Talvez pouco se possa dizer deles, afinal: mas algo. A base: o que são: pode ser visto melhor quando ainda são novos; antes de terem perdido (ou ganhado) forma e cor e textura; e antes que as costuras brancas de sua estrutura tenham perdido seu brilho.

Macacões

São chamados de *overhauls*.*

Tente — eu não consigo escrever aqui sobre isso — imaginar e saber, na comparação com outros trajes, a diferença de suas sensações em contato com

---

* A palavra inglesa *overall* [macacão], pronunciada com uma aspiração em sua última sílaba, em clara confusão com a palavra *overhaul* [reforma]. (N. T.)

o corpo; atado e coberto por um avental em toda a barriga e o peito, nu dos rins para cima nas costas, exceto por largas alças cruzadas, e atravessado desde os ombros por essas alças; os bolsos diagonais em cada coxa, os fundos bolsos quadrados em cada uma das nádegas; as complexas e inclinadas estruturas, no peito, dos bolsos com formatos apropriados para lápis, réguas, e relógios; a frieza do suor quando são jovens, e sua rigidez; sua doçura contra a pele e o prazer de se neles suar quando velhos; os finos botões de metal na braguilha; o erguer de lado das alças e o fundo deslizar para o chão na defecação; o cinto que alguns homens usam com eles para dar firmeza a seus centros; os gestos ágeis, simples e inevitavelmente supinos dos atos de vesti-los e despi-los, que, como é menos verdadeiro com qualquer outro traje, são os de arrear e desarrear os ombros de um animal cansado e maltratado.

São redondos como chaminés nas pernas (embora algumas esposas, assim instruídas, vinquem-nas).

Nas alças nos rins eles novamente se assemelham a arreios de trabalho, e em suas alças cruzadas e botões de metal.

E nos bolsos funcionais do peito, um arreio modificado para a conveniência de um animal de trabalho de tanta inteligência que sabe usar ferramentas.

Em toda sua estatura: cobertura plena do comprimento fendido das pernas e das coxas e da virilha; e então nudez e arreios por trás, nus nos flancos; e na frente, as torres curtas, rigidamente afiladas e poderosas que vão da barriga ao peito até acima dos mamilos.

E nessa fachada, os átrios fendidos para as pernas, a abertura estruturada e fortemente costurada para os genitais, a ampla horizontal na cintura, os bolsos diagonais das coxas, os botões na ponta de cada lado do quadril e no peito, as estruturas geométricas dos hábitos das profissões mais simples — as rebuscadas costuras de bolsos utilitários que ficam tão nitidamente destacados contra a escuridão quando os fios das costuras, com pontos duplos e triplos, ainda são brancos, de modo que um macacão novo tem entre suas belezas a de uma planta baixa: e é o mapa de um trabalhador.

As camisas também; cortadas retas, e fortemente costuradas; com grandes bolsos quadrados e com botões metálicos: o tecido, rígido, o suor frio quando são novas, o colarinho grande na juventude e se erguendo em ângulos sob as orelhas; de modo que com essas roupas de trabalho novas um homem tem o charme formal tímido e tolo de uma gravura de catálogo de encomendas.

As mudanças que a idade, o uso, o clima operam sobre elas.

Elas começaram com a beleza massiva mas delicada da maioria das coisas que são produzidas da forma mais barata em grandes tribos por máquinas: e sobre essa base estrutural elas se modificaram em imagens e maravilhas da natureza.

As estruturas pendem, e assumem a aparência, algumas do uso; algumas, os bolsos de lápis, as bonitas atrofias do que nunca é usado. As bordas dos bolsos das coxas lasseiam e ficam abertas, cânulas, como as guelras de um peixe. As costuras brilhantes perdem sua brancura e são linhas e morros. Todo o tecido se encolhe até ficar do tamanho certo, comprado grande. Toda a forma, textura, cor, finalmente a substância, são todas modificadas. A forma, particularmente ao longo da urgente fachada das coxas, de modo que toda a estrutura do joelho e a musculatura da coxa ficam ali esculpidas; vestindo o traje de cada homem a forma e a beleza de seu corpo induplicável. A textura e a cor mudam unidas, pelo suor, o sol, a lavagem, entre as pressões constantes de seu uso e sua idade: ambas, com o tempo, adentram reinos de fina maciez e maravilhas de panejamento e jogos aveludados de luz que camurça e seda podem apenas sugerir, não tocar;* e uma região e escala de azuis, sutil, deliciosa e habilidosa mais que o que jamais vi sequer tentado em outros lugares que não raros céus, a luz fumacenta de que se revestem alguns dias, e alguns dos azuis de Cézanne: seria possível examinar e tocar mesmo que só um desses trajes, estudá-lo, com os olhos, os dedos, e os mais sutis lábios, por um tempo quase ilimitavelmente longo, sem jamais apreendê-lo completamente; e não vi um só deles que não tivesse algum mundo de raridade todo seu. Finalmente, também: particularmente através da crista e da face dos ombros, das camisas: esse tecido se rompe como neve, e é cerzido e remendado: os remendos se rompem, e novamente são cerzidos e remendados e rasgados, e pontos e retalhos se multiplicam sobre os pontos e retalhos, e mais sobre estes, de modo que com o tempo, nos ombros, a camisa contém virtualmente nada do

---

* As texturas do papel-moeda velho.

tecido original e um homem, George Gudger, lembro tão bem, e muitas centenas de outros como ele, usa em seu trabalho sobre a força de seus ombros um tecido tão intricado e frágil, e tão profundamente devotado à honra do reinado do sol, como o manto de plumas de um príncipe tolteca.

Gudger tem três; talvez sejam quatro mudas de macacões e camisas de trabalho. Eles estão, conjunto por conjunto, em estágios de idade, e de beleza, distintamente diversos uns dos outros; e dos três de que me lembro, cada um deveria na melhor das situações ser considerado separada e amplamente. Tenho aqui espaço apenas para dizer que representam estágios médio-novo, médio, e médio-velho, e para sugerir algo mais a respeito deles. Os mais jovens ainda são escuros; suas costuras ainda estão visíveis; o tecido ainda não perdeu toda sua dureza, nem os botões, seu brilho. Tomaram a forma da perna, e no entanto ainda são tanto um feito das máquinas quanto da natureza. Os de meia-idade são plenamente macios e elegantemente texturizados, e perderam tudo que de máquina tivessem para um pleno florescer de natureza. O molde do corpo está plenamente preenchido, as costuras são as de uma planta ou animal vivos, a trama do tecido é quase invisível, os botões estão alisados e mansos, o azul está na força plenamente silente, grandemente contida de seu espectro; os remendos nos macacões são poucos e estratégicos, o joelho direito,* os dois ossos do quadril, os cotovelos, os ombros estão suavemente cobertos de plumas: as roupas estão ainda plenamente competentes e no ápice de seu conforto. Os velhos: o tecido dorme contra todas as saliências do corpo em completa paz, e em dobras frouxas, do joelho para baixo, cai errante na primeira perda plena da forma em pregas que acredito que escultor algum jamais terá tocado. O azul está tão vastamente desbotado e recolhido que é pouco mais discernível como azul do que como a mais pacífica prata que a madeira óssea dessas casas e o semblante do gênio parecem exalar, e são cor e tecido de aparência antiga, veterana, composta, e pacientes para com a fonte do ser, como também com os sonos e errâncias da forma. Os ombros são aquela rede plena de flocos de neve costurados de que falei. Os botões estão cegos como cataratas, e escorregam de suas casas frouxas. Todo o assento e os

---

* O joelho esquerdo está ralo e absorveu a sombra dourada das cores mistas dos barros daquela região.

joelhos e cotovelos* estão quebrados e remendados, os remendos aquiescendo com a idade quase com o tecido original, puxados bem para a frente na direção das plumas dos ombros. Há um estágio mais juvenil que o do mais jovem deles; Ricketts, em sua fotografia aqui, está usando macacões assim; há muitas modulações médias. E há um estágio mais tardio que o mais tardio aqui, como vi nas pernas do macacão de Woods, que haviam perdido tão completamente uma espécie de tendência à forma que ganharam uma outra, e estavam enrugados mínima e inumeravelmente como se pode melhor comparar com um oleado fino e velho amassado, e com a pele de certos rostos idosos.

Sapatos

São de um dos tipos mais ordinários de sapatos de trabalho: o modelo da botina de operário, e com o bico macio, sem a costura que cruza a raiz do dedão: cobrindo os tornozelos: alças-laçadas nos calcanhares: secos, largos e arredondados no bico: salto largo: feitos dos mais simples redondos, quadrados e planos, de couros grossos de um marrom-escuro pregados e toscamente costurados uns aos outros em modelos e padrões de costuras duplas e triplas, e de tal maneira são assim inteiros que como muitos outros pequenos objetos eles têm uma grande massividade e repouso e são, como as casas e macacões são, e os pés e pernas das mulheres, que andam tanto descalças, finas peças arquitetônicas.

São amaciados, seu couro, pelo uso, e as solas ficam suficientemente ralas com o uso, estimo, que se pode sentir a textura algo áspera do solo do meio para a frente da sola. Os saltos são profundamente enviesados. O barro se entranhou no couro e sobre ele repousa poeira solta de barro. Eles visivelmente conquanto sutilmente aos olhos do observador tomaram a forma do pé, e estruturas do pé estão neles impressas em escuro suor nos tornozelos, e nas raízes dos dedos. São usados sem meias, e por experiência com sapatos semelhantes

---

* Na maior parte do tempo as mangas ficam enroladas bem alto e bem apertadas na altura do bíceps; mas não sempre. O bastante para que esses remendos sejam em comparação ligeiros, mas não tão pouco para que não haja múltiplos e grandes remendos.

sei que o sapato de cada homem, com o devido passar do tempo de uso, toma como tomam suas roupas a forma de sua carne e de seus ossos, e pareceria tão estranho a qualquer outro como se A, olhando em um espelho, desse com os olhos de B, e para seu dono, uma parte natural ainda que um reforço do pé, que pode ser usada ou descartada conforme a preferência. Há grande prazer em um pé suado e sem meia dentro do couro moldado de um sapato.

Os sapatos são usados para o trabalho. Em casa, descansando, os homens andam sempre descalços. Isso não é um sintoma de desconforto, no entanto: é, na medida em que seja consciente, meramente uma alternância de prazeres que se realçam mutuamente, e é pelo menos tão natural quanto o uso e a deposição costumeiros de chapéus e "óculos-de-leitura".

Até onde pude ver, os sapatos jamais são consertados. São consumidos como animais até um certo estágio e uma chance financeira em que um homem compra um novo par; então, exatamente como acontece com os velhos sapatos domingueiros, eles se tornam herança da mulher.

Os sapatos de Ricketts são violentamente rasgados para acomodar como mal podem fazer os anos de dores em seus pés. Sua pior dor é de calos de estribo, uma faixa sólida de pérolas pétreas e excruciantes no redondo de cada um dos pés; por dois anos, anos atrás, ele andou de mula todo dia o dia todo. Reconhecendo minha própria tendência de semiconscientemente alterar meu andar ou mesmo de mancar sob certas condições de insegurança mental, e acreditando que Ricketts seja um dos homens mais lamentavelmente inseguros que jamais pude conhecer, suspeito, também, que modificações nervosas em seu andar tenham tido muita responsabilidade na destruição de seus pés.

Chapéus

Calha que nenhum dos três homens usa qualquer modelo do chapéu de palha de fazendeiro que popularmente se considera ser o chapéu rotineiro; e isso pode muito bem ser, em parte (e em muitos outros homens), uma reação contra um selo de identificação rural que com excessiva leviandade lhes é aplicado. No que se refere a Gudger, pelo menos, é certo que a cobertura de sua cabeça, como seu cinto domingueiro e o pulôver que deseja, são símbolos urbanos contra uma tradição rural: de fato, são industriais, ou quase o símbolo de uma profissão qualificada: um belo boné de maquinista de 25 centavos feito de sarja com fortes listras de brancazulado e azul-escuro, que repuxa todos os elementos possíveis de seu rosto de corte quadrado, de boa aparência e inerradicavelmente rural em sugestões de cidade e maquinário.

Woods usa um chapéu de feltro extremamente velho, em que alguns buracos se rasgaram em trapos e outros foram cortados em formato de diamante para ventilação e em respeito a uma das tradições exibicionistas entre certos, normalmente mais jovens, trabalhadores — particularmente negros — que reduzem chapéus de uma cor boa a um tipo de solidéu melhorado e usado com orgulho, ou os cortam na forma de coroas.

Há grandemente entre os negros,* e consideravelmente, também, entre os brancos da classe operária, uma aparente reverência pelas dignidades naturais e simbólicas da cabeça (que geralmente se perde nas classes mais moles dos brancos): de modo que, talvez mesmo mais que o resto do corpo, ela é coberta segundo ditames simbólicos e imitativos. Todos os simbolismos de vestuário são complexos e corrompidos nesta região; e o são especialmente no que se refere a chapéus, e a variedade de escolhas pessoais é tão ampla, que elas podem com facilidade parecer puro acaso eventual e desleixo, o que tenho certeza que não são. De qualquer modo uma exigência social e egoísta absolutamente mínima do chapéu de um homem nesta região é que ele seja comprado pronto em uma loja. E então o fato de que Ricketts está disposto a trabalhar e aparecer em público com um chapéu feito em casa é significativo de seu abandono "abaixo" das exigências dessas simbologias, tanto para consigo próprio quanto para com seu mundo. Ele poderia comprar um chapéu por quinze centavos. Mas ele, e sua família, usam todos chapéus idênticos, que casualmente trocam entre si. São feitos de palha de milho. Ela é trançada para formar uma longa fita; a fita então é costurada contra suas próprias bordas do centro para fora em espirais concêntricas. Margaret ou Paralee podem fazer um desses em um dia. Eles têm a forma de um cone muito raso, com cerca de doze centímetros de diâmetro, leves o bastante em suas copas para

---

* Certas esculturas suas em seu continente nativo me parecem corporificar habitualmente essa reverência pela cabeça como outras obras humanas o fazem de forma esporádica, e mais confusa; e isso parece dar contexto e impulso à beleza do penteado e à cabeça altiva dos negros do interior dos Estados Unidos.

não pararem facilmente sobre a cabeça. São não apenas inequivocamente feitos em casa, e índices claros da classe rural mais profunda; eles também sugerem o oriente ou o que se chama de "o selvagem". A palha tem um brilho de sedametálica que jamais vi em outros tipos de palha, e nisso, em sua simetria vigorosa mas não atingida, e na espiral centrífuga do cone, cada chapéu é um objeto extraordinário e lindo: mas isso é relevante apenas para seus sentidos sociais, como são quase todos os produtos da honestidade, da inteligência e da plena inocência.

Gudger, então: sapatos convencionais de trabalho, de meia-idade, não rasgados; três conjuntos de macacões e camisas de trabalho, todos azuis, já de saída mais uniformes e numa maior distinção entre si pelo que se faz com eles do que qualquer alfaiate poderia ou conseguiria criar; um boné de maquinista; uma modificação de um rosto de Leyendecker,* vermelho-tijolo, bem barbeado; um corpo de estatura mediana, poderoso, como de um jogador de futebol americano, modificado em aparas de carvalho e em lentas qualidades quadradas que se misturam às do leão e do boi:

Ricketts: macacões, também, acho que não mais que dois conjuntos, um jovem, e o outro muito velho; em camisas, uma confusão de azuis com camisas brancas rasgadas de domingos naufragados há dez anos; sapatos rasgados, aleijados, apoiando-se na borda externa de seus saltos; longo cabelo embaraçado sobre a testa baixa, olhos luminosos, astutos, loucos, uma grande dose de um bigode escuro que é como um par de sobrancelhas franzidas; uma suja auréola de platina; em tudo, suas roupas mais sujas; um corpo que tem algo de salgueiro e é parte feminino mas poderoso, parecendo algo suave nos quadris como se ali pudesse ser branco como uma mocinha:

Woods: um homem velho com um corpo de construção leve, ainda vital e sexualmente atraente, a cabeça linda e de ossos leves, de porte agradável, não conquistada pelos céticos, dos homens cujos ancestrais são aves, não mamíferos: trajando belos azuis frouxos e brancos frágeis ou, como ainda indicarei:

---

* Referência a dois irmãos que tiveram destaque produzindo cartuns na imprensa americana da virada do século XIX para o XX. (N. T.)

Em casa e à vontade, descalço e nu até a cintura, pés estreitos e quase meticulosos, expondo seus ossos, os cotovelos pontiagudos como roldanas, os ossos pontudos nos picos dos ombros, e as costelas; o peito forte e claramente marcado e quase sem pelos de um tipo que parece comum nos indianos; os músculos do braço ficando fracos; os antebraços moldados em ovais. Uma bandana pendente de seu ombro machucado; o corpo branco, sardento e firme, então abruptamente, no pescoço, vincado como um peru; o rosto exposto ao tempo, e o cabelo suado que lembra um doce, delicado como o de um bebê, caído sobre a testa, e os olhos, reluzindo com narcóticos e inteligência como esquírolas de vidro, aos quais os cílios franjados, que sua filha Emma herdou, dão uma aparência sonolenta de encantadora inocência:

No trabalho, ele põe seus sapatos, camisa e chapéu.

Uma alça de macacão atormentaria incessantemente aquela ferida que se desenvolveu em seu ombro, e pode de fato — pois nesse traje este ombro é a área de maior tensão e atrito no corpo — ter ajudado a criá-la naquele ponto: e por esse motivo Woods cortou fora o peito de seus macacões e os mantém presos à cintura com um pedaço de couro de arreio amarrado. Os macacões são muito velhos, e caem em uma delicadeza de rugas de que já falei, e parecem ser as únicas roupas de trabalho que possui.

Os sapatos são do tipo dos de Gudger: mas de um couro mais leve, talvez dois anos mais velho, com as solas gastas, e amarrados com barbante amarrotado e cheio de nós, apertados nos tornozelos, pois são um pouco grandes para ele.

Do chapéu eu já falei.

A camisa é feita em casa, de um saco de fertilizante. O tecido, graças ao uso e à lavagem, é de uma aparência pesada e deliciosa: como se um creme impuro tivesse sido moldado em um tecido da espessura de um terço de um centímetro, e cortado e costurado até virar um traje. As letras e a marca desbotadas ainda estão visíveis, de cabeça para baixo, em vermelho e azul e preto. Ela foi feita em clara imitação das camisas de lojas mas em parte graças ao peso do tecido e ainda mais por falta de habilidade ela se amplia em detalhes tais como o colarinho, e simplificada, e melhorada, e costurada com firmes pontos manuais, e na verdade é uma camisa muito mais bonita do que as que jamais poderiam ser compradas: mas social e economicamente, tem significado semelhante a, mas menor que, o do chapéu de palha de milho de Ricketts.

As roupas dos homens são todas compradas prontas. Qualquer desvio desse padrão é digno de nota.

As roupas das mulheres e meninas e as das crianças são feitas em casa, com a exceção dos macacões dos meninos e das roupas da escola, sapatos e coberturas para a cabeça; e com essas exceções todos os desvios são dignos de nota também por um ou outro motivo.

Há tecidos padrão, basicamente tecidos baratos de algodão estampado, e ralos algodões brancos, tecidos e vendidos especialmente para o feitio de roupas.

Como há tanta falta de dinheiro, algumas mulheres empregam ainda outros materiais para se vestir, vestir suas crianças, e menos comumente seus homens, pelo menos para os dias de semana, quando estão enfiados no fundo de suas próprias terras, sendo vistos por ninguém que deles difira. A sra. Woods tem um tipo de solução, e a sra. Ricketts, outro. É difícil dizer o que é "normal" aqui e o que não é. Por um denominador comum, geral, da memória de todo o verão eu diria que era quase perfeitamente "normal" que houvesse uma mistura equilibrada, nas roupas dos dias de semana, de tecidos para vestuário e tecidos que não eram para vestuário: de modo que a sra. Woods, vestindo a si própria e a sua família em tão pouco que jamais tivesse sido originalmente concebido para o uso de seres humanos, está "abaixo do normal", e a sra. Ricketts, "abaixo" e até completamente fora dele. Por outro lado, graças à ausência quase total de tais materiais adaptados nas roupas de sua família, eu tenho certeza de que a sra. Gudger sente intensas distinções sociais e talvez "espirituais" entre os tipos de tecido e seus significados: e que com tão pouco dinheiro quanto a sra. Woods e certamente não mais do que a sra. Ricketts tem, seu sucesso em se manter de um só lado dessa linha é resultado de um esforço e de uma tensão tão intensos quanto sua sensação. Nisso ela difere e está "acima" do "normal" como também está no desenho das roupas, e em vários empregos simbólicos dos materiais da classe "mais alta".

Três vestidos

A sra. Gudger: já falei de seus vestidos. Acho que ela tem no máximo cinco, dos quais dois são sempre usados quando vai mais longe que a propriedade dos Woods. Três são vestidos de uma só peça; dois são de duas peças. No corte são quase idênticos; no padrão da estampa eles diferem, mas são semelhantes em terem sido cuidadosamente escolhidos, todos padrões suaves, pequenos e sóbrios, para serem de bom gosto e para aliviarem a monotonia uns dos outros. Acho que pode ser adequado repetir sua aparência geral, já que é concebida por ela mesma, e portanto é radicalmente parte da lógica de seu corpo, seu porte, seu rosto e seu temperamento. Eles têm em si alguma sombra da influência do século XIX, saia alta, cintura alta, e um pouco, também, de imitação de moldes de Butterick* para vestidos domésticos de donas de casa; isso principalmente nos esforços na direção de um acabamento alegre, ou "festivo", de atmosfera pós-lua de mel: estreitas fitas azuis ou vermelhas costuradas nos punhos ou na gola. Mas por outros motivos ainda eles têm seu caráter e sua função próprios: as linhas são altas e estreitas, como ela, e pouco folgadas, e parecem correr retas dos ombros à bainha, baixa sobre os tornozelos, e não há colarinho, mas um longo e baixo V no decote, preso bem apertado, de modo que o vestido todo como seu corpo tem a longa vertical de uma estátua de Chartres.

A sra. Woods: dois vestidos de trabalho. São ambos feitos de sacas de fertilizante,** um de uma peça, o outro de duas. Com a exceção do fato de que o vestido de uma peça é usado sem cinto, são muito semelhantes: sem mangas; amplos buracos com barras feitas para os braços; sem colarinho; um amplo triângulo cortado para a amamentação, e com uma barra feita, em pontos grosseiros como os dos buracos dos braços; uma saia larga que chega até cerca de cinco centímetros abaixo do joelho, e cai em grossas pregas: a trama do tecido definida aqui e ali em gordura escura, o traje todo cheio de barro e

---

* Referência a Ebenezer Butterick (1826-1903), alfaiate que, com sua esposa, inventou os moldes de papel de seda em tamanhos variados, que revolucionaram o feitio doméstico de roupas. (N. T.)

** Sacas de fertilizante são bastante usadas no lugar de chita. Desde nossa visita, ao menos uma empresa está fazendo suas sacas com padrões de chita.

suor; as logomarcas desbotadas mas nítidas aparecendo em partes inesperadas do tecido: um traje muito pouco diferente em certos quesitos dos das mulheres da Grécia antiga, e provavelmente equiparado bem de perto na Tessália ou na Eubeia.

A sra. Ricketts: eu não tenho certeza de que ela tenha mais de um vestido de trabalho: de qualquer maneira não o trocou durante o tempo em que a conheci, e ele parecia já de saída ter sido usado por bastante tempo. Com a exceção das roupas dos bebês, é o traje mais primitivamente concebido e costurado que já vi. É feito de um grosseiro algodão amarronzado de que vou falar mais tarde. Tem a forma de um sino de lados retos, com um pequeno buraco no alto para que a cabeça apareça, o tecido rasgado do pescoço até debaixo dos seios e mantido fechado se me lembro direito por um emaranhado de cadarço; os braços nus saindo pelos buracos laterais, a saia terminando um pouco abaixo do joelho, o vestido todo ficando um pouco afastado do corpo em todos os lados como as caricaturas mais juvenis de uma criança, sem cinto, e talvez enrijecido demais pela sujeira para cair em pregas que não fossem as mais largas e mais simples, a saia tão afastada dela na barra que, com seus pezinhos e perninhas descendo dele, apesar de toda sua beleza eles parecem gravetos, e ela, uma triste reprodução de desenhos de jornais em que se veem tímidos homens em barris com o nome John Q. Public.*

A sra. Ricketts usa um dos chapéus de palha de milho quando está trabalhando. Jamais a vi de sapatos.

A sra. Woods usa um grande chapéu de palha todo estropiado quando está trabalhando e, ocasionalmente, as roupas mais velhas de seu marido.

A sra. Gudger pode não ter sapatos de trabalho; o que é mais provável é que use algo descartado pelo marido. Ela trabalhava descalça a maior parte do tempo, às vezes de chinelos. Sentia-se tão constrangida por estar descalça que pode muito bem ter desejado ocultar ou evitar a indignidade diante de nós usando sapatos muito velhos e destruídos que eram duas vezes o seu tamanho. Ela também sentia vergonha de ser vista por nós com sua touca de pano. Duvido que muitos artefatos de chapelaria tenham sido tão bons ou tão bonitos.

* Nome que na imprensa do período indicava um cidadão qualquer, típico. (N. T.)

* * *

Louise: o vestido que ela usava foi costurado a partir de dois tecidos, uma metade de cima, de algodão xadrez amarelo desbotado, e uma saia feita de um saco de farinha meio transparente, e embaixo disso, um pano, presumo que de saco de farinha, preso por alfinetes; e um laço xadrez na parte de trás da cintura, e debruns na gola. Ela tem dois outros vestidos, que só usa quando vai a Cookstown ou aos domingos, e estão, imagino, sendo guardados para a escola. Eles também são feitos com todo o cuidado para ficarem bonitos, e tanto quanto possível parecidos com vestidos feitos com moldes ou comprados prontos. Durante a semana ela está sempre descalça e usa um largo chapéu de palha ao sol. Sua mãe a veste com cuidado à maneira de uma menininha um ou dois anos mais velha que ela. Aos domingos ela usa chinelos com meias, e uma fita azul no cabelo, e um chapéu de tecido branco muitas vezes lavado.

Junior: macacões comprados prontos, um velho, um nem perto de novo, as barras mais novas dobradas; um chapéu de palha; pés descalços, que são uma só casca de ferida envenenada de orvalho; uma camisa azul comprada pronta; uma camisa cinza feita em casa; um chapeuzinho de palha. Aos domingos, pés limpos, macacão limpo, uma camisa branca, uma gravata escura esfiapada, um bonezinho esfiapado, limpo, cinza.

Burt: duas mudas de roupas. Uma é um macacão e uma dentre duas camisas, a outra é um conjunto. O macacão é feito em casa de algodão marrom-claro. Uma das camisas é azul-clara, a outra é branca; elas são feitas aparentemente de algodão de fronha. Os colarinhos são abertos e largos: "esportivos", e as mangas terminam mais perto do ombro que do cotovelo. O conjunto, que é velho e, embora guardado com cuidado, muito desbotado, é ou uma "extravagância" comprada pronta ou uma laboriosa imitação de uma. Foi costurado em uma só peça, calças e parte de cima, calças azul-claras, parte de cima branca, com um pequeno colarinho como que de coelho. Há seis grandes botões brancos não funcionais costurados contra o azul na linha da cintura.

Valley Few: ao fazer o inventário dos conteúdos de uma gaveta da mesa eu descrevi vários dos poucos vestidos de Valley Few. Agora gostaria de lembrar você particularmente de um deles, decorado com coelhos feitos em casa, e que muitos dos outros são ou todos brancos ou de um xadrez miúdo. Ele também tinha um de um azul muito escuro com debruns vermelhos na gola. Em relação às roupas do resto da família, há muitas roupas de bebês, acredito que por duas boas razões. Uma é que elas são guardadas para ser usadas por uma criança depois da outra. A outra é que há tão pouco dinheiro que se possa gastar. Como ele é tão pouco; nenhum, na verdade, para roupas a não ser por sorte no outono; as roupas têm de ser uma ideia em segundo plano, e por causa disso, por sua vez, podem ser um estável subtom do desejo: de modo que de mês a mês, ora com dez centavos, ora com até 25 sobrando, a primeira coisa que viria à cabeça da sra. Gudger seria o que para ela é a mais imediata necessidade depois da comida: roupas decentes e em quantidade suficiente. E como aquele dinheiro compra tão pouco, ela tem mais chances de se satisfazer com a aquisição de tecidos para um traje completo. Se for assim, ele é do padrão de seu singular cuidado com as roupas; que não aparece em nenhuma das duas outras famílias.

Os vestidos de Valley Few são como os de Ellen Woods e os da maioria dos bebês por aqui. Via de regra não há eufemismos genitais. O vestido vai apenas até a virilha; é preso por um botão na nuca e é aberto atrás. Muitas vezes há alguma tentativa de deixá-lo bonito com um colarinho ou bolsos ou as duas coisas, ou um cinto; com a mesma frequência, ele é completamente liso. Engatinhando pelo chão, arrastando toda a capa de um lado, um bebê tem a aparência cômica e tola de um cachorro que foi vestido por crianças.

Pearl tem um vestido feito de sacos de farinha, outro feito de um saco de fertilizante, e um terceiro feito de um xadrez marrom e azul. Esse a bem da verdade é seu vestido de domingo, mas ela gosta de roupas, e tem permissão para usá-lo um pouco durante a semana, junto com suas contas de vidro marrom, seu anel e seus chinelos brancos. Não haverá tempo neste volume para falar muito de personalidades, mas acho que vou dizer um pouco brevemente, aqui. Pearl é muito mais atenta às roupas do que Louise, Flora Merry Lee, e Katy, que têm todas mais ou menos sua idade, e a casualidade de sua mãe também é significativa. A sra. Woods e sua mãe são da "raça" sexualmente solta de que provém a maior parte das prostitutas casuais do interior e das cidadezinhas; e a criança, que já mostra esses sinais, é inertemente abandonada a seus impulsos. Eu não sugeriria que qualquer "atitude" nessa direção, de parte de vocês ou de mim, seja consistente a ponto de merecer a tentativa; estou meramente comentando a respeito de um detalhe da infância da mãe e da avó de Pearl, que devo acrescentar que pareciam de longe as mulheres mais satisfeitas e satisfatórias, de sua classe ou de qualquer outra, que por acaso conheci ou vi durante este tempo no sul.

Em casa seu meio-irmão mais novo Thomas anda nu de vez em quando. Com mais frequência ele usa uma camisa de baixo gasta que mal cobre suas costelas, ou um vestido feito cortando-se uma das pontas de uma fronha de listras largas e na outra ponta abrindo-se buracos para sua cabeça e seus braços.

A sra. Gudger tem pouquíssimo dinheiro e uma intensa determinação de manter as roupas de sua família dentro de um certo nível de respeitabilidade; a sra. Woods tem pouquíssimo dinheiro e se deixou decair a um nível de improvisos, talvez mais integralmente, com menos mistura de estampas, do que a média; a sra. Ricketts, com pouquíssimo dinheiro mesmo na comparação com elas, virou-se de maneira ainda diferente.

Muitos anos atrás, a se julgar pela aparência, ela comprou uma quantidade de tecido que, apesar de não ser feito e não ser normalmente usado para roupas, pareceu-lhe possível: bastantes metros de um algodão grosseiro e não alvejado, o material mais barato à disposição, com que se fazem lençóis e fronhas em casa: em uma cor em algum ponto entre o marfim, o cinza-claro e o branco: e desses lençóis são feitas quase todas as roupas, variadas apenas uma ou duas vezes em seu desenho, e por algumas roupas domingueiras gastas feitas em casa, e por algumas roupas de loja, igualmente gastas. Parece que vale a pena notar que as velhas roupas domingueiras são quase como que vingativamente simples. Esse tecido todo tem profundas tramas com as cores e máculas do barro, da gordura escura e do suor e está rígido com essa sujeira, e é bastante remendado, com mais tecido de lençol, com sacos de farinha, e com fraldas de camisas azuis.

Clair Bell usa um vestido curto, pelo meio das coxas, feito de um simples saco reto daquele tecido, buracos esfiapados para os braços e a cabeça, e alterna com ele um vestido do mesmo material feito com mais cuidado, com uma saia evasê, um cinto, e um esforço de acabamento na gola, abandonado no meio do caminho. Aos domingos, ou quando é levada à cidade, ou às vezes quando há "visitas", ela é tirada de lado e metem nela um par de calcinhas justas de raiom cor-de-rosa. Elas estão entre os únicos três trajes que dão qualquer indício de compra recente: tudo o mais parece ter pelo menos três ou quatro anos de idade.

Katy e Flora Merry Lee são do mesmo tamanho e usam as roupas uma da outra. Elas juntas têm talvez três vestidos feitos de lençol, com mangas curtas e saias alargadas, e camisas ou blusas feitas de sacos de farinha ralos e lavados, e cada uma tem um par de macacões de lençol. Elas usam o que eu presumo sejam calcinhas de saco de farinha, presas por alfinetes como uma fralda. Elas às vezes usam as camisas com os macacões; em outras ocasiões, com a exceção dos macacões, andam nuas. Elas não têm roupas "dominguei-ras"; para o domingo usam o menos sujo desses vestidos, e alguns alfinetes, colares e medalhões baratos. Durante a semana assim como no domingo elas às vezes atam fitas azuis sujas no cabelo, e às vezes cadarços de sapato.

Richard e Garvrin têm, juntos, um par de macacões feitos em casa, mui-to velhos, e três ou quatro camisas feitas algumas de lençol e algumas de sa-cos de farinha. Cada um deles tem um par de macacões de lençol, e um par de calças de veludo cuja penugem já desapareceu quase completamente graças ao atrito e às lavagens. Eles usam as camisas com bastante frequência; com mais frequência andam nus a não ser pelos macacões ou as calças de veludo. Aos domingos as calças de veludo são escovadas e os danos da semana são consertados, e eles as usam com esfiapadas camisas brancas quase limpas que são poupadas de semana em semana, e com gravatas esfarrapadas.

Paralee, para o trabalho cotidiano, normalmente usa o que um dia foi seu vestido de domingo. Trata-se de um tecido transparente* de algodão azul coberto com círculos brancos e de ouro desbotado, e no peito um babado em farrapos, feito de renda de cortina e fitas azuis sujas. O vestido está rasgado nos ombros e nos flancos das costas.

Margaret em seu trabalho diário usa às vezes uma longa saia escura e larga e blusa de saco de farinha ou de lençol, às vezes um vestido de lençol. Este último foi, tenho quase certeza, concebido como seu "melhor" vestido. Ele é cuidadosamente feito todo à mão e para servir direitinho, e sobre o seio e o ombro esquerdos e pela parte de trás dos ombros, caindo pelas costas, há uma espécie de pelerine larga de algodão azul desbotado.

* Usado sobre uma combinação.

Paralee às vezes usa contas de vidro preto nos dias de semana além de nos domingos. Margaret raramente o faz.

A roupa delas também, imagino, é intercambiável, embora não tenha havido sobreposições no tempo em que as conheci.

Margaret tem dois vestidos de domingo. Um foi feito em casa. Ele é de um algodão ralo e muito barato, canhestramente pregueado no peito para formar uma gola nuamente simples, redonda, debruada com muito cuidado. Ele tem um cinto, mas não lhe serve ou cai adequadamente, e a roupa de baixo grosseira e algo suja aparece através dele. Seu outro vestido deve, tenho certeza, ter sido comprado pronto a um custo terrível na escala financeira deles. Trata-se de uma imitação de tipo elaborado do vestido que uma mulher de meia-idade "bem conservada", de cabelos escuros, elegantemente bem de vida poderia ter usado formalmente em algum momento indeterminado durante os últimos vinte anos: crepe preto transparente, costurado com um faiscar espesso de pequenas contas de azeviche. Mas as elaborações estão gastas em um caos quase indistinguível; a combinação preta está rasgada em vários lugares; muitas das contas se perderam, ou pendem frouxas da ponta da linha; e o tecido está irreparável e espantosamente estragado pelo suor nas axilas, de modo que quando os braços estão erguidos, há nesse mundo sóbrio o súbito pavor provocado por gatos gêmeos que escancaram as mandíbulas.

Paralee tem muito mais sorte. Ela tem um vestido novo, e ele é plena e exatamente do tipo que as meninas de classe-média da idade dela usam na cidade nas tardes de domingo. E no entanto não é exatamente daquele tipo. No desejo de brilho e ênfase e adequação, tudo foi exagerado. As listras laranjas e azuis e brancas são mais angustiadamente marcadas que as que as meninas da cidade usam, exceto vez por outra uma negra, e o caimento é quase certo e chamativo demais, e a força, a habilidade e a flexibilidade de seu corpo a entregam, e o vestido, e seu rosto profundamente bronzeado, rural, vigorosamente coberto de sardas, seu cabelo preso com excessivo cuidado, o uso com essa roupa de todas as joias que tem, e acima de tudo a empolgação, a mistura de confiança e terror, e a desesperada esperança que reluz de seus olhos rastreando o mundo, todas essas coisas a entregam de maneira ainda mais completa, de modo que ela inspiraria o medo inspirado por todos que são ansiosos demais ou que pretendem "subir na vida", e parece quase que ela roubou aquele vestido.

São essas as roupas que essas meninas têm de usar para atrair homens e para se habilitar como núbeis. Muitas meninas se casam aos dezesseis, não poucas aos quinze ou mesmo aos catorze; quase todas estão casadas aos dezessete; quando chegam aos dezoito, se ainda não casaram, caem para a categoria das solteironas, um problema para seus pais, um constrangimento para quem as cortejar ou for visto com elas, que carregam uma agonia seca: Paralee tem dezenove; e Margaret tem vinte anos. Margaret já tem os maneirismos e muito do equilíbrio psicológico de uma mulher de meia-idade da classe-média do norte.

A sra. Ricketts, domingo:

Uma longa saia cheia feita de algodão preto mortiço presa ao quadril por um alfinete de segurança. Uma blusa do mesmo material, de gola simples, mangas até os cotovelos. Nenhum debrum nem nenhuma espécie de excesso de tecido. Manchas e riscos, reafirmando-se através da secagem da umidade com que tentou apagá-las. A bainha aberta em uma parte da saia. Nenhum tipo de ornamento. Sem chapéu, nem chapéu de palha (comprado). É assim também que ela se vestiu para ir a Cookstown quando o algodão foi levado para o beneficiamento.

A sra. Woods, em Cookstown:

Fica um pouco separada de todos na farmácia escura esperando até que o médico possa cuidar do abscesso em seu dente, enquanto os homens na fonte de refrigerante ficam virados e a observam. Ela não está usando chapéu, nem meias, nem sapatos. Seu vestido é feito em casa, de um algodão fino de fronhas, de gola simples, bem decotado para a amamentação, sem mangas, chegando um pouco abaixo de seus joelhos, preso por um cinto estreito de couro escarlate envernizado e rachado, todas as bordas dos materiais se esfiapando, um rasgo fundo nas costas, outro através do qual aparece seu joelho direito, o desenho da roupa sendo basicamente o do tipo mais simples de camisola, o tecido todo uma barafunda de suor e sujeira. Ela apoia o peso em um pé e examina o outro enquanto olham para ela. Está perceptível conquanto não pesadamente grávida. Está usando uma "combinação" sob este vestido mas os tecidos dos dois são tão finos que seus mamilos escuros e suados estão grudados neles e aparecem, e é para seus mamilos, principalmente, que os homens continuam olhando. É assim também que ela se veste aos domingos.

A mãe da sra. Woods:

Uma saia larga curta e listrada, as listras, azuis e brancas: meias pretas grossas de algodão canelado, enrugadas sobre suas pernas: Keds, tornozelos remendados, solas gastas e furadas: uma camisa de trabalho de homem, tão excessivamente velha que é quase branca: uma bandana vermelha atada à garganta: um grande chapéu de palha novo, amarelo, masculino.

Passado:

A sra. Gudger tem, além do chapéu de palha magenta que usa atualmente, dois outros chapéus.

Um: um formato de omelete de palha carmesim cortado em diagonal por uma pena branca com largas listras, a cor arruinada pela chuva. É em décimo quinto grau uma imitação daqueles chapéus "elegantes" que destacam rostos "elegantes", incisivos, relaxados, pérfidos.

Dois: esse eu descrevi anteriormente. É a copa triunfal de amplas abas que encontrei estragada mas guardada em uma gaveta da mesa, que tinha sido tão pacientemente feita em casa. Comentarei agora que em seu tamanho e em sua elaboração ele evoca os chapéus que estavam na moda em torno de 1900, e que é de um esplendor tão particular que tenho considerável certeza de que foi o chapéu do casamento dela, feito para ela, talvez como uma surpresa, por sua mãe. Ela tinha então dezesseis anos; sua pele era provavelmente branca, e livre de rugas, seu corpo e suas posturas e seus olhos ainda mais puros do que são hoje; e era provavelmente feliz, e confiante o suficiente em sua beleza, para usá-lo sem medo: e em seu longo vestido de noiva branco feito em casa e com aquele chapéu glorioso, com a irmã caçula Emma, aos sete anos, maravilhada diante dela, e sua mãe se afastando de um passo e dando sua aprovação enquanto sua imagem lentamente girava em seu eixo sobre piso vácuo e em espelho, ela era o tipo de poema que ser humano algum há de tocar.

Educação

Educação

Em toda criança que nasce, quaisquer que sejam as circunstâncias, e quaisquer que sejam seus pais, renasce a potencialidade da raça humana: e nela, também, mais uma vez, e para cada um de nós, nossa tremenda responsabilidade para com a vida humana; para com a ideia mais extrema de bondade, do horror do erro, e de Deus.

Cada alento que seus sentidos buscarem, cada ato e cada sombra e coisa de toda a criação, é um veneno mortal, ou uma droga, ou um sinal ou sintoma, ou é um professor, ou um liberador, ou a própria liberdade, dependendo integralmente de sua compreensão: e a compreensão,* e a ação que provém da compreensão e é por ela guiada, é a única arma contra o bombardeio do mundo, o único remédio, o único instrumento pelo qual a liberdade, a saúde e a alegria podem tomar forma ou começar a ganhar forma, no indivíduo, e na raça.

Aqui não é o lugar de ousar todas as perguntas que devem ser feitas, muito menos de avançar nossas tentativas nesse ar assassino, e nem mesmo de es-

---

* A "compreensão" ativa é só uma das formas, e há sugestões de "perfeição" que poderiam ser chamadas de "compreensão" apenas por definições tão amplas que incluíssem inversões diametrais. A paz de Deus ultrapassa toda a compreensão; a sra. Ricketts e seu filho mais novo também; a "compreensão" pode ser seu, e da esperança, maior inimigo.

pecificar ainda que só um pouco o pouco que até aqui foi sugerido, e nem tampouco de questionar ou tentar dar apoio a minhas qualificações para sequer falar dessas coisas: estamos próximos demais de uma das mais profundas interseções de piedade, terror, dúvida e culpa; e sinto que posso apenas dizer que a "educação", cuja função está na crise dessa atordoante responsabilidade, não me parece ser tudo, ou mesmo qualquer parte do que poderia ser, mas parece na verdade uma nítida propriedade da incompreensão do mundo, a mais aguda de suas pontas de lança dentro de cada cérebro: e que já que não pode ser de outro jeito sem que a máquina do mundo seja destruída, há pouca probabilidade de que o mundo permita que seja de outro jeito.

De fato, e por mais que eu seja ignorante, nada, nem mesmo a lei, nem a propriedade, nem a ética sexual, nem o medo, nem a indubitabilidade, nem mesmo a própria autoridade, todas coisas de que a educação deve purificar o cérebro, pode chegar tão perto de me aniquilar com fúria e com horror quanto o espetáculo da inocência, da indefesidade, de toda a esperança humana introduzida continuamente a cada ano aos milhões nos mecanismos dos ensinamentos do mundo, em que o homem que seria capaz de conceber e que seria capaz de ousar tentar mesmo os começos do que "ensinar" deveria querer dizer não poderia existir dois meses livre da penitenciária: mesmo presumindo que suas próprias percepções, e a coragem de suas percepções, não fosse um veneno tão mortal no mínimo quanto os venenos que pretenderia expulsar: ou a mais ínfima dessas realizações, supondo que ele verdadeiramente se importasse não apenas com a ideia de se ouvir falar, mas com ser compreendido, seria um coração partido.*

Por essas e outras razões pareceria ser um equívoco depreciar as escolas públicas do Alabama, ou mesmo dizer que são "piores" ou "menos boas" que as escolas de outros lugares: ou ser particularmente incondicional ao lamentar que esses colonos sejam expostos a apenas alguns anos dessa educação: pois estariam em desvantagem se tivessem mais, e estariam em desvantagem se não tivessem, e estão em desvantagem com o pouco que têm; e seria difícil e talvez impossível dizer de qual maneira sua desvantagem seria maior.

---

* Pode ser que os únicos professores adequados jamais ensinem, mas sejam artistas, e artistas do tipo mais neutramente mascarado e menos didático.

* * *

A escola estava parada quando estive lá. Minha pesquisa sobre esse tema foi esparsa, indireta e dedutiva. Segundo um jeito de pensar ela será por essas mesmas razões desprovida de valor: por outro, em que por acaso confio mais, ela pode ser suficiente.

Não vi, por exemplo, professores: e no entanto estou bem certo de que é seguro presumir que sejam cidadãos locais no mínimo do estado e muito provavelmente da região; que a maioria deles é de mulheres para as quais o ensino é ou um incidente de sua juventude ou uma solução insatisfatória para o fato de serem solteironas; que se fossem de muita inteligência ou coragem não teriam sobrevivido ao treinamento na escola normal ou jamais teriam ingressado nele, para começar; que estão saturadas de toda e qualquer crença e ignorância que sejam básicas em sua região e comunidade; que qualquer modificação delas deve ser realmente muito leve se pretendem sobreviver como professoras; que mesmo que, apesar de todas essas barreiras, existam pessoas superiores entre elas, elas ainda estão mais uma vez limitadas a textos e a um sistema de exigências oficialmente imposto a elas; e estão presas entre as pressões de classe, estado, das igrejas, e dos pais, e são confrontadas por mentes já tão profundamente formadas que liberá-las envolveria habilidades filosóficas e cirúrgicas incomuns e talvez ainda não descobertas. Eu apenas esbocei alguns dentre as dezenas de fatos e forças que as limitam; e mesmo assim me sinto à vontade para sugerir que mesmo as melhores dentre elas, as bondosas, as intuitivas, as ditas professoras natas, têm uma probabilidade incrivelmente grande de ser impossivelmente aleijadas tanto pelo mundo exterior quanto dentro de si próprias, e na melhor das hipóteses são servas de um assassinato inconsciente; e das outras, as mais típicas, que se o assassinato de mente e espírito fosse reconhecido como um crime, a lei, em sua costumeira ansiedade por punir as pessoas erradas,* poderia consumir todo seu engenho na invenção de mortes por tortura prolongada e jamais expiar as atrocidades que através delas, não por sua própria culpa, foram cometidas.

* Isso não sugere que haja uma "pessoa certa" ou que a punição jamais seja melhor que o reforço do erro.

Ou ainda a respeito do currículo: quanto a isso era desnecessário fazer até uma pesquisa como a que fiz para saber que não se apresentam aos estudantes "fatos" "econômicos" ou "sociais" ou "políticos" nem a situação deles dentro desses "fatos", não se faz uma tentativa de esclarecer ou sequer aliviar ligeiramente a situação entre as raças branca e negra, muito menos de explicar as fontes, nenhuma tentativa de esclarecer situações psicológicas do indivíduo, de sua família, ou de seu mundo, nenhuma tentativa de penetrar por sob as pressões e crenças "éticas" e sociais em que mesmo uma criança jovem está enredada, e de revê-las, nenhuma tentativa, além da mais protocolar, de interessar a criança em usar ou descobrir seus sentidos e seu raciocínio, nenhuma tentativa de contrabalançar a qualidade paralítica inerente à "autoridade", nenhuma tentativa além da mais meramente formal e manietada de despertar, proteger ou "guiar" a noção de investigação, a noção de alegria, a noção de beleza, nenhuma tentativa de esclarecer palavras escritas e ditas cujo poder de engano mesmo quando mais simples é vertiginoso, nenhuma tentativa, ou muito pouco, e mal ensinada, de ensinar mesmo as mais antigas técnicas de melhoria de ocupação ("cultivo científico", dieta e culinária, profissões qualificadas), nem de "ensinar" uma criança nos termos de seu ambiente, nenhuma tentativa, que não sejam as mais estranguladas, de despertar os estudantes seja para a "religião", seja para a "irreligião", nenhuma tentativa de desenvolver neles ou o "ceticismo" ou a "fé", nem o "alumbramento", nem a "honestidade" mental nem a "coragem" mental, nem qualquer compreensão das, ou delicadeza nas, "emoções" e em nenhum dos usos ou prazeres do corpo que não sejam os atléticos; nenhuma tentativa também de libertá-los do medo e do veneno a respeito do sexo ou de liberá-los a um livre princípio de prazer nesse campo, nem de expor a eles os ilimitados potenciais de mágoa, de perigo, e de bondade no sexo e no amor sexual, nem de lhes dar os princípios, pelo menos, de um conhecimento, de uma atitude, com os quais podem ter a esperança de proteger e ampliar a si próprios e àqueles que tocam, nenhuma indicação dos danos que a sociedade, o dinheiro, a lei, o medo e a crença precipitada causam a essas questões e a todas as coisas na vida humana, nem de suas causas, nem das ignorâncias e possibilidades alternadas de ruína ou de alegria, nenhum medo da indubitabilidade, nenhum medo das ilusões do conhecimento, nenhum medo da transigência: — e aqui de novo eu mal comecei, e imediatamente me confronto com um sério problema: ou seja: ao dar nome à falta de tal ensino, posso muito facilmente parecer recomendá-lo, parecer implicar, talvez, que se essas coisas fossem "ensinadas", tudo estaria "resolvido": e nisso eu não acredito: mas na verdade insisto que do ensino dessas coisas poderiam resultar e provavelmente resultariam danos infinitamente maiores que os que vêm do ensino dos temas que de fato compõem o currículo: e que as pessoas que mais insistiriam em um ou outro deles podem estar entre os inimigos mais mortais da educação: pois se a mão que guia é mal qualificada, um instrumento é letal na proporção de seu gume. Nada do que mencionei deixa de estar à mercê do emprego que se lhe dê; e podemos ter certeza de que mil para um serão mal empregados; e que esse emprego equivocado bloqueará qualquer emprego mais "adequado" ainda mais solidamente do que poderiam a falta de uso e seu depreciamento. Seria possível dizer, que precisamos aprender uma certeza e uma correlação em cada "valor" antes que seja possível "ensinar" e não assassinar; mas isso é otimista demais. Seria melhor se examinássemos, muito além do exame que hoje se faz, as extensões, internas a nós mesmos, da dúvida, responsabilidade, e fé condicionada e as possibilidades de uma sua união mais benéfica, a um grau de pelo menos constante e verdadeiro terror em nossas mesmas tentativas, e se (por exemplo) ousássemos estar "ensinando" o que Marx começou a expor, que o fizéssemos apenas à luz das terríveis pesquisas de Kafka e nas opostas identidades de Blake e Céline.

Tudo que consegui fazer aqui, e é mais do que pretendia, foi fazer uma confusa declaração de uma intenção que se presume boa: a mera tentativa de examinar minha própria confusão consumiria volumes. Mas que o que tentei sugerir se resuma apenas a isto: que não apenas no escopo atual da inteligência humana, mas até no escopo da minha como se define hoje, seria possível que jovens seres humanos se pusessem de pé com aleijões consideravelmente menos pavorosos do que os que hoje têm, consideravelmente mais quase capazes de viver bem, consideravelmente mais quase conscientes, cada um deles, de sua própria dignidade na existência, consideravelmente mais bem qualificados, cada um dentro de seus limites, para viver e participar da criação de um mundo em que a boa vida será possível sem se sentirem culpados diante de cada vizinho: e que o ensino como hoje é, é quase inteiramente ou irrelevante para essas possibilidades ou destrutivo, e é, na verdade, um fracasso quase total mesmo por suas próprias "escalas" de "valor".

* * *

No mundo que temos hoje, contudo, o mundo em que devem viver, uma certa forma de educação está à disposição desses filhos de colonos; e a medida em que dela se podem servir é de considerável importância para toda sua vida no futuro.

Algumas primeiras coisas a esse respeito:

Eles estão basicamente tão mal preparados para se autoeducar quanto um ser humano pode estar. Todo seu ambiente é tal que o uso da inteligência, do intelecto, e das emoções é atrofiado, e é praticamente irrelevante de todo para as pressões e as necessidades que envolvem quase todo instante da vida consciente de um colono: e de fato se essas faculdades não fossem reduzidas ou mortas dessa maneira desde seu nascimento elas gerariam uma dose considerável de dor, para não dizermos perigo. Eles aprendem o trabalho que vão passar a vida fazendo, principalmente com os pais, e dos pais e do mundo imediato assimilam a conduta, a moralidade, e as chaves mental e emocional e espiritual. Mal se poderia dizer que qualquer conhecimento ou consciência mais avançados seria útil ou vantajoso para eles, já que nada há para ler, não há razão para escrever, e não há recursos contra a trapaça mesmo que se saiba fazer contas; e contudo essas formas de alfabetização são em geral consideradas desejáveis: um homem ou uma mulher se sentem de certa forma extraindefesos na falta delas: um genitor verdadeiramente sério ou ambicioso espera ainda mais, para um filho promissor; embora o que possa ser "mais" seja, inevitavelmente, compreendido apenas vagamente.

As aulas começam no meio ou no fim de setembro e terminam no dia 1º de maio. As crianças da região, com suas merendas, são apanhadas por ônibus cerca de 7h30 da manhã e são devolvidas perto do escurecer do começo do inverno. Apesar do ônibus, as crianças dessas três famílias têm uma caminhada a fazer. Em tempo seco ela fica bem mais curta; o ônibus desce a estrada vicinal até o grupo de casas de negros no sopé do segundo morro e as crianças dos Ricketts caminham pouco mais de meio quilômetro para ir até ele e as crianças dos Gudger caminham pouco mais de um. Com tempo úmido o ônibus não pode arriscar sair da rodovia, e os Ricketts caminham três quilômetros e os Gudger dois na lama em que em certos trechos uma criança afunda até os joelhos.

Durante o verão falou-se em cobrir de pedras a estrada, embora a maioria dos pais esteja acima de 45, acima da idade de trabalhar em estradas. Mal podem parar para trabalhar em algo assim de graça, e eles e seus vizinhos negros não estão em posição de pagar impostos. Nada ainda havia sido feito quando faltavam três semanas para começar as aulas, e não havia perspectiva de tempo livre antes do frio.

Os invernos sulinos são revoltantemente úmidos, e a terra úmida é talvez o pior solo para se caminhar. A "frequência" sofre por esse motivo, e por outros. Junior Gudger, por exemplo, faltou 65 dias e Louise 53 de possíveis 150 e tantos, e essas faltas foram "não justificadas" onze e nove vezes respectivamente, 23 das faltas de Junior e um número proporcional das de Louise caíram em março e abril, que são cheios de trabalho em casa assim como de umidade. No fim de seu segundo ano de escola precisaram de Louise em casa e ela perdeu vários dias consecutivos de aula, incluindo os exames finais. Suas "notas" vinham ficando entre as melhores de sua sala e ela não ficara sabendo da data do exame, mas não lhe foi dada a chance de refazer os exames e ela teve de repetir o ano todo. As crianças dos Ricketts têm históricos de presença muito piores e Pearl simplesmente não vai.

As aulas não começam antes de as crianças terem ajudado por duas semanas a um mês na parte mais urgente da estação de colheita, e terminam a tempo de porem mãos à obra na limpeza das mudas.

O sistema de ônibus que hoje é rotina nas escolas da região ajuda, mas não particularmente aos que moram a grandes distâncias das estradas mantidas por impostos.

A caminhada, e a espera no frio e na umidade, um dia depois do outro, até a escola de manhã cedo, e a volta para casa na luz do dia que fenece, é árdua e desagradável.

A educação, aqui como em toda parte, identifica-se com os meses mais mortos e fracos do ano, e, nestas classe e região, com a pior e mais rara comida e um almoço frio ao meio-dia: e poderia apenas se pôr em maior desvantagem se absorvesse a metade mais agradável do ano.

O "problema da frequência" é evidentemente dado de barato e, a se julgar pelo baixo número de ausências não justificadas, é tratado com "leniência": permanece contudo o fato de que as crianças perdem entre um terço e metade de cada ano de escola, e devem, com essa dificuldade, manter-se atualizadas com as lições e "competir" com crianças das cidades em um concurso em que a competição é reforçada e o sucesso nela é valorizado e recompensado.

A escola propriamente fica em Cookstown; uma estrutura recém-construída, janelada e "saudável" de tijolos vermelhos e acabamento branco, que exemplifica à perfeição o gênio americano* para a esterilidade, a falta de imaginação e a generalizada falta de colhões para dar conta de qualquer oportunidade de "reforma" ou "melhoria". É o tipo de edifício de que uma cidade como Cookstown se orgulha, e uma breve explicação de sua existência em uma região como essa valeria a pena. Em anos recentes o Alabama "despertou" para a "educação", o analfabetismo foi reduzido; os textos foram modernizados; diversas escolas antigas foram substituídas por novas. Para este último objetivo os condados receberam apropriações de terra proporcionais ao tamanho de sua população em idade escolar. A população em idade escolar deste condado é de cinco negros para cada branco, e como nem um centavo do dinheiro foi para escolas negras, edifícios como esse são possíveis: para as crianças brancas. As crianças negras, enquanto isso, continuam a se ensardinhar, cem, 120 delas, em barracões de pinho de uma só sala aquecida por uma estufa que poderiam acomodar com conforto um quinto dessa quantidade se as paredes o teto e as janelas fossem firmes.** Mas também, como disse um proeminente proprietário de terras e como repetiriam muitos mais: "Eu não sou contra educar os preto, não até a quarta talvez a quinta, mas não mais que isso não: eu acridito dimais na supermacia dos branco".

Esse serviço de ônibus e esse edifício em que se educam as crianças (brancas), mesmo que se leve em consideração a longa caminhada na lama, são obviamente refinados se comparados aos que seus pais tiveram.*** A pró-

---

* Tão bem demonstrado nas habitações de "baixo custo".

** Além do desconforto, e do prejuízo à saúde, e da dificuldade de concentração, isso significa, é claro, que diversas "séries" estão na mesma sala, recitando e estudando em revezamento, cada uma usando apenas uma fração do tempo de cada dia de aula. Isso significa um tédio irremediável e um desperdício para as crianças, e exaustão para a professora.

*** Seus pais iam a pé até escolas de madeira de uma só sala. Não sei ao certo, mas acho mais do que provável que muitas das crianças brancas ainda o façam hoje.

pria educação é uma outra questão, também: muito mais "moderna". Os meninos e as meninas são igualmente expostos a "arte" e "música", e as meninas aprendem os primeiros elementos do sapateado. As cartilhas são tão baratas que quase todos podem comprá-las: ou seja, quase todos que podem comprar alguma coisa, de todo; o que quer dizer que ainda são um problema considerável em qualquer ano para quase todos os colonos. Quero agora listar e sugerir os conteúdos de algumas cartilhas que estavam na casa dos Gudger, lembrando, primeiro, que eles implicam os limites mais amplos do conhecimento formal de qualquer colono adulto médio.

Série de línguas Porta Aberta: Livro um: Língua histórias e jogos.

Viagens a fazer. Entre os conteúdos há poemas de Vachel Lindsay, Elizabeth Madox Roberts, Robert Louis Stevenson etc. E também um conto intitulado: "O balanço no ar fresco do sr. Coelho", com o subtítulo: "Velha lenda sulina".

Visitas à natureza: Livro dois de Manuais de natureza e ciência. (O *Livro um* é *Caça.*) O *Livro dois* se abre assim: "Caros meninos e meninas: neste livro vocês vão ver como Nan e Don visitaram animais e plantas que vivem na natureza."

Manuais da vida real: Histórias novas e velhas: Terceiro manual. Ilustrado com fotografias coloridas.

A cartilha de Trabue-Stevens. Só mais uma cartilha.

Aritmética de campeões. Tem 510 páginas: uma abordagem campeã para o interesse pelos números. O problema final: "Janet comprou 567 gramas de amendoins salgados e 225 gramas de amêndoas salgadas. No total, quantos gramas de nozes ela comprou?".

"Caros" meninos e meninas mesmo!

Uma lista dessas é rica como um poema; retorcidamente cheia de conteúdos, sintomas, e traições, que, como em um poema, se veem apenas reduzidos e diluídos por qualquer tentativa de explicação ou mesmo de sugestão. Pessoalmente vejo ali o bastante para garantir meu suprimento de bile por um mês: e no entanto sei que qualquer esforço para esclarecer detalhadamente o que ali está, e porque me parece tão fatal, há de fracassar.

Mesmo assim, veja só um pouco e só por um instante.

São livros escritos por "adultos". Devem conquistar a aprovação e a aceitação também de outros "adultos", membros dos "conselhos" de educação; e serão usados para o "ensino" por ainda outros "adultos" que foram mais ou menos "treinados" para serem professores. A intenção é, ou deveria ser, a de atrair, empolgar, preservar ou desenvolver a "independência" das, e fornecer "orientação", "iluminação", "método" e "informação" às, curiosidades das crianças.

Agora meramente reexamine as poucas palavras, frases e fatos:

A porta aberta. Aberta para quem? Aquela metáfora supostamente atrai o interesse das crianças.

Série: Livro um. Série. É claro que *Os gêmeos Bobbsey** são uma série; assim como os *Rover boys*.** Série talvez tenha associações agradáveis para quem tem livros infantis, que nenhum filho de colonos tem: mas mesmo assim isso é mais que anulado pelo fato de se tratar tão obviamente de um livro escolar, e não de diversão, o que nem mesmo se disfarça bem. Um manual sem disfarces é só um pouco menos agradável que um que se introduz disfarçadamente, no entanto. *Livro um*: ali apenas para a conveniência dos adultos; é só um peso para uma criança.

Língua. Parece ser uma substituição *moderna* da palavra "inglês". Não duvido que esta última palavra tenha sido assassinada; a questão é se a nova tem qualquer vitalidade para uma criança na escola ou, na verdade, para o professor.

Histórias e jogos. Ambos modificados por uma palavra escolar, e em contexto escolar. A maior parte das crianças prefere a diversão ao tédio, na falta de nossa inteligência para reverter essa preferência: mas você precisa usar a imaginação ou a memória para reconhecer como qualquer jogo pode ser envenenado ao ser "conduzido": e poucos adultos também o fizeram.

Viagens a fazer. E que viagens, para crianças que jamais voltarão a viajar tanto quanto em suas viagens diárias de ônibus indo e voltando da escola. As crianças gostam de figuras de linguagem ou são, se você preferir, simbolistas e

---

* Referência aos livros publicados sob o pseudônimo de Laura Lee Hope entre 1904 e 1979. (N. T.)

** Trinta livros publicados entre 1899 e 1926 sob o pseudônimo de Arthur M. Winfield por Edward Stratemeyer, que pode ter escrito o primeiro volume da série sobre os gêmeos Bobbsey. (N. T.)

poetas naturais: sendo assim, elas desmontam fraudes como essa com muito mais prontidão. Poema nenhum é uma "viagem", seja ele o que mais puder ser, e eles sofrem quando se mente a seu respeito.

O verso. Posso facilmente imaginar que os "pedagogos" estejam muito satisfeitos com o que fizeram ao se livrar do "Bivaque dos mortos"* e por estarem usando poesia mais quase contemporânea. Tenho quase a mesma certeza, conhecendo o tipo de "conhecimento" de poesia que têm, que o prazer é todo deles.

Essas crianças, tanto das cidades quanto do interior, são sulistas saturadas, falantes de dialetos não muito diferentes dos negros. *Sr. Coelho! Velha lenda sulina!*

Visitas à natureza. Natureza e ciência. Livro um: Caça. Caros meninos e meninas. Neste livro vocês vão ver (ah, vou, vou mesmo?) Nan e Don. Visita. *Animais e plantas que vivem na natureza.* Natureza. Você vai fazer visitas formais a plantas. Elas vivem na natureza. "Natureza." "Ciência." Caça. Caros meninos e meninas. Visitas à natureza.

Vida real. "Manuais" da "vida" "real". Ilustrados com fotografias *de cor.*

Ou, de volta à geração antiga, um título mais simples: *A cartilha de Trabue-Stevens.* Ou *Aritmética de campeões*, oito quilos de peso, uma tentativa de agradar com a palavra "campeões", tão disparatada que fico surpreso de não vê-la grafada "campiões".

Ou você pode lembrar a página do texto de geografia que citei em outro momento: que, devo admitir, revela tanto da educação que este capítulo é provavelmente desnecessário.

Desisto. Em relação a minha memória de minha própria educação formal, reconheço todo tipo de modificações "progressistas": Vida real, fotografias em cores, viagens a fazer (ao invés de jornada a cumprir), jogos, pós-jardim de infância, "língua", Nan e Don, "natureza e ciência", poesia da cepa de Untermeyer,** "caros meninos e meninas"; e tenho certeza de uma só coisa:

---

* "The Bivouac of the Dead", poema de Theodore O'Hara (1820-67), militar americano morto na Guerra Mexicana, bastante popular ainda no começo do século xx. (N. T.)
** Poeta e organizador de antologias (1885-1977). (N. T.)

que isto foi preparado por adultos para sua própria autocongratulação e satisfação, e para as crianças é apenas o velho conjunto, retocado, de aflições, frustrações, e insultos semilegíveis a que se submetem com relativa apatia.

Louise Gudger gosta da escola, especialmente de geografia e aritmética, e recebe "notas" incomumente boas: o que significa em parte que ela tem uma inteligência rápida e ávida acima da média, e em parte que aprendeu a decorar bem e a respeitar o "conhecimento" conforme lhe é apresentado. Ela terminou a terceira série. Na quarta ela vai aprender sobre a história de seu país. Seu pai e muito mais particularmente sua mãe estão empolgados com sua esperteza e esperançosos em relação a ela: pretendem fazer todo e qualquer esforço para garantir que ela termine não só a escola mas também o ensino médio. Ela quer se tornar professora, e muito possivelmente vai; ou uma enfermeira profissional, e de novo ela muito possivelmente vai.

Junior Gudger está na segunda série porque pela lei do Alabama um aluno é automaticamente aprovado depois de três anos em uma mesma série. Ele ainda é quase completamente incapaz de ler e escrever, e fisicamente é bastante hábil. Pode ser que seja incapaz de "aprender": de qualquer maneira, "ensinar" algo a ele seria um "problema especial". Seria impossível em uma classe competitiva, pública, de tipos e graus mistos de "inteligência"; e mesmo assim duvido que a maioria dos professores das escolas públicas seja treinada para isso.

Burt e Valley Few são novos demais para a escola. Prevejo grandes dificuldades para Burt, que hoje, aos quatro anos, está em uma situação psicológica tão desesperadora que só consegue falar qualquer língua que não seja a algaravia (em que tem grande talento rítmico e silábico) depois de ter recebido a segurança de uma atenção prolongada e amistosa, de um tipo que marcadamente exclui seus irmãos.

Pearl Woods, que tem oito anos, pode ter começado a ir à escola neste outono (1936); mas é mais provável que não, pois isso dependeria de a estrada ter sido pavimentada para que não fizesse a longa caminhada até o ônibus sozinha ou ao alcance da contaminação das crianças dos Ricketts. Ela é extremamente sensível, observadora, crítica e habilidosa, usando sua mente e seus sentidos com uma sutileza muito maior do que a que jamais é indicada ou "ensinada" na escola: se sua inteligência peculiar vai encontrar emprego ou ruína nas engrenagens quadradas do sistema público de educação é uma outra questão.

Thomas está a três anos de entrar na escola. Como cômico e bailarino narcisista ele tem um gênio natural; fora isso eu duvido de suas capacidades. Artistas natos, como ele é, e artesãos natos, como Junior, não deveriam ter de necessariamente lutar com a leitura e a escrita; eles têm outras formas de aprender, de se ampliar, que contudo não estão à disposição destes dois.

Clair Bell está a três anos de entrar na escola e parece provável que não vá viver por grande parte e muito menos por todo esse período, de modo que as estimativas são algo irrelevantes. Mas tenho de dizer que fiquei tão absorto em sua beleza física e espiritual que não fiquei à cata de sinais de "inteligência" ou de sua falta, e que a educação, na medida em que a conheço, ou não lhe faria bem ou a machucaria.

Flora Merry Lee e Katy estão na segunda série. Katy, embora seja tão tímida que tenha de escrever suas apresentações de leitura, é mais esperta que a média; Flora Merry Lee, diz sua mãe, é mais esperta que Katy; ela lê e escreve com facilidade e "tem um prazer especial na música". Garvrin e Richard estão na quarta série. Garvrin não se dá muito bem com a educação, embora se esforce; Richard é inteligente mas não consegue ficar interessado; sua mente vagueia. Em mais um ou dois anos eles vão estar grandes para trabalhar na fazenda e serão necessários, e isso será o fim da escola.

Margaret abandonou a escola quando estava na quinta série porque seus olhos doíam demais toda vez que estudava seus livros. Ela esqueceu bastante a alfabetização. Paralee abandonou logo depois de Margaret porque estava se sentindo só. Ela ainda lê com considerável facilidade, e muito possivelmente não vai esquecer.

Os Ricketts são alvo de comentários negativos, mesmo na distância da sede do condado, como crianças "problemas". Seu histórico de frequência é extremamente ruim; seu comportamento está longe de ser bom; estão sempre brigando e provocando os outros. Além da longa caminhada quando o tempo está ruim, eis mais algumas explicações. Eles são inocentes demais para compreender os benefícios da docilidade. Eles têm de usar roupas e sapatos que os transformam na piada óbvia de quase todas as crianças. Vêm de uma família que é marcada e é pobre mesmo entre os brancos pobres, e são desprezados até pela maioria dos níveis da classe dos colonos. São incomumente sensíveis, abertos, de boa-fé, fáceis de ferir, e ficam espantados com a maldade e a crueldade, e seu ostracismo não é de um tipo que inspire uma lealdade selvagem entre eles. Eles de fato são "problemas"; e o "problema" não será simplificado na medida em que essas crianças "hiperssexualizadas" e anárquicas passarem à adolescência. As duas meninas em particular parecem marcadas para incompreensão e maus-tratos incrivelmente cruéis.

A sra. Ricketts não sabe ler nem escrever. Ela foi para a escola por um só dia em toda sua vida e sua mãe ficou doente e ela nunca mais voltou. Em outra ocasião ela me disse que as crianças riram de seu vestido e a professora a surrou por bater nelas de volta, mas Margaret lembrou-lhe que esse foi o vestido que ela fez para Flora Merry Lee e que foram Flora Merry Lee e Katy que foram surradas, e ela concordou que foi assim que aconteceu.

Fred Ricketts aprendeu rápido. Ele diz ter aprendido a ler música em uma noite (pelo menos é verdade que ele lê música), e lê textos um pouco menos hesitantemente que os outros e se orgulha bastante disso — "Eu andei leno isso na *Fazendêro Muderno* —"; ele foi até a quinta série e foi brilhante o tempo todo. Quando sua professora disse que a terra girava em um eixo, ele perguntou se o eixo se apoiava em colunas, então. Ela disse que sim, que imaginava que sim. Ele disse bom, não diziam que o inferno ficava embaixo da terra, e se ficava eles não iam ficar tentando o tempo todo derrubar as colunas do eixo da terra? Mas aqui estava a terra ainda, então o que era essa conversa toda sobre eixos. "A p'ssora nunca mais que me falô nada disso dos exo. Não, sinhor, ela nunca mais falô nada dessas coisa de exo depois disso. Não mesmo, garanto que ela nunquidundisse nadim dess'negóssu de exo dêis daquil' não."

Woods largou a escola aos doze quando fugiu e foi trabalhar nas minas. Ele sabe ler, escrever e fazer contas; sua mulher também. Woods compreende as estruturas e tinturas de racionalização do dinheiro, do sexo, da língua, da religião, da lei e a conduta social em geral de uma forma amarga que não está no currículo médio.

George Gudger sabe escrever e ler seu próprio nome; além disso ele se perde. Foi até a segunda série. Nessa época havia trabalho para ele e de qualquer maneira ele era lento das ideias. Ele sente que não ser educado é um terrível aleijão e ainda quer aprender a ler, escrever e fazer contas, e sua mulher tentou ensiná-lo, e ainda quer tentar. Ele também ainda quer, mas acha que não é provável que algum dia venha a conseguir fazer as letras e as cifras entrarem em sua cabeça.

A sra. Gudger sabe ler, escrever, soletrar e dar conta da matemática simples, e compreende e se empolga com coisas como os fatos mais diretos da astronomia e da geologia. Na verdade, enquanto muitos dos integrantes das três famílias têm inteligências abortadas mas muito plenas e reais, ela e talvez em grau menor seu pai também têm intelectos. Mas esses intelectos morreram antes de eles terem nascido; pendem por trás de seus olhos como fetos no álcool.

Pode ser que nasça mais gente "incapaz de aprender" nesta classe, ou pelo menos "incapazes de aprender", ou de "usar suas inteligências", além de estágios "rudimentares", que nas classes mais economicamente afortunadas. Se é assim, e duvido que a proporção seja mais que um pouco se de fato for maior, diversas ideias ocorrem: Incapazes de aprender o quê? E capazes de aprender quais outras coisas, que não estão a sua disposição ou, talvez, não constem de todo o campo e de toda a ideia da educação? Ou será que são incapazes graças a um ensino incompetente, ou a padrões estreitos, ou ausentes, de parte dos educadores, para medir o que seja a "inteligência"? Ou incapazes por causa de pressões de causas passadas em gerações passadas? Ou será que devemos deixar de lado com leveza (ou pranto) a incapacidade, como fazem os professores e a classe média em geral?

Mas imagine que uma parcela nasceu "incapaz" dessa maneira: os outros, no entanto, a vasta maioria, nasceram com "inteligência" potencialmente tão abertas e saudáveis, e tão variadas em padrões e cargas, quanto quaisquer outras sobre a terra. E por seu modo de vida, e por sua educação, são transformados em aleijados desesperados e desconsolados, capazes de exatamente e não mais que fazer as coisas que os mantenham vivos; de maneira alguma tão bem equipados quanto animais domésticos e livres: e é nisso que estão se transformando seus filhos, de maneira cada vez mais incurável, a cada ano, e a cada dia.

"Alfabetização" para algumas pessoas é uma palavra agradável: quando caem os percentuais de "analfabetismo", muitos que antes estavam chocados ficam satisfeitos, e não mais pensam nisso. Sem levar em consideração o fato comprovado de que poucos Ph.Ds. são alfabetizados, isto é, de que poucos deles têm a mais remota ideia de como se lê, como se diz o que querem dizer, ou do que querem dizer para começo de conversa, a palavra "alfabetização" quer dizer muito pouco mesmo em seu uso normal. Um colono adulto escreve e soletra e lê dolorosa e hesitantemente como uma criança e é incapaz de qualquer sentido que não seja o mais claro de qualquer palavra que não esteja entre as poucas centenas mais simples, e é quase completamente incapaz de absorver, muito menos correlatar, muito menos examinar criticamente quaisquer "ideias", sejam elas verdadeiras ou falsas; ou até fatos físicos além dos mais simples e mais visíveis. O fato de que estão, em virtude dessas limitações, entre os únicos usuários "honestos" e "lindos" da língua, é verdadeiro, talvez, mas não suficiente. Estão em imensurável desvantagem em um mundo que é controlado, e em que são feridos, e em que poderiam ser curados, pelo "conhecimento" e pelas "ideias": e para a "consciência" ou o "conhecimento" em seus usos em condutas pessoais e relacionamentos humanos, e aos ilimitados mundos dos sentidos, da reminiscência, da mente e do coração que, além dos de sua própria existência, são a única esperança, dignidade, consolo, ampliação e alegria dos seres humanos, a capacidade de tentar reconhecer a maravilha e a responsabilidade que é nossa própria existência, a capacidade de conhecer mesmo fragmentariamente a beleza, a ambiguidade, a escuridão, e o horror quase aniquiladores que se aglomeram sobre cada instante de todas as consciências, a capacidade de tentar aceitar, ou a capacidade de tentar defender nosso eu, ou a capacidade de ousar tentar auxiliar os outros; todas essas coisas, cujos potenciais são roubados de quase todos os seres humanos, são, em quase todos que sequer começam a discerni-las ou desejá-las, os dons ou saques do privilégio econômico, e estão à disposição de membros dessas classes mais desprovidas apenas pelo milagre raro e irrelevante do "talento nato" e sobrevivente.

Ou para dizê-lo de outro jeito: acredito que todos os seres humanos sejam potencialmente capazes, dentro de seus "limites", de "realizar" plenamente suas potencialidades; ou seja, o fato de elas lhes serem furtadas e espremidas, é infinitamente o mais pavoroso, o mais comum e o mais abrangente de todos os crimes de que o mundo humano pode se acusar; e que a descoberta e o uso da "consciência", que sempre foi e é nosso inimigo e nosso enganador mais mortal, é também a fonte e guia de toda a esperança e de toda a cura, e a única.

* * *

Eu de maneira alguma estou tentando expor uma tese, muito menos tentando argumentar ou resolver. Não me considero qualificado. Sei apenas que um assassinato está sendo cometido, contra quase todos os indivíduos neste planeta, e que há dimensões e correlações de cura que não só não estão sendo usadas mas que parecem ser escassamente consideradas ou imaginadas. Sei que existe cura, disponível agora mesmo, se apenas estivesse disponível, na ciência e no medo e na alegria de Deus. Trata-se apenas de uma breve declaração pessoal dessas convicções: e minha repulsa por mim mesmo está menos em minha ignorância, e muito menos em meu "fracasso" em "defender" ou "apoiar" a declaração, que em minha incapacidade de declarar mesmo o pouco que vejo, e em minha incapacidade de com o que vejo explodir os cérebros de vocês que não levam a sério aquilo de que fala esta declaração, ou não tão a sério.

Algumas notas

Muitos de vocês jamais poderiam ser convencidos de que muito se pode depreender de pouco: de que tudo que tenha a ver com a educação dos colonos, por exemplo, está plena e justamente indicado na mera lista dos livros. Não aprendi a deixar isso claro, de modo que só posso agradecer a mim mesmo. Por outro lado, há inúmeras pessoas que nunca põem qualquer coisa na cabeça antes de serem desmioladas por vinte anos de documentação: essas são as mesmas pessoas que tão escrupulosamente obedecem, insistem e interpretam "os fatos", e "as regras".

Falei consideravelmente mais aqui do que deveria do que daquilo que é: mas Deus não permita que eu parecesse estar dizendo, "Eu sei o que deveria ser, e ei-lo aqui". Mas me pareceu e de fato parece melhor berrar alguns fatos óbvios (eles nunca podem ser "óbvios" demais) do que me esconder pelos cantos. Os que se escondem vão dizer, Sim, mas você não percebe todos (ou nenhum) dos obstáculos, presumindo que você esteja (em geral) um pouco mais certo do que meramente deblaterando? A resposta é, Tenho certeza de que não os percebo todos, mas percebo uma parcela maior deles, provavelmente, que você. Nossa diferença é que você os aceita e respeita. A "educação" como é hoje está atada a todo tipo de servidão que consigo conceber, e é a causa principal dessas servidões, incluindo a aceitação e o respeito, que são as piores de todas as servidões. A "educação", se é algo que não seja crime, é um reconhecimento dessas servidões e uma descoberta de um inimigo maior e mais mortal de todas elas; ela é todo o reino da consciência, ação, e possibilidade humanas; ela precisa acima de tudo tentar reconhecer e continuamente estender sua compreensão de sua própria natureza e desconfiar dessa compreensão. Ela é toda a ciência e toda a conduta; ela também é toda a religião. Ela também é indivíduos; não menos variáveis. Ela não pode ser menor e ser melhor que ultrajante. Sua principal tarefa é amedrontadamente tentar aprender o que é "bom" e "por quê" (e quando), e como comunicar, e suas próprias dimensões, e sua responsabilidade.

Ah, tenho pleníssima consciência do quanto isso tudo é adolescente e de como é facilmente motivo de riso. Mesmo assim vou insistir que quaisquer pessoas mais delicadas, mais obedientes ou mais dispostas a transigir* com "os obstáculos como se nos apresentam", mais "realistas", contentes com o esforço por menos, são sonhadoras e insuficientemente céticas. Elas são o pior dos inimigos, e sempre foram.

Não sei se são negros ou brancos que lecionam nas escolas negras; presumo que sejam negros. Se são negros, imagino por razões gerais que muitos deles, ou quase todos, são muito superiores aos professores brancos. Via de regra apenas os menos competentes dos brancos se tornam professores, espe-

---

* Uma das pesquisas mais urgentemente necessárias é a de todo o problema da transigência e da intransigência. Sou perigosa e erroneamente contra a transigência: "os do meu tipo nunca realizam nada". Os (autoproclamados) "realistas" também são perigosamente propensos à transigência. Eles nunca parecem suficientemente conscientes do perigo; respeitam com excessivas rapidez e facilidade a transigência e se acomodam a ela. Eu suporia que nada há de necessariamente errado com a transigência por si própria, a não ser pelo fato de que os que se entregam a ela com facilidade relaxam e a aceitam com facilidade, e que ela assim inevitavelmente se torna fatal. Ou, de mais perto, a essência do problema é que a transigência é tida por uma virtude em si própria.

cialmente em escolas primárias, e mais especialmente em pequenas cidades e no interior: enquanto que com tão poucas coisas no mundo a sua disposição, pode bem ser que muitos dos negros mais sérios e mais inteligentes se tornem professores. Mas você teria de acrescentar: eles recebem, na medida em que alguns recebem, uma educação de tradição branca, e são vítimas prováveis do comportamento pio solene e manso de quase todos os negros sérios e educados do sul; de um profundo respeito pelo conhecimento e pela educação, já que tiveram que trabalhar para obtê-la; de uma lamentável atitude "pai Tomás" ou "meus irmão" para com a vida em geral. Mesmo os que têm consciência de atitudes mais perigosas no sul têm de ser cuidadosos a ponto de serem impotentes. Mais ainda, eles estariam dando aulas para crianças muito novas, nos primeiros anos de escola, em salas de aula superlotadas.

Nota sobre todos os professores de escola básica: que na melhor das situações eles são incrivelmente mal pagos, e sofrem também de uma angústia de que vão perder o emprego: com todo o nervosismo da falta de dinheiro e da insegurança mesmo daquele pouco: um estado de espírito nada bom para um professor de jovens. E o estado de espírito também não resulta de abstinência sexual, ou de uma retidão moral cuidadosamente imaculada, seja ela "inata" ou fruto de autodisciplina em nome de seu emprego. Quase todos os professores e clérigos sufocam suas vítimas apenas com essa esterilidade.

Seria difícil deixar suficientemente claro o quanto são fatais o vácuo e a apatia que se cerram sobre a própria natureza da docência, sobre professores e pupilos igualmente: ou em que mundos diferentes palavras e processos saem de um professor, e chegam a uma criança. Crianças, que estudam ou anos abaixo de sua inteligência ou a quilômetros de distância da relevância, ou as duas coisas: sua inteligência se torna irremediavelmente confusa, deslocada de seu centro, ou atrofiada. Continue com isso por mais alguns anos e reconheça o quanto é tolo um "universitário" americano em comparação com um europeu. Por outro lado: será que deveria haver cartilhas em qualquer vida jovem: e quantos será que realmente "devem" sequer aprender a ler?

* * *

Como parte integral da "educação psicológica" é preciso que seja lembrado que uma neurose pode ser valiosa; e também que o "ajuste" a um ambiente doentio e insano não é por si próprio "saúde", mas doença e insanidade.

Eu não poderia desejar para ninguém as "vantagens" que tive: uma educação em Harvard não é de maneira alguma uma vantagem sem ressalvas.

Adultos escrevendo ou lecionando para crianças: em quase todas as palavras dentro daqueles livros, por exemplo, há alguma espécie de erro crasso. O mais comum é este: que eles simplificam seus ouvidos, sem o mínimo necessário de ceticismo quanto à precisão da simplificação, e virtualmente sem intuição a respeito da criança ou das crianças; e então escrevem ou lecionam para satisfazer aquele ouvido; depreciam a criança que não fica satisfeita, e valorizam a criança que, por dóceis ou inocentes distorções de sua inteligência, fica.

Na escola uma criança é mergulhada no banho de óleo quente do mundo no que ele tem de mais cruel: e aprendem muito menos com seus professores do que com as outras crianças. Elas são, ou logo se tornam, extremamente sensíveis a significados e discriminações sociais, psicológicos e físicos. A guerra é sangrenta e sem piedade como apenas pode ser a guerra em que cada combatente é todo seu exército, e está atônito e aterrorizado na mesma proporção da saúde de sua consciência. As roupas que cada um usa, para mencionar apenas uma coisa, são de tremenda influência sobre a criança que as usa. A criança é rápida e assustadoramente instruída a respeito dessa situação e desse sentido no mundo; e que só é possível sobreviver através de uma ou outra forma de covardia, ou brutalidade, ou engano, ou outro crime. Tudo, vai sem dizer, faz tão mal aos "vencedores" (os bem-de-vida, ou saudáveis, ou extrovertidos) quanto aos perdedores.

A "estética" é transformada em algo odioso e é odiada mais que todas as espécies de "conhecimento". Trata-se, para começar, de uma falsa-beleza; ela

292

é lecionada por mulheres doentes ou homens ainda mais doentes; fica identificada com os piores tipos de feminilidade e efeminação; torna-se incompreensível e sufocante para qualquer um que tenha muita honestidade e vitalidade naturais.

Toda a apresentação de uma criança à "música" consiste das melodiazinhas nauseabundas que você pode lembrar de seus tempos de escola. Sua "arte" tem igualmente pouco a ver com "arte". A dança, como já disse, é ensinada às meninas: é a iniciação ao sapateado. O espetáculo da filhinha de um colono pisoteando imitações patéticas de Eleanor Powell* tem certo encanto, mas é algo decadente, para dizer pouco. Isso não quer dizer, de maneira alguma, que madrigais, pintura com os dedos ou danças folclóricas sejam recomendáveis: quero apenas indicar que em ambos os casos o "ensino" do "estético" ou das "artes" em Cookstown deixa, ou deixaria, virtualmente tudo a desejar.

Quase não é bom para Louise o fato de ela "gostar" da escola, sendo a escola o que é. Vestida como se veste, inteligente como é, e séria e aplicada e bem-conceituada como é, ela já tem traços de uma espécie de complacência que provavelmente deve, com o tempo, destruir tudo de sua natureza que é mágico, indefinível, e sem par: e isso apesar de ser uma das pessoas mais fortes que já conheci.

Talvez metade das pessoas hoje vivas nasceram com a possibilidade de instituições morais muito mais refinadas e excelentes que as que as leis e os costumes fundaram, e quase todas as outras podem aprender bastante. Com as coisas como são, elas são mais que suficientemente destruídas. Se desde os seis anos de idade elas fossem expostas a um ensino diário de direito, os danos seriam tanto maiores. Há um adequado paralelo com a "consciência", com a "inteligência": e os padrões de educação, que parecem ainda mais monstruo-

---

* Atriz de musicais norte-americanos (1912-82). (N. T.)

sos que os da lei, impõem-se assim como não se impõe a lei, e tornam-se idênticos ao conhecimento.

Sem equipamento para lidar com uma ideia abstrata ou para recebê-la: nem para receber ou lidar com todos os fatos complexos: nem para juntar fatos e ideias e deles fazer saltar qualquer fogo ou qualquer sentido. Eles são os revolucionários que precisam combater fogo e ferro e gás venenoso com tábuas de barril e com as mãos nuas: exceto pelo fato de que lhes falta até mesmo a ideia de revolução.

Seria tarefa narrativa de muitas páginas sequer sugerir vagamente o quanto isso tudo os deixa lentos, cegos e com mentes inúteis. Exatamente como com a comida, eles não conseguem conceber ou se interessar pelo que nunca provaram ou de que nunca ouviram falar. Todo o conhecimento, que não seja o mais simples, relacionado aos materiais imediatos e aos sentidos, é completamente irrelevante para a vida que estão levando. Talvez por sorte, a única coisa que os adultos certamente poderiam receber e compreender é o que um bom revolucionário poderia lhes dizer a respeito de sua situação imediata e do que se deve fazer a respeito dela: seguramente seríamos tolos, e tolos ofensivos, se tentássemos muito mais que isso, ou se tentássemos muito mais antes que isso se realizasse. As crianças poderiam aprender isso e muito mais.

Por várias razões eu não sou um bom revolucionário, e por mais que quisesse, pudesse suportar em minha consciência, ou em meu respeito pelo que eram como eram, fazer quase nada disso, além de determinar em geral o que poderiam aprender se o recebessem adequadamente. Mais ainda, conquanto haja revolucionários que respeito integralmente, e que quando apenas penso a seu respeito me fazem sentir desprezo por mim mesmo, fico cego ao pensar nos crimes que outros cometeriam contra eles, e neles instilariam; e por tudo que se pode ver e por todas as probabilidades estes últimos, que apesar de toda sua devoção e sua coragem me parecem estar entre as pessoas mais perigosas e hediondas à solta, são grandemente majoritários, e são eles que são os donos e que sempre hão de trair as revoluções.

"Noção de beleza": Será que ela é um "instinto" ou produto de um "treinamento". Em qualquer dos casos parece não haver nada disso entre os membros dessas três famílias, e tenho uma forte sensação de que a "noção de beleza", como quase tudo, é um privilégio de classe. Estou certo pelo menos de que seus "termos" diferem segundo as classes, e de que a "noção" é limitada e não articulada na classe dos colonos brancos em um nível quase além da esperança da possibilidade de descrição. (Isso muito além do fato de que em outras classes, em que é menos limitada, ela é quase cem por cento corrompida.) Eles vivem em uma terra, e em casas, e sob céus e estações que, todos, calham de me parecer lindos mais que quase tudo que conheço, eles mesmos, e as roupas que usam, e seus movimentos, e sua fala, são lindos com o mesmo estado comum e puro intenso e final: mas por que acaso tenho eu esta "opinião" ou "percepção" ou, poderia dizer, "conhecimento"? E por outro lado, por que isto parece lhes faltar tão completamente? Este último, para ele parece haver boas razões. Hábito. Ausência de bases para comparação. Ausência de "sofisticação" (pode haver um bom sentido para a palavra). Ausência de razão por que centelhas de razão considerem qualquer coisa em termos que não sejam os de necessidade e uso. Terra é aquilo de que você obtém comida: casas são aquilo em que você mora, sem conforto: o céu é seu incalculável amigo ou inimigo: toda a natureza, tudo que nela se constrói, tudo que se veste, tudo que se faz e de que se cuida, existe em simples e vigorosos termos de necessidade, esperança, medo, acaso, e função. Mais ainda, as mais profundas e mais simples "belezas", as da ordem das estrelas e da solidão em terras escuras e vazias, vêm ao menos parcialmente de um terror reverente e admirado, e isso em um ser simples é, simplesmente, medo informulável. É verdade que no pouco que podem delas obter, eles usam e respeitam as podres bonitezas das classes de mais "sorte"; em tal ingenuidade de que estas sejam beleza dada: mas via de regra parece bastante adequado dizer que sendo tão profundamente membros da natureza, entre coisas feitas pelo homem e funções que são quase tão nulamente complicadas "além" da natureza quanto podem tais coisas ser, e ainda existir em um plano "humano", eles são pouco se é que são de todo mais conscientes da "beleza", e nem de si próprios como "belos", do que qualquer outro membro da natureza, qualquer animal pelo menos. É bem possível, eu acreditaria que é provável, que muitos animais sejam sensíveis à beleza em termos de entusiasmo ou medo ou flerte ou luxúria; muitos, na verdade, são perfeitos e óbvios narcisistas: nesse sentido eu também imaginaria que os animais estejam mais bem equipados que os seres humanos. Eu diria também que há uma pureza nessa existência *na* e *como* "beleza", que tão vagamente pode ser consciente de si própria e de seu mundo como tal, o que se inevitavelmente perde com a consciência, e que isso é uma grave perda.

Mas também o são a habilidade de escapar ao engano e ao estrangulamento; e também o são o prazer, e a alegria, e o amor: e um ser humano que é privado dessas coisas e da consciência é privado quase que da própria existência.

Trabalho

Trabalho

Adentrar devotadamente as profundezas de um tema, seu respeito por ele aumentando a cada passo e seu coração inteiro se enfraquecendo em pedaços com vergonha de você e de seu modo de lidar com ele: Saber com o tempo cada vez mais e com o tempo cada vez mais no fundo de sua alma o quanto você é indigno dele: Que eu tenha ao menos a esperança de que seja algo a começar a aprender. Que tudo isso fique como fique: já que não posso fazê-lo à imagem do que deveria ser, que fique como a imagem que é: Estou falando de minha parte verbal deste livro como um todo. Com que tipo de prefácio posso deixar clara certa coerência essencial, que eu sei que está lá, equilibrada por seu caos, ainda não sei. Mas chegou a hora em que me é necessário dizer ao menos isso: e agora, tendo dito, prosseguir, e tentar encontrar uma abertura para este capítulo, que deveria ser uma imagem da essência mesma de suas vidas: ou seja, do trabalho que fazem.

É para as roupas, e para a comida, e para o abrigo, para com estes sustentar suas vidas, que eles trabalham. Nesse trabalho e necessidade, suas mentes, seus espíritos, e sua força são tão constante e intensamente sugados que durante o tempo em que não estão trabalhando, a vida existe para eles com pouco mais clareza ou variação e surto e apetite do que existe para os animais de mais singela organização, e para as plantas. Esse árduo trabalho físico, para o qual uma consciência mais desenvolvida que a da mais simples das crianças seria apenas um estorvo inútil e doloroso, é empreendido sem escolha ou a ideia de possibilidade de escolha, passado em ensinamento de pai para filho e de mãe para filha; e suas essenciais e parcas recompensas você viu; as casas em que vivem; as roupas que vestem: e ainda há de ver, e neste momento imaginar, o que ele lhes traz de comer; o que fez a seus corpos, e a suas consciências; e o que faz de seus momentos livres, os prazeres que ficam a sua disposição. Digo aqui apenas: o trabalho como meio para outros fins pode ter suas vantagens, mesmo aquele que por si próprio era trabalho tedioso e cruel, no qual a força de um homem foi usada em benefício de outro: mas os fins desse trabalho são quase totalmente absorvidos pelo próprio trabalho, e no pouco que reste, quase tudo se oblitera; quase nada se obtém; quase tudo é feramente maculado, nas tensões da necessidade física, e nas desesperadas tensões da necessidade de um trabalho que não está disponível.

Disse isso agora três vezes. Se fosse capaz, como queria ser, eu poderia dizê-lo uma só vez de tal maneira que estaria ali em seus completos pavor e espanto. E contudo sabendo, também, como ele se repete sobre cada um deles, em cada dia de suas vidas, de forma tão poderosa, tão inteira, que é simplesmente o ar que respiram, imagino se jamais poderá ser dito o bastante.

A singeleza e a iteratividade do trabalho devem ser uma das coisas que tornam tão extraordinariamente difícil escrever sobre ele. Representados os detalhes singelos de uma tarefa, rijo esforço já por si, como será possivelmente feito suficientemente claro que este mesmo conjunto de alavancas foi encarado por esta mulher em quase todos os dias dos onze ou dos 25 anos desde que se casou, e será persistentemente em quase todo dia por vir por todo o resto de sua vida; e que este é apenas um dentre muitos processos de exaustivo esforço que dão forma a cada um de seus dias de vida; como pode ser calculado, o número de vezes que ela fez essas coisas, o número de vezes que ainda há de fazê-las; como concebivelmente em palavras pode ser dado como é de fato, o peso acumulado dessas ações sobre ela; e o que esse acúmulo fez de seu corpo; o que fez de sua mente e de seu coração e de seu ser. E como isso pode ser feito tão real para vocês que leem a respeito, que se erga e se detenha em vocês como a mais profunda e férrea angústia e culpa de sua existência, que vocês são o que são, e que ela é o que é, e que vocês não podem por um momento sequer trocar de lugar com ela, nem através de qualquer esperança desse tipo expiar o que ela sofreu em suas mãos, e o que vocês ganharam nas mãos dela: mas apenas através de um processo de consumir tudo que há em vocês na determinação jamais relaxada de que isso há de ser modificado e há de ser retificado, e que do que é "certo" certa parte, o bastante em cujo nome morrer, está já clara, e a vasta escuridão do resto tem ainda, e muito mais passional e mais ceticamente que em qualquer momento anterior, de ser inquirida, defendida, e estudada. Não há modo de se pegar o coração e a inteligência pelos cabelos e arremessá-los a seus pés, e fazê-los olhar essa coisa terrível bem nos olhos: que são olhos tão doces: você pode encontrá-los, com toda a evocação de coração de que disponha, na fotografia neste volume da moça de cabelo preto: eles devem ser multiplicados, sem perder o conhecimento de que cada um é um indivíduo singular, irrepetível, sacrossanto, pelos 2 bilhões de criaturas humanas que estão vivas hoje sobre o planeta; dos quais algumas centenas de milhares são tragadas por complicações de angústia específica, mas dos quais o imenso enxame e maioria são feitos e coagidos como ela: e de todos esses indivíduos, contemple, tente abranger, o acorde singular e aniquilador.

Mas preciso recomeçar:

(Seleção da parte um:

A família existe para o trabalho. Ela existe para se manter viva. Trata-se de uma unidade econômica cooperativa. O pai realiza um conjunto de tarefas; a mãe, outro; as crianças, ainda um terceiro, com os filhos e filhas servindo de aprendizes junto a seu pai e sua mãe respectivamente. As famílias são chamadas de grupos, sem ironia; e as crianças vêm ao mundo principalmente para poder ajudar com o trabalho e para que com sua ajuda a família possa se multiplicar. Seus primeiros anos são livres; a vida de uma criança começa como brincadeira. Entre seus primeiros gestos estão gestos de trabalho; e todo o rumo imitativo de sua maturação e de sua inveja biológica é uma escada de aprendizado de tarefas e habilidades físicas.

Esse trabalho se solidifica e se torna cada vez mais, em quantidade e variedade cada vez maiores, uma parte integral de sua vida.

Além da imitação, ela trabalha como se fosse um homem afetado por três compulsões, em três estágios. Primeiro para seus pais. Depois para si própria, singular e errante na independência de sua masculinidade precoce: "para si própria", na medida em que quer permanecer viva, ou mais, e não tem quem dependa dela. Terceiro, para si própria e sua esposa e sua família, com um empregador. Uma mulher trabalha apenas para seus pais; depois, sem uma fase de transição, para seu marido e sua família.

Trabalhar para seus pais é uma coisa: trabalhar "para você" é outra. São ambas suficientemente difíceis, e contudo leves, em relação ao que está por vir. No dia em que você se casa, com cerca de dezesseis anos se você é menina, com cerca de vinte se é homem, vira-se uma chave, com um som que não se ouve com facilidade, e você está trancado entre terra e céu; a chave gira na fechadura atrás de você, e começa o trabalho pleno de sua vida, e nada existe que possa acarretar a possibilidade de ele parar que não a sua morte, que ainda está muito longe. Talvez seu melhor momento sejam seus dois primeiros anos, talvez mais ou menos, quando vocês são jovens e talvez ainda gostem da companhia um do outro ou não tenham ainda perdido toda a esperança, e quando ainda não há tantas crianças para pesar sobre vocês. Talvez seu pior momento sejam os próximos dez a vinte anos, quando há cada vez mais crianças, mas nenhuma delas, ainda, com idade suficiente para poder ajudar muito. Mal se poderia descrever um alívio da situação depois disso, pois proporcionalmente ao tamanho da família, foi necessário assumir mais terra e mais trabalho, e, também, um filho ou uma filha acaba de crescer o bastante para ser plenamente útil para você, e casa ou vai embora sozinho: e contudo é verdade, de qualquer maneira, que a partir dali há bastantes pessoas fortes e consideravelmente responsáveis na casa além do homem e sua esposa. Na verdadeira velhice, com um dos dois morto, e as crianças todas casadas, e quem restou enviuvado se abrigando com eles nas lentas rotações de um graveto boiando, esperando morrer, há um certo alívio, dependente de mais do que o indivíduo: pode-se escolher tentar trabalhar pesado e parecer ainda capaz, por um sentido de dever e um desejo de ajudar, ou por "egoísmo", ou por causa do pavor de se deixar cair da vida; ou se pode relaxar, e viver despercebido, sem que jamais alguém lhe dirija a palavra, já morto; ou ainda, a vida pode ter agido sobre você de tal maneira que você não tenha escolha: ou mais ainda, com uma esposa morta, e filhos fora de casa, e uma longa vida dura por trás de você, você pode escolher se casar de novo e recomeçar todo o ciclo, colocando de novo sobre os ombros o grande peso que um rapaz carrega, como fez Woods.

Esse é o padrão geral, seus movimentos dentro de si próprio desdobrando-se ágeis, lentos, graduais, grandiosos, tremenda e tranquilamente sopesados, como uma dança heroica: e os corpos nessa dança, e os espíritos, passando por suas lentas, miraculosas, e pavorosas mudanças: uma coisa como essa de fato deveria ser construída precisamente por essas pessoas: o grande, sombrio, feto embalado pelo troar do sangue e cingido de um elmo de broto de feijão, que se desfralda na esposa de Woods; os bebês das três famílias, andando felizes aos tropeços, chapéus na mão cheios de algodão recém-colhido; os filhos dos Ricketts como delirantes cervatos ou panteras; e a secreta Pearl com seu pecado perverso; Louise, erguendo-se para descansar as costas, o pesado saco se arrastando, olhos sobre você; Junior, ciumento e preguiçoso, fazendo-se de doente, dedos machucados; as filhas dos Ricketts, a mais jovem pisando linda como uma égua nova, a mais velha ao fogão com a boca retorcida; Annie Mae aos 27, em seu varrer angulado, cada movimento uma maravilha a se observar; George, em suas roupas domingueiras com os punhos curtos nos punhos cerrados, olhando para você, cabeça levemente de lado, olhos francos um pouco apertados como se estivesse olhando para uma fonte de luz; a sra. Ricketts, naquele período de luto quando vinda do milho ela se deixa rolar para as verdes dores berrantes de sua casa, cai em uma cadeira em sufocações que são quase soluços gemidos, e seca na saia erguida a cabeça delicada e fedorenta; Senhorita-Molly, cortando lenha como se em cada golpe do machado segurasse presa e focada a vingança de todo o tempo; Woods, atrasado em sua colheita, forçado a parar e descansar vezes sem conta, cuja morte se apressa contra os conselhos de um médico só pelo fato de estar na colheita: vejo esses entre outros sobre o barro nas graves mutações de uma dança cujo afã é o gênio de uma câmera de filmagem, e que não espero jamais registrar: e contudo aqui, talvez, se não dessas arcaicas circulações do rude altar de barro, mas de suas formas de trabalho, posso fazer alguns rudes esboços:

Um homem: George Gudger, Thomas Woods, Fred Ricketts: seu trabalho é com a terra, nas estações do ano, no sustento e comando de sua família, instrução de seus filhos:

Uma mulher: Annie Mae Gudger, Ivy Woods, Sadie Ricketts; seu trabalho é no cuidado da casa, o preparo da comida de cada dia e da estação morta, o gerar e criar seus filhos, instrução das filhas:

Crianças: todas essas crianças: seu trabalho é como se lhes diz e ensina até o momento em que fiquem fortes e escapem, e, ao escapar de um aprisionamento, vejam-se submetidas a outro.

Há épocas do ano em que todos esses três se sobrepõem e colaboram, todos no campo na demanda, principalmente, do algodão; mas mais geralmente, a mulher é criada do dia, e da vida imediata, e o homem é servo do ano, e da base e das fronteiras da vida, e é seu comandante; e as crianças são criadas de seus pais: e o centro de sua existência, a obra central, aquela pela qual eles têm sua terra, seu abrigo, sua vida, aquela pela qual devem trabalhar sem outra recompensa que não esta, porque não são donos de si próprios, e sem esperança ou interesse, aquela que não podem comer e por que não obtêm dinheiro mas que está no centro de seu dever e de seu maior empenho de força e espírito, o cultivo e a colheita do algodão: e todo esse esforço se dá entre uma terra estéril e um céu incontrolável que nas oferendas que lhe fazem centraliza suas principais reverência e medo, e a mais profunda franqueza de suas orações, que leem nessas maquinações de seus céus todos os sinais de um destino que o trabalho mais duro não pode ajudar muito, e, não diferentemente dos mais antigos povos da terra, fazem suas plantações nas piedades desapiedadas da lua.

Trabalho 2: algodão

O algodão é apenas uma dentre muitas culturas e muitas lidas: e todas essas culturas e lidas representam a própria vida. O algodão nada representa disso. Ele demanda mais trabalho de uma família de colonos e gera menos recompensa que todo o resto. Ele é a razão por que o colono tem os meios para fazer o resto, e para ter o resto, e para viver, como colono, afinal. Desconsideradas algumas pequenas negligibilidades de trabalhos menores de venda e escambo e fora-da-estação, ele é sua única fonte possível de dinheiro, e graças a esse fato, embora a sua vida dependa muito menos de dinheiro que das manipulações da natureza imediata, tem certa realeza. Ele é também o que lhes dá tudo que não seja dinheiro. Mas é também sua principal obrigação contratual, em nome da qual devem negligenciar todo o resto se for o caso; e é a alavanca central e central símbolo de sua privação e de sua vida jogada fora. É a única cultura e lida que de nenhuma forma possível é útil para o colono como está; é entre todas elas a única que deve e pode ser transformada em dinheiro; é entre todas elas aquela por que mais se interessa o proprietário; e é entre todas elas aquela de que o colono menos pode esperar, e em que pode ter mais certeza de que está sendo enganado, e será sempre enganado. Todas as outras tarefas são incidentais em relação a ela; ela está constantemente na cabeça de todos; e contudo de todos os trabalhos é aquele em que o colono deposita menos esperança e menos interesse, e ao qual deve devotar quase toda sua energia. Qualquer tentativa menos intricada e autocontraditória de entender o que o algodão e o trabalho com o algodão "significam" para um colono seria, parece-me, falsa para com ele. Ele tem a duplicidade que têm todos os trabalhos com que nos mantemos vivos e nos quais nossa vida vira uma ruína deixada para trás, e o mesmo efeito tensionado e crepuscular sobre aqueles que devem realizá-lo: mas como é apenas um entre os muitos trabalhos através dos quais uma família de colonos deve se manter viva, e desvia todos os outros, e recebe uma luz ainda outra de suas mais pessoais necessidades, recompensas, e valores, seus significados são muito mais complexos que os de quase todos os outros trabalhos: trata-se de um magneto forte e sem viço entre muitos outros mais fracos e que concedem mais vida e esperança. Na mente daquele em quem esses magnetismos são cotidianos e impostos por hábito desde o nascimento, esses significados formam uma só pasta sombria de húmus: e contudo todas as suas díspares forças atraem simultâneas, e por elas o cérebro é completamente tragado e esquartejado. Parece-me que é apenas por um tal complexo de significados que um colono pode sentir, para com aquela cultura, para com cada planta que nela esteja, para com todo aquele trabalho, o que ele e todas as mulheres adultas também parecem sentir, um automatismo particular, um ódio quieto, apático e não articulado conquanto profundamente vingativo, e ao mesmo tempo uma total desesperança, e as mais profundas de suas angústias e de suas esperanças: como se a planta se erguesse imensa no instável céu grudado sobre eles em tudo que fazem como os olhos de um supervisor. Realizar a totalidade do trabalho de sua vida a serviço desses esfacelares de ambiguidades; e ter nele maculadas e esfaceladas todas as outras tarefas e toda sua consciência: posso imaginar poucas outras coisas que possam ser tão inevitavelmente destrutivas para o apetite pela vida, para o espírito, o ser, ou qualquer outro nome pelo qual se devam chamar os centros dos indivíduos: e isso muito literalmente: pois exatamente como existem profundas mudanças químicas ou elétricas em todo o corpo quando há raiva, ou amor, ou medo, elas devem certamente também existir no centro desses significados e de suas emoções dirigidas; talvez essencialissimamente, um peso incalculavelmente sombrio e enorme e um escuro ferro nodoso de subnáusea no topo do diafragma, escurecendo e enfraquecendo todo o corpo e o ser, a sensação literal segundo a qual as palavras "um coração partido" não são mais poéticas, mas são meramente a descrição mais possivelmente precisa.

E contudo essas coisas por si próprias se recolhem quase além da visibilidade, e o verdadeiro foco e sua verdadeira narração estariam nas exatas texturas de cada tarefa imediata.

Sobre o plantio do algodão eu quase nada sei por meus próprios olhos; o resto eu recebi de Bud Woods. Fiz perguntas suficientes a outras pessoas para perceber que cada colono difere um pouco em seus métodos, de modo que nada disso pode ser exposto como um "padrão" ou como "correto"; mas as dissonâncias são de pequenos detalhes e não do quadro e da série ao longo do ano. Tenho um respeito demasiado profundo por dialetos, quando são usados por quem tem direito a eles, para não usá-los sem hesitar, mas decidi usar um pouco da linguagem de Woods aqui. Decidi, também, tentar usar minha imaginação um pouco, com todo o cuidado possível. Devo advertir vocês de que o resultado certamente será algo impreciso: mas de qualquer maneira é preciso para com minha ignorância, que eu não desejaria disfarçar.

A partir do fim da estação e por todo o inverno o algodão e o milho se erguem desnudados, destruídos, o algodão negro e marrom, o milho cinza e marrom e ouro apodrecido, muito mais abatido, as encostas de matas, nuas, empapadas e negras, a terra em sombra úmida ou com um brilho de ferro, pacífica e esgotada; a aparência das árvores em uma região outrora plenamente em flor onde ocorreu tal queimada bélica que nem mesmo para pássaros e insetos restou comida, todos agora reduzidos a total silêncio, e as casas nuas escuras de umidade, sob o suave pranto do sol invernal de dias de outono, quando tudo brilha em ouro conquanto inerte, e sob as constrições dos duros congelamentos quando a terra é riscada e cortada de gelo, e das leves, dolorosas neves transportadas pelo vento, dando à terra sua forma, e, acima de tudo, das longas, silentes, inesgotáveis, e negras chuvas de inverno:

No fim do outono ou meio de fevereiro, este colono, qual dentre os três ou dentre os milhões não me importa — um homem, vestido para o frio úmido, pode ser visto, miúdo e escuro em seus campos prostrados, derrubando essas florestas às vezes secas, às vezes podres, safras do ano anterior, com um bastão ou uma foice, pondo a morte para dormir, limpando a terra: e no fim de fevereiro, cumprindo uma obrigação para com seu senhorio, ele empresta uma outra mula e, com um arado de dois cavalos, ergue os diques,* ou seja, os terraços, que hão de preservar sua terra; isso em uma luz tranquila que se adoça e na odoriferosidade dos presságios da primavera, e um farfalhar dos rasgos da terra pesada, mulas movendo-se com um método lento mal-desperto como que de um trabalho de antes de nascido o sol, sabendo que o verdadeiro trabalho do ano que está por vir ainda não começou, está-se apenas preparando. É quando isto está feito, cerca de 1º de março, que começa o trabalho de fato, com o que se planta onde, e com que tipo e quantidade de fertilizante, determinados pelo senhorio, que também, se assim o desejar, vai criticar, aconselhar e imperar em todos os estágios de plantio e cultivo. Mas o trabalho físico, e a bem da verdade o conhecimento com que trabalha, é do colono, e este é o décimo ou o décimo quarto ano em que dá início a ele, e é do colono que quero falar.

Como você abre a terra depende em primeiro lugar de você ter uma ou duas mulas ou poder se juntar a outro colono para trabalhar com duas mulas. Se você puder, é muito melhor para arar. Com duas mulas você pode contar fazer tudo da forma mais acabada. Mas se você só tem uma mula você abre o que tem tempo de abrir, mais raso, e, quanto ao resto, você faz sementeiras, ou seja, usa a terra.

Lavrar, abrir a terra e arar: pegar uma charrua, que é basicamente o mesmo que um arado de relha, e, conduzindo a mula em contornos concêntricos com o formato do campo, expor o mais largo e mais fundo que for possível uma tira da terra dura o quanto puderem fazê-lo a força da mula e sua condução: vinte de largura por quinze de profundidade com um arado de um cavalo, e duas vezes isso com um duplo, é ter feito direito: a operação tem um quê hesitante e oscilante conquanto firme de um pequeno veleiro cavalgando uma borrasca.

Onde você abriu a terra, você então dispõe os sulcos separados por cerca de um metro, com um arado manual; e põe o fertilizante; e de quatro em

---

* Essas fazendas estão a um estado ou mais de distância do rio. Diques originalmente se aplicavam a terras ou a rios? Deve ser uma palavra fluvial, pois o hábito de se erguerem terraços contra a erosão é recente nos Estados Unidos. Então o Mississipi tem um poder tão grande que homens que jamais o viram usam sua linguagem em seu trabalho.

quatro sulcos, com uma charrua, amontoa a terra por sobre o sulco fertiliza-do. Mas se, na falta da força de mulas, você ainda tem terra que não foi lavra-da, e está perto da hora de plantar, você amanha o resto. Há dois tipos de amanhos. O primeiro é o amanho duro: abrir o monte duro entre as fileiras.

Amanho duro: disponha o arado paralelo à linha dos caules (do ano pas-sado) e a sua direita, siga cada fileira até o fim e a contorne. A terra se abre sempre para a direita. Então disponha o arado bem próximo dos caules e faça de novo a volta. Nessa segunda passagem limpa-se a soqueira e entre cada par de fileiras fica um canteiro de terra macia: ou seja, lavrou-se toda a terra dura. Esse é o primeiro amanho.

Então ponha guano na linha em que estavam os caules, com máquina ou com chifre. Poucos colonos usam a máquina; a maioria deles ou compra um chifre ou o faz, como faz Woods. Trata-se de um longo cone de lata, pequeno e baixo, com um cabo de madeira, e um furo do lado de baixo. Ele é segurado com a mão esquerda, apontado para o sulco, e alimentado aos punhados, em um ritmo estável, do saco de fertilizante, esboço de avental, que pende pesado do lado direito.

Depois que você spaiô o feltilizânti você devolve a terra revirando-a exa-tamente como antes em dois movimentos de arado: e este é o segundo ama-nho. Faça rasa a sementeira, ou você não vai conseguir trabalhar direito.

Se fez tudo isso você não tem um só cantinho de toda sua terra que não esteja pronto: e pode começar a plantar.

Mas grosseiramente, apenas como que por sugestão, compute o traba-lho que até aqui se realizou, em dez acres de terra, lembrando que isso é sem contar dez acres a mais de milho e algumas plantações menores: quantas ve-zes retraçou-se esta terra sob a guia de passo oscilante e as tensões e açoites e ordens do arado, e com o chifre segurado em mão firme, o arco estável do braço direito e da mão direita cerrando-se em punho e se abrindo como um coração, o peso trepidante do saco do lado direito?

Arando, toda a placa inconsútil aberta em fatias de retilíneos concêntri-cos, separados por vinte centímetros, profundas em quinze se com uma mula, quarenta distantes e trinta profundas se com duas: lembre quanta linha se enrosca em um rolo ou dentro de um disco de fonógrafo: e então cada cova, a cada metro de distância, esvaziada com um arado de mão: e em cada cova o adubo deposto: e cada cova organizadamente recerrada em quatro passagens por seu todo comprimento: ou as sementeiras, a primeira operação em quatro passagens por cada comprimento; e depois o fertilizante: e quatro passagens a mais por cada comprimento: cada uma das muitas linhas de todo um campo percorrida oito vezes com um arado e uma nona à mão; e só agora estão prontas para o plantio.

Plantio

Há três charruas que se podem usar, mas a de dentes de mola é a melhor. A charrua de corte com dentes longos rasga e destrói teus canteiros; a de dentes curtos é melhor. Mas prende nos tocos e tem mais chance de entupir os canteiros que de amaciá-los. A de dentes de mola anda ligeira mas incisivamente com uma espécie de sensibilidade de movimento de joelho diante das modulações do solo, e salta os tocos. Você passa por uma só fileira por vez e logo atrás da charrua vem o plantador. O plantador é mais ou menos como o marcador de uma quadra de tênis: uma lata de sementes presa entre rodas leves, com um pequeno arado que se projeta debaixo de si como um pé por sob uma saia armada. O pequeno bico do arado cinde a terra; e logo em seu calcanhar elevado a semente escorre em um fluxo de fiandeira; uma roda chata achata de novo a terra: um ato leviano, de passagem, tenro, de uma sexualidade férrea, que absolutamente merece ser posto ao lado da caixinha e do braço de mãos largas que se alarga em gesto amplo.*

Dependendo da umidade e do solo, serão de cinco dias a duas semanas até que o algodão apareça.

O cultivo começa assim que ele mostra mais de dois centímetros.

---

* Não estou muito certo dessa máquina de plantar; não as vi por ali; mas o que Woods me descreveu parecia se encaixar com coisas que eu vi, e não lembrava com perfeita clareza, em minha infância. A caixinha ainda é usada, diz Woods, por alguns dos fazendeiros mais antiquados e por alguns negros. Também não sei muito ao certo, mas me interesso porque segundo Woods seu emprego é *bem* antigo. Minha "impressão" é que se trata de algo bastante simples: um cilindro oco de madeira, feito em casa, com um furo para regular a condução do fluxo cadente de sementes como seria mais difícil fazer com a mão.

Cultivo:

Defesa: destorroamento: raleação: acabamento:

O primeiro trabalho são as defesas.

Prepare um arado de roda de treze a quinze centímetros, o menor que você tiver, o mais perto dos caules que você puder chegar sem danificá-los, a largura de um dedo se você for bom nisso, e jogue a terra para o meio. Ao lado desse arado corre uma larga guarda de lata, que não permite que caia um torrãozinho sequer sobre as plantas jovens.

Então vem o primeiro de quatro destorroamentos. Os estorradores são estacas cegas com um formato que lembra muito o de uma arraia. Por sobre suas cabeças grossas e seus ombros largos eles nem reviram nem espalham a terra, mas a jogam para o meio dos canteiros, dos dois lados. Para o primeiro destorroamento, você ainda usa a guarda. Use um estorrador pequeno, mas o maior que você ousar; provavelmente o de 45 centímetros.

Depois disso vem a raleação, e nela a família toda ajuda inclusive as crianças de sete ou oito anos, e com isso eu quero dizer que a família trabalha nisso em tempo integral. A raleação é um trabalho simples e duro, e quente, pois a essa altura o sol, apesar de ainda úmido, está muito forte, quente com uma intensidade como que pruriente que mal se conhece nas primaveras setentrionais. O trabalho é, simplesmente, diminuir o algodão de pé; morrinhos separados por trinta ou quarenta centímetros, de dois a quatro caules por morrinho. Isso se faz com uma lâmina de enxada de entre vinte e 25 centímetros. Você corta o algodão rente ao solo, curvado só um pouco acima dele, com um golpe curto e duro da lâmina, de que cada golpe é trabalho bem leve; mas multiplicado pelas muitas centenas em cada hora continuamente acrescentada; primeiro doem os antebraços, que endurecem tanto que parecem se tornar ossos, e com o tempo a coluna toda.

O segundo destorroamento se faz com o estorrador de cinquenta ou 55 centímetros que você vai usar daqui em diante; e então vem o trabalho de carpir, outro trabalho para toda a família; depois você corre os meios; ou seja, larga soda com a mão, o chifre ou uma máquina; a soda faz a planta, o guano dá os frutos; depois vem o terceiro destorroamento; e mais uma capina. No primeiro e no segundo destorroamentos você foi bem fundo. A matéria é particulada e você quer gerar solo solto para suas raízes novas. O terceiro destorroamento é raso, pois a as raízes já se estenderam a ponto de correr risco.

O quarto destorroamento é uma passada tão ligeira que pouco mais é que um ritual, como os últimos e delicados momentos de um barbeiro com sua musa antes de erguer o espelho para o lado escuro de seu crânio. O algodão tem de ser tratado com muito cuidado. À altura desse último destorroamento ele está forte. Rompam-se raízes, falte chuva, e ele se detém qual martelo imóvel.

Esse quarto destorroamento é a operação mais adequadamente chamada de acabamento. Daqui até a temporada da colheita, não há mais o que o fazendeiro possa fazer. Tudo depende do céu, da terra, e do próprio algodão; e em seis semanas a contar de agora, e enquanto o fazendeiro luta contra os inimigos que tenha e que possa tocar, e, na falta de dinheiro de rações com que viver, está desesperadamente procurando e possivelmente encontrando trabalho, ou com sua família ele pende como que de um gancho na varanda no terrível à-toa, o algodão cresce, e o destino de seu ano está sendo tranquilamente disputado por agentes que ele não pode controlar. E nesse brilhante apogeu do verão, enquanto ele, assim, espera o que possa esperar, e defende o que possa defender, são esses seus inimigos, e é isso o que faz o algodão de seu tempo:

Cada quadrado se aponta. Ou seja: em pontas de ramos, algumas das folhas franjadas se enroscam na forma aguda do prepúcio de um bebê; cada quadrado se aponta: e abre uma flor branca e chata que no dia seguinte se torna rosa, roxa no outro, e no dia seguinte fenece e cai, empurrada pelo crescimento, na base do botão, da maçã. O desenvolvimento de folha a maçã consome três semanas no começo do verão, dez dias no calor mais tardio, mais longo e mais intenso. As plantas estão bem cobertas de quadrados apontados, e jovens maçãs frias, no momento da última varredura; e o florescimento continua por todo o verão. O desenvolvimento de cada fruto do tamanho de uma ervilha até o ponto em que, com o tamanho de uma noz grande, ele escurece e seca e seu conteúdo branco silenciosamente o explode, leva de cinco a oito semanas e de modo algum está concluído quando começa a temporada da colheita.

E enquanto isso os inimigos: cravo-da-roça, ambrósia-americana, maçambará; o caruncho, a formiga-cortadeira; os inapreensíveis acasos do céu. O cravo-da-roça é eliminado com facilidade e não volta. A ambrósia volta, cada vez com mais um dente. Essa erva pode aniquilar tua plantação. O maçambará só se controla com tesouras e o auxílio do demônio em pessoa. Você não consegue controlá-lo rotineiramente com o arado. Se você simplesmente o corta com a pá, ele está do tamanho de um polegar na manhã seguinte. O melhor que você pode fazer é retirar a raiz com o canto da pá, e isso não o contém muito bem.

Os carunchos* dão muito menos trabalho do que já deram, mas não as formigas-cortadeiras. As formigas-cortadeiras são o diabo. As maiores dentre elas chegam a ter o tamanho de um dedo mínimo. Comem folhas e brotos e maçãs novas. De início aparecem em pequena quantidade. Elas se prendem às folhas e se transformam em içás, as içás põem ovos, os ovos se transformam em larvas aos milhões e se elas já chegaram a esse estágio você consegue ouvir o som de todas elas se alimentando de todo o campo e ele parece o de um incêndio na mata. São uma ameaça terrível mas não tão difícil de controlar quanto o caruncho. Você mistura arsênico com uma farinha de trigo de qualidade questionável e polvilha as plantas no fim de uma tarde (quase à noite) ou logo de manhã (antes do amanhecer); e o orvalho faz disso uma pasta que não se descola.

É apenas em um ano muito incomum que você vai ter bons resultados com as duas plantações mais importantes, as duas de que basicamente depende a vida, porque precisam de chuva e de sol em quantidades muito diferentes. O algodão precisa consideravelmente menos de chuva que o milho; trata-se realmente de uma flor solar, um girassol. Se ele há de receber uma inundação de chuva, é melhor que ela venha antes das flores; e se tiver de chover durante aquela parte do verão em que um campo de bom tamanho está gerando fardos de flores por dia, era melhor chover no fim da tarde quando os botões estão se fechando ou à noite, não de manhã ou no meio do dia: pois nesses momentos o botão está escancarado; a chuva penetra com facilidade e não o larga; ele se fecha molhado, azeda e gruda na maçã; na manhã seguinte fica vermelho e cai. Muitas vezes a maçã cai com ele. Mas a que fica na planta está azeda e podre e não serve mais. Ou para dizer de outra maneira, às vezes

---

* Se bem me lembro, as pessoas nunca aprenderam um método bem-sucedido contra eles, e é um certo inseto, cujos nome e espécie me escapam, que os mantém sob controle.

apenas uma chuva na hora errada do dia na hora errada do verão pode pôr a perder um fardo inteiro da safra.

Portanto não é surpreendente que sejam constantes leitores do céu; que para eles não contenha um só grama de "beleza" (embora eu não conheça céus mais magníficos que os do Alabama); que seja o magneto de suas devoções mais profundas; e que tenham, também, o profundo pavor de tempestades que aparentemente é comum a todos os povos primitivos. O vento os aterroriza tanto quanto as nuvens e relâmpagos e trovões: e lembro como, sentado com os Woods, em uma tarde em que George estava fora, trabalhando, e uma tempestade se formava, a sra. Gudger e seus filhos vieram correndo por quase um quilômetro sob o ar que se transformava em trevas para se abrigar com alguma companhia. Gudger diz: "Nunca dá pra saber o que tem numa nuvem".

A temporada da colheita

No fim de agosto os campos começam a ficar mais raramente brancos de flores tardias e mais frequentemente de algodão e depois ainda mais grossos de algodão, uma reluzente constelação de algodão em terra, cada vez mais eclodindo em mais milhões de pontos, todas as folhas parecendo menores, encolhidas; muito semelhantemente à forma como à noite toda a fachada do universo se imprime cada vez mais nitidamente na escuridão que aumenta; e a larga luz tremenda e desprovida de nuvens segura em suas mãos a terra imobilizada e condicionada como que sob uma campânula e uma lente de raios candentes; brilhando de maneira tal que metade e dois terços do céu são dolorosos de se olhar; e nesse branco forno de maturação as maçãs crescidas riscam-se de um verde ferruginoso, depois de bronze, e se racham e se abrem em um frouxo vômito de algodão. Essas maçãs abertas agora são capulhos, duros e angulosos como madeira entalhada, quase tão pontudos quanto espinhos, rasgados em três ou quatro ou cinco gomos ou células. De início é lento, apenas algumas dúzias espalhadas aqui e ali e então algumas dezenas de dúzias e então há um espaço de dois ou três dias em que todo um campo parece estar se abrindo em um só farfalhar, e nesse momento parece natural que deva ser abordado e colhido, mas todos os colonos mais temperados e experientes esperam mais alguns dias até que valha plenamente o esforço: e durante essa eclosão de capulhos e essa espera, há uma espécie de fertilização, como que fundo sob o solo, de toda a existência, para um clímax que não pode mais ser muito adiado, mas que se sustenta das tensões dessa relutância, desse tensionamento e desse adiamento: e isso também pode ser visto em longos passeios de carro por entre esses campos salmilhados, e em qualquer uma das pequenas cidades ou nas capitais dos condados, e nos olhos modificados de qualquer dessas famílias, uma espécie de tensionamento como que de uma corrente marítima, o mundo todo e o ano erguidos quase em sua crista, e logo começando a longa queda inverno abaixo: crianças, e por vezes um homem ou uma mulher muito jovens ou muito velhos, cujo trabalho mal principiou ou cujos últimos emprego e clímax este pode ser, se veem profundamente tomados por uma excitação e uma inquietude para começar a colher, e nas cidades, onde há de valer dinheiro, as cidades cuja existência é para ele e dele depende, e que na maior parte do ano restam afundadas, adormecidas como que no fundo de um oceano: essas cidades se aprestam despertas; mesmo as ruas escaldantes de uma cidade grande se veem sutilmente modificadas nessa estação: mas Gudger e sua esposa e Ricketts e Woods, e a maioria dos cabeças do milhão e um quarto de famílias que fizeram o que se vê e que hão de realizar o trabalho de apanhá-lo para seu próprio mal e o bem de um terceiro, eles estão apenas um pouco mais calados que o normal, como poderiam estar se estivessem esperando pela chegada de um trem, e ficam olhando para os campos, e julgando-os; e finalmente em uma manhã (as mulheres dos Ricketts já estão três dias adiantadas em seu trabalho esfarrapado), Gudger diz, Bom:

Bom: acho que era melhor a gente começar a colher amanhã.

E muito cedo na manhã seguinte, com seus chapéus largos e grandes sacos e os cestos de nogueira, eles partem, calados, corpos todos adernados, morro acima: e em cada campo, por centenas de quilômetros, negros e brancos, é a mesma coisa: e sendo como é, é uma alegria que mal toca qualquer colono; e se esgarça e se esfiapa em meia manhã, e desaparece por um ano.

É um trabalho simples e terrível. A habilidade é de alguma ajuda; toda a resistência que você possa buscar nas raízes de sua existência para opor a ele será completamente empregada como combustível para ele: mas nem habilidade nem resistência podem deixá-lo mais fácil.

Sobre o ombro direito você jogou um longo saco branco que arrasta metade de seu comprimento atrás de você. Você trabalha com as duas mãos tão rápido e tão constantemente quanto possa. O truque é pegar o algodão entre as pontas dos dedos bem na raiz dentro do capulho em todos os três ou quatro ou cinco gomos ao mesmo tempo de maneira que saia inteiro em um só puxão. É bem fácil com um capulho talvez em cada dez, quando o algodão está prestes a cair; com o resto, as fibras são mais leves e complicadas. Então um outro truque é aprender essas diversas formas diferentes de capulhos e resistências o melhor que se possa por instinto, de modo que não haja segundas tentativas e atrasos, e que nenhum fique para trás no capulho; e, também, julgar com a mesma velocidade quais podem estar podres e sujos demais para isso, e quais ainda não estão prontos para ser colhidos: há muita coisa suspensa entre essas pequenas incertezas, e há que não haver retardo, nem necessidade de usar o julgamento consciente, e poucos enganos. Ainda um outro truque é, entre essas vigorosas demandas de eficiência, julgamento adequado, e velocidade maximizada, não machucar os dedos no capulho além do que não se possa evitar. Você teria de se esforçar muito para rasgar sua carne em qualquer capulho individual, seja em suas pontas agudas, seja em suas bordas; e uma só gota de chuva é apenas tangencialmente útil para o trabalho de aplainar uma montanha; mas em cada gesto da mão que colhe os dedos percorrem a fundo o caminho entre todas essas bordas duras e agudas. Em duas horas de colheita as mãos estão praticamente esfarrapadas. No fim de uma semana você está escolhendo que dedos usar, ainda constrangido pela necessidade de velocidade. Na última das três ou cinco passagens pelo campo, nas últimas e longas semanas da estação, você poderia se ver feliz se fosse possível trocá-los por carbúnculos. Com cada uma dessas centenas de milhares de inserções das mãos, além do mais, os dedos formam um bico apertado, em uma ação que afeta cada junta e tendão da mão. Sugiro que vocês tentem, trezentas vezes seguidas, o seguinte exercício: formem a ponta mais cerrada que conseguirem com os cinco dedos da mão, tentando ao mesmo tempo segurar algodão solto com a palma; vocês verão que isso pode muito rapidamente cansar, gerar cãibras e deteriorar o instrumento todo, e vão entender a facilidade com que o reumatismo pode cobrar seu preço em um lugar como este.

Enquanto isso, também, você está trabalhando em uma terra com o sol e o calor específicos de uma região como esta nesta época do ano: uma luz que se ergue e se empilha sobre você com o peso sereno da água do fundo do mar, e um calor que faz o corpo, de juntas e músculos e finas estruturas, reluzir como uma só mancha de óleo; e esse peso brilhante de calor acumula-se sobre você cada vez mais intenso a cada hora que se acresce de modo que pode chegar a parecer que você é um batiscafo cujas emendas tensionadas hão de se romper a qualquer momento, e os olhos se marcam dos aguilhões do suor, e a cabeça, se sua saúde está um pouco instável, urra delicadamente, como um maçarico particular, e lateja menos delicadamente com sangue doloroso: e também o saco, que pode conter quase cinquenta quilos, está ficando cheio no que se arrasta de uma planta a outra, entre quatro e nove capulhos por planta, a serem agilmente dedilhados, e a carga levada num dar de ombros por mais um meio metro e a fileira branca se estendendo a sua frente até se desfocar e inumeravelmente multiplicada em outras fileiras brancas que ainda não foram tocadas, e capulhos mais novos na fileira limpa atrás de você já começando a eclodir como lenta pipoca no calor, e o saco cada vez mais pesado, de modo que o puxa para trás como o faria um animal e não um peso morto: mas não é só isso: os pés de algodão são baixos, de modo que com esse calor e com esse fardo do sol imanente e do saco que se torna mais denso ao ser arrastado, você está continuamente dobrado mesmo que seja uma criança, e está curvado muito profundamente se for um homem ou uma mulher. Costas fortes são uma dádiva de Deus, mas nem mesmo as costas mais fortes foram projetadas para este tratamento, e combinam-se perto dos rins, e escorrem coxas abaixo e espinha acima e através dos ombros a fraqueza formigante de uma papa ou de água, e uma dor que aumenta em progressões geométricas, e com o tempo, na base da coluna, uma literal e persistente sensação de lasseamento, empenamento, rachadura e rompimento: e tudo isso, mesmo com a natureza tendo endurecido sua carne e anestesiado seus nervos e seus poderes de reflexão e de imaginação, mesmo assim acaba por chegar ao cérebro e aos nervos mais especulares, e portanto se redobra sobre si próprio de maneira ainda muito mais poderosa: e tudo isso acumulado sobre você durante cada uma das horas do dia e durante cada dia com uma força que repouso e comida e sono só parcial e superficialmente aliviam: e embora, no fim da estação, você se veja livre do pior calor, isso vem em troca finalmente de uma friagem que muitos colhedores apreciam ainda menos, já que ela deixa lento e gélido o traje lubrificante de suor com que trabalham, e deixa seriamente mais lentos e endurecidos os dedos que a essa altura mal suportam a excruciação de cada toque.

A expressão dos colonos já foi empregada *ad nauseam* pelos mais desprezíveis dos jornalistas do norte, mas por acaso é acurada: que a colheita segue dia a dia do posso ao não posso: às vezes, se há uma sensação de pressa, os Ricketts continuam com ela à luz da lua. No calor calcinante do princípio da estação, a não ser que haja pressa em se antecipar a uma chuva ou de completar uma carroça já quase cheia de fardos, o costume é abandonar o trabalho por uma hora e meia ou mesmo duas na pior parte do dia e sentar ou deitar na sombra e na possível corrente de vento do corredor ou da varanda dormindo ou apagando brevemente depois do almoço. Esse tempo se estreita com o passar das semanas e com uma sensação de pressa e de um desejo de acabar com tudo isso, que cresce nos colhedores e é apertado pelas mãos do senhorio. Ouvi falar de colonos e colhedores que não têm período de descanso nem refeição no meio do dia,* mas aqueles que conheço os têm. É claro que não há comparação em substância e variedade com as fartas e orgulhosas refeições que as fazendeiras das regiões em que se planta trigo preparam para quem ajuda na colheita, e que certos virgilianos tardios consideram de forma tão saborosa como algo que participa do que gostam de chamar de "cenário americano". Trata-se na verdade da comida comum de todo dia, talvez com um pouco menos de variedade que no começo do verão, apressadamente preparada e aquecida por uma mulher que saiu correndo exausta do campo o menor tempo possível antes de sua família, e servida em pratos que ela apressadamente enxaguou antes de sair correndo de manhã cedo o menor tempo possível depois deles. Quando estão todos servidos, ela lava correndo os pratos e põe seu chapéu de palha ou sua touca e volta para o campo, e todos se

---

* Nas grandes fazendas, onde boa parte da colheita se faz durante o dia e é vigiada por capatazes a cavalo, todas as equações de velocidade e estabilidade sem descanso são, claro, intensificadas; toda a natureza do trabalho, nos homens e mulheres e em seus filhos, fica algo alterada. E no entanto não tanto quanto poderia parecer de início. Um homem e sua família trabalhando sós ficam mais estreitamente próximos nessas plantas, mesmo dentro de si mesmos, e sabem que estão sendo observados: desde o primeiro momento, na cidade, seus senhorios estão verificando atentamente quais colonos trazem primeiro seu algodão para o beneficiamento e quem é lento e se atrasa; além disso, quase sempre há, na família dos colonos, a necessidade extremamente aguda do dinheiro das sementes de algodão.

aplicam ao trabalho em um grupinho exaurido, o sol como amarga brancura em suas costas profundamente recurvas, e os sacos se arrastando, uma brisa baixa se divertindo nos topos dos pinheiros e nogueiras no fundo do campo mas mal tocando as folhas do algodão baixo, e a terra toda, sob horas de calor ainda por vir, já se inclina contudo sutilmente para a frente, na direção do fim tardio do dia. Eles parecem muito pequenos no campo e muito solitários, e os movimentos de sua indústria são tão pequenos, em seu alcance, seus corpos movendo-se tão lentos, que parece menos que estejam trabalhando assim tão duro do que que estejam curvados tão profundamente em algum fascínio ou mágoa, ou que sejam como aqueles peregrinos de Quebec que sobem de joelhos grandes lances de escada, lentamente, uma oração em cada degrau. Ellen jaz na carga branca do cesto de algodão, dormindo; Squinchy pega a frente de seu vestido, cheia, e a entrega a sua mãe; Clair Bell enche um chapéu repetidamente com grande velocidade e com uma expressão de deleite corre atrás de sua mãe e larga o algodão sobre todas as partes dela que consegue alcançar e sai louca de rir, e sua mãe e as meninas param por um minuto e ela ganha abraços, mas eles falam mais entre si que as outras famílias, são muito mais calados do que lhes é normal, e a sra. Ricketts só se detém por um minuto, limpando o algodão de suas saias e cabelos e colocando-o em seu saco, e então está de novo profundamente curvada, trabalhando. A fraqueza e a dor no ombro deixam Woods tremendamente para trás; ele agradece qualquer possível oportunidade de parar e às vezes tem de se deter haja ou não haja desculpa, mas sua esposa e a mãe dela são boas colhedoras, vigorosas, e ele consegue se virar sem contratar mão de obra. Thomas ainda não tem idade suficiente para poder ajudar. Burt também é jovem demais para isso e trabalha apenas aos solavancos; espera-se pouco de crianças tão pequenas, mas o pouco que fazem não faz mal a ninguém; eles não podem aprender assim tão cedo. Junior nem nos melhores momentos trabalha muito rápido. Ele trabalha um tempo, com uma velocidade enfurecida, com ciúme de Louise, e depois desiste com as mãos doendo e começa a provocar Burt. Katy é muito rápida. No verão passado, quando tinha apenas oito anos, ela colheu cinquenta quilos em um dia em uma corrida com Flora Merry Lee. Neste verão ela deu desculpas e está perdendo duas unhas mas continua colhendo em um ritmo estável. Pearl Woods é grande para sua idade e é útil de forma muito confiável. Louise é uma trabalhadora extraordinariamente estável e rápida para sua idade; ela consegue colher quase setenta quilos. Os dois meninos dos Ricketts vão bem quando o papai deles está por perto para manter os dois trabalhando; com as coisas como estão, com Ricketts nas serrarias, eles fazem muita palhaçada, e provocam as irmãs. A sra. Gudger colhe mais ou menos a média das mulheres, setenta a noventa quilos por dia. Ela tem dedos rápidos até o trabalho a esgotar. "Na última metado dia eu nem cunsigo vê comé que eu cunsigo cuntinuá fazeno isso." George Gudger é um colhedor muito fraco. Quando criança ele caiu na lareira e queimou a carne da palma das duas mãos até o osso, de modo que seus dedos são duros e lentos, e o melhor que jamais fez em um só dia foram setenta quilos. A média dos homens está mais próxima de 110 quilos. Suas costas doem muito também, de modo que ele normalmente colhe de joelhos, como os outros colhem quando estão descansando. A sra. Ricketts costumava colher 130, 150 quilos por dia mas a doença a deixou mais lenta, menos de noventa agora. A sra. Ricketts é quase sempre fantasiosa, sem se dar conta disso, e em todas essas cifras que eles me deram deve haver imprecisões — segundo as conversas em torno da máquina Rust, noventa quilos por dia são uma boa colheita —, mas essa são suas estimativas de suas próprias habilidades, em uma questão de que os colonos têm certo orgulho, e isso me parece mais adequado que sua precisão. Por vezes há transições para a alegria durante a colheita, ou uma breve empolgação, uma corrida entre duas das crianças, ou uma cobra que foi morta; ou dois sentados por alguns momentos em seu suor, na terra sombreada, quando tomaram um pouco d'água, mas dizem muito pouco uns aos outros, pois há pouco que dizer, e logo estão de volta, e em geral, horas a fio, é um trabalho calado, silente, grave, incessante e solitário, junto ao grandioso silêncio da terra sem sombra, terminando a cada dia em um vasto clarão de poeira no oeste, cada folha se afiando em longas facas de sombra, a terra puxada do vermelho ao roxo, e as folhas perdendo cor, e os loucos olhos cegos do algodão encarando no crepúsculo, naqueles odores de trabalho realizado e natureza perdida mais uma vez para a noite cuja doçura é uma tortura, e na lenta, carregada caminhada que leva para casa, cujos movimentos travados e delicados são os de criaturas que acabam de despertar.

O algodão normalmente é armazenado em uma pequena estrutura no terreno, a casa de algodão; mas nenhuma dessas três famílias tem uma. Os Gudger o armazenam em uma das câmaras em seu celeiro, os Woods, na varanda da frente, erguendo tábuas a sua volta, os Ricketts, em seu quarto vago. As crianças dos Ricketts adoram brincar com ele, se jogando, mergulhando e enterrando umas às outras; às vezes, é como que uma recompensa especial, deixam que durmam nele. Os ratos também gostam dele, para ali fazer seus ninhos,* e isso atrai cobras que comem ratos. Mas ele não fica por ali muito tempo a cada ano. Cada família tem um conjunto de arcaicas balanças de ferro, com pratos, e quando essas balanças pesaram seiscentos quilos de algodão ele é carregado, se possível durante as primeiras horas da manhã, na estreita carroça de laterais altas, e é levado a Cookstown para ser beneficiado.

É uma carga longa, alta, funda e estreita encalhada entre as laterais maltratadas da carroça e inchada sobre elas em um morro branco, e a mula, mantida bem à direita da rodovia para deixar os carros passarem, pisa mais firme e ainda mais lentamente que de regra, com uma aparência quase de pompa, arrastando a carroça em formato de ataúde: suas rodas de ferro da esquerda mascam a escória da rodovia, as da direita, o barro; e bem no alto, sobre a carga, o pai com as rédeas, senta-se toda a família, se é uma família pequena, ou, se é grande, as crianças que estão na vez, e talvez também a mãe. O marido se veste com suas melhores roupas de trabalho: a mulher, e as crianças, nas que poderiam usar na cidade em um sábado, ou mesmo, algumas delas, na igreja, e as crianças estão felizes e empolgadas, bem no alto da carga macia, e mesmo as mulheres se deixam levar um pouco, de forma muito mais sóbria, e mesmo o homem que está conduzindo, tem em suas mandíbulas cerradas, e em seus olhos, que encontram os de qualquer estranho com o orgulho curioso, desafiador e protetor, amedrontado e feroz que uma mãe pobre demonstra quando seu filho, vestido com o que tem de melhor, está sendo observado curiosamente; mesmo quem dentre eles é mais razoável se deixa levar por parte desse mesmo orgulho: e de fato há na coisa toda certa qualidade crua, festiva, certo ar também de solene grandiosidade, este membro da inconcebi-

---

* Palavra usada pela sra. Gudger [*nest-es*, em vez do correto *nests*]. O que ela disse foi "Os rato gosta do algodão pra fazer os *nest-es*". É uma pluralização comum no sul. Nada há nela de delicado, de fala por diminutivos, e fico imaginando se não se trata de um dialeto escocês, e se eles, também, não são inocentes do "tatibitate" que o mundo letrado da classe média lhes atribui. *Mais tarde*. Nas provas de impressão há a seguinte nota, que uso com agradecimentos: "Esse não é o plural do inglês do fim da Idade Média? Chaucer o usava nesta mesma palavra e como uma terminação comum de plural".

velmente lenta e imensa parada de carroças rastejantes puxadas por mulas, rangendo sob o peso do trabalho suado a sangue e rezado de todo um ano, a todas as estradas atraídos, das mais fundas vias e ramificações das exíguas estradinhas vermelhas de todo o sul para as autoestradas sulinas, uma carroça a cada intervalo de centenas de metros, trazendo esta uma crista formada por uma família branca, aquela, por uma negra, todas elas atraídas para aqueles pequenos magnetos trêmulos que são as usinas de beneficiamento, e todas e em cada coração privado e silente na direção do clímax de mais um ano de trabalho que na melhor das hipóteses rende tão pouco, e muitas vezes nada, e menos ainda para tantas centenas de milhares:

E a própria usina, também, as carroças alinhadas, as pessoas esperando em cada carroça, os homens de suspensórios e camisas brancas sobre as plataformas, o amplo gesto emblemático das balanças de ferro de imensos ombros que docemente aninham no escuro corredor seu padrão de justiça, os senhorios em mangas de camisa na usina ou relaxados em cadeiras giratórias ao lado de cofres decorados em seus escritoriozinhos, os rapazes de músculos pesados e rostos sanguíneos com bonés de beisebol que tombam os fardos com curtos ganchos afiados, os à-toas atraídos a este lugar para recarregar suas baterias na violência que aqui se desenrola nos subúrbios vazios e verdes desta cidade vazia e bruta; tudo isso também a sua maneira dura, frouxa, quase calada, de olhos sombrios, é coreográfico e triunfal: as grandes superfícies vazias de metal enrugado, brilhantes e nauseantes como gás sob o sol, delimitam sua escuridão em torno de um estrondo indiferente que afoga toda a fala fácil: o colono recebe seu tíquete e seu número de fardos, e espera sua vez em uma longa fila quieta; a carroça da frente é esvaziada e se move um pouquinho para a frente quando a mula é solta; ele corta pesadamente sua própria carga quando se ergue a cabeça da descaroçadora; ele apanha o cano de sucção e eles o descem até onde está; ele balança e aninha nos braços sua voracidade por toda a crista e por toda a volta de seu monte de algodão, até que o último fiapo tenha saltado do fundo da carroça; e durante todo esse tempo a descaroçadora está trabalhando nos ensurdecedores apetites de seus metais, só que agora o que a descaroçadora digere é seu trabalho, e ali parado tão perto de seu flanco, ele está na intimidade desse ruído de grande energia, custo e mistério; e nos fundos, o interior fantasmagórico e metálico do depósito de sementes, contra cujo teto e vigas um cano estende um permanente granizo de sementes e sobre cujas superfícies internas todas e todo seu ar pende uma seca tosa de pesadelo como as falsas neves de Natal do cinema, tremulante como poderia estar diante do horror de seu parto recém-realizado: e na frente, o último resto de algodão niveamente relaxando em pulsações repetidas por uma calha de ferro escuro para a prensa sua pura brancura; e alguns momentos meramente de pressão sob o nível do piso, o ar de um estrangulamento nos bastidores; e o fardo é erguido como um órgão de teatro, as prensas destravadas, a etiqueta numerada de latão é presa, as braçadeiras de metal são apertadas: ele pende do leve alento da balança, seu fardo, o único que ele fez, e um pouco sai dele em uma fatia, e seu peso e comprimento de fibra são registrados em seu bilhete de beneficiamento, e ele é apanhado pelos ganchos e retirado dali, seu fardo de algodão, agora para sempre despersonalizado, idêntico a todos os outros, que se derreterão indistintos em um oblívio de tecidos, chagas, sangramentos, e guerras; ele leva seu bilhete de beneficiamento a seu senhorio, e recebe seu dinheiro pelas sementes, e faz algumas compras; e reúne sua família; e sai da cidade. O êxodo da cidade é ainda mais formal do que foi a parada. Foram necessários quase exatamente dezoito minutos para beneficiar cada fardo, depois de finda a espera, e cada colono fez quase exatamente as mesmas negociações depois disso, e as carroças rangentes e vazias se distribuem pelas estradas em uma colaboração igualmente exata de tempos e espaços separados, ou seja, o tempo consumido pelo beneficiamento e as compras, e o espaço separado que, naquele tempo, uma mula cruza em seu clássico ritmo noctâmbulo. É como se aqueles que foram atraídos em todo seu vigor pelo sol e por seu próprio esforço e completamente sugados por um coração de metal fossem restaurados, fossem mais uma vez soltos, semeados por sobre as lentas amplidões de sua terra, nas precisões de uma mão mecanicista e sobre-humana.

Isso se repete por tantas vezes quantos tenham sido os fardos que você colheu. Seu campo é passado a pente fino três, quatro ou cinco vezes. O ápice da temporada de beneficiamento naquela parte do país é o começo de outubro, e naquela época as carroças carregadas estão na estrada antes do mais ligeiro raiar do dia, a espera são horas sem fim, e a descaroçadora ainda pulsa e lateja depois de escurecer. Depois disso matam-se os porcos, e tritura-se o milho e mói-se o sorgo que foram plantados tardiamente para estarem maduros tarde; e vêm meditações mais urgentes e específicas sobre dever ou não se mudar para outro proprietário, e sobre você ser ou não mantido; e o tempo do acerto de contas; e o céu desce, o ar fica como vidro escuro, o chão endurece, a terra se cobre de favos de geada, o milho e o algodão se erguem nus até os ossos expostos e as árvores são pretas, os odores de carne de porco e de fumaça de madeira se aguçam por toda a região, as longas chuvas escuras, silenciosas e dormentes escorrem com uma dor que nada há de deter, jamais, e as casas são frios, frágeis tambores, e os animais tremem, e a terra é um só mar disforme, e o inverno se fechou.

Intervalo

Conversa no saguão

Em maio de 1939, a *Partisan Review* * enviou a diversos escritores o questionário da página ao lado. Ele calhava de representar de maneira sucinta muito do que me deixava com raiva, e respondi pronta e raivosamente. Minha raiva e minha velocidade tornaram minhas respostas destemperadas, desarticuladas e por vezes definitivamente tolas: mas minhas tentativas posteriores de realizar mais razoavelmente a mesma tarefa pareceram, pelo mesmo fato de serem razoáveis, honrar essas perguntas mais do que mereciam. Decidi deixar as respostas como estavam, na medida em que eram uma imagem de minha tolice, para deixar que elas me acusassem.

Não foi agradável fazer isso, pois eu conhecia e gostava (e gosto) de alguns dos editores, e sentia, também, algum respeito por parte do que estavam tentando fazer; e achava provável que minhas respostas fossem consideradas um ataque pessoal. Foram; e a resposta não foi publicada, com o argumento de que revista nenhuma tem a obrigação de publicar um ataque contra si própria, e de que eu não havia respondido as perguntas. Vale a pena mencionar o fato de eu discordar das duas opiniões, mas não vale a pena discutir.

Leitores que pensem que ao publicar isto aqui eu esteja (*a*) desviando do tema deste volume, ou (*b*) dando espaço a minhas querelas literárias, têm todo o direito de acreditar nisso.

Gostaria de agradecer ao sr. Dwight Macdonald por sua decência de me devolver o manuscrito, sabendo o uso que eu daria a ele; e de manifestar que lamento todo e qualquer mal-entendido, dissabor e diferença de opinião que esteja implícito no incidente, ou que dele tenha surgido.

* Revista literária publicada de 1934 a 2003 e em suas origens ligada ao movimento comunista. (N. T.)

Algumas questões que se apresentam
aos escritores americanos de hoje

1. Você tem consciência, em seus escritos, da existência de um "passado usável"? Ele é basicamente americano? Que figuras você designaria como seus elementos? Você diria, por exemplo, que a obra de Henry James é mais relevante para o presente e o futuro da literatura americana que a de Walt Whitman?

2. Você se vê como alguém que escreve para um público definido? Se sim, como descreveria esse público? Você diria que o público da literatura americana séria cresceu ou encolheu nos últimos dez anos?

3. Você dá muito valor às críticas que seu trabalho recebeu? Concordaria com a ideia de que a corrupção dos suplementos literários pela publicidade — no caso dos jornais — e por pressões políticas — no caso dos hebdomadários liberais — transformou a crítica literária séria em um culto isolado?

4. Tem sido possível para você ganhar a vida escrevendo o tipo de coisas que quer escrever, e sem o auxílio de muletas como a docência e o trabalho editorial? Você acha que existe em nosso sistema econômico atual um lugar, qualquer que seja, para a literatura como profissão?

5. Você acha, olhando para trás, que seus textos revelam alguma lealdade a qualquer grupo, classe, organização, região, religião ou sistema de pensamento, ou os vê basicamente como a expressão de quem você é como indivíduo?

6. Como você descreveria a tendência política da literatura americana como um todo desde 1930? Como se sente a respeito disso? Você é simpático à tendência atual para o que se poderia chamar de "nacionalismo literário" — uma renovada ênfase, em grande medida acrítica, nos elementos especificamente "americanos" de nossa cultura?

7. Você já considerou a questão de sua atitude a respeito da possível entrada dos Estados Unidos na próxima guerra mundial? Quais você acha que são as responsabilidades dos escritores em geral quando sobrevém uma guerra?

Em resposta a suas perguntas:

Em sua carta vocês dizem: "Essas perguntas, em nossa opinião, são centrais para qualquer discussão da literatura americana de hoje".

Então que Deus ajude a literatura "americana", ou qualquer outra "literatura". Ou então que essas duas palavras suspeitas se tornem propriedade de vocês e de seus inferiores. A produção de qualidade enquanto isso há de vir daqueles que não conseguem usar nenhuma delas.

Vocês são tidos como, e acho que são, a melhor revista de "literatura" e "crítica" "americana". Em outras palavras, essas questões, as melhores que vocês conseguem fazer, provam muito a respeito da literatura e da crítica americanas e a respeito de vocês, a autoproclamada "vanguarda". Elas provam que vocês são tão nocivos, e tão irrelevantes para a produção de qualidade quanto a *The New Masses** ou a *Saturday Review*** ou Clifton Fadi-

* Revista marxista (1926-48). (N. T.)
** (1924-86) Até 1952 conhecida ainda como *The Saturday Review of Literature*, revista que surge do suplemento literário do *New York Post*. (N. T.)

328

man* ou todos os conversadores de salão ou os editores e a maioria dos próprios escritores.

Soa como uma reunião da Liga Júnior das Nações** em Wellesley; ou a Conferência de Blairstown; ou um debate entre um ministro episcopal e um unitário sobre o significado de deus na experiência humana.

As perguntas são tão ruins e tão reveladoras que são virtualmente irrespondíveis; e na verdade são mais interessantes como revelações, de que vocês apenas pensam saber o que seja uma produção de qualidade e não têm direito a sua atitude proprietária a respeito dela.

1. Um "passado usável"? (Um substituto polido para "tradição". Acadêmico; filosófico; linguagem de críticos.) Beethoven "usou" o "passado": mas vocês acham que ele algum dia se sentou para pensar, O que eu estou usando: o que é útil?

Todo o passado que achamos útil é "usável" porque é do presente e porque tanto o presente quanto o passado são essencialmente irrelevantes à ideia toda de "uso". Mais ainda, as coisas só são "usáveis" por pessoas de segunda categoria, ou ainda mais baixa. Para os que realmente as percebem elas são quentes demais para serem manuseadas de qualquer maneira utilitária. Essas mesmas coisas "usam" as pessoas boas porque se tornaram parte de sua identidade.

Vocês querem "usar" essas pessoas do passado da mesma forma que querem "usar" os escritores e os outros do presente. Muitos dos falsos bons adoram ser usados. Alguns dentre os melhores usam vocês, mas vocês não sabem disso: vocês acham que os estão usando.

Cada uma dessas pessoas "usáveis" é de seu tempo e de seu lugar, certamente: mas essencialmente elas são atemporais (ou quase), e internacionais

---

* (1902-99) Crítico literário. No momento em que Agee escreve, Fadiman era o editor da revista *The New Yorker* e apresentador de um dos mais famosos programas de rádio da época, *Information Please*. (N. T.)

** A Liga das Nações foi estabelecida em 1919, pelo Tratado de Versalhes, sendo substituída em 1945 pela Organização das Nações Unidas. As *junior leagues* são os torneios de beisebol para crianças em idade escolar. (N. T.)

nem no sentido Liga-das-Nações, nem no sentido Esperanto, nem no sentido "Marxista", mas porque se reconhecem como membros e libertadores da raça humana.

"Usável": todo bom artista; todo registro do passado; e mais particularmente, tudo, de presente e passado, que existe no mundo "atual", "irrecriado" da experiência pessoal ou especulativa.

Cristo: Blake: Dostoiévski: as fotografias Brady:* as cartas de todo mundo: álbuns de família: cartões-postais: Whitman: Crane: Melville: Cummings: Kafka: Joyce: Malraux: Gide: Mann: Von Stroheim: Miller: Evans: Cartier: Levitt: Van Gogh: registros de corridas: Swift: Céline:

Alguns você "estuda"; com alguns você aprende; alguns te corroboram; alguns te "estimulam"; alguns são deuses; alguns são irmãos, muito mais próximos que colegas ou deuses; alguns afogam seu coração e te deixam em dúvida quanto a jamais voltar a ler ou olhar para uma obra: mas em geral, você sabe que é no mínimo por conhecimento e sentimento, deles e entre eles, um membro de uma raça que é muito superior a qualquer organização ou grupo ou movimento ou afiliação, e um inimigo sangrento de todas essas coisas, não importando quais sejam suas "sinceridade", "honestidade" ou "boas intenções".

E todas as coisas ruins e confusas e autoenganadoras: *Life*; o *Reader's Digest*; qualquer jornal diário; qualquer best-seller; a *Partisan Review*; o Museu de Arte Moderna: você aprende tanto com a corrupção e a confusão, e até mais, quanto com as melhores obras jamais realizadas. Só depois de certo tempo você começa a conhecer certos setores de cor e previamente, e eles não servem mais para você.

E por que tem de ter a ver com literatura "americana", presente ou futura, quando Whitman, Beethoven, Blake, Cristo, Céline e Tolstói têm tanto em comum?

2. Como assim "público"? Ele se recolhe à ponta de um alfinete e se estende plano como uma argola. Parte do tempo você está escrevendo para todos os homens que são seus iguais e seus superiores, e parte do tempo, para todos os enganados e manietados, e parte do tempo para ninguém. Parte

---

* Fotos tiradas por Matthew B. Brady e seus assistentes durante a Guerra Civil Americana. (N. T.)

do tempo você está tentando comunicar (não necessariamente agradar); parte do tempo você está tentando declarar, com ou sem comunicação. Nos termos em que vocês colocam a questão, nenhum escrito decente pode nem remotamente se interessar pela pergunta. E que tipo de concepção de "público" e de literatura "séria" vocês podem ter, para serem capazes de imaginar, jornalisticamente, que estes últimos ou quaisquer dez anos possam quanto a isso fazer qualquer diferença que não seja ilusória?

3. Se eu dou muito valor à crítica. Eu às vezes dou valor às críticas de quem respeito, de um jeito ou de outro. Poucos deles calham de ser críticos profissionais. Eu concordaria que os suplementos literários e os hebdomadários liberais estão corrompidos: mas mais pela corrupção das mentes que se neles expõem do que por qualquer quantidade de publicidade ou de política. Tenho de acrescentar que no que se refere a mentes distorcidas eu acho que quase tudo que já li na *Partisan Review* é tão seriamente corruptor quanto o resto, e capaz de corromper ainda mais os corruptíveis.

4. Não; vida nenhuma. E também não acho que haja qualquer lugar em nosso *et cetera* para a "literatura" como "profissão", a não ser que vocês se refiram a literatos profissionais, que são uma espécie de jornalistas espirituais de classe alta e o anticristo de toda produção de qualidade. E também não acho que se deva respeitar ou que não se deva deplorar o desejo implícito de vocês de que sob um "bom sistema" houvesse tal lugar para verdadeiros "escritores". Um bom artista é um inimigo mortal da sociedade; e a coisa mais perigosa que pode acontecer com um inimigo, por mais que seja cínico, é se tornar um beneficiário. Não há sociedade, por melhores que elas possam ser, que possa ser madura o suficiente para sustentar um artista verdadeiro sem perigo mortal para este artista. Só que ninguém precisa se preocupar: pois este mesmo bom artista é talvez o único tipo de ser humano vivo que podemos confiar que há de cuidar de si próprio.

5. "Eu acho, olhando para trás", que senti formas de fidelidade ou de semifidelidade em relação ao catolicismo e ao partido comunista. Fui me sen-

tindo cada vez menos à vontade com eles e cansei deles. Senti uma fidelidade suficientemente intensa para com certos formatos de fatos e certas ideias de que prefiro não falar aqui, mais que dizer que organização nenhuma, de pensamentos ou de pessoas, jamais as teve, que são antipáticas a todas elas, e que sinto uma escassez mas de maneira alguma uma falta de companhia, e que essa companhia se compõe quase integralmente de homens que não respiram o alento uns dos outros e nada pedem uns dos outros: mas são os únicos seres humanos livres (e sendo assim, são os únicos possíveis libertadores dos outros): e que essa liberdade me parece impossível sob uma "democracia" ou qualquer esforço autocomprometedor e "cooperativo". Sou segurissimamente "pró" um "comunismo" "inteligente"; nenhuma outra forma ou teoria de governo me parece concebível; mas mesmo isso é apenas parte de muito mais, e um meio para um fim: e em cada concessão que se faz a um meio, o fim é posto em perigo de morte quase certa. Sinto violenta inimizade e desprezo para com todas as facções e todos os afiliados. Eu "vejo" meu trabalho como um esforço por ser fiel a minhas percepções. Não estou interessado em me "expressar" como "indivíduo" a não ser quando se sugere que eu esteja "expressando" outra pessoa.

6. "A tendência política da literatura americana como um todo desde 1930" não fede nem cheira mais que qualquer outra tendência de todas as ovelhinhas tendenciais que compõem o grosso do que lhes agrada chamar de literatura e que são talvez os piores de todos os envenenadores do ar contra a boa escrita e os mais eficazes estimulantes secundários para a transformação da ferocidade em integridade pessoal. Não, eu também não gosto do "nacionalismo literário". Nem da "paz", nem da "democracia", nem da "guerra", nem do "fascismo", nem da "ciência", nem da "arte", nem da evidente confiança satisfeita que vocês demonstram em que pelo fato de estarem falando a favor da "necessária independência do artista revolucionário" vocês saibam mais a respeito disso do que sabe Granville Hicks.*

7. Já pensei várias vezes nessa questão (embora pudesse respeitar mais um escritor que sequer o tivesse feito); primeiro levianamente ("sob nenhu-

---

* Editor da revista *The New Masses* (1901-82). (N. T.)

332

ma condição eu vou entrar numa guerra"); depois cada vez com mais perplexidade, angústia e imediatos interesse, fascínio e medo. Acho que sei que faria uma das seguintes coisas: *1*) Alistar-me na parte da guerra que parecesse mais perigosa, menos glamorosa, menos relevante para qualquer escolha que eu pudesse ter graças a "educação", "classe", "conexões", ou ardis pessoais. Isso seja por motivos pessoais-"religiosos", seja pela curiosidade de um artista, ou mais provavelmente pelas duas coisas. *2*) Juntar-me ao partido stalinista e fazer o que me disseram ou minar o sistema por dentro. *3*) Ficar onde quer que estivesse, cuidar de minha vida, recusar qualquer ordem, e enfrentar as consequências. *4*) Ficar onde quer que estivesse, e escrever o que eu achar da guerra, dos pacifistas etc., onde quer que conseguisse publicar. *5*) Escapar da guerra por quaisquer meios possíveis e através dos mesmos meios continuar a fazer meu trabalho. Dentre essas, acredito que minha escolha mais provável seria entre 1, 3, e 5. Quanto a minha "responsabilidade enquanto escritor", suspeito que 1 ou 5 seriam minha escolha e que a responsabilidade mais aguda favoreceria 5. A que menos me atrai é a 2. Minha pior confusão é entre minhas "responsabilidades" como "escritor" e como "ser humano"; que eu imaginaria serem idênticas e que contudo envolvem constante "desumanidade" mesmo em tempos em que não há guerras oficiais. Ou, em outras palavras, considero que estou continuamente em guerra há alguns anos, e não posso imaginar algum tipo de armistício. Nesta guerra eu me sinto "responsável". Duvido que qualquer outro tipo de guerra pudesse me fazer sentir mais responsável.*

---

* Eu teria agora (outono de 1940) de acrescentar a isso uma crença na não resistência ao mal como o único meio possível de vencer o mal. Tenho sérias incertezas a respeito dessa crença; e ainda mais a respeito de minha capacidade de sustentá-la. Também questiono de maneira incerta se o alistamento obrigatório — ou mesmo voluntário — não devesse ser motivo para resistências por outros motivos: ou seja, se o Estado pode de fato requisitar os serviços, ou mesmo o alistamento, do indivíduo. Ou, dito de forma mais imediata, se um indivíduo pode em sã consciência servir, ou alistar-se, por qualquer necessidade que não as suas.

Abril de 1941: deixar toda essa questão tratada de forma tão mansa e inadequada é uma vergonha, mas espero que ainda menos que fazer apressadamente o que não vejo perspectiva imediata de ter tempo de fazer adequadamente.

Parte Três
Induções

Irei ao altar de Deus:
A Deus, que é a minha grande alegria.

Faze-me justiça, ó Deus, e pleiteia a minha causa contra a nação ímpia. Livra-me do homem fraudulento e injusto:

Pois tu és o Deus da minha fortaleza; por que me rejeitas? Por que ando lamentando por causa da opressão do inimigo?

Envia a luz e a tua verdade, para que me guiem e me levem ao teu santo monte, e aos teus tabernáculos:

Então irei ao altar de Deus, a Deus, que é a minha grande alegria, e com a harpa te louvarei, ó Deus, Deus meu:

Por que estás abatida, ó minha alma? E por que te perturbas dentro de mim?

Espera em Deus, pois ainda o louvarei, o qual é a salvação de minha face e Deus meu.

Induções

Lembro tão bem, a primeira noite que passei sob um desses telhados:

Nós já conhecíamos vocês, um pouco, alguns de vocês, a maioria:

Primeiro

Primeiros encontros

Na frente do tribunal Walker estava engatado em uma conversa com você, Fred Ricketts (não era difícil, você fala tanto; você é tão inseguro, diante dos olhos de qualquer ser humano); e lá estavam vocês, quando saí do tribunal, os dois sentados na base daquele pedestal de onde um bravo soldado de pedra, cenho cerrado, sopra o silêncio de um clarim de pedra passando o norte em revista; e ficamos sentados e conversamos; ou melhor, você falou, e deu as mais altas risadas com suas próprias hipérboles, desnudando até as raízes dos lábios seus dentes castigados, e suas gengivas carmesins; e me observando com medo por trás da risada reluzente em seus olhos, um medo que estava dizendo "Ah, senhor meu Deus, por favor, só dessa vez, não deixe esse sujeito ficar rindo escondido de mim, ou me fazer alguma maldade ou me machucar" (acho que você nunca superou isso; imagino que nunca supere); enquanto Walker por sob a cortina de sua fala tirou uma dúzia de fotos suas usando o visor de ângulo reto (você nem se deu conta; percebo o quanto os brancos são mais lentos para se dar conta que os negros, que compreendem o significado de uma câmera, uma arma, uma ladra de imagens e almas, uma pistola, um olho gordo): e então surgiram dois homens e ficaram parados, timidamente, um pouco afastados; eram você, George, e você, sr. Woods, Bud; vocês dois ficaram ali meio de lado, tímidos, e taciturnos, George, observando-nos com seus olhos amarelos, e o senhor, sr. Woods, silenciosamente modelando o naco de tabaco entre os molares e a bochecha; e essa foi a primeira vez que os vimos:

Vocês vieram até aqui para ver se conseguiam auxílio ou um trabalho do governo, mas isso não existe para os de seu tipo, vocês são tecnicamente empregados; e agora estávamos todos ali de pé, depois de apresentados, conversando um pouco, e os olhos das pessoas sobre nós, e vocês ganharam um pouco de confiança em nós quando devolvi a esses olhos um olhar fixo cômico-desprezivo e um sorriso sarcástico; e nós os levamos de carro para casa: até sua casa, Ricketts, a mais afastada naquela estrada vicinal: e ali você nos mostrou seu milho seco pela falta de chuva, pois você não conseguia se livrar da ideia de que éramos do governo, que podíamos ajudar: e ali na varanda lateral da casa Walker tirou retratos, com a câmera grande; e nós nos sentamos e ficamos conversando, comendo os pequenos pêssegos doces que tinham sido aquecidos ao sol sobre um pedaço de lata, e bebendo a água quente com gosto de febre da cisterna enterrada sob a varanda; e nós fizemos que vocês se atrasassem ao menos uma hora para o jantar; e eu lamentei isso então e muito me envergonhei, e me vejo na mesma situação todas as vezes desde então quando penso naquilo:

E foi aqui que vimos a maioria de vocês pela primeira vez, mal ligando vocês a cada uma das famílias individuais: lembro com tanta clareza, como se fosse há cinco minutos, e fomos simplesmente afastados da companhia de vocês, e cavalgávamos as leves ondulações da estrada serpeante, no silêncio que antecedia nossa capacidade de dizer uma só palavra a respeito de vocês, quando todo o tempo era como um único acorde e um único impacto musical: como você, Paralee, veio de uma trilha, descalça, carregando dois baldes pesados, chapéu de palha de milho atrás da cabeça; você estava usando um vestido que havia sido destroçado uma dúzia de vezes e novamente remendado com qualquer linha que estivesse à mão; tão estragado, tão toda-vida transformado em vestido de trabalho que não fizera sentido lavá-lo no último ano; tinha um grande babado de renda de cortina puída no peito; e ao se aproximar de nós você nos olhou tímida mas muito diretamente e sorrindo através de seus olhos negros, amistosos e lindos, pontilhados de laranja; e não hei de esquecer você tão cedo, sua cortesia, sua carência pavorosa e irremediável; seus pés e pernas maculados de esterco enquanto você se detinha na trilha e sorria para nós; nem, Deus sabe, você, Margaret, um ano e todo um mundo mais desesperançosa; nem vocês, crianças: vocês saltaram de trás de arbustos e se esconderam uns atrás dos outros e flertaram conosco e nos ridicularizaram como jovens animais selvagens, e ali mesmo soubemos que vocês eram maravilhosos, e contudo me espanta o quanto nós os percebemos de forma relativamente leve naquele momento: acho que foi porque havia tanta coisa acontecendo, de maneira tão rica, e tão perturbadora: tamanha estranheza de sentido e precariedade de equilíbrio, que eu esperava mais do que em qualquer outro momento garantir; especialmente em uma pessoa: em você, sra. Ricketts:

Você percebeu o que a pobre tolice de seu marido arranjara para vocês todos, gritando que saíssem todos, crianças enviadas esfolando pés descalços e espumando pela boca, estrada e trilha abaixo, para arrebanhar os outros, os Woods e os Gudger, para ficarem todos ali de pé na varanda como estavam na tristeza típica de sua sujeira de trabalho e posar para seus retratos; e para você era como se você e seus filhos e seu marido e essas outras pessoas tivessem sido ali postas nuas diante da fria absorção da câmera com toda sua vergonha e toda a pena que inspiravam, para serem examinados e virarem motivo de riso; e seus olhos estavam enlouquecidos de fúria e vergonha e medo, e os tendões de seu pescocinho estavam tensos, o tempo todo, e uma mão sofria contínuos espasmos e rasgava as pregas podres de sua saia como a mão de uma menininha que tem de recitar diante dos adultos, e não havia uma só coisa que você pudesse fazer, nada, nem uma só palavra de reclamação que pudesse antepor, minha querida, meu amor, minha criancinha louca e apavorada; pois seu marido comandava aquele espetáculo, e uma esposa faz o que a mandam fazer e se mantém em silêncio a respeito de tudo: e assim lá ficou você, com um camisolão de lençol, que se estendia diretamente do buraco de onde se erguia a cabeça até o joelho sem cinto, de modo que você sabia através daqueles olhos alienígenas, vestidos à urbana, que estava como que dentro de uma tenda curta demais para cobrir sua nudez: e os outros surgindo: Ivy, mansamente, que nada jamais constrangeria, carregando seu bebê, com sua criança de quatro anos em um vestido feito de sarja que chegava dois centímetros abaixo de seu umbigo; ele carregava uma boneca; Pearl com sua pele elegante, seus olhos sensuais castanho-avermelhados; srta.-Molly: e Walker ajeitando a terrível estrutura do tripé encimado pela negra cabeça quadrada e pesada, perigosa como a de um corcunda, da câmera; recurvo sob capa e cobertura de cruel tecido, e girando botões; um feitiço preparando, mais frio que o mais duro gelo, e incalculavelmente cruel: e pelo menos você podia fazer, e fez, rápida e violentamente lavou com água da chuva o rosto de suas crianças, de modo que seus rostos súbito saltavam límpidos dos buracos de suas roupas, o cabelo levemente umedecido varrido fora das testas limpas e abençoadas dessas flores; e suas duas filhas, ali de pé na varanda que se enchia de gente, cedendo e inclinando profundas as cabeças contra os nós e embaraços, cada uma soltou os longos cabelos negros e apressadamente os penteou e reajeitou (mas Walker tirou um retrato disso; vocês não sabiam; vocês achavam que ele ainda estava testando; lá estão vocês todos, a mãe como que diante de um pelotão de fuzilamento, as crianças de pé como colunas de um belíssimo tempo, olhos errantes, e atrás, as duas meninas, profundamente dobradas na sombra escura de certa forma como se estivessem ouvindo e estivessem dançando, cuidando como que de harpas dos negros estandartes de seus cabelos): e nós, os homens enquanto isso, Woods e George e eu (Fred estava alinhado, falando sem parar sobre ir parar nos quadrinhos dos jornais e dizendo que sua cara estragaria a câmera, e rindo e rindo e rindo), estávamos sentados sobre as raízes de uma árvore falando devagar e comendo um pessegozinho depois do outro e observando, enquanto eu expressava tanta tranquilidade e casualidade quanto podia; mas durante esse tempo todo quem eu observava particularmente era você, sra. Ricketts; você não pode saber com que cuidado com você, que necessidade de lhe dizer, ah, para não ter medo de nós, não ter medo, não nos odiar, que éramos seus amigos, que por mais que parecesse outra coisa estava tudo bem, está mesmo, toda-vida, tudo bem: então, continuamente, eu estava procurando seu olhar, e sempre que ele caía sobre mim, tentando com meus olhos e com um sorriso amistoso e terno (que me enoja quando penso) acumular em seus olhos algum conhecimento desse fato, algum calor, alguma tranquilização, que pudesse ao menos um pouco relaxar você, que tivesse a possibilidade de lhe levar calor, uma qualquer facilidade ou esperança de sorrir: mas seus olhos sobre mim, todas as vezes, nada continham que não fosse o mesmo terror, a mesma sensação no máximo dos máximos, de "se você é amigo da gente, tira esse peso e esse aguilhão de nós, das minhas crianças" (pois era por eles e por seu marido que você tinha esse cuidado, o tempo todo; não acredito que alguém conseguisse convencê-la da existência de um pensamento autocentrado); e com o tempo, e apenas uma vez, uma mudança, um afrouxamento da expressão; seus olhos se afrouxaram, perderam seu pavor imediato, mas sem sorrir; mas com uma reprovação desiludida e infinita conquanto tímida, como quando, digamos, você calha de ter feito carinho em um animalzinho preso em uma ratoeira levando-o, para além de sua ferocidade de acúleos dentais, de seu medo, a uma calma, em que ele sabe de seus afagos: você poderia arrancar as mandíbulas deste ferro de meu pulso; o que é esta mão, o que são estes olhos bondosos; o que é esta mão suavizante na pelagem de minha testa: de modo que deixo meu rosto perder qualquer controle e ele mostra apenas e tudo que sentia por vocês e por mim: deve ter sido uma carantonha feia e intrigante, Deus sabe que de nada lhe serviu ou consolou; e você olhou por um momento e retirou o olhar, e encarou paciente o solo, com apenas uma dor, sua mãozinha agora solta no vestido.

Se eu fosse usar essas vidas de vocês para a "Arte", se fosse retocá-las aqui, cortá-las ali, operar certa mínima melhoria ali, para deixá-los dignos da *Saturday Review of Literature*; neste exato momento eu tomaria muito cuidado por exemplo com o Anticlímax que, vocês precisam entender, simplesmente não é bacana. Acontece na vida, é claro, repetidamente, na verdade a falta dele simplesmente não existe, mas a Arte, como vocês todos compreenderiam se tivessem tido minhas vantagens, nada tem a ver com a Vida, ou não tem mais a ver com ela do que o que é plenamente conveniente em um dado momento, uma espécie de amizade apenas para os bons momentos, ou um acordo de cavalheiros, ou o idealismo pragmático, bem compreendido por ambas as partes e por todos os leitores. Contudo, essa é apenas uma de muitas razões por que não me importo com a arte, e não hei de me importar demasiadamente, receio. Houve um anticlímax. Ainda estávamos tirando os retratos quando seus filhos, George, apareceram, você, Louise, e você, Junior, e Burt. Vocês tinham sido chamados; iam tirar fotografias; e vocês chegaram assim tão tarde, não só porque a casa de vocês ficava longe e porque Burt era lento, resmungando e choramingando enquanto tentava acompanhar vocês; mas também porque a mãe de vocês havia se dado o tempo de lavar vocês todos e de pôr um vestido limpo em você, Louise, e uma fita em seu cabelo. Era o melhor vestido que você tinha, mais bonito que qualquer outro que eu viria a ver em você; tinha quase mas não tanto assim a aparência de um "vestido de festa" de uma menininha da sua idade, da cidade, pessoas cujas mães são tão bacanas que jamais falariam com a sua a não ser que fosse sobre pôr menos goma nos punhos das camisas, por favor; branco, e armado, e tão macio, e translúcido sob o sol como sua alma, e só se podia ver a diferença de um vestido de festa realmente bom pela qualidade extremamente ordinária e frágil do tecido, através do qual se via seu corpo, e o saco de farinha preso por um alfinete de segurança que você usava como cueiro; e pela canelada estreiteza dura da fita e o acanhado da faixa que tentava parecer um grande laço cheio e ensolarado em suas costas sem deixar de poupar cinco ou dez centavos: e pelos pontos, feitos parte por uma máquina de costura com soluços e parte à mão: e por uma espécie de constrangimento inseguro com que todo esse doce artefato se acomodava em torno da flexibilidade animal de seu corpo interiorano. Mas você também se traía, Louise, pois sua pele era de uma cor dourada calma e especial que jamais poderá surgir na pele de menininhas bem-compostas das vilas e cidades, mas apenas nas daquelas que vieram direto da terra e estão continuamente sobre ela sob o brilho do sol, ativas e suarentas, e se enrijecendo para um trabalho que já deixou sua boca de dez anos de idade resoluta e desprovida de questionamentos de desejos pessoais: sua pele brilha como uma lâmpada sóbria numa tarde no campo com toda essa brancura; seus pés e pernas estão nus, foram lavados, mas já carregam o fino pólen alaranjado do barro; é inteiramente óbvio que você não é o que este vestido finge que você é, Louise, e que a coisa toda é um engodo. Mas a bem da verdade eu percebo tudo isso menos que seus olhos. Novamente, como no caso das crianças dos Ricketts, eu sou lento, mas mesmo assim, seria difícil vê-los de todo e não perder pelo menos metade da alma para eles, antes mesmo de você perceber:

e já ali, embora naquele momento eu mal me desse conta, nós demos início a esse olhar-um-para-o-outro de que mais tarde me tornarei tão consciente que corro o risco de tremer quando estou em um mesmo cômodo com você. É assustador: infernalmente assustador, e ainda mais misterioso que assustador; e tão tateante quanto eu, que sou uma pessoa dolorosamente tateante, jamais pude ser: e contudo de alguma maneira nada há nisso de tímido, em nenhum de nós: é algo frequente e, com todas as suas defesas, aberto: mas sobre o que ele se abre, só Deus sabe: não há outro vazio como você, como esses olhos cinzentos sem temperatura, agudos, serenos e sábios e puros que você tem, tão afastados no rosto, entre suas jovens têmporas quadradas: e isso como disse eu estou começando muito vagamente a perceber agora; de modo que me tornei calado em sua presença, e atento, e contudo mal conheço isso que sinto além do fato de ser um sentimento: eis uma boa criança, eis uma criança desgraçadamente e completamente boa. E assim vocês três ficam ali parados, para o lado, perto de mim, e perto de seu pai; Junior me olhando de vez em quando de relance, com olhares que temo de outra forma, espantando as primeiras moscas das sarnas de um dos pés com o outro, que também tem sarna; Burt fungando e começando a falar sozinho um pouco; e você, Louise, entre eles sólida e obstinada, olhando direto para a frente (raramente sei dizer onde se focam seus olhos, a não ser quando olham para os meus), e; bem, e aqui estão vocês todos, bem-ordenados, sob a sombra de uma árvore. O pai de vocês não quer deixar vocês entrarem nos retratos da varanda: o retrato de vocês virá depois, será exclusivo. (Ele não é hostil ou "incisivo" a respeito disso, apenas aberto, e tranquilo.) E a sra. Ricketts viu vocês assim preparados, e separados dos que estão na varanda, e já se retraiu novamente, e sei que perdi qualquer vergonhoso pouco de terreno que houvesse conquistado para ela, e agora me é difícil sequer devolver seu olhar, de tanto que isso tudo ficou complicado e envergonhado. (Ocorre-me agora enquanto escrevo que eu estava tão indefeso quanto ela; mas devo confessar que não quero desenvolver essa ideia.)

Então com o passar o tempo o trabalho se realiza; eles se separam na varanda e se soltam sobre a terra do quintal, em uma espécie de relaxamento e estrépito pós-tensão: as crianças; a sra. Ricketts vai direto para dentro da casa; e agora George começou a preparar as coisas para seu retrato. Ele não quer que seja aqui na lateral da casa onde tudo é estragado e feio, mas sim com um bom pano de fundo; e quanto a isso e à pose do retrato ele consegue o que quer. Está perfeitamente dentro de uma das tradições clássicas: a dos instantâneos de família feitos em tardes de domingo de verão há trinta ou quarenta anos, quando os olhos simples dos amadores-familiares ainda ecoavam os estúdios de daguerreótipos. O pano de fundo é um arbusto alto descabelado em flores, na frente da casa em pleno sol duro: George está de pé atrás de todos eles, uma mão no ombro de Junior; Louise (ela primeiro ajeitou o vestido, o cabelo, a fita) fica bem na frente de seu pai, a cabeça perto de seu esterno, mãos cruzadas calmamente na junção das coxas, olhando muito rígida para a frente, olhos bem abertos apesar do sol; Burt está sentado aos pés dela com as pernas se descruzando e a mente errante (Louise o havia ajudado a cruzar as pernas, mas ninguém consegue manter nenhuma nelas, nem sua atenção, parada no mesmo lugar); e lá estão de novo; os três mais velhos completa e calmamente sérios, esperando que o obturador os libere: e é quando estou olhando você aqui, Louise, que repentina mas muito calmamente percebo com um pouco mais de clareza que provavelmente vou me apaixonar por você: enquanto estou observando você na delicada impostura que é seu vestido, escorando a força de seu pai e olhando tão sóbria e tão diretamente para o plexo da lente com esses seus olhos paralisantes, e tomando tanto cuidado para ficar perfeitamente imóvel, sob tanta tensão de comportamento que por duas vezes, e depois mais uma, vejo você engolir, e sua boca se retorce um pouco, fazendo muita força para não fazê-lo, e depois para conseguir sem parecer se mover: e foi essa sobriedade, e essa obstinação e resoluta disciplina sob o sol, e a forma com que sua boca e sua garganta funcionavam, que acabaram comigo:

E essa era a última vez em que tínhamos qualquer motivo particular para ver você ou qualquer desses outros novamente: e no entanto no último segundo, assim que saímos, o rosto sem misericórdia, os olhos da sra. Ricketts na porta de sua casa: que desde então se manteve como uma ferida de espinho e uma náusea no centro de meu peito, e talvez mais que qualquer outra coisa tenha garantido o que ainda não sei: que teremos de retornar, mesmo diante da possibilidade de causar mais dor, até que o mútuo ferir-se tenha sido vencido e curado, até que ela não mais tenha medo de nós, e contudo não por esquecimento mas por uma confiança última, por amor.

Segundo

Gradual

E foi assim que durante os dias seguintes, as semanas seguintes, nós nos vimos voltando e voltando a voltar enquanto trabalhávamos: era de tal forma que não podíamos passar pela autoestrada perto daqueles postes como varinhas de condão dentre os quais parte sua estrada sobre o morro sem sentir durante o quilômetro seguinte uma atração para leste em nosso peito ao lado e por trás de nós onde vocês estavam, e um silêncio ou certo comentário ou questionamento a respeito de vocês: essa não é a hora de contar integralmente como aconteceu, e aqui direi apenas, como o visitamos diversas vezes, Woods, aprendendo que você era o mais arguto e mais sábio, com quem conversar, para nos explicar a nós mesmos, para buscar sua ajuda através de outros a quem você pudesse nos dirigir nessa região, e por fim para nos expormos plenamente diante de você e perguntar se entre vocês, onde quer que pudesse ser mais conveniente, poderíamos viver, pagando por nossa cama e nossa comida, mas sem que nada mudasse porque estávamos lá: esse não é o lugar para falar dessas negociações, nem de sua sutileza e lentidão: de como, muito antes de você deixar de desconfiar de nós, você começava a gostar de nós, e a esperar ansioso por nossas visitas; nem de quanto, muito, viemos a gostar de você e ansiar por você, de modo que você se transformou naquilo em que nossas vidas todas estavam então envolvidas em uma espécie de pai para nós; nem de como um estranho tipo de comunidade e de compreensão se desenvolveu entre nós que não tivemos com nenhum dos outros, por termos todos os três uma disposição mental reflexiva e cética, e mais particularmente pelo fato de nos reconhecermos mutuamente como criminosos: nem esses fatos, nem as longas e tensas, irônicas mas amistosas conversas arrastadas que tivemos ao longo daquelas tardes em que você ficava sentado seminu em sua cama desfeita e coçava o corpo e falava verdades sediciosas em ingênuas elaborações de ironia e reluzia seus olhos para nós: nenhuma dessas coisas deve ser desenvolvida aqui; posso apenas dizer aqui como com o tempo foi você quem nos ajudou a acertar tudo, que iríamos ficar, não com você mas na casa de seu genro, onde havia espaço, e também purquê, ora, cês sabe, eu fiquei aqui coessa mulher, aqui, não que eu não *confio* nocês (reluzindo satisfeito) mais tem jeito que não ia ficá certo, dois moço novo, um veio que nem eu; não sei se eu ia cunsigui defendê os direito que eu tenho, que nem se diz, se eles inventasse arguma bobage, que nem eles fala. Cês entende, não é que eu não *confio* no-cês, mais eu sei, moço novo fica muito perto duma muié, pode que nem ele não sabe que que ele inda pode fazê. Não quero é me arriscá. — Claro; claro: nós entendemos isso: até a gente até que prefere assim mesmo. E enquanto isso Ivy está sentada na cadeira de sorveteria que veio da pilha de restos com as mãos no colo e os grossos tornozelos nus cruzados, um pé dobrado por baixo junto ao chão, e sorri sozinha, com a cara também de alguém que pode-ria dizer, Eu não estou ouvindo nada: e de fato estamos todos sorrindo uns para os outros, cuidadosa e respeitosamente, e contudo abertamente. Realmen-te ele não precisava dizer isso tudo tão delicadamente: Ivy é uma mulher for-te, jovem, de boa aparência, ele é um homem enfraquecido e quase velho, e ela sabe, e ele, e nós sabemos, e nós todos sabemos do que sabem os outros, que ela é também uma ninfa simples e placidamente férvida, cujos olhos se deitam com todos os homens que vê; e como ele tomou conta dela (mas, quan-to a isso, mais, a seu tempo). Então agora isso tudo é rápida e simplesmen-te mencionado e concordado: nós e o marido dela nos entendemos de uma maneira absolutamente divertida e quase afetuosa: e é como que para selar o acordo, e a dèsnecessidade de se falar mais disso, que ele franze a boca, ajeita o corpo, e batiza com âmbar de tabaco o abominável subfranguinho rosado seminu de penas-espinhos que a 2,5 metros dali cisca na lareira de pedra cheia de lixo e do azedume do fogo morto: que, espantado, agita-se piando, solta um excremento mole nervoso e úmido, acalma-se, e segue comendo fia-pos de tabaco e de carne.

Reversão

Mas antes disso ocorreu um incidente que ajudou a determinar: aquilo de que eu falava ao dizer "Lembro tão bem, a primeira noite que passei sob um desses telhados", quando "Nós já conhecíamos vocês, um pouco, alguns de vocês, a maioria": foi em um momento dentre os mais intensos, os mais quase insanos, de nossas frustrações; um tempo em que eu, de acordo com os padrões de velocidade de nossos empregadores, já deveria estar de volta à mi-nha máquina de escrever e Walker a seus tanques, e quando ainda estávamos metidos até nos sentirmos sufocados com as inanidades dos "contatos" e das obrigações que viram por bem nos impor, e estávamos sob o peso quase incomunicável da paralisia que a constante dissimulação, e o assumir um ritmo estranho, mais lento, por sob as grelhas brancas daquele sol de verão, pode trazer: e ainda não havíamos encontrado qualquer coisa que pudesse satisfazer nossa esperança, nossa necessidade, nossa determinação de verdadeiramente fazer: de modo que estávamos temporária e quase inteiramente destruídos e nos havíamos receitado um remédio, um ou dois dias em Birmingham, onde, dizíamos para nós mesmos e um para o outro, haveria um banheiro de hotel negro o suficiente para que Walker pudesse revelar alguns testes de interiores; e onde poderíamos pedir ajuda a um dos arquitetos do New Deal de cujas bondade e compreensão Walker se sentia algo assegurado previamente; e onde poderíamos pedir ajuda a alguns comunistas que eu havia visto em Tarrant City; mas sabíamos muito bem que era menos por essas coisas que íamos do que por podermos ter o infinito alívio de falar em algo mais próximo de nossa língua com outras pessoas, com aqueles que pelo menos eram também espiões, e inimigos de nossos inimigos; e que ao mesmo tempo poderíamos usar quartos e camas e banheiros e comer comida e caminhar por saguões em cuja insinceridade provinciana podíamos descansar enquanto a ridicularizávamos, deleitando-nos de um jeito e de outro; e que poderíamos caminhar nas ruas dinâmicas e animadoras de uma cidade populosa, uma civilização relativamente condensada e sofisticada, cujas vias podíamos percorrer o tempo todo sem ter sobre nós a pressão, a perseguição, as curvas dos lentos olhos azuis perigosos e secretos da cidade pequena. Fomos, procuramos por essas pessoas e falamos com elas, uma verdadeira hemorragia de fala que deve tê-las deixado assustadas mas que também estimulou sua própria terrível solidão, além da nossa, e que de resto foi inútil, comemos comida sangrenta em quartos gélidos e bebemos álcool, ingerimos as ruas, suas fachadas, suas vitrines, as distribuições do trânsito e das pessoas por esses cochos, suas luzes à noite, os odores de carvão macio e escapamento de carro, os rostos e formas de suas mulheres, enquanto homens morriam de fome ou secavam até virar cascas em um boteco numa noite deserta, e essa grandiosa cidade interiorana cruel e esparramada me foi uma metrópole mais grata do que tudo que pude ver desde que Nova York esteve virgem diante de mim aos quinze anos de idade, e eu primeiro caminhei crepúsculo adentro em um brilhante fim de junho entrando na maravilha ofuscante da Times Square, assistindo a Carroça Coberta atravessar o rio Platte em luzes elétricas,* repetida e repetidamente, meu coração quase estourando de alegria aqui onde todos os espetáculos de qualquer espécie sobre o planeta redondo, de resto todo ele rural, estendiam-se diante de mim, uma bandeja gigante de diamantes em harmonia.

Mas agora é a manhã de domingo; tarde; estamos sentados no alto, no Hotel Tutwiler; por trás do cinza de uma cortina dois pisos abaixo de nós uma mulher sai da camisola pela nudez para a roupa do dia mas o sol se espalha com tanta força naquela alta parede da janela que mal podemos ver; pequenos estandartes e serpentes de fumaça negra e vapor níveo ondulam como lenços sobre os complexos telhados da cidade que baixa se espalha; chega até nós o quão quentes estão sob o sol os telhados isolados com piche destes edifícios graças a um tipo especial de palidez em seu negrume; nosso ventilador perfura um buraco estável e uma coluna de relativo frescor provindos direto do centro do teto e indo ao centro do chão:

Descobrimos em que trem Walker me seguiria depois e bebemos mais *sloe gins* mornos enquanto terminávamos de ler o jornal espanhol e os quadrinhos. Decidi fazer a barba e pus uma camisa limpa. Tentamos o rádio e só conseguimos pegar serviços religiosos. Abaixo de nós, na quente luz do sol quase sem fumaça, algum campanário ainda estava urrando uma melodia do hinário. Minha intenção era ter saído na metade da manhã mas estava quente e conversamos bastante, e quando chegamos ao térreo vi que eu bem podia comer primeiro e garantir mais uma refeição sólida antes de retomarmos as ruins que eram só o que eu conseguiria lá para onde voltávamos.

Na clara tarde de domingo o café com ar-condicionado desse grande hotel de empresários tinha o horror surdo de um vácuo. Dois sulistas de classe-média, com roupas domingueiras, e sua filha adolescente comiam em uma dura mesa negra bem no meio do cômodo, falando muito pouco. Quando falavam, era como se estivessem constrangidos com o volume de suas vozes em surdina; e a prataria deles era aguda e estridente no duro frio do feio ar.

---

* Referência ao filme *The Covered Wagon* (1923), de James Cruze, que narra a história do maior comboio a cruzar o vale do rio Platte. (N. T.)

Garçonetes se detinham de pé ao longo das paredes em vestidos duros de tons pastel e uma maquiagem fresca e rígida, inúteis e inquietas mas contidas, sua contenção deixando-as ainda mais bravas com a ideia de passar um domingo desse jeito. Comemos uma refeição farta, fria, cara, lentamente e com uma delicadeza adoentada, como alguém que retira as bandagens trata e cuida de alguma ferida complicada em seu corpo, e eram 13h45 quando finalmente me pus a caminho.

Por 24 horas, agora, de todo dia de várias semanas eu estivera na companhia de outra pessoa, e agora estava só, dirigindo nesse dia luminoso. Soube o quanto a tensão havia sido maior do que eu pudera, sob seu domínio, perceber; pois jamais conheci prazer e alívio maiores ao me ver sozinho. Pensando nos bons dia e noite que Walker passaria sozinho em Birmingham, eu ficava quase igualmente feliz por ele. O calor e o prazer juntos me amaciaram todo e me deixaram sonolento e me estendi no ato de dirigir como se em uma banheira quente, prestando muito pouca atenção a qualquer coisa, a não ser à estrada diante de mim e em meu espelho, e agradavelmente contendo o carro, ao longo desses primeiros noventa quilômetros de concreto estreito e serpeante, bem próximo da estreita margem do perigo. A não ser pelo tabaco e o prazer da velocidade, quase nenhum de meus apetites estava desperto; eu apenas olhava a estrada se desenvolver da terra que se escondia e correr por baixo de mim com seu ruído e os pneus e o motor. De vez em quando eu repassava algum trecho de alguma peça musical que conhecia, e gostava disso, mas sem qualquer ímpeto verdadeiro. Eu sabia que queria muito, para não dizer que precisava de um rabo-de-saia, e lembrei o lugar mais para a frente em que havíamos conversado com a puta; mas nem volição nem necessidade nem sua proximidade me impressionaram muito: senti apenas que é uma pena sentir tão poucas vezes a vontade de alguma coisa quando ela está disponível. No que me aproximava do posto-de-gasolina-restaurante onde a havíamos visto, minha mente correu na frente e deteve o passo em torno dela. Ela matava tempo por ali e conversou com ela em seu dialeto local e inventou o que pôde sobre ela e sua procedência: depois ela a levou a uma cama de ferro em uma das casinhas de troncos de pinho dos fundos. O sol imprimiu o estêncil de uma carta astronômica nas persianas rachadas e cerradas e se infiltrou por entre as frestas dos troncos, e no odor e na sombra do pinho aquecido uma vespa alinhava seu ruído nervoso. Achei seu corpo pesado, azedo e úmido com o calor da cama rangente, esponjoso e tão desanimador que eu de nada servia, enquanto ela gemia frases como isso mesmo, meu bem, e, manda ver, quirido. Então, quando o lugar esteve à vista, antes do que eu esperava, diminuí só um pouco a velocidade do carro, procurando por ela com os resquícios de um apetite agudo mas sonolento para o caso de meus olhos me dizerem coisa diferente do que dizia a imaginação. Ela estava pesadamente largada contra a lateral de um Plymouth, uma coxa grossa erguida, tamanco de salto baixo no estribo lateral, soltando como cabelo seu dialeto pesado de puta sobre o motorista de chapéu branco enquanto ele sorvia seu narcótico, e me vi muitíssimo satisfeito e convencido de que não me serviria daquele queijo de porco nos rastros daquele sujeito, e acelerei de novo o carro. Foi a mesma coisa com Estelle, pensando nela agora: não valia o sacrifício dessa solidão por mais que pudesse dar certo, e apesar da aparência de lâmpada fria de seus olhos lavanda e intranquilizáveis. Eu nem diminuí a velocidade e passei pela rua em que ficava sua loja mas passei direto pelo meio da cidade e tomei o rumo sul; e enquanto me afastava rapidamente pela estrada ao sul de Cherokee City, comecei a perceber para onde é que eu ia com tanta pressa e que dia era, e diminuí um pouco a velocidade, e então eu realmente comecei a me dar conta. De todos os lugares de meu Deus em que se podia passar umas horas sozinho, e de todos os dias em que fazê-lo... Pensei em voltar a Cherokee City e me instalar em algum hotel por ali, pois qualquer cidadezinha é um prazer até você conhecê-la o bastante para odiá-la ou gostar dela, e eu não conhecia tão bem essas cidades; mas sabia que estava indo a Centerboro, e não mais longe, e me mantive direitinho naquele caminho, sobre estrada e por terras que agora conhecia já de cor, erguendo um longo babado de poeira laranja atrás de mim, e imaginando o que iria ler ou escrever no quarto do hotel, ou se devia arranjar alguma bebida, ou se eu não podia entrar o bastante nas pradarias para que fosse seguro me infiltrar em algum encontro de uma igreja de negros; e a essa altura lá estava eu, muito mais cedo do que desejava, rompendo já os estreitos limites de Centerboro, e um pouco à minha frente estariam a rua principal e todos os rostos brancos, estreitos e maus que lentamente se viravam quando eu passava me observando e pedindo a Deus que eu fizesse algo que lhes desse uma desculpa,* e o sol erguendo bo-

---

* A desculpa para me transformar em um problema, como investigador setentrional.

lhas no quarteirão do comércio: reduzi o carro a uma lenta flutuação e mergulhei na cidade.

Era diferente do que eu havia previsto, pois eu pensara nela em termos de dias de semana, e era domingo. Não havia vivalma à vista no bairro, e nenhum carro se movia, somente dois estacionados tão cozidos sob o sol que pareciam poder pegar fogo a qualquer momento. Não há árvores nesse quarteirão, e nem mesmo a sombra das construções baixas fecha sequer parcialmente a chaga; o sol atingia todas as superfícies que estavam à vista, e todas elas eram nuas e duras, e a rua e as calçadas eram brancas. A luz encolheu meus olhos a uma postura semifechada, e na rua entre as duas linhas de construções era como soda agindo sobre um cocho. Um cão pequeno entrou na rua, tentando ir devagar porque sentia devagar e nasceu devagar, mas usando os pés em *staccato* porque o chão os feria. Estava quente como se todos os dias da semana estivessem empilhados uns sobre os outros, ou como se fossem uma série de lentes de aumento através das quais brilhava este domingo. Assim que diminuí e mergulhei nessa rua, o suor surgiu e correu por mim, e soube súbito o evento terrível que é um domingo de verão em uma cidadezinha sulista, e a força da influência que tem sobre suas vítimas e sua civilização, e que por quilômetros e centenas e centenas de quilômetros em toda minha volta em qualquer direção que pudesse conceber, nem um só ser humano ou animal em cada quinhentos estava se movendo, nem mesmo as folhas das árvores e as plantações, a não ser no lento retorcer-se de algum pesadelo branco e calado. Nada havia no ar que se pudesse chamar de vento ou mesmo brisa: o ar se estendia por sobre toda essa terra como carne, e quando minimamente se movia o movimento era sem sentido, sem direção e assustador, como as flexões de uma ameba. O sol perdera seu gume e seu tamanho e ocupava metade do céu com uma luz platinada que murchava os olhos, e em qualquer dos horizontes que cercavam a estrada por que viajara eu agora lembrava o fino vapor seco que o sol havia sugado.

O vento da mera velocidade de movimento me havia isolado como que com o vidro de uma batisfera da realidade desse calor; mas agora o vidro se quebrou e o mar profundo se erguia sobre mim; eu era mais uma vez parte do ritmo e da natureza deste lugar.

Ralentado um longo trecho por essa flutuação quase calada a sete quilômetros por hora eu percorri indo e voltando por todo o comprimento da rua principal à sombra de árvores que cobriam quase tudo exceto o quarteirão do comércio e não havia um só movimento de vida em parte alguma: cada alma de dentro dessas casas de madeira sombreadas, entrecortadas, deve estar em um sono de morte sob o peso da refeição quente e gordurosa do domingo em quartos sombreados, sem nem mesmo um lençol sobre o corpo, cujo acréscimo de peso as faria estourar; e as próprias casas, recolhidas em seus quintais verde-escuros, semicalvos, ramosos, estavam entorpecidas pelo sono como ruínas no pontilhado e nas parcas contorções de sua sombra arbórea. Todas as varandas estavam vazias, mais que qualquer ideia de vazio. Nelas restavam suas cadeiras de balanço vazias; delas pendiam suas redes vazias. Através de janelas podiam-se ver detalhes de cômodos mobiliados entre vinte e quarenta anos atrás, e ao mesmo tempo as superfícies das janelas devolviam pedaços de rua e padrões de folhas na luz. Nem mesmo uma cozinheira negra se esgueirava delicadamente pelos fundos com seus chinelos brancos sobre a grama e seu chapéu e seu vestido branco de domingo; ela partiu há muito, ou dorme junto do férvido fogão. Estava silente como a travessia de uma balsa antiquada, onde não se usavam motores e a barcaça chata, presa a uma corda, balança nos vieses dos relaxamentos da corrente plana. Nas tábuas frescas, pintadas de cinza e sombreadas de uma dessas varandas de classe média meu corpo estendeu-se todo e tornou-se a carne frouxa e leitosa de sua infância que ouvia, horas a fio nos terríveis espaço e expansão do silêncio, enquanto o ar repousava nas metálicas folhas da magnólia adormecido, vez por outra movendo sua boca que sonha na disforme palavra de um sonho ou alçando e revirando uma coxa pesada e criando nas folhas um carrilhão seco e sarcástico, e eu, essa criança semiformada, onze anos, homem, comprimindo entre o pontiagudo osso do quadril e o chão minha ereção, e, pensando e imaginando o que conseguia do mundo e sua gente e minha dor e fome e tédio, ficava deitado protegido pela sombra do brilho que afogava as aves na tarde e estava triste e doente, quase chorando, golpeando sem parar o chão fuliginoso com o pulso de minha mão ferida e suando e sacudindo a cabeça em uma raiva e um desespero assassinos: e pensar em meu avô, a quem ora pertencia essa casa, e mesmo em sua casa, e em cada membro de sua família, e em todos que eu conhecia tão agudamente e jamais poderia dizer e naqueles a quem eu também causara danos, e na força acerebral e no mistério por trás daquele clarão luminoso, tudo ao mesmo tempo me tomava tão vigorosamente pela raiz da garganta que desejei jamais ter nascido: e então isso passou, isso tudo, com a mesma velocidade com que viera, e eu estava de novo em Centerboro dirigindo sobre o lento flutuar do silêncio, de porta em porta e quintal em quintal em todos os seus detalhes de casa em casa em uma cidade que odiava e que estava seca, inundada, afogada no desespero de um domingo. Ele mantinha mesmo os que estivessem despertos sob seu poder, os poucos, os poucos, tresmalhados nos cantos sombrios da rua, cujos pés se arrastavam no rico tédio como que sob papel pega-mosca, gerando um atrito ruidoso ou um raspar oscilante no silêncio e cujas vozes aqui no ar aberto, fervente, eram mansas e nauseantes de se ouvir. Não havia mais razões para se estar caminhando do que para se estar na cama na sombra quadrada de quartos, cortinas e venezianas. Não era só que nada houvesse para se fazer mas nada para se mencionar e nada para se pensar ou para se ter a vitalidade de desejar; sequer havia razão para existir, nem energia suficiente para que essa ausência de razão tivesse importância. Eu sabia que a quilômetros dali na estrada vermelha em torno da piscina haveria moças cujas pernas, braços e seios brilhantes no espesso calor da água argilosa seriam um conforto para os olhos relaxados ou se erguendo, mas também sabia que seriam inacessíveis, e que eu as odiaria, e a mim, se fossem acessíveis, e que mesmo em seu riso e seu flerte haveria os resíduos dessa letalidade de domingo em cujo poder ficava todo o sul, tudo entre Birmingham e a menor das casas de fazenda, e a totalidade de um continente, e muito da terra. Era como voltar muitos milhares de anos depois do fim do mundo, quando nada restasse além do sol, fielmente calcinando a terra morta no que espiralava, como um cadáver afogado inchado e leve e levado à superfície, as superfícies de seu corpo e a exatidão das cicatrizes e lesões que sofrera no transcorrer de sua vida ativa. Mas era pior. Pois não era o fim do mundo, era contemporâneo, o verão de 1936, e esse pavor quem impunha era o domingo, apenas por um espaço, e isso era como era a vida, o único mundo que temos. Amanhã, desses milhões cada indivíduo singular, destruído retomaria a forma de seu viver bem onde a havia abandonado; e nada havia de agradável na memória desse fato certo.

Fui até o restaurante Gaffney. Lá estava quase fresco e o ventilador cabeceava. Na outra ponta do balcão três rapazes de porte sólido e olhos loucos, dezoito anos, deixavam-se ficar em um colapso lento como massa de pão, falando baixo em vozes sexuais e rindo à socapa sem entusiasmo; doentes e desesperados sem o que fazer e com a podridão a que a energia bem-nascida de suas almas não tinha chance de ter escapado. Olharam para mim com imediata e inevitável inimizade. Devolvi impessoal seu olhar, quase desejando que pudesse por eles e por mim haver uma briga, embora fosse incapaz de odiá-los e ainda não tenha superado completamente minha covardia física. Retomaram a conversa lançando-me olhares ocasionais. Eu não conseguia ouvir o que diziam, mas pelo tom sabia que nada tinha a ver comigo. Decidi não adotar disfarces de maneirismos, mas ser exatamente como era, que era o que eles odiariam, e deixar que pensassem o que quisessem disso e acatar o que viesse. Comi um sanduíche de tomate o mais devagar que pude e depois outro e bebi três Coca-Colas rápido e uma devagar e fumei três cigarros, enquanto olhava para os cartazes engraçadinhos que negavam fiado, anúncios de bailes extintos, propagandas, latas de tabaco, e embalagens de tabaco e balas e doces de figo e cigarros que podia ver a minha frente e no espelho. O tom da conversa não ia mudar e não mudou. Pouco me alegrava e então percebi que me alegrava um pouco. Nada tinha contra eles, mesmo só um deles acabaria com minha raça, que dirá três, e depois de uma briga desse tipo meu trabalho naquela cidade daria em nada. Comprei dois maços de cigarros e saí de novo para o sol silente. Havia na luz forte uma sensação de sombra e olhei para o céu e ele estava imutável, todo nu, e olhei mais abaixo. Imensas nuvens de tempestade mal se erguiam do horizonte, suas circunvoluções eram uma forma de cérebro prata mal discernível na força da luz. De nada serviam; eram uma piada que um sol de seca gosta de contar; e ele se safa assim todas as vezes. Elas sobem com a rica aparência do juízo final, e escurecem; a aparência da terra é já de um roxo escuro, verdoliva e pleno sob sua sombra e o ar esfria e espera. Elas soltam gotas do tamanho de xícaras de chá, cerca de uma dúzia a cada 25 metros quadrados, cujos palpáveis estouro e queda você ouve; e se inclina para um lado. O sol, que enquanto isso baixou um muito pouco, brilha de novo e a terra está dura e azul onde as gotas a atingiram; ela fuma e fede como se você tivesse cuspido em um fogão. Entrei no carro. Eu havia acumulado tanto calor enquanto fiquei ali parado que meus olhos ficaram quase imediatamente cegos com o suor e eu podia sentir o formigamento do suor como insetos velozes no que percorria minha barriga, mas não dei parti-

da no carro; estava incapaz de me mover. Fiquei sentado olhando pelo para-
-brisa o concreto branco sob o sol, e não acendi o cigarro que ficava úmido e
fraco entre meus dedos. Não havia uma só coisa no mundo que eu quisesse
mais que uma mulher, mas ela não podia ser uma puta ou uma vadia, nem
também qualquer mulher que eu conhecesse, mas uma mulher quase nova
para mim. Entre nós havíamos apenas recentemente estabelecido uma compreensão e uma confiança físicas e boa parte era ainda tentativa, e ela saberia
que deveria ficar calada e falar preguiçosa. Nada tentaríamos de drástico mas
ficaríamos deitados na sombra onde a grama era curta e fria, e talvez bebêsse-
mos drinques fracos lentamente, todos vestidos mas sem muitas roupas com
todo esse calor, e brincaríamos muito preguiçosamente um com o corpo do
outro, e conversaríamos um pouco. Seria agradável se estivéssemos no processo de nos apaixonar um pelo outro, pelo menos enquanto não fosse cansativo demais, e esse fato de tempos em tempos sobrepujaria nossa conversa fria
e preguiçosa, semierótica, com sua alegria séria e respeitável. Essa moça teria
um corpo bonito em um vestido ralo de algodão branco, e sua carne teria o
talento de ser fresca mesmo que tocada bem de perto, nessa tarde quente, e ela
sentiria tanto quanto eu sentia o peso marinho das folhas amplas que o verão
convocara para cima de nós e como elas pendiam do ar, e a sensação do con-
denado sul aberto sob e em torno de nós, quilômetros e milhões de quilômetros, milhões e milhões de pessoas, nesta pavorosa paralisia de domingo, e
a noção da morte. E se, pondo a testa contra sua garganta fresca e sentindo
contra o rosto através de seu vestido o equilíbrio e a bondade de seus seios,
percebendo subitamente minha fraqueza e o esforço e a feiura e a dor do lindo mundo, eu quase em silêncio chorasse até arrancar sangue de mim mesmo, essa moça não apenas saberia qual era o problema mas o saberia da única
maneira que eu suportaria que alguém soubesse, e ainda seríamos companheiros quando caísse a tarde, embora pudéssemos nunca mais encontrar tanto
bem um no outro.

Levei o carro pela rua Madrid e logo o calor excessivo foi expulso dele
pela brisa, que se acumulara nele enquanto ficara fritando, e eu erguia de novo uma linha de pó enquanto o sol se inclinava a minha esquerda com todo
seu calor ainda em si e se erguia como uma cataplasma em minha face e meu

ombro esquerdos. Todas essas casas por que passava correndo me eram familiares, sim; sim; em algumas das varandas havia gente. Eles com os olhos seguiam a mim e ao carro, virando a cabeça muito lentamente, perdidos demais mesmo subconscientemente para agradecer até por uma variante tão pequena e insignificante. Meu Deus, que vida. Comecei de novo a pensar na menina. Ela era bacana mas, por favor, seu desvairado. Onde é que eu arrumaria essa mulher e será que a desejaria se a tivesse? Se em algum momento de minha vida eu fosse fazer uma página de texto decente ou um bom minuto de cinema isso era tudo, diabo, que eu queria e sabia que não teria; de maneira alguma; e isso também não fazia muita diferença. Quem é que eu sou afinal? Não quero nem beber, nem mesmo quero muito morrer. Queria que não houvesse em minha vida uma só pessoa de quem tivesse me aproximado o bastante para ser nocivo, ou mudar sua vida, no mais insignificante detalhe, e o que é que se pode fazer a respeito disso? Não há nada que exista, nem na imaginação, que não seja muito mais que lindo, e isso me faz tanta diferença, e a existência prossegue sob pressões mais terríveis do que jamais será possível contrabalançar, e de novo isso me importa tanto. Podia pôr meu pé no chão neste exato momento e quando ele tivesse acumulado cada partícula de energia que conseguisse eu poderia girar este carro para fora da estrada, se possível sobre um carvalho de bom tamanho, e as chances são bastante boas de que eu me matasse, e também não dou muita importância para essa possibilidade. Isso haveria de causar à Via* certos danos graves, exatamente como continuar a viver com ela há de causar, e exatamente como deixá-la haverá. Meu pai, meu avô, minha pobre e loucamente trágica, não incomumente trágica, torturada família e todos esses milhões de cada pessoa isolada que querem apenas viver na bondade e na decência, vocês nunca vivem dois centímetros sem envolvimento e sem ferir as pessoas e __er com vocês mesmos pelos séculos dos séculos e só os filhos da puta endurecidos sobrevivem, e eu não nasci e não posso ser assim tão duro aparentemente e Deus e a __ do Gênio e pelo menos as Obras de Arte e quem sou eu afinal, quem em nome de Jesus sou eu? Esta é uma terra linda. Vocês podem pegar isso e a boa arte e o amor todos juntos e enfiar no __. E se vocês acham que a "dialéktica" vai conseguir arrancar qualquer mudança que valha a pena, podem enfiar isso e depois vo-

---

* Olivia Saunderson, esposa de Agee entre 1933 e 1938. (N. T.)

cês todos. Apenas um intelectual individualizador. Caso sério de infantilismo. E __-se vocês também.

Assim que cheguei ao chão de pedregulhos acima de Madrid, comecei a procurar pela igreja. Ela apareceu alguns quilômetros depois. Reduzi a velocidade e virei à direita entre os dois postes descascados e encarei o morrinho agudo. O homem na varanda da casinha de fazenda relativamente próspera a minha direita virou a cabeça seguindo o carro. Eu havia desejado uma sorte melhor, mas fazer o quê.

Quem eu queria ver era Gudger, sozinho, ou pelo menos apenas com sua família. Seus olhos amarelos e seu jeito lento de falar haviam ficado comigo e certas coisas que dissera tornavam possível que tivesse ao menos ouvido falar do sindicato. Era quem falava mais direto e parecia o mais machucado e mais inteligente e eu queria saber mais a respeito dele; mas não sabia onde ele morava. Queria hoje evitar me envolver com os Ricketts e com os Woods, e se possível eu ficaria feliz se eles jamais soubessem que estive aqui, pois qualquer uma das três famílias tinha grandes chances de ser sensível e ciumenta. Se tivesse de pagar o preço de me envolver com eles ou de indispô-los contra mim para ver Gudger eu não tinha tanta certeza assim de que quisesse fazê-lo, hoje.

Passei pela fileira de casas cinzentas e subi o segundo morro e estava no topo quase plano. Longe dali eu podia ver a casa dos Ricketts. Segui calmamente, não muito rápido, olhando o algodão e o lado da estrada e a estrada, e verificando as nuvens que agora cobriam todo o céu a minha direita.

Matas passaram a minha esquerda e vi a casa dos Woods, afastada cerca de cem metros da estrada; ninguém à vista, exceto um dos bebês na varanda.

Eu não tinha nenhuma segurança. Não tinha vontade de encontrar pessoas, falar, entediar alguém ou a mim nem que fosse só um pouco. Queria dar uma olhada e ficar quieto.

O algodão baixo e seco de Woods passou e depois seu milho. Sua casa ficou para trás no que fiz a curva e reapareceu por um momento em meu espelho, e aqui estava a casa de Ricketts logo junto da estrada a meros cem metros, e agora, sua varanda lateral e todas as imundas latas de banha e a terra dura pontilhada de excremento de galinha; ninguém ali. Eu queria seguir pela estrada até onde não havia ido antes para ver o que encontrava. Diminuí um pouco a velocidade do carro e tirei o pé do acelerador e tentei singrar em silêncio.

De entre as batatas vagabundas e baixas a minha esquerda um dos meninos dos Ricketts se ergueu rápido e sorridente e gritou Oi, sorrindo com o rosto cheio de alegria, e claro que eu viera vê-los. O outro menino e uma das meninas menores se ergueram acenando e sorrindo. Eu acenei, sorri e pisei no freio. Eles correram aos tropeços por entre as plantas e chegaram até o carro, perto de mim, na janela, pés sobre o estribo e corpos velozes agarrados à lateral quente do carro, ofegando com a aparência sorridente dos cães, olhos mirando direto, duros, e felizes, os meus. (Meu Deus, o que é que eu jamais posso vir a fazer por vocês que seja suficiente?) Por um segundo não fui capaz de dizer uma só palavra, e apenas devolvi seus olhares. Então eu disse, cuidando para dizê-lo a todos os três, O pai de vocês está por aí? Eles disseram nunsinhor ele inda tava no culto e a mãe tamém mas a ParLee tavaqui eles iam buscá ela preu. Eu lhes disse, Não, obrigado, eu não queria dar trabalho porque não podia ficar muito tempo hoje; só queria perguntar ao pai deles se ele sabia me dizer onde o sr. George Gudger morava. Eles disseram que ele não morava longe não, ele morava só um tiquinho ali pra lá do morro era fácil de ir de a pé. Sem querer deixar o carro aqui para ter de vir buscá-lo, perguntei se o caminho era claro. Eles me disseram, ussinhor vai desceno o morro té onde que fica a casa do Tip Foster e passa lá pelo celêro dele issegue a trilha de a pé lá por drento do miaral té chegá nuns mato, pega as direita na incruziada dilá sai na ôtra ponta nuns argudão, atora pelos argudão, ussinhor vai vê a trilha de andá diapé, e vai desceno o morro e ele ta benhali, única casa que tem lá. Fingi estar mais confuso do que estava e disse, Tem jeito de entrar com o carro? A outra menininha surgira do outro lado do carro; se apoiava na janela sobre os braços finos dobrados e olhava para mim e sorria contente mas furtivamente. Disseram, Mais craro, ussinhor vai cum ele de vorta um pedação dautuistrada té lá onde que tem uma pedrera veia nas isquerda que ninguém não usa mais (eu lembrava), pega as isquerda lá im vorta da pedrera e passano as casa dos preto e vai ino té que não dá pra i mais e aí é lá. Eu lhes agradeci muito e lhes disse para dizerem oi para a mamãe e o papai por mim e que eu esperava dar uma passada para vê-los logo-logo; a menininha a minha direita ria seu riso miúdo e a outra começou também, nenhuma delas de forma sequer minimamente hostil. O loirinho dos meninos sacudiu a cabeça e riu fungando como um cavalo de prazer; o outro manteve os olhos nos meus e sorria sem parar, e repentinamente eles todos gritaram, Oia o pai, *Pai Iê!* (Santo Deus!) e correram ao encontro dele.

Ele balançava estrada acima atrás de nós mancando de ambos os pés doloridos e viu quem era e veio mais rápido, e eu abri a porta e pus uma perna para fora, esperando para encontrar seus olhos e acenar com a cabeça e sorrir e dizer oi. Ele chegou já falando e apertamos as mãos, e eu disse e lhe perguntei o que tinha dito e perguntado a seus filhos (repentina e loucamente lembrando como quando eu era criança isso se repetira comigo, sendo tirado de minhas mãos, e como eu ficara sabendo que se desconfiava de minha infância; e agora sabendo que as crianças deviam sentir que eu desconfiava de seus esforços em serem precisas). Ricketts me devolvia cinco palavras para cada uma, sorrindo e com os olhos reluzentes e enrugando a testa como uma casa em chamas e, por detrás de seus olhos, observando o efeito que tinha e minhas verdadeiras intenções, que temia. Ele disse que iria comigo no carro para me mostrar, de tal maneira, e tantas vezes, que eu soube que corria o risco da perda completa de qualquer possível confiança ou estima, e de qualquer acesso a sua família, se recusasse, de modo que exagerei o tamanho do favor que me estava fazendo e lhe agradeci proporcionalmente, e abri a porta de seu lado e virei o carro, acenei para as crianças, e voltei estrada acima. Nenhuma distância depois vem sua esposa em nossa direção descalça em um vestido domingueiro de algodão preto. Ergui a mão como que para o chapéu que não trazia posto e sorri, diminuindo a velocidade do carro. Ela viu quem eu era e deu um sorrisinho sobre um rosto que tinha dúvida, certa hostilidade, e dois graus de medo, o trêmulo e o apavorado. Eu disse a Ricketts o quanto lamentáramos o modo como as coisas acabaram acontecendo uns dias antes, colocando ela e as crianças em fila e tirando retratos sem dar qualquer explicação a ela, e fazendo que todos se atrasassem para o jantar, e ele disse que ela nem simportava não com isso tudo, em um tom que sem rispidez significava que ela não tinha o direito de, portanto se se importava não fazia diferença. Eu lhe disse que não podia ter muita certeza ainda de aonde nosso trabalho nos levaria, mas que esperava que ainda pudéssemos ver todos eles mais vezes. Ele disse, quando quiser, que estavam sempre bem ali. Então ele disse, quando quiser, que estavam sempre bem ali. Então ele riu muito alto e disse, sim sinhor, quando o sinhor quisé mesmo, eles tava sempre co sinhor meu Deus bem ali. Então ele riu muito alto e longamente e disse, sim sinhor, eles tava sempre bem ali mesmo, quando o sinhor quisé, e continuou rindo enquanto, com o canto dos olhos, me olhava. Esse é o padrão de quase tudo que Ricketts diz.

* * *

E no entanto toda essa história na cidade, vocês sabem; vocês podem ver como não foi mesmo satisfatório: foi tão estranho, e de fato uma traição tão grande da verdadeira e única satisfação possível de nossa necessidade e de nosso objetivo quanto quando, incapaz de suportar por mais um único instante o esforço, a dor, a solidão, para fazer a obra que você daria todo seu sangue para fazer, um pretenso "artista" se desmonta, toca horas a fio no piano, vê um filme, pega o sexo ou o álcool como se pegasse um inimigo pela garganta para devorá-lo, busca amigos e quase os mata de tanto falar antes que fujam rastejando para a cama, e o chato, trêmulo e semilouco de carência, autorrecriminação, dor pelo que traiu e pelas pessoas que usou, começa a pavorosa peripatação de pés pétreos pelas ruas encantadas, olhando luzes em janelas desconhecidas altas em suas paredes, lamentando a inexistência de um bar aberto, batendo na coxa ou nas paredes dos prédios enquanto anda, drogando-se com memórias musicais, o que apenas acaba em uma exaustão final maior que a capacidade de erguer de um pé diante do outro, às vezes ainda no escuro, às vezes no romper do dia, às vezes em um limpo olhar rijo matutino todo-inchado com as lâmpadas há muito apagadas, ou uma viagem de metrô, na nudez de dourados assentos de palha, entre os cobertos por baldes de lata, cada um um só soldado, delicado e como que ainda pleno da dor do sono, que mais uma vez ergue o fardo de onde o largara na água, com a noite ainda jorrando dele para o chão: e assim, frio, frio, para o café e a cama iluminada pelo dia:

Isso só me causara essa horrenda frustração, que por sua vez me arrastara por essas estradas e a esse lugar mal sabendo por que vim, ao coração e ao sangue do coração de meu trabalho e minha carência: e assim me satisfiz, como mal posso sonhar em lhes contar, primeiro em um incidente, tão completamente que parecia não ser possível haver mais, depois em um segundo tão rico, tão simples e belo, tão incalculavelmente pacífico, que o primeiro em retrospecto parecia do corpo comum dos eventos: era quase como se de novo como que em Birmingham fosse sede: como se em certa inconcebível sede e clarão de aridez, você se visse satisfeito duas vezes, diferentemente duas vezes, com a primeira em nada diminuindo a segunda; dois "sonhos", "realizados", reais como os que torturavam minha adolescência, e como se então alguma dentre aquelas por cuja sombra eu roía o pulso, houvesse silenciosamente, dentro dos próximos poucos momentos, materializado-se diante de mim, sorrindo gentil conquanto contente, abolindo todo o medo que não o que no espanto e na alegria reside, por que eu pudesse contemplar e tocar e cheirar e saboreá-la, falar com ela, adorá-la, e ouvir suas palavras, mostrar-lhe lugares que encontrara caminhando, música que conhecia e adorava, descobrir que ela, também, em uma cidade distante havia visto aquele filme que poucos outros perceberam e a que ninguém dera importância; e que por alguma causa inexplicável para ela assim como para mim, ela também assim como eu jamais podia ouvir em nossas cabeças a letra e a música de "tramp, tramp, tramp, the boys are marching, cheer up comrades they will come",* sem desmontar por dentro, onde imagino que seja o coração, em um arrepio de doces lágrimas, embora fossem díspares nossas imagens; as suas, sendo ela bem mais jovem, da Guerra Mundial, e dos pobres soldados que, aprisionados longe de casa, entre aqueles que nem mesmo falavam sua mesma língua, ouviam seus irmãos marchando em uma banda, e não podiam sair e marchar com eles, tocar com eles, morrer com eles; as minhas, daquela última guerra em que houve tanta nobreza, a Guerra Civil, a guerra entre os estados, quando homens de barbas escuras, olhos de carvão, traços estrangulados do que parece uma raça distinta, e que contudo foram nossos avós, cuja antiga polidez em cacos ainda treme pelas ruas embandeiradas do fim da primavera, encontravam-se em clareiras sob uma garoa constante de chumbo para arrancarem-se as almas: de um acampamento, um acampamento-prisão, Andersonville cujas imagens eu vira, um grandioso barro duro no inverno, fechado em paliçada, tendas fumando, o chão listrado de neve rasa, os pés, as juntas, atados em trapos lamentáveis, os olhos como caveiras; os guardas caminhando, encontrando-se, caminhando, os odores do inverno do sul, e tudo centrando nesses cativos aquele lento, arguto, especial, quase lacrimoso desejo de terror que tende à brutalidade, nos olhos, na fala, que é característico dos homens do sul e existe em sua fala; e mais além, ao norte, um continente: um continente de

---

* "Os meninos estão marchando, animem-se, camaradas, eles virão." Trecho do refrão da música "The prisoner's hope (tramp, tramp, tramp)", de George Root (1820-69), que narra a história de um soldado que, depois de uma batalha perdida na Guerra Civil Americana, acaba preso pelos inimigos e, do cárcere, dirige um discurso de lamento e saudade a sua mãe. (N. T.)

terra sulina, grama rija, mal coberta de casas, congelada, da qual de entre camadas de neve avançavam uma escuridão e um bravo cordão, franco e galante, clarins animando, cuja bravura dos pés se reconhece no avanço, uma centena, um milhar de quilômetros, ah, bons, bravos, resolutos, ah, um dia, em algum momento, perigos enfrentados, todos os exércitos rompidos, ultrapassados, ao resgate: animem-se; camaradas; eles virão: e sob a bandeira estrelada veremos novamente nossos lares, *e* os amados que deixamos tão distantes: tão distantes: que eu também conheço, meus soldados, e seus lares, aquelas delicadas estruturas, brancas na branca leve neve, as mulheres ornadas de contas, cujas mandíbulas como ovos se arredondam perto do cabelo, olhos sérios, criaturas de uma nação que jamais aprendeu a vida amorosa e feliz, ali sentadas esperando na brancura secreta de fundas saias de seu sexo e as crianças de bocas macias, de roupas e babados escuros, cujos escuros olhos gelatinosos consideram tão mansos a câmera, tão severos; e tu, fundamente entalhado, Cristo enganado de ossos rudes, que se deixou cair em incongruente pietà diante de uma farsa de Sexta-Feira Santa, sendo soltas rédeas loucas cuja fúria já perdura seis decênios nem se há de mais curar: nós os trataremos como se jamais tivessem partido: "Perdemos nosso melhor amigo": "Rio porque não devo chorar; é isso; só isso".

Devo me desculpar por essa aparente digressão porque vocês sobre quem escrevo se acrescem ao sentido desta canção, e o significado dela ao seu: pois aqui, aqui, neste momento; nesse vasto barro doloroso e continental é que vejo vocês, acampados, aprisionados, cada um em seu pequeno navio lamentavelmente decorado, seu lar, 10 milhões, pacientes, ignorantes, magoados, destroçados, tão inextricavelmente encurralados, capturados, vigiados; na paciência de suas vidas; e embora não possam saber vocês como esses prisioneiros estão constantemente à espera; e embora não possam ouvir ainda como eles vocês ouvem; como na pedra deste planeta há uma marcha e uma ressonância de pés resgatadores que hão de por fim enfrentados todos os perigos, todos os exércitos rompidos, ultrapassados, entregar-lhes liberdade, alegria, saúde, saber, qual duradoura luz do sol: e não apenas a vocês, cujos corações indefesos estão esperando e ouvindo desde que começou o mundo humano, mas a todos nós, os adoráveis e os detestáveis todos igualmente. E se isso há de descer sobre nós vindo de sobre a íngreme coroa setentrional eu não hei de saber, mas duvido: e depois de quantas falsas libertações não pode mais haver imaginação: mas que por fim há de vir não pode ser questionado: pois isso eu sei em minha própria alma através do olhar do amor que temos um pelo outro: pois lá me foi provado no encontro dos extremos da raça.

Mas este alívio era como se, para este homem sedento, sem aviso ou provocação de gradualidade o céu se tornasse sombrio e abrisse seu coração sobre ele, e se erguesse por sobre a terra, e caísse mais chuva do que o céu pode conter, e ele ficasse sob o rugir de seu fluxo, cabeça jogada para trás, olhos no decaído céu cor de trigo, boca aberta para apanhar sua queda, e toda a terra entregando aquele som de aplauso que fica além da polidez, além da recompensa, além da aclamação, além de toda essa vulgaridade, e é o simples rugir de alegria de todas as almas ante Deus, como vi ocorrer algumas vezes quando Beethoven através de Toscanini compartilhou a plenitude de sua mente (aquele que verdadeiramente ouve minha música jamais poderá voltar a conhecer a dor).

E em segundo lugar, bem diferente, tão silente quanto, e secreto, o outro era louco, é nessa mesma sede o súbito transporte, o encontro do eu no fundo das florestas, junto de uma fonte: uma fonte tão fria, tão limpa, tão viva, que se parte na boca como vidro: onde me prostro como que sobre uma mulher, para receber sua boca: e aqui vejo, submersas, pedras, raízes barrocas de uma árvore, fina poeira de folhas, folhas cinzas, tão delicadas, deitadas e deitando entre a poeira uma colcha, penas de uma ave, cuja plumagem estimo e nem hei de ao beber perturbar: e erguendo-se do coração, uma espinha espiralada, esguia, ereta (é uma coluna de mosquitos ao entardecer, a coluna das estrelas de todos os universos), aquele pequeno ribeiro de areia sobre cujo caule esta limpa e ampla flor se abriu: ou melhor, já que é humana esta alegria, não é em uma floresta que estou, mas em uma casa erguida sobre uma fonte, de tábuas simples, a cavaleiro sobre um grande volume de água, um lugar como o que havia na fazenda de meu avô, com o odor das trevas encerradas, fria, madeira úmida, o delicioso aroma da manteiga que ali se conservava; e de pé nesta fonte, os potes, cheios de manteiga sem sal e creme e leite; o lugar foi fechado quando entrei, mas rasga-se pela luz do dia, mas a iluminação vem de uma lâmpada submersa, ou seja, do piso da fonte cuja metade se abriga sob a casa: e aqui neste piso, também, vejo essas folhas, trazidas boiando e ora fundas como neve, e ainda levadas, mesmo sob a casa: e entre duas pedras suadas, sentado ali, observando a mim, brilhando de umidade no escuro, com olhos amplos e afrontados, o rosto e os ombros e a grande barriga obscura de um negro e jade e dourado sapo, grande como uma luva de beisebol, a garganta argêntea contorcendo-se constantemente com um ultraje que mal podia controlar.

Introito

Em todo o caminho desde a casa dos Ricketts o vento crescia, erguendo pequenas espirais de poeira entre o algodão agitado a nossa esquerda, torcendo-o e tratando-o com rispidez, desmontando os pés, e quando chegáramos à região da pedreira à esquerda e estávamos levando o carro no que era minha primeira vez entre as dificuldades daquela estradinha arruinada de que haveria de aprender todos os segredos, de trás para a frente, como uma peça musical; ela se enrijecia plena de pó de barro, pedregulhos, lascas, gravetos, os primeiros mensageiros da grandiosa chuva represada que rasgava horizontais no para-brisa cego, de modo que todo o flanco esquerdo do carro era constantemente bombardeado com pequenas agudezas tão rápida, tão intensamente, como se por elétrons. Afundamos uma encosta cheia de raízes e atravessamos um galho (cujo fino lençol de cintilações assava por sobre toda a estrada) e abrimos para a esquerda para uma sombria luz oliva e um milharal todo derrubado para um lado, folhas abertas todas em grande estrépito, a luz oliva tomada de um ouro vermelho-escuro, que era a substância da terra; melões como porcos, dorsos empoeirados riscados de água; pés de amendoim tremulando, trilando como sob o fogo pesado de metralhadoras, ou quadros alternados retirados de um trecho de filme; e novamente entre árvores, a estrada cheia de areia se retomava em terra de raízes, morro acima, qual ravina, arrancando do jugo uma última corcova (o carro inclinado íngreme como os Vestris*), e súbito liberto em amplo espaço de luz nos barros torsivos em que se ergue, vista primeiro por mim, sua santa casa, George, fendida, aguardando tempestade, a poeira assentada sobre ela como uma fumaça mágica que se retrai, as plantas libertas eretas e trêmulas como carne ao fim do choque da cirurgia, a casa quieta salvo por uma veneziana que rangia, um touro esperando o martelo: pois neste último meio quilômetro o vento subitamente sumiu como que cortado, finda a tempestade seca, a orquestra detida em seu violen-

---

* Famosa família de dançarinos italianos durante os séculos XVIII e XIX. (N. T.)

to *tutti*, e entre a estremecida floculação da vegetação, que sabe que deve esperar outro golpe, ainda som nenhum, e contudo uma atmosfera de retirada, de tensão, que é parte cheiro, parte temperatura, parte som, um movimento de retirada como que de largas mãos armadas com címbalos: o odor de escapamento que expiram os dínamos, uma tentativa de mudança para a frialdade, um som de todo o ar como que de um fusível que frita, cego estrondo, trovão e brilho, silêncio uma vez mais, tão íngreme, e descendo por ele, água como bandejas que estouram em dez centímetros de largura quando duas mãos batem, gotas largamente separadas; e no que subimos seu quintal em veloz segundo, uma nova pressa fria no ar, um rugido cinza que corre das matas atrás de sua casa e pega o campo sem parar para nos encontrar onde paramos com tamanho escarcéu que, nos 4,5 metros entre o puxado onde deixamos o carro e a varanda para onde corremos, o tecido gruda em ombros e coxas como papel de seda e ficamos na varanda contra a parede em um silêncio de vento bloqueado que parece ilegal, e o vapor da chuva é tão ultrajante em toda a volta que mal posso ouvir metade do que Ricketts está dizendo, apesar de terem o susto e o prazer da tempestade levado sua voz a um grito agudo: e ficamos parados, olhando, abaixo do campo, as árvores assediadas, que mal estão visíveis, todas sofrendo os golpes, e contudo algumas atingidas, cada uma delas como que escolhida especialmente para isso, por um grande golpe nos ombros e na base do crânio que a derruba com um *uuuuuh* ao invés de um gemido, derrubada, caída entre os ombros de suas irmãs onde, braços estendidos, fere a testa entre elas para chorar, e uma espuma correndo e saltando como a espuma das ondas em suas cristas, e um regimento de cristas repentinamente posto em liberdade, cada folha uma catapulta nos trancos do vento, lançando ao alto seu brilho de água em um ângulo louco cujo topo é podado pelo vento, e mesmo os rígidos troncos balançando até em suas fortes bases em uma violenta oscilação vertical como que de mastros ancorados, e George sai, para ver quem está ali, nada agitado como estamos, mas tenso; e fica muito surpreso ao me ver, e apertamos nossas mãos; e minha inclinação natural é ficar e olhar a chuva, mas ele está mais que pronto a se recolher a sua concha como se estivéssemos todos de pé sobre ela, ou como se isso fosse uma impropriedade com que ele pudesse ser cortês mas não paciente demais; e voltamos pelo corredor aberto (que emoldura na outra ponta um celeiro ornado de borrasca), e entrando rapidamente na cozinha ele pega um lampião da mesa, e na outra porta bate; e a porta por dentro é solta do botão que a prendeu em um reflexo irrefletido de medo, e nós todos entramos correndo, e ele fecha de novo a porta com a presteza de quem tranca do lado de fora um animal que o persegue, e aqui nesta sala estamos na escuridão quase total, na qual de início sei, apenas, que está cheia de gente, que ainda não vejo. Por duas paredes desse cômodo cerrado e parte do teto a luz do sol pode entrar em curtos rasgos plúmbeos; há o som de um alto gotejar contínuo e de muitos ritmos variados das goteiras; e mesmo aqui nesse lugar seco e sem vento o ar tem os acúleos da chuva peneirada: começo a ver um pouco a minha volta; George puxa uma cadeira diante da lareira e me sento; vejo que há sobre a cama e no chão uma mulher e crianças, nenhuma das quais faz um só ruído ou diz uma só palavra, e ainda não posso distinguir seus rostos ou seus olhos; George está riscando um fósforo; reluz e morre; outro; polpa úmida, morta; outro, em chamas; ele o protege na palma da mão, toca o pavio; a chama escura monta informe em tranças de fumaça oleosa; ele ajeita a chaminé a sua volta, põe-na em ordem, a chama empalidece, toma forma, cresce em luminosidade e sobe ao nível correto, e fica ali no vidro; olho ao redor: a sobriedade de sua aromática luz espalha-se quase até as paredes do fundo mas chega até as superfícies todas de madeira mais próxima, detalhes de mobília, cama de ferro, corpos, rostos:

A madeira que forma o móvel da lareira é caiada. O caiamento ostenta cicatrizes de fósforos. A lareira está cheia de fuligem e restos de madeira. A água cai sem parar esparramando-se no meio desta pilha, e as pedras negras partidas do fundo da chaminé se cobrem de seu rastejar à luz do lampião. Uma pequena projeção da lareira, de arenito lixado a pé, penetra o piso, uma perna de minha cadeira com assento de nogueira se apoia nela. O piso é tão lindo à luz do lampião. As tábuas são de pinho; devem ter trinta centímetros de largura cada. Tudo ao redor é madeira, e a não ser pela cal é tudo nu e intocado; é tudo pinho; largas tábuas de pinho; presas a uma estrutura de vigas estreitas, algumas cheias de lascas, outras alisadas com plainas. A porta por que entramos é de largas tábuas verticais de pinho pregadas a uma travessa e a duas horizontais, pendendo de dobradiças; um grosso trinco de botão de madeira, cantos suavizados a faca, um prego de vinte centavos enfiado por seu

366

centro fez na madeira da parede sólida e da porta móvel uma sombra circular de seu uso. (Mais tarde verei em boa parte da madeira desta casa o alento arqueado das serras.) Os pés da cama são de ferro; escuro; a tinta foi embora; e como mó úmida ao toque: suas diversas varas se erguem para um curvar-se de ferro, algo como uma lira, e a cabeceira, na escuridão, é a mesma coisa, mais alta. O lampião fica sobre uma mesinha perto da lareira, e essa mesinha é coberta por um pedaço de saco de farinha cuja estampa ainda se vê vagamente e no qual os tipos mais baratos que se podem encontrar de linhas azuis e rosas brilhantes foram aplicados em um padrão de bordado que não foi completado. A cama está feita com tecido branco, e além dela, mais escuro, fica outro branco liso, e o ferro de uma cama algo mais ornada. Entre meus pés e os de George, na junção de projeção de lareira e piso há um veloz lascar-se de água que posso ver caindo entre nossos campos visuais, um pouco menos rápida que um fluxo contínuo. Em algum ponto atrás dele um gotejar maior acontece, com o ruído e o impacto exatos de uma unha que bate com a maior força e a maior velocidade possíveis na madeira. De volta à escuridão há um ruído contente e plissado como o de um riacho de floresta. À luz do lampião e do dia eu vejo, por sob a porta, água deslizar e se espalhar pelo piso de madeira. Uma gota grande lentamente formada rompe vez por outra sobre meu joelho direito. Não me mexo para evitá-la mas a encubro com a mão para que não se perceba essa tolice. Vejo os pés de George em seus sapatos abotinados, plantados nas tábuas do piso. Observo seus olhos enquanto ele observa quase só nada, e neles o medo da espera enquanto tenta criar um ritmo que o resguarde do trovão imprevisível. Observo esses outros que no escuro se reúnem em guirlanda: Junior, sentado no chão, ao pé da cama, dentes trabalhando na raiz da unha do polegar, observando-me constantemente com seu olhar oculto: Louise, sentada bem ereta na beira de uma cadeira de nogueira junto da cama e perto de mim, segurando um bebê perto de seu corpo presciente mas levemente encostado a ele; observando-me: Burt, na cama, de lado, joelhos bem encolhidos, corpo retraído em uma curva apertada em torno dos quadris sentados de sua mãe, rosto enfiado contra suas nádegas estreitas, chorando muito baixinho, revirando a testa cada vez mais apertada contra ela, mascando o tecido de sua saia; você, Annie Mae, cujo nome eu ainda não sei, e que até aqui jamais havia visto, e que deduzo ser a esposa de George (embora não tenha havido tolice alguma de "apresentações", nem uma palavra foi dita, nesse sentido): foi você a primeira pessoa de quem tomei consciência assim que entrei neste quarto, antes mesmo de você ser uma sombra saindo da escuridão, e era em você que pensava enquanto ficávamos ali sentados, e com quem tanto me importava, como desde o princípio você não apenas não falou mas nem uma só vez ergueu o rosto, a cabeça, de onde a mantém profundamente curvada, cotovelos pontiagudos sobre pontiagudos joelhos, pulsos cravados contra os ouvidos, olhos, sinto certamente pela tensão de seu corpo, fechados tão apertados que devem doer por isso. Tudo que vejo agora é essa postura, a agudeza de sua espinha curvada através de seu vestido, o topo negro de sua cabeça preso em suas mãos e a irregular linha branca divisória descendo o centro da cabeça, e um pouco de sua testa: o encolhimento, e o apertado gemido que você deixa escapar a cada urro do trovão: quando George também se encolhe, nada envergonhado de seu medo, aplicado a mantê-lo limitado apenas em nome de sua família, para que eles possam ter algo com que contar, onde mirar sua própria coragem. Ninguém tem o que dizer em toda essa absorção em terror e paciência de espera a não ser vez por outra Ricketts que, como sempre deve falar mais quando mais tem medo, acha esse silêncio um teste insuportavelmente apavorante: de modo que de vez em quando, do interior de um silêncio em que vinha respirando cada vez mais rápido, ele dardeja um comentário jocoso, quase gritado e trêmulo, a que George dá nenhuma ou quase nenhuma resposta, quase como se fosse obsceno neste contexto, e que eu tento fazer calar acalmando-o com um "é: com certeza", ou um sorriso ou riso curto. Ele comenta como Annie Mae está toda espremida em cima da cama como se estivesse fugindo do diabo, a-har-har-har-har, o diabo em pessoa, e George diz sim que ela está mesmo com medo do trovão e dos relâmpagos; Louise cerra mais os braços em torno do bebê, olhando para mim: depois de um tempo Ricketts diz de novo, Olha a Annie Mae; assustada quenem que o diabo im pessoa tava atráis dela, sinsinhor, o diabo im pessoa. Ninguém lhe dá resposta. Sinsinhor, tudo isprimida que nem se o diabo tivesse pirsiguino ela; nunquinha que eu vi uma muié com mais medo de trovão; e se aquieta novamente. Há um arranhar na porta, sem gemidos; nada se faz a respeito. Ele continua; se detém; recomeça mais urgente; desiste; e se farta. Depois de um minuto George diz: ferro puxa os relâmpago. Ferro e os cachorro. Eu lhes ofereço outra rodada de cigarros. Ricketts, como antes, recusa: continua cuspindo na lareira, inclinando-se bem para a frente em sua cadeira para indicar que está tomando o devido cuidado em uma casa que não é a sua e pela mesma razão cuspindo silenciosamente e com certa delicadeza. George, como antes, aceita um com um agradecimento. Percebo que gosta menos dos cigarros industrializados do que daqueles que ele mesmo enrola, mas lhe agradam o significado e a distinção que há no preço daqueles, e provavelmente só usaria desse tipo se pudesse pagar. Enquanto isso algo muito importante para mim está acontecendo, e se dá entre mim e Louise. Ela está sentada reta e imóvel, como disse, calada, e cuidando da criança, e aparentemente sem sentir mais medo que eu, e quase sem se alterar com a tempestade, observando-me, sem sorrir, seja com a boca ou com os olhos: e logo venho a perceber que ela não tirou os olhos de mim por um só momento desde que entramos no quarto: de modo que os meus se veem cada vez mais incontrolavelmente atraídos a ela e a eles. Desde o início eles me deram arrepios, uma espécie de vácuo pulsante e formigante no plexo solar, e embora eu já os tenha encontrado com frequência não consigo olhar para eles por muito tempo sem pânico e uma rápida retirada, medo, não sei se por ela ou por mim. Inevitavelmente sorrio um pouco, silenciosamente, sempre que encontro seu olhar, mas acaba aí. Premedito, mas não consigo ousar um sorriso pleno e aberto, em qualquer grau que pressuponha ou espere uma resposta, não apenas porque percebo a dimensão da probabilidade de que ela não o "devolvesse", o que, precisando tanto de sua estima, eu não poderia suportar, mas também porque sinto que ela está bem acima de tamanho desrespeito, e quero seu respeito também para mim. Existem tipos de amizade: e de amor, e de coisas muito além deles, que são comunicáveis não apenas sem "sorrisos", mas sem qualquer coisa que se possa chamar de "calor" nos olhos, e depois de pensar um pouco a respeito, esforçando-me por me levar a ousar, e a perder minha consciência, soltei todos esses elementos, em outras palavras tudo o que sinto por ela, tudo que posso ser capaz de lhe dizer por horas se as palavras sequer conseguissem dizê-lo, reuni-os todos em meus olhos, e virei a cabeça, e os exibi diante dos dela, e ficamos ali sentados, com tamanha vibração crescendo entre nós que fiquei semi-inconsciente, de modo que persisti ao invés de correr como se faria na guerra ou em torno de um pilone, cega e surdamente, e ganhei nova força que me parecia um novo nível, um novo mundo, e continuei olhando para ela, e ela para mim, ambos "friamente", "inexpressivamente", eu com o atenuante de uma protetividade dirigida de mim a ela, ela sem medo ou pasmo, mas com recepção e cintilação e aplicação extraordinariamente serenas, e sem entregar nem as mais remotas pistas, seja de calor, ódio ou mera curiosidade; e com o tempo foi ela que deixou seus olhos relaxarem, lentamente, com dignidade, e baixou o olhar pelo peito chato de seu vestido, e pelo punho, e eu continuo a observá-la; e depois de um momento, nada longo, ela ergue novamente os olhos, e um rosto quase imperceptivelmente suavizado, tímido, como que instruído, mas os olhos exatamente como antes; e desta vez sou eu quem muda, para calor, de modo que é como se estivesse lhe dizendo, Santo Deus, se com isso lhe causei qualquer mal, se dei início dentro de você a qualquer mudança danosa, se sequer estendi a mão para tocar você de qualquer maneira inadequada a você, me perdoe se puder, me despreze se for necessário, mas pelo amor de Deus não sinta necessidade de ter medo de mim; é como se o olhar e eu jamais houvéssemos existido, no que se refira a qualquer mal com que eu tocasse você, no que se refira a qualquer possibilidade de que eu não abrigasse e protegesse você: e esses olhos, recebendo isso, não continham nem o perdão nem sua ausência, nem calor nem frio, nem qualquer sinal de ela ter ou não me compreendido, mas apenas aquela mesma excitação vácua, atenta, sem esforço; e fui eu quem desviou os olhos.

De poucos em poucos minutos George se levantava e abria a porta cerca de trinta centímetros, e ela mostrava sempre o mesmo quadro: aquela ponta do corredor cheio de lama e alagado, onde as tábuas tocam o solo: a parede oposta; a cozinha aberta; folhas sopradas para além da janela da cozinha; um segmento do quintal de terra nos fundos onde chuva surra chuva surra chuva surra chuva como que arrancando os miolos da terra e se erguia em acúleos de vaporosa grama de água com trinta centímetros de altura; um canto do galinheiro; as cercas da horta; as plantas na hora estapeadas; uma árvore junto à cerca com rasgos de chuva que a cortam; e depois terra aberta e depois dela árvores enfileiradas; a chuva percorrendo a terra aberta em altas colunas lépidas de fumaça, as árvores fustigando e lidando como ondas enraizadas; e durante todo esse tempo de que falei, um furor tão contínuo de chuva e tamanho romper-se de trovão que não hei de tentar narrar: o trovão, com o tempo, diminuiu primeiro, e agora depois de um longo tempo a mais, a chuva também, e agora estamos sentados com a porta entreaberta e a olhamos seguir seu próprio rastro em um friso de altas figuras inclinadas para a frente sobre o campo, e esse esfumado desbota-se lento no ar, e a terra do quintal recebe agulhas, não murros; o trovão ruge bem mais para oeste, e o ar, conquanto completamente nublado, brilha macio; e por toda parte há um correr e rumorejar, um som gargarejante de água como o que se poderia ouvir se fosse amplificada a recessão das partes últimas de uma onda; e em tudo isso vejo agora o rosto de Louise na estranha mistura de lampião e luz do dia; e Burt relaxa, e por alguns momentos parece adormecido; e Ricketts começa de novo a falar mais continuamente: e agora pela primeira vez em toda essa hora em que estivemos sentados aqui, Annie Mae tira as mãos travadas dos ouvidos e lentamente ergue seu rosto lindo com uma longa faixa de lágrimas traçada, vertical, sob cada um dos olhos, e nos olha gravemente, dizendo nada. Depois de um minuto ela se inclina na direção da filha (cada linha de seu corpo aguda e reta como que desenhada a régua), e pergunta, Como é que está o Squinchy? Ela na verdade está pedindo o menino. Louise sabe disso, e o entrega a ela, e ela o pega contra o corpo e encara cuidadosamente seu rosto, alisando na abobadada testa do menino sua mão castanha. Ele está dormindo, e esteve dormindo o tempo todo, mas agora sob sua mão desperta, e chora um pouco, e começa a sorrir, e muito mais para confortar a si própria que à criança, ela vira de costas para nós, e afasta o vestido do seio, e o amamenta.

Abrem-se as venezianas. O lampião é reduzido, apagado de um sopro. O quarto está claro de luz e respira frescor como um pulmão: ele se enche dos odores da chuva sobre a terra e de madeira, carne de porco, roupa de cama, e querosene, e se limpa da exaustão de nosso alento. Nossos rostos não estão mais contidos, mas sim casuais, e eles e eu olhamos uns para os outros mais casual conquanto timidamente, muito mais agudamente conscientes que antes do quanto é estranha nossa presença aqui. Nossas vozes e nossos corpos ganham forma e relaxam, e nos levantamos das cadeiras e da cama e do chão, e saímos do quarto para ver o que a chuva fez. Ainda não há "apresentações"; não há nenhum tipo de conversa social, mas como que uma definida tentativa de evitar essas questões todas, por que lidar com elas é complicado demais; mas tranquilidade, casualidade, cortesia, amistosidade de um tipo que me faz sentir à vontade, mas cuidadoso: e vejo o quanto tomam cuidado comigo, intrigados comigo, e contudo mais felizes que infelizes por me ver, e nada incomodados por mim.

* * *

Mas a partir de onde eu digo, "Abrem-se as venezianas", devo desistir disto aqui e falar de alguma outra maneira, pois não sou mais capaz de falar como estava fazendo, ou na verdade não sou mais capaz de suportar fazê-lo. Coisas que naquele momento eram ao menos imediatas a meus sentidos, agora conheço apenas como que de uma grandiosa e intocável distância; distinta e contudo friamente como que através de um par de binóculos ao contrário, e sem calor ou tração ou fé nas palavras: de modo que no máximo posso esperar "descrever" o que gostaria de "descrever", como que de um ponto afastado, e mesmo isso de maneira pobre:

O quarto estava todo trancado, pleno de odores. A porta deixou entrar luz, mas só para um lado do quarto: de modo que como eu disse os rostos foram tocados por duas luzes ao mesmo tempo, duas temperaturas também, e dois tipos de ar. Mesmo com essa quantidade de luz e odor diurnos houve mudança; fomos todos afastados, e ficamos mais conscientes uns dos outros, na tempestade diminuída: nossos egoísmo e atenção normais de uma situação humana curiosa foram algo restaurados em cada um de nós, e com isso, algo feliz que veio do próprio ar, não muito diferente do corajoso e retomado volume dos passarinhos no ar do celeiro, cujo voo e canto pregueados eram ríspidos como na aurora: o abrir-se das venezianas em duas das quatro paredes cegas então deixou o cômodo cheio dessa luz refrescada e feliz, em que cada peça da mobília se erguia completada em sua personalidade casual dentro dos limites dessas tábuas encerradas, e onde nos encontrávamos e víamos uns aos outros pairando, agora sem qualquer razão para aqui estarmos aglomerados, e ficamos alguns momentos sentados como que piscando, e como que constrangidos por estarmos sentados; de modo que foi em parte esse constrangimento que, depois daqueles momentos de tímida contemplação dos outros, amansou-nos e nos levou a estar de pé e andando de um lado para outro, cadeiras afastadas, e soltos pela varanda: e eu desejaria profundissimamente dizer, Como pode ser estranho o dia natural em um quarto, e como pode perturbar curiosa e secretamente aqueles que se veem sob sua liberação, e que se veem retomados, cada um, em seu ser normal, antes de estarem totalmente prontos a retomá-lo, em um quarto cujas paredes se distanciaram, abriram mais uma vez seus olhos quadrados, sobre setores da região, em uma chuva acetinada cada vez mais rala.

Mas a música do que está acontecendo tem um arranjo mais rico que este; e muito além do que posso expor: apenas posso falar dela: a personalidade de um cômodo, e um grupo de criaturas, sofreu uma mudança, como que entre duas técnicas ou meios diferentes; o que começou como "Rembrandt", em uma profunda luz dourada, implantada de forma colossalmente pesada em cada número inteiro, tornou-se fotografia, um registro em luz limpa, descolorida, de olhar fixo, quase sem sombra, de duas camas de ferro cobertas que ficam um pouco afastadas das paredes; de cadeiras deslocadas; dentro do cubo de madeira-casa feita a pregos; uma família de colonos agricultores, no fim de uma tarde de domingo, em um certo rincão do interior, em uma certa parte do sul, e das vidas de cada um deles, confrontados por uma pessoa estranha a eles, cuja presença e motivos são tão estrangeiros que não há motivo porque qualquer de suas partes jamais venha a ser compreendida; quase como se não houvesse sentido em explicar; digamos apenas, eu sou de Marte, e deixemos assim: e isso, assim como a borrasca suspensa, a retomada do trabalho na ausência do medo, acontece nesses minutos; cada mente desalinhada, e ocupada, em uma timidez ou medo humanos comuns; o medo em que uma nova relação começa a se construir com alguém. Queria poder lembrar a conversa, mas mal consigo recordar. Eu me expliquei um pouco, ou seja, esta única visita, o mais simplesmente que pude: nisso não era difícil acreditar, e foi muito bem-aceito; nem eu nem um só dos outros dois homens dissemos muita coisa diretamente à sra. Gudger, nem ela a nós; embora, até onde senti que seria considerado adequado, e permitido, eu torcesse o que dizia ou respondia para incluí-la, e algumas vezes diretamente para ela. Ela se tornou capaz de falar um pouco do medo que tinha de tempestades, mas sem desculpas e com quase humor nenhum, meras declarações, uma espécie de cortesia implícita ao me explicar, caso eu tivesse achado estranho: eu lhe dei razões indiretas para que soubesse que eu não achava isso nem remotamente estranho: falei um pouco com as duas crianças mais velhas, como se fosse natural falar com crianças; isso as deixou intrigadas, mas pareceram gostar. A sra. Gudger me tratou com uma grande e silenciosa cortesia, de maneira profundamente reservada; como esposa, como mulher, não era seu papel demonstrar ou mesmo sentir qualquer dúvida a respeito de quem eu era, por que eu poderia estar ali; isso era assunto para o marido, e sua maior cortesia estava em observar esse fato: as crianças, por outro lado, eu sentia seus olhos em mim o tempo todo. Nada que me foi dito fez qualquer diferença por si próprio, mas em cada coisa dita havia toda a diferença do mundo em como eu deveria encará-la ou dizê-la: confiei na quietude e em ocasionalmente dar um passo à frente, e improvisei sobre o que mais me parecesse à mão, e comecei a ter o prazer de perceber que embora eu permanecesse inevitavelmente algo misterioso, eu era a cada poucos minutos aceito um pouco mais confortavelmente como alguém que lhes era amigável, respeitoso, franco em relação a minha ignorância, meus motivos, e minha opinião, e como uma pessoa que em nada precisava ser temida ou tratada com qualquer falta de à-vontade.

A terra do quintal não tinha mais nenhuma forma; ou tinha a forma que a chuva lhe dera; parecia um mapa de relevo. As galinhas estavam no limiar de sua porta ou saíam cambaleantes de baixo da casa, conversando preocupadas, tremendo, secas e encharcadas em certos lugares. O porco grunhia e a água empapava seu chiqueiro; a vaca soltou um comentário como uma flauta gigante de madeira: olhei, e vi sua cabeça estendida. Na beira do algodoal um dos três pessegueiros havia sido partido ao meio: pegamos pedaços de arame e erguemos aquele peso encharcado e atamos as metades: a grama sob essas árvores estava coberta por toda uma safra de pêssegos; mal chegava a uma dúzia o número dos que pendiam vivos; estavam estourados e machucados a ponto de não prestar para nada. Nós os catamos com baldes e uma banheira e com a sra. Gudger e as crianças separamos os que estavam maduros e suficientemente inteiros para serem usados como alimento ou secos, e aqueles que serviam apenas para os porcos. Gudger se preocupava que eu pudesse enlamear meus sapatos de domingo, e (ao reerguer a árvore) que eu encharcasse a roupa.

Enquanto separávamos pêssegos, toda a tempestade se afundou e o sol se abriu sobre seu horizonte e mergulhou na direção dele: você sabe muito bem como brilham limpos, felizes e com uma aparência saudável e pacífica todos os ramos e folhas e todo o formato de uma região numa luz assim, e podem encher você de um amor sem bases compreensíveis: bem, isso mais ainda viera ao fim de uma longa e cruel seca, e havia um movimento e um ruído em torno de mim de criaturas e sentidos em que por fim me encontrei; e eu não estar chorando de alegria vinha apenas de ainda ter tanto por ver, ouvir, e olhar maravilhado, enquanto ficávamos na varanda e conversávamos, George dizendo, repetidamente, enquanto olhávamos para a terra resplandecente, que estação boa vinha sendo aquela, uma estação muito boa, e como parecia mesmo ter sido uma resposta às orações, pois eles estavam rezando por chuva havia semanas, cada vez mais: e mais para a esquerda onde o morro se afundava, erguia-se por entre os topos da mata cerrada um longo muro fino de uma neblina branca e curva sobre água ruidosa:

E ele me convidou, diversas vezes, para passar a noite; é claro que a comida era bem simples, mas passe a noite com a gente; e a cada vez em algum acesso paralisante de timidez diante de um desejo vigoroso eu agradeci a ele e disse que era melhor não, sabendo já enquanto falava como era grande o risco que corria de ser mal-entendido por ele, e sua mágoa, mas incapaz de dizer outra coisa: e com o tempo, e seguro, e enojado por isso, de que o havia magoado, de que parecera por minha recusa me pôr acima dele, por mais que o fizesse "educadamente"; eu lhes disse adeus e que queria voltar logo a vê-los, e Ricketts e eu entramos no carro; e, com o perigo a todo momento de atolar no barro, seguimos nosso caminho sobre a modificada superfície desse quintal e para longe dos olhos.

(Levo Ricketts para casa. No caminho de volta para a autoestrada, ainda antes da estrada vicinal que leva à casa dos Gudger:)

Terceiro

Segundo introito

Ricketts havia me mostrado truques de condução do automóvel que eu não teria arriscado ou imaginado no barro, e agora voltando pelo mesmo caminho, sozinho, com o escuro chegando, eu seguia os sulcos de meus próprios pneus na maior parte do tempo, muitas vezes sem as mãos no volante, mantendo o carro em uma segunda marcha leve e algo ligeira de modo que ele parecia mais flutuar e singrar do que seguir sobre o chão, segurando-o levemente quanto pudesse no instante de derrapagem e aumentando a velocidade ao invés de diminuir e guiar antecipadamente, como provavelmente teria feito se por minha conta. Em meia dúzia de pontos havíamos ficado muito perto de atolar, e aqui o barro estava tão conturbado que era necessário a cada vez adivinhar novamente. Você não pode se dar ao luxo de usar os freios em uma superfície como esta, e todo o trabalho de volante que tiver de fazer precisará ter a mais leve mão que você puder empregar; quase a única coisa a se dizer da velocidade nessas situações é ir um grau inteiro mais rápido na maior parte do tempo do que você pode imaginar que é seguro. É diferente da neve e de qualquer outra lama que eu conheça, e contém uma dúzia de diferenças súbitas em si mesma, requerendo todas elas rápidas modificações de técnica e todas mais ou menos indescritivelmente ocultas umas entre as outras: dirigindo, você se sente menos como um "condutor" do que como uma espécie de cérebro ativo-passivo suspenso no centro de uma máquina, cuidadosamente permitindo que ela escolha seu caminho, e mantendo toda a situação contida apenas por pequenas cócegas da ponta de um chicote: seus sentidos se trasladam, tomam o carro, de modo que você é todas as quatro rodas com a mesma sensibilidade que se cada uma fosse a ponta de um dedo; e elas tateiam um caminho seguro através do terreno mais por força de vontade ou desejo que por ação. A piada aqui era que minhas forças de vontade ou de desejo se embaraçavam sozinhas entre a curiosidade de dar conta desses três quilômetros de estrada, por um orgulho amadorístico, e o arrependimento de não estar na casa dos Gudger e o desejo de estar lá e de ter uma boa desculpa para lá estar: de modo que a cada vez que eu passava por um trecho particularmente difícil, era com parcelas quase iguais de arrependimento divertido e de prazer: de modo que com o tempo, sentindo a roda traseira direita escorregar profundamente na direção da vala; bom, eu não sabia então, e não agora, se as coisas que estava fazendo para salvá-la eram "corretas" ou não, e se foi ou não por meu desejo que torci o volante e entrei tão fundo que não mais havia nenhuma esperança de tirá-la dali: mas uma coisa eu sei: que na medida em que eu a sentia se acomodar, isso me foi completamente agradável, um novo sentimento prazeroso de, bom, fiz tudo que *eu* poderia fazer: fiquei sentado no carro adernado íngreme talvez por um minuto inteiro com o motor em ponto morto, sentindo um sorriso em todos os ossos de meu rosto tão estranho a mim quanto a maquiagem de um ator: reduzi, mudei o esterçamento, dei-lhe todas as modulações de esterçamento e de força que pude conceber; elas apenas afundaram cada vez mais o carro como eu começava a esperar que fizessem: e abruptamente desliguei o motor e os faróis e acendi um cigarro e fiquei sentado olhando para a paisagem e o céu, enquanto o motor vencido esfriava com um ruído metálico de relógio.

Era a mais escura espécie de luz do sol que ainda se pode sequer chamar de dia, ainda sobre tudo, e por todo o ar, uma luz fria, marrom-azulada, de ágata; e eu estava estacionário no meio de um mundo cujos membros todos eram estacionários, e nessa estase, um azedo odor da terra e da noite foi ficando cada vez mais forte em mim até que, por fim, senti uma exata tração com esta terra em cada ramo e cada torrão dela como se me apresentava, não como se me apresentava de passagem, de dentro do carro, mas ficar apresentado em meio a ela, tragado por ela, atravessada, a pé, no ritmo simples de um ser humano em sua relação básica com sua terra. Cada planta que se canelava em longas fileiras pelo solo era nativa de seus particulares poucos centímetros quadrados de área de raízes, e mantinha relações entre essas outras com o trabalho e a vida de certo homem singular e certa família, em uma casa particular, cujo lampião eu talvez estivesse vendo depois deste campo; e cada árvore tinha agora sua própria existência e personalidade particulares, erguia-se ramificada de seu espaço especial no desfraldar de seu sangue, e ali ficava esperando, homem marcado, árvore: diferente como a diferença entre uma visita guiada de uma prisão e as primeiras horas ali como prisioneiro: e enquanto isso, escurecia.

Tirei os sapatos e coloquei tênis (isso não fazia sentido, e não entendo por quê), enrolei as pernas das calças até o joelho, peguei um maço extra de cigarros, dois lápis, um caderno pequeno, fechei as janelas e tranquei o carro: olhei quão fundo até o eixo afundara a roda, e segui estrada abaixo, olhando frequentemente para o carro de distâncias modificadas como se para um retrato de mim mesmo, ali adernado indefeso com seus faróis e para-choque refletindo a luz que pudessem. Comecei a sentir vontade de rir dele como se fosse um político do New Deal, um nutricionista do interior, um editor da *Fortune*, ou um artigo na *New Republic*; e assim, também, ria de mim, maravilhado com certo desdém pelo tipo de mistura de coisas de natureza boa e aquém da náusea por que eu estava agora onde estava e com que propósitos: mas não parei de andar, e o centro ósseo de meu peito não parou de bater com pressa e esperança, e eu buscava marcos na paisagem, menos por necessidade (pois só precisava seguir essa estrada até uma ramificação e o ramo até o fim) que por satisfação ao vê-los mais uma vez se aproximando de mim em um ritmo e propósito e profundidade de sentimento e sentido modificados: pois agora eles me deixavam tímido e contudo como se os tivesse possuído há pouco ou os fosse logo possuir, como se silentes se abrissem e ficassem calados diante de mim para observar e avaliar e se proteger contra mim, e contudo ao mesmo tempo, em uma espécie de grave indiferença dos indefesos, para me dar as boas-vindas: e por outro lado ainda em tudo isso eu me sentia humilde, e respeitoso, tomando cuidado para que sequer pusesse os pés nessa terra com vulgaridade de atitude, e cheio de conhecimento, não tenho direitos, aqui, não tenho direitos legítimos, por mais que queira, e jamais poderia ganhá-los, e caso venha a escrever sobre isso, devo fazê-lo a salvo dos de minha espécie: mas eu continuava andando: a beirada amarrotada da pedreira, as duas casas de negros entre as quais me contorci, entre suas árvores; estavam escuras; e pela escuridão de sob as árvores, cujas raízes e pedras estavam debaixo de mim na lama, e até os tornozelos na água da cheia; e observei o milho íngreme-adernado íngreme, todo ele afastado de mim para a direita, e agora quase imóvel, enquanto que a minha direita e me tomando todo estava a farfalhante segunda chuva de 1 trilhão de folhas relaxando a esteira de uma borrasca, e um ligeiro, alto, errante ruído de folhas saciadas; pensando, como nesta noite a absorção que houvesse na terra porosa logo manifestaria essa tempestade em fontes glandulares, refrescados profundos poços; odores em toda parte tão negros, tão ricos, tão frescos, que suplantavam em fecundidade os odores de uma mulher; o suor frio e calado da caminhada puxada; e então finalmente até as trevas daquela vertical ravina de uma estrada além da qual a terra se abre em onda, e flutua a casa:

Subindo essa ravina, percebendo-me então próximo, segui sorrateiro, sabendo agora que tinha pelo menos semiarquitetado essa situação, e depois de uma recusa mal-entendida, e pela primeira vez percebendo que a esta altura, plenamente escuro há meia hora, vocês hão de provavelmente estar na cama, jantados, findo o dia, de modo que eu hei seguramente de gerar incômodo: lenta e cada vez mais lentamente, e dois terços pronto a dar a volta, a passar a noite no carro; e quintal limpo adentro, silentemente, de pé, vertical ao centro frontal da casa; está tudo negro; nenhuma luz; só está ali, mais escura que o ambiente a sua volta, perfeitamente tranquila: e aqui de pé, silentemente, diante da postura da própria casa fico cheio de vergonha e de reverência das solas dos pés meu corpo acima até a crista de meu crânio e as folhas de minhas mãos como uma nau caladas se estendem cheias de água que jorrou de no meio de meu peito: e vergonha mais, porque ainda não me desvio, mas fico ainda aqui imóvel e como que equilibrado, e estou consciente de uma esperança vigilante e desavergonhada de que — não de que eu deva me adiantar e solicitar vocês, perturbar vocês — mas de que "algo há de acontecer", como "aconteceu" de o carro perder para a lama: e esperando assim, com dúvida, desejo e vergonha, em um recolher dessas sensações em torno de um vácuo de espera passiva, como as seis paredes de um quarto vazio podem esperar por um som: e isto, ou minha respiração, ou as batidas de meu coração, devem ter sido comunicados, pois há um súbito correr adiante até a borda da varanda de urros latidos, e um cão, gritando com toda sua alma contra mim: nada mais: e penso como eles se assustam com isso e sinto que já causei bastante mal, e me recolho um pouco, esperando que isso o acalme, e na mesma esperança estendo a mão e falo muito calmamente. Ele se amansa um pouco em um rosnado resmungo de ódio e medo jactanciosos e estou pronto a dar as costas e partir quando uma sombra se move pesada atrás dele, e em um gesto recurvado de me espiar dali, pergunta a voz de Gudger, Quem é: pronta para a briga. Falo antes de me mover, dizendo-lhe quem sou, depois o que aconteceu, por que estou aqui, e ando até ele, e o quanto lamento incomodá-los. Está tudo certo por ele; entra pra dentro; ele pensou que eu era um preto.

Subo à varanda envergonhado, dizendo-lhe de novo o quanto lamento tê-los assustado assim. Está tudo bem. Eles acabavam de ir para a cama, ninguém estava dormindo ainda. Ele enfiou o macacão sobre nada mais e está de pés descalços. No escuro posso vê-lo dobrando um pouco a cabeça quadrada para a frente para me analisar. Ainda há antagonismo e medo em sua voz e em seus olhos, mas percebo que não são para mim, mas para com o negro que pensou que eu fosse: suas emoções e sua mente demoram para acompanhar qualquer mudança na situação de fato. Em mais alguns momentos esse antagonismo se esvaziou e ele é simplesmente um homem cansado e nada desagradável cuidando de um semiestranho à noite que é também uma anomalia; e assim ele faz como fez antes sem qualquer afetação de graça social: as pessoas bastante simples cuidam de maneira muito mais profundamente cortês umas das outras e de si próprias sem muita ou mesmo nenhuma surpresa e sem pressa desenxabida e com uma espécie de respeito que não faz muitas perguntas. E foi assim que não houve nem calor fingido e cordialidade nem qualquer frieza quando disse, Claro, entra, quando perguntei se ele me aceitaria por uma noite afinal, e acrescentou, Milhor comê uma janta. Eu estava de fato com muita fome, mas fiz tudo que pude para deter esse processo, finalmente tentando atingir algum equilíbrio com uma fatia de pão e um pouco de leite, que não precisavam de preparo; eu já estou dando trabalho demais a vocês; mas não; Não dá para ir dormir sem comer direito; só espere aqui um segundo ou dois; e ele inclina a cabeça pela porta do quarto e fala com a mulher, explicando, e acende o lampião para ela. Depois de alguns momentos, durante os quais eu ouço a respiração dela e um fatigado arrastar de seus pés, ela sai descalça carregando o lampião, franca e profundamente sonolenta como uma criança; sentindo-me enojado por acordá-la ainda mais com tantas palavras eu digo, Oi, sra. Gudger: digo eu queria lhe dizer que lamento *demais* incomodar vocês assim: a senhora, sério, eu não preciso de muita coisa, se a senhora só me disser onde é que fica o pão, vai estar *perfeito*, eu ia odiar se a senhora cozinhasse ainda para mim: mas ela me responde enquanto passa, olhando para mim, tentando me pôr em foco entre seus cílios grudentos, que não é incômodo ninhum, e para eu não me preocupar com isso, e vai para a cozinha; e com que rapidez eu não entendo, pois estou ocupado demais para ver, com Gudger, e com conter em mim o erro cardeal de ficar pairando à volta dela, ou de oferecer ajuda, ela acendeu um fogo de pinho e dispôs à minha frente, sobre a mesa no corredor, biscoitos quentes com manteiga e geleia de amora-preta e um copo de geleia cheio de leitelho, e aqueceu ervilhas da horta, carne de porco frita, e quatro ovos fritos, e ela senta-se um pouco afastada da mesa por cortesia tentando manter a cabeça erguida e os olhos abertos, até eu terminar de comer, dizendo em um dado momento como aquilo é uma janta tão pobre e em outro como aquela comida é tão simples, ruim; eu lhe digo o contrário, e como o mais rápido que posso e muito mais do que me cabe, de fato, todos os ovos, um segundo grande prato de ervilhas, quase todo o biscoito, sentindo que é melhor mantê-los acordados e comer demais que deixá-los ainda que minimamente continuar a acreditar no que presumem que devo ser: "superior" a eles ou a sua comida, comendo apenas o necessário para ser "educado"; e vejo que estão, de fato, silenciosamente surpresos e satisfeitos com meu apetite.

Mas de alguma maneira eu perdi contato com a realidade de toda essa situação, mal posso compreender como; uma perda da realidade das ações simples sobre a superfície específica da terra. Essa região, essas estradas, esses odores e ruídos, a ação de caminhar na lama no escuro, a aproximação, apenas o que uma lenta sucessão de certas árvores passando por você em uma caminhada pode implantar em você, pode representar para você, a casa ali de pé escura na escuridão, a indecisão e os urros do cachorro, as conversas de perguntas, defesas, tranquilização, aceitação, as sutis mas vigorosas distinções de atitude, o caminhar entre paredes de madeira e o sentar-se e comer, os sabores das várias comidas, os pesos de nossos corpos em nossas cadeiras, nossa aparência à luz do lampião na presença das paredes da casa e da noite do interior, a beleza e a tensão de nosso cansaço, como contínhamos silêncio, gentileza e cuidado uns para com os outros como três lanternas suaves erguidas junto das cabeças encontradas de estranhos nas trevas: coisas assim, essas são só algumas, não consegui expor sua verdade em palavras, que são uma música suave, de características simples, e nobre, com cada parte de sua experiência e sua memória tão limpa e tão simplesmente definida em seus próprios termos, fazendo soar simultaneamente tantos acordes e tantas relações que só posso ter borrado no mero ato de relatar.

Dizer, então, como, sentado entre as paredes fechadas deste corredor, que se abriam para a larga noite em ambos os lados, entre essas duas pessoas sobriamente sonolentas no suave sorriso da luz, comendo de pratos sortidos com talheres com gosto de lata a comida pesada, simples, tradicional que se estendia diante de mim, aumentou em mim a sensação de que no fim de uma jornada e uma demanda, tão longas que começaram antes de meu nascimento, eu apreendera e agora sentava descansado em minha própria casa, entre dois que eram meu irmão e minha irmã, e contudo menos isso que algo mais; estes dois; a esposa exatamente de minha idade, o marido quatro anos mais velho, pareciam ninguém mais que meus pais, em cuja paciência eu era tão diferente, tão divergente, tão estranho quanto era; e tudo que me cercava, que silenciosamente se esforçava para passar por meus sentidos e me distendia plenamente, me era familiar e caro como nada mais na terra, e como se bem conhecido em um profundo passado e perdido há longos anos; de modo que eu podia desejar que toda minha fortuita vida fosse na verdade a traição, a alucinação curável, que parecia ser, e que este fosse meu verdadeiro lar, minha terra certa, sangue certo, a que jamais teria direito de fato. Pois metade de meu sangue é simplesmente isto; e metade de meu direito a voz; e apenas por mero acaso minha vida se amaciou e se sofisticou tanto nos anos de minha indefesidade, e me foi roubada uma realeza que não só jamais poderei reclamar, mas jamais hei de desejar ou lamentar adequadamente. E assim nesse tranquilo introito, e em todo o tempo que ficamos nesta casa, e em tudo que buscamos, e em cada seu detalhe, há uma tão aguda, triste e preciosa nostalgia, que de outra forma mal posso sequer conhecer; um conhecimento de que uma breve fuga para as fontes de minha vida, a que não tenho acesso legítimo, não me recompensou com mais que amor e dor.

Os biscoitos são grandes e disformes, sem serem cortados em círculos, e são pálidos, não dourados, e cobertos de farinha. Têm gosto de farinha e de bicarbonato e sal úmido e enchem a boca, grudentos. Ficam melhor com manteiga, e ainda melhor com manteiga e geleia. A manteiga é pálida, macia, e sem sal, mais ou menos com a textura de creme de leite fresco; parece ter delicado sabor de madeira e pano molhado; e tem um gosto "fraco". A geleia é mole, de pequenas amoras, cheia de leves raspagens na língua; tem um sabor profunda e docemente púrpura, tepidamente aguado, com um verniz muito leve de um azedo como que de ferro. As ervilhas são marrom-oliva, com formato de lentilhas, mais ou menos o dobro do tamanho. Seu gosto é uma mistura entre o das lentilhas e o dos feijões cozidos; molha-se pão em seu caldo. A carne é bacon, granulado de sal, encharcado na gordura de sua fritura: há nele muito pouca carne magra. O que há é quase tão duro quanto couro; o resto é pura banha salgada e fibrosa. Os ovos têm gosto de carne de porco também. São fritos naquela gordura dos dois lados até que nada da gema rompida escorra, pesadamente salgados e apimentados enquanto fritam, de modo que chegam à mesa quase pretos, muito pesados, cercados de crocância, quase densos como bifes. Do leite mal sei o que dizer; retiram-lhe a nata, tem uma luz azulada; para um palato urbano seu calor e seu aroma são algo sujos e ao mesmo tempo vitais, um pouco como se estivéssemos bebendo sangue. Mesmo numa casa tão limpa quanto esta há um leve odor de carne de porco, de suor, tão sutil que parece penetrar até o metal das panelas vencendo qualquer tentativa de limpeza, e transpirar de xícaras recém-lavadas; está por toda a casa e em toda sua pele e suas roupas a todo momento, e contudo quando você leva um pouco de comida à boca ele é tão mais perceptível, se você não está acostumado a ele, que ocorre uma pequena luta silenciosa em seu palato e na boca de seu estômago; e parece que é este aroma, e uma espécie de aquosidade e desanimada tepidez, que se combinam para fazer a comida parecer menos suja, grudenta e lívida com alguma espécie de doença invisível, e contudo esses são o aroma e a consistência e a têmpera e são esses os verdadeiros sabores domésticos; sei disso inclusive por mim mesmo; e por mais que meus reflexos se contorçam recusando cada bocado, uma verdadeira afeição saudosa e simples por eles me toma tão vigorosamente que de fato não há verdadeiras lutas e nenhum fingimento de prazer. E mesmo mais tarde, sabendo muito bem a respeito dessa comida o insulto que é para aqueles que devem passar suas vidas comendo-a, e que gostam bastante dela, e quando estou cansado dela, tenho também uma afeição por ela, e quando ela me falha, uma curiosa espécie de determinação que se ri de mim mesmo, de que hei de comer por algumas semanas o que 1 milhão de pessoas passa a vida comendo, e sinto que por mais que me cause desconforto ele é pequeno, e aceito de bom grado, na escala de tudo que seria necessário para nos nivelar.

Durante todo esse tempo estamos conversando um pouco: sem registrar de maneira exata, o que está além de minha memória, mal posso dizer como: as formas dessas ações, as mais simples e casuais, são as mais difíceis que conheço de expor precisamente como aconteceram; e cada uma é um pouco mais bela e mais valiosa, eu sinto, que, digamos, a forma do soneto. Era uma forma em que duas pessoas simples e uma complexa que mal se conhecem discursam enquanto uma come e as outras esperam que termine para que possam voltar para a cama: ela tem o ritmo e as inflexões dessa tripla timidez, do sono, da refeição apressada, de mentes sob a influência da luz do lampião entre paredes de pinho, de uma conversa que pouco ou nada significa por si só e muito em suas inflexões: Para quê? O que posso fazer a respeito? Deixe-me ao invés disso tentar apenas algumas das superfícies. Apenas no fato de terem sido arrancados da cama para me fazer essa gentileza natural, um de macacão e a outra em um vestido doméstico metido sobre a nudez, e de estarem aqui sentados, um homem e sua esposa, em uma hora cujo avançado lhes é incomum, há um tipo singular de intimidade entre nós três que não é de nossa criação e que nada tem a ver com nossa conversa, que aumenta em nossos tons de voz, em pequenas e caladas tiradas de humor, em relances de olhares, mesmo em como como minha comida, em seu conhecimento do quanto me sinto efetivamente um amigo deles, e da seriedade de minha preocupação em ter-lhes causado incômodo, e de deixar que se livrem desse incômodo o mais rápido possível. E o melhor de tudo — será difícil explicar a não ser que você saiba algo a respeito das mulheres nesta civilização — é o ato de experimentar calor e intimidade com relação a um homem e sua mulher ao mesmo tempo (pois isso raramente aconteceria, sendo tarefa da mulher servir e se recolher). Senti tamanha honra diante do fato de ela não se manter apenas ali a distância, esperando para limpar quando eu terminasse, mas sentar perto, quase em perfeito equilíbrio com seu marido, e efetivamente falar; e comecei mesmo através de sua profunda exaustão a ver crescer nela um calor tão agradável e ocasional, por esse estatuto modificado e a aceitação por ele, e uma corrente de calor tão bondosa e surpresa crescendo durante tudo isso entre seu marido e ela, uma nova luz e doce novidade espalhando em seu rosto uma beleza que, mais que uma primeira expostulação de que voltasse a seu descanso e me deixasse limpar a mesa, eu não apenas mal me preocupei com seu cansaço, ou o de seu marido, mas até prolonguei um pouco nossa estada ali, por mais que isso me envergonhasse, e eles despertaram, e se animaram com a conversa, mesmo que uma fadiga tão mais pesada os prendesse como um lastro, até que se tornou na escala de seu sono uma conversa quase escandalosamente madrugueira, na qual estávamos todos inclinados uns na direção dos outros sob a luz do lampião secretamente examinando o crescimento da amizade nos rostos dos outros, eles se abrindo mais, falando tanto quanto eu e mais: enquanto contudo esgueirava-se por meu tranquilo deleite vinda da boca do estômago uma fria e nauseante vergonha de os estar mantendo acordados, um sentimento de que tinha lido equivocadamente seu interesse e sua amabilidade, que era apenas uma paciência desesperada e quase estilhaçada em uma armadilha que eu impusera abusando de sua bondade; e rompi uma pequena espera no que estávamos dizendo, para dizer o quanto lamentava e me envergonhava, e que tínhamos de ir dormir; e isso receberam de forma tão genuína, tão bondosa, que mesmo em sua exaustão fui imediatamente curado, e não tive mais medo do que sentiam a respeito: e afastamos nossas cadeiras e nos levantamos e ela limpou a mesa (não, mais que rapidamente empilhar meus pratos ao alcance dela eu não consegui sequer me oferecer para ajudá-la nisso) e seguiu-se um simples conjunto de transições que são lindas em minha lembrança e que mal posso expor: um dizer-me onde dormiria, no quarto da frente; um estender de esteiras no piso do quarto dos fundos; um despertar e trazer das crianças de seu sono na cama que eu ocuparia: elas vieram sonâmbulas, sobre piso nu na direção do lampião, emolduradas pelas tábuas verticais iluminadas da porta: o ceder-me o lampião, que aceitei (há cortesias que você aceita, apesar de sentir vergonha), desde que o tivessem usado antes para irem para a cama: eles me dão, enquanto isso, sua pequena lâmpada de lata, que parece o mais diminuto tipo de lâmpada romana: digo boa noite à sra. Gudger e ela a mim, sorrindo sonolenta e triste de uma maneira que não posso deduzir, e entra; fecho o botão de minha porta; que leva ao quarto deles, e espero neste quarto da frente, novo para mim, com minha lâmpada, sentado na beirada da cama aquecida pelas crianças, olhando os pequenos esboços de carpintaria que consigo ver com minha luz tênue, e a luz sob a porta deles e por frestas da parede, enquanto que em uma confusão de pés que se arrastam e de vozes em surdina que se estende por sobre o sono das crianças como asas silenciosas; e farfalhares de tecidos, e o soar das molas do estrado, eles se restauram ao sono: depois um arrastar, um deslizar de luz, um macio bater na porta; vou a ela; Gudger e eu trocamos de lâmpadas, dizendo poucas palavras em vozes quase inaudíveis, enquanto sinto por sobre seu ombro a profunda escuridão respirar uma silente prostração de corpos: Certinho aí, né? — Ah, claro, certo. Tudo certo. — A Annie Mae mandô eu dizê que ela quiria tê uns lençol limpo, mas tem que (*ah não!*) se virá como dé. — Ah, não. Não. Pode dizer a ela que eu certamente agradeço, mas, não, está ótimo assim, *ótimo* assim — É que ela não vai tê até lavá as rôpa. — Claro; claro; eu não ia querer sujar um lençol limpo de vocês, uma noite só. Muito obrigado mesmo. Porta, bem na frente da tua cama, se cê quisé saí. Eu olho, aquiesço:

Ah; obrigado.

Boa noite:

Boa noite:

A porta se fecha.

Fico só, e vejo que, sem meu conhecimento ou minha vontade, meu braço esquerdo se estendeu lentamente, a lâmpada na mão em sua extremidade, o mais que se pode esticar, e me viro para o centro do quarto.

No quarto: o Testamento

Meus seis lados, tudo pinho: Piso sustentado; paredes muradas, erguidas verticais, presas pelos quatro lados, a piso, umas às outras, e ao teto: teto, sobre vigas, inclinado alto, de beirais a topo. Entre ripas, o ventre das telhas. Uma parede é de madeira fina, a que faz a divisa com o outro quarto: as outras, esqueleto e superfície interna da pele exterior da casa. Uma porta para o quarto: uma porta perto de minha cama para o corredor: na parede no pé de minha cama, uma janela quadrada, fechada com venezianas; outra na parede adjacente em ângulo reto. No chão sob essa janela, um pequeno baú. A sua esquerda, atravessada no canto, uma cômoda com espelho. A sua direita, atravessada contra o canto, uma máquina de costura:

Já falei dessas coisas: Mas aqui, e agora, era a primeira vez em que me familiarizava com este quarto em um silêncio de pasmo que combinava com o silêncio do sono no quarto ao lado. Sua fragrância estava em toda parte; sua simplicidade e sua coloração eram lindas para mim. A mobília restava, onde eu começara a ver, sóbria e nua diante de mim na luz solene, e tinha uma aparência que condiria com a do interior de um vagão de carga, de um celeiro. Essa semelhança com um celeiro e um vagão de carga que emprego me ocorreu então e desde então, como um índice da simplicidade óssea e como que fragilidade do lugar; mas não quero desencaminhar ou destoar: este era um cômodo de uma casa humana, de um tipo que se ergue às centenas de milhares em um país inteiro; abrigo e lar do amor, da esperança, ruína, da vida de toda uma família, e todo o abrigo que jamais hei de conhecer, e como ele é por si próprio tão comum, tão universal, não há necessidade de chamá-lo de celeiro, ou de vagão de carga.

Mas aqui eu queria apenas sugerir o quanto me parecia estreito em suas paredes, esqueletal e lindo em um momento particular, como se fosse um pequeno barco nas trevas, flutuando sobre a noite, bem distante na firmeza de um mar vazio, cuja tripulação dormia enquanto eu ficava em inútil vigia, e sentia a presença do interior a minha volta e sobre mim. Olhei pelas paredes, como coisas que eram bonitas estavam grudadas e presas à madeira; e a madeira: acharia difícil me cansar de observar a madeira simples que esteja sendo usada de alguma maneira por humanos; de passar os dedos por ela como se fosse pele; truquezinhos de vidro e porcelana, e de tecidos costurados, que foram criados para ser belos, para ser felizes: os repousos da mobília na superfície do chão desnudo; variados reflexos do quarto no espelho carcomido: o lampião quadrado, inútil, de pé no canto escuro sob a máquina de costura: a cama de ferro, cujos lençóis e cobertas a sra. Gudger alisara para mim, a marca de meu traseiro em sua beirada, meus sapatos a seu lado, loucos enlameados, gastos e adormecidos como uma parelha de cavalos acabados: como as venezianas preenchiam seus quadrados de janela e eram mantidas fechadas por barbantes e pregos: frinchas nas paredes, tapadas com cânhamo, trapos, jornais, e algodão cru: grandes manchas e riachos úmidos no chão, e nas paredes, rios e umidades retorcidas; e um estremecer, como é gélido e úmido o ar neste quarto: um bloqueio dessas questões e um mero "toque" e audição, como a casa nos cercava, e além dela por todos os lados os bilhões adormecidos da terra natural: sentado, onde a mesa cobre a lareira, observando o lampião, como a luz se ergue e o pavio dorme no vidro, e refletindo sobre aqueles que dormem logo atrás desta parede: foi nessa primeira noite que encontrei, na cômoda, uma Bíblia; muito barata; encadernada em uma mole imitação de couro marrom que era quase meladamente úmida; uma Bíblia de família: eu a abri silenciosamente à luz do lampião, aqui e ali em suas páginas: cito de notas que tomei na ocasião:

A folha de rosto:

O Novo Testamento

Com as palavras ditas por Cristo impressas em vermelho

(impresso em vermelho)

Malaquias 4, 6
E ele converterá o coração dos pais aos filhos, e o coração dos filhos a seus pais; para que eu não venha, e fira a terra com maldição.

E em outro ponto, impresso em tinta marrom; a escrita a lápis:

Oferecida a...

George Gudger

Por *Annie Mae Gudger*

Registro familiar:

Nomes dos pais

Marido *George Gudger*

Data de nascimento *11 de setembro de 1904*

Esposa *Annie Mae Gudger*

Data de nascimento *19 de outubro de 19?*

Data do casamento *George G. e Annie Mae G.*

casou em 19 de abril de 1924

Nomes dos filhos

Maggie Louise G. nasceu dia

2 de fevereiro de 1926

George Junior Gudger nasceu dia

4 de setembro de 1927

Martha Ann G. nasceu dia

28 de março de 1931

Burt Westly Gudger

14 de julho de 1932

Valley Few G

26 de dezembro de 1936 *

Casamentos:

George

Mortes: Lulla Woods morreu

dia 7 de junho de 19x29

Martha Ann G

morreu dia 28 de setembro de 1931

* Estava escrito assim. Ele nasceu em 1934.

Essa Bíblia era de algum papel absorvente e era frouxa, fria e muito pesada ao toque. Tinha um forte e frio fedor de excremento humano.

No quarto: na cama

Pus a mão e ela pegou o último calor do sono das crianças. Sentei na beirada da cama, apaguei o lampião, e me deitei de costas sobre as cobertas. Depois de alguns minutos levantei, me despi, e me enfiei entre os lençóis. A roupa de cama estava saturada e cheia de gelo como estava o ar, sua leveza sobre mim nervosa como um cinto preso muito frouxo. Os lençóis eram ao mesmo tempo ásperos e quase melados ou grudentos de tão macios: basicamente o mesmo material de que são feitos os sacos de farinha. Havia uma emenda elevada no meio. Eu podia sentir o quanto era ralo e encaroçado o colchão assim como a fraqueza das molas. O colchão sussurrava ruidosamente se eu virava ou contraía o corpo. O travesseiro era duro, fino e ruidoso, e tinha um cheiro como que de ácido e sangue fresco; a fronha parecia se arrepiar contra meu rosto. Eu a toquei com os lábios: quase parecia que ela derreteria como algodão-doce. Havia um odor algo parecido com o de velhas pilhas úmidas de jornais. Tentei imaginar uma relação sexual nesta cama; consegui imaginá-la bastante bem. Comecei a sentir agudas pontadas e arrepios em toda a superfície do corpo. Não fiquei surpreso; havia mesmo ouvido dizer que o pinho está cheio deles. Então, também, por mais algum tempo pensei que poderiam ser minhas próprias terminações nervosas; sempre sinto muitas coceiras: mas eram mesmo percevejos. Senti certos pontos inchando em mim e cocei, e eles se tornaram inequívocas mordidas de percevejos. Fiquei deitado um pouco rolando e me enrijecendo contra cada novo ponto de irritação, divertido e curioso diante de minha mudança a respeito dos percevejos. Na França eu acordava e examinava uma nova safra toda manhã, sem repulsa: agora eu me enojava mesmo sem querer. Ficar ali deitado sentindo regimentos inteiros de insetos fuçando em mim, sabendo que eu haveria de estar imaginando dois em cada três, tornou-se mais desagradável do que eu poderia suportar. Risquei um fósforo e meia dúzia correu pelo travesseiro: peguei dois, matei-os, e cheirei seu estranho fedor. Estavam cheios de meu sangue. Risquei outro fósforo e ergui a coberta; eles dispararam às dúzias. Levantei da cama, acendi o lampião, e raspei as palmas das mãos por todo o corpo, então fui para a cama.

390

Matei talvez uma dúzia ao todo; não consegui encontrar o resto; mas encontrei pulgas, e, nas costuras do travesseiro e do colchão, pequenos insetos transparentes e secos que imagino fossem piolhos. (Fiz tudo isso muito silenciosamente, é claro, muitíssimo consciente de poder acordar os que estavam no quarto ao lado.) Essa revista da cama foi apenas uma questão de princípios: sabia desde o começo que não podia vencê-los. Teria sido mais sábio não ter feito a revista, pois não teria encontrado os "piolhos". A ideia de sua presença me incomodava muito mais que os percevejos. Abri o botão que prendia minha porta e saí para o corredor; o cachorro acordou e veio de lado em minha direção farejando na ponta dos pés e pus a mão em sua cabeça e ele se sacudiu do meio da espinha para trás. Eu estava prementemente consciente de toda a madeira nua da casa e das tábuas sob meus pés descalços, da noite úmida e cinza escura e de minha total nudez. Fui até a varanda e mijei no canto, contra a parede da casa, para não fazer barulho, e fiquei olhando para fora. Estava escuro, e a neblina se erguia em faixas, e as matas a minha esquerda e no fundo do campo a minha frente eram mais escuras que qualquer outra parte da noite. Junto da faixa mais forte de neblina a minha esquerda, no fundo das matas, havia um constante pulsar e o ruído espalhado da água. Havia algumas estrelas através da névoa fina, e uma luz cinza e úmida de escuridão por toda parte. Desci os degraus e fui até o quintal, sentindo o barro escorregadio e muito frio em meus pés, e me virei lentamente para olhar para a casa. No mesmo instante em que me vi fora, sob o céu, eu me senti muito mais forte que antes, fora-da-lei e cheio-de-luxúria por estar nu, e ao mesmo tempo fraco. Olhei a casa e me senti como um tipo especial de ladrão; mas mais ainda eu me sentia como se estivesse andando sobre a água de um mar cujo fundo se derrubava inconcebivelmente fundo sob mim, e eu estivesse temerariamente distante da parede de um navio. Olhei reto para cima, para o céu, vi-me aquiescendo com a cabeça diante do que quer que estivesse vendo, e voltei e raspei os pés nos degraus, sequei-os com as mãos, e, com mais um lento olhar pela paisagem submersa, voltei para o quarto. Vesti meu casaco, abotoei as calças por cima dele, calcei as meias, entrei na cama, apaguei o lampião, virei a gola do casaco, enrolei a cabeça na camisa, enfiei as mãos sob o casaco no peito, e tentei dormir. Não deu muito certo. Eles entraram pelo pescoço e por sobre meu rosto e meus tornozelos, e pelos pulsos e nas dobras dos dedos. Eu queria se pudesse manter as mãos e o rosto descobertos. Eu não estava acos-

tumado a esses insetos. Suas mordidas apareceriam, e poderia ser constrange-
dor havendo ou não comentários. Depois de um tempo refiz tudo, cobrindo
como que de bandagens mais apertadas e cuidadosas cada junta estratégica
do tecido. Dessa vez pus as meias nas mãos e enrolei os pés na cueca, e assim
que me ajustei, cuidei muito ativamente de me manter imóvel. Mas eles entraram como antes, e pelas costas e barriga acima também: através de minha
rígida, faminta sonolência eu os sentia rastejando capturados sob as roupas,
protegidos contra minhas investidas, cutucando e mascando: assim, com o tempo, revi minha atitude. Eu me despi novamente, cocei e limpei por tudo, sacu-
di todas as roupas, me vesti de novo, deitei por cima de todas as cobertas, e
deixei que seguissem seu caminho enquanto prestava toda a atenção que podia ao que quer que estivesse em minha mente, e no relaxamento para o sono.
Isso funcionou melhor. Eu os sentia roendo, mas raramente estavam em foco,
e fiquei deitado fumando, usando um sapato como cinzeiro e olhando pelos
buracos do telhado. Vez por outra eu estendia a mão e tocava a madeira áspera da parede logo atrás de mim e da parede a minha direita: ou sentia as barras de ferro com as mãos, os pés, e o topo da cabeça; ou corria as pontas dos
dedos da mão esquerda pelos veios do piso: ou, inclinando o queixo, eu olhava para trás por sobre minha testa para o ferro e a estatura da parede: enquanto isso eu me esfregava e me coçava de maneira desesperada, mas isso a essa
altura se tornara mecânico. Não sei exatamente por que alguém haveria de se
sentir "feliz" nessas circunstâncias, mas não há sentido em frisar esse argumento: eu estava: descontados os parasitas, meus sentidos recebiam nada que não
uma consciência profundamente noturna e imeditável, de um mundo que era
recém-tocado e, para mim, lindo, e devo admitir que mesmo nos parasitas
havia certo grau de prazer: e que, por mais que estivesse exausto, era a ânsia
de meus sentidos tanto quanto os insetos e a coceira que tornava impossível o
sono, e por mais que agora me esforçasse de forma doentia para dormir, era
agradável continuar acordado. Eu apagava e acordava, mas não tinha percepção de um sono mais profundo. Devo no entanto ter me afundado bastante,
pois quando Gudger entrou descalço para pegar o lampião eu fingi dormir, e
faltou-me o interesse de olhar para a mobília que agora era visível em uma
espécie de sub-luz-do-dia: e ouvi os sons de pessoas que se vestiam e de movimentos na casa, e vi a parede do quarto deles listrada de luz amarela, apenas
com uma mágoa funda e delicada, em alguma memória da infância que agora

parecia restaurada como o fantasma de alguém amado e morto: e fui retirado do pleno sono pelo som, um pouco mais tarde, de seus sapatos sobre o chão, no que veio até a beira da cama e falou comigo.

O sol ainda não se levantara, mas o céu sobre o morro estava como porcelana branca e estava agora cheio de luz, tudo decorado pela chuva e deixando-a cair em gotas gordas; os veios da madeira da parede da casa eram de amarelos, vermelhos e de um pretazul desbotado (como que de casco-de-tartaruga molhado), que o sol ainda não alvejaria por várias horas; o chão se cerrava sobre si próprio com uma superfície de certa maneira coberta de azul que parecia dura como ferro. O lampião não dava mais nenhuma luz que não a de sua própria chaminé iluminada pelo dia, e a sra. Gudger o apagou. Mesmo agora, com a carga quente do café da manhã dentro de mim, estava duro de frio e ainda não plenamente desperto.

Cortamos caminho pelo campo do morro pela trilha que sua caminhada abrira nele; a trilha estava quase completamente apagada pela chuva. Em certos trechos ela estava sólida a ponto de ficar escorregadia, o resto do tempo ela aceitava nossos pés profundamente como a própria terra arada e nós os erguíamos a cada passo com dois a sete centímetros de barro dependurados. Os pés de algodão varriam nossos joelhos de modo que quase imediatamente nos vimos encharcados ali.

Era apenas uma possibilidade que a estrada e o barro da vala tivessem secado o bastante durante a noite para que fosse possível tirarmos o carro dali. Com cerca de dez minutos de trabalho, que provocou um suor raso, que secava grudento no frescor da manhã, conseguimos fazê-lo, e andando precariamente em primeira e segunda como que caminhando na corda bamba, com alguns escorregões laterais que quase nos atolaram de novo, tiramos o carro outra vez para o pedrisco e viramos à direita e ganhamos velocidade em suas lentas subidas e descidas de montanha-russa enquanto que a nossa volta os campos, com que eu me descobria sentindo uma vigorosa nova espécie de familiaridade, cantarolavam e relaxavam com nosso movimento.

Depois de não mais de cinco quilômetros, quando começávamos a avistar Cookstown, baixa e diminuta, Gudger me disse para virar à direita logo ali no moinho de grãos.

Era de novo uma estrada de terra, mas mais larga, e coberta de uma camada de areia grossa o bastante para torná-la possível, ainda que continuasse devidamente molhada. Consegui alcançar cerca de cinquenta quilômetros ali, e os pneus faziam muito barulho embaixo de nós. Esta região era nova para mim, ainda totalmente pobre, ainda que com algo frouxo e pastoral e como que autossuficiente e menos desesperadamente solitária e abandonada; a luz do começo da manhã e a limpeza e o silêncio de depois da chuva podem ter sido responsáveis por essa impressão. Havia mais fazendas pequenas, de proprietários privados, que em muitas estradas por onde eu havia passado, nenhuma delas com aparência mais rica que as dos colonos; e contudo a vida era um pouco diferente nelas e um pouco menos sem sentido. Mesmo na fumaça que se enrugava saindo de suas chaminés e se refestelava preguiçosa como a cauda de um gato satisfeito e nos odores penetrantes de fogo e de café da manhã que ocasionalmente se estendiam por sobre a estrada, havia pouco mais segurança do que nesses mesmos fatores na fazenda de um colono, e um pouco mais da noção de uma família plantada em um só lugar e crescendo como uma árvore, mesmo que fosse uma árvore famélica.

Acompanhando duas ou três caixas de correio, esparsos ao longo da estrada, homens estavam parados fumando, esperavam. Comecei a diminuir a velocidade para o primeiro e Gudger disse que o caminhão estava chegando. Com todo o equipamento no banco de trás nós só tínhamos mesmo espaço para mais um. Eles olhavam fria e timidamente para nós no que passávamos. Para três ou quatro Gudger ergueu uma mão, e esses ergueram uma mão, sem sorrir.

Subimos um morro íngreme com pequenos pinheiros negros e, no alto, uma pequena igreja sem pintura e um campo-santo de terra, e o morro descia muito mais lentamente. Gudger disse vire à direita bem ali no pé do morro. Eu entrei à direita através de um jorro de barro quase como que de neve e ajustei o carro em um sulco entre dois outros mais profundos e um sulco leve na grama. De novo ficou mais difícil seguir. Arbustos molhados de amoras depositavam água no para-brisa. Por mais duzentas jardas as matas estavam de um lado de nós, do outro uma plantação alta, e a estrada era de novo de areia, e Gudger disse para pegar a direita na encruzilhada, e a sensação era de estar tão subjugado como quando se penetra um túnel. Os pinheiros e as árvores altas de madeira macia e os carvalhos e as nogueiras eram cerrados a nossa

volta e sobre nós agora, de modo que o ar era frio, escuro e límpido, e ruidosamente calado como recordo quando, em minha infância, costumava engati-
nhar para dentro de uma manilha, e ficar sentado escutando. A estrada de areia
estava empapada e havia a marca de um carro que passara a nossa frente, e
adiante havia o chacoalhar de uma carroça, e contornamos um arbusto pesado e a vimos e diminuímos; os homens olharam em volta, dois negros, um
branco, que ergueu a mão quando Gudger ergueu a sua; os negros cumprimentaram com a cabeça. As mulas chicoteadas arrastavam a carroça por uma
estradinha alagada que afundava trinta metros da estrada e se erguia em torno dos arbustos e dos troncos de árvores dos dois lados de modo que eles não
tinham terra para as raízes, e eu observava onde e com que profundidade iam
as rodas enquanto deixava o motor em ponto-morto e acendia o cigarro de
Gudger e o meu. Eram 6h21. Gudger disse, "A gente chegô aqui bem na hora".
Eles fizeram a carroça passar e seguiram por uma trilha de grama e de raízes
ao lado da estrada. Eu disse obrigado com mão e cabeça, pus o carro em primeira e depois em segunda e, seguindo sua trilha, que ainda vincava um pouco a água, prossegui bem rápido com um alto ruído frio e rachado de impacto
com a nova água e outra vez estava em terra firme. O branco e eu erguemos as
mãos enquanto eu passava e os negros cumprimentaram de novo com a cabeça, mas mais levemente. Estavam todos os três nos olhando curiosa e insegu-
ramente. "Ó aí as isquerda"; onde havia ampla luminosidade na estrada molhada. Entramos como que diante de um poderoso holofote em uma longa
clareira coberta de grama em cujo centro se erguia uma pilha de madeira amarela e úmida e cheia de uma luz do sol que, desde que a perdêramos para as
matas, aumentara consideravelmente e vinha reta e baixa sobre nós do outro
lado do campo; passamos outra carroça e encostamos do lado da estrada na
grama alta na metade da extensão da clareira. A carroça passou a nosso lado e
Gudger e os homens da carroça ergueram as mãos e os homens olharam para
trás, reservados, para mim e Gudger e o sedan e a placa do Tennessee. O relógio de Gudger marcava 6h23.

Ficamos sentados imóveis no carro e terminamos as coisas que estávamos dizendo, muito lenta e timidamente de ambas as partes, por todo o caminho; que falavam, abordadas com muito cuidado, principalmente a respeito
de o que os colonos podiam fazer para tentar sair do buraco em que se encontravam. Gudger preparou outro de seus cigarros e nós fumamos, falando mui-

to pouco. Não estávamos de maneira alguma à vontade um com o outro, mas agora ele sentia que podia confiar em mim e gostávamos um do outro. Enquanto conversávamos, eu olhava em torno lentamente.

A serraria ficava do outro lado; ela ainda estava na sombra matutina das matas. O sol acabava de ultrapassar o topo dos pinheiros atrás dela de modo que ainda estavam gravados a fogo. Erguendo-se e se retorcendo por entre todos esses pinheiros apertados, e sobre a grama alta e reluzente e em longos estandartes pelo ar, estava a fumaça branca do começo da manhã fria, agora se aquecendo rapidamente, que o sol tragava, e o sol atingia essa fumaça e a difundia de modo que o ar ficava limpo, transparente e quase cegantemente claro, como se tivesse sido polido. A carroça que saíra de nosso caminho na estrada da mata havia chegado e deixado seus homens, e um caminhão de negros e brancos chegara de Cookstown, e a clareira estava se enchendo mas de maneira alguma estava ainda lotada de homens e do som de sua fala e dos ruídos do começo de um dia de trabalho: quase todos entre esses homens nos lançaram mais de um olhar, cuidadosa e candidamente, e contudo não encaravam, e eram apenas cuidadosos, não hostis. Perto do armazém de ferramentas de pinho fresco um negro, arreando sua parelha, jogou a cabeça para trás e olhou para o sol e cantou, gritando, uma frase que saltou de sua garganta como um ramo verde e úmido. Gudger disse que ele ia tê que i trabaiá agora. Eu lhe disse claro que agradecia ter me dado pousada ontem à noite, e ele disse que era um prazê miajudá.

FIM DA PARTE TRÊS

Shady Grove

Duas imagens

Shady Grove, Alabama, julho de 1936

Logo ao lado dele há uma grande igreja pintada de branco, em que entramos. Bancos nus de pinho pesado, muitas janelas, cortinas divisórias de lençol branco pendentes de cabos, órgão, cadeiras, e púlpito.

O cemitério tem cerca de cinquenta metros por cem dentro de uma cerca de arame. Nele quase não há árvores: uma bela-luísa e uma pequena magnólia; é tudo terra vermelha e muito pouco mato.

Diante dele do outro lado da estrada fica um milharal e depois um algodoal e depois árvores.

Muitas das lápides são de pinho, e no extremo do cemitério que fica mais distante da igreja as sepulturas são mais esparsas e há muitos baixos tocos de pinho com altura parecida com a das lápides. As sombras estão todas derrubadas violentamente no sentido do comprimento das sepulturas, na direção do milharal, pelo sol do fim da tarde. Não há uma só pessoa à vista. Há um silêncio e um aroma pesados e todas as folhas respiram lentamente sem tocar umas às outras.

Algumas das sepulturas têm lápides de verdade, algumas tão grandes que devem ser os túmulos de proprietários de terras. Uma é um grosso tronco de calcário erigido pelos Lenhadores do Mundo.* Uma ou duas dentre as

---

* Fraternidade fundada por Joseph Cullen Root em 1890. Um dos benefícios dos membros, até os anos 1930, era precisamente uma lápide com formato de toco de árvore. (N. T.)

outras, além de uma lápide, tinham uma laje de pedra que cobria o túmulo inteiro.

Sobre uma dessas há um prato de porcelana em cuja tampa delicadas mãos se cruzam, pulsos em punhos de camisa, e unhas distintas.

Sobre outra um grande vaso canelado cheio de flores mortas, com dois centímetros de água ferruginosa no fundo.

Em outras dessas pedras, talvez uma dúzia delas, há algo que eu jamais havia visto: por alguma espécie de reprodução em porcelana, uma fotografia da pessoa que ali está enterrada; a última ou a melhor imagem que se conseguiu, em um estúdio de cidade pequena, ou em casa com uma câmera de instantâneos. Lembro bem uma de um menino de quinze anos com calças domingueiras e um suéter xadrez, cabelo penteado, boné na mão, sentado apoiado em algum equipamento de fazenda e sorrindo. Seus olhos se apertam contra a luz e seu nariz projeta uma sombra profunda sobre um lado do queixo. O braço de alguém, com a manga enrolada, está apoiado nele; alguém que quase certamente ainda está vivo: eles não conseguiram eliminá-lo completamente do quadro. Uma outra é um retrato de estúdio, um close, com luz artificial, de uma moça jovem. Ela está um pouco inclinada para a frente, sorrindo animada, com uma mão no rosto. Não é muito bonita, mas achava que era; seu rosto está livre de tensão ou medo. Ela está usando um vestido evidentemente novo, com uma aparência de encomenda feita pelo correio; há padrões formados por contas costuradas a ele, que brilham à luz. Seu rosto está macio por causa do pó e as asas de seu nariz foram delidas. Seu cabelo louro escuro acaba de ser lavado e foi penteado profissionalmente com coques perto das orelhas que naquela época, logo depois da primeira grande guerra de seu século, eram chamados de garagens de piolho. Essa imagem de seu rosto está dividida ao meio e a divisão começou a ficar marrom nas bordas.

Acho que essas seriam as sepulturas de pequenos agricultores.

Há outra sobre as quais não paira dúvida: são as sepulturas dos mais pobres dentre os fazendeiros e colonos. De modo geral são os túmulos com as lápides de pinho; ou sem elas.

Quando o túmulo ainda é jovem, ele é muito marcadamente distinto, e de uma forma peculiar. A terra se ergue em um longo e estreito oval com um risco elevado bem nítido, exatamente o formato de um barco invertido. Enfia-se uma tábua razoavelmente larga na altura da cabeça; uma mais estreita,

400

às vezes apenas um bastão, na altura dos pés. Uma boa parte das lápides foi serrada em um plano simulacro de ampulhetas; em algumas delas, o topo foi toscamente arredondado, de modo que a semelhança é mais propriamente a de uma cabeça e ombros enfiados na terra ou dela erguidos até a cintura. Em algumas dessas tábuas foram escritos ou gravados nomes e datas com letras hesitantes, a lápis ou giz de cera, mas a maioria parece jamais ter sido tocada para tal fim. As tábuas de algumas das sepulturas caíram, inclinadas ou tombadas; muitas sepulturas parecem jamais ter sido marcadas a não ser por seu próprio formato cuidadosamente construído. Essas sepulturas têm todos os tamanhos entre os de gigantes e de crianças recém-nascidas; e há muitas, tantas que parecem cardumes de peixes pequenos, com meio metro ou menos de comprimento, umas ao lado das outras; e dessas menores sepulturas, muito poucas estão marcadas por qualquer tipo de madeira, e muitas já foram tão tragadas pela terra que são praticamente indistinguíveis. Algumas das maiores, por outro lado, são de dimensões heroicas, com dois ou 2,5 metros de comprimento, e dentre essas mais estão marcadas, algumas até com os menores e mais simples blocos de calcário, e iniciais, uma vez ou outra um nome inteiro; mas um número muito maior delas jamais foi marcado, e muitas, também, estão afundadas pela metade ou mais ou quase inteiramente dentro da terra. Uma imensa parte dessas sepulturas, talvez entre metade e dois terços das que ainda são distinguíveis, foi decorada, não apenas com flores murchas em seus vasos rachados e com alvos tortos de flores destruídas, mas também de outras maneiras. Algumas têm uma linha de conchas de mariscos implantada em sua linha central; de outras, a borda externa também se enfeita de uma guirlanda dessas conchas. Em uma grande sepultura, que de resto é completamente desprovida de decoração, uma lâmpada elétrica queimada foi atarraxada exatamente no meio. Em outra, no morro de terra logo na frente da lápide, pés voltados para a tábua, há uma ferradura; e no meio dela uma lâmpada queimada fica de pé. Sobre duas ou três outras há isoladores de vidro verdazulado. Em diversas sepulturas, que presumo serem as das mulheres, há no centro as mais lindas ou mais velhas e valiosas peças de porcelana: em uma delas, uma manteigueira de vidro azul cuja tampa é uma galinha poedeira; em outra, um intricado cestinho de vidro cor de leite; em outras, pratos de bala de lojas de pechinchas e vasos iridescentes; em uma, um padrão de botões coloridos e brancos. Em outras sepulturas há pequenas e grossas manteigueiras do tipo usado em refeitórios, e pela ação da chuva elas se erguem libertas da sepultura sobre estreitas torres de barro. Em ainda outra sepultura, depositado cuidadosamente próximo à lápide, há um cachimbo de sabugo de milho. Nas sepulturas das crianças há ainda aquelas pecinhas bonitas de porcelana e de vidro, mas começam a diminuir de tamanho e tendem a formatos de animais e símbolos homunculares de crescimento; e há brinquedos; pequenos automóveis, locomotivas e caminhões de bombeiros de metal vermelho e azul; conjuntos de chá para bonecas, e chaleiras de lata do tamanho de um dedal: pequenas efígies de borracha, vidro e porcelana, de vacas, leões, buldogues, camundongos soltando gritinhos, e personagens de tiras cômicas; e a respeito desses eu já sabia, quando Louise me disse o quanto lhe eram preciosos seus cachorros de porcelana, e seu prato de renda de vidro, onde ficariam se ela tivesse de partir logo, e sobre muitas outras coisas naquela casa, sob responsabilidade de quem provavelmente ficariam; e do conjunto de chá que demos a Clair Bell, eu soube ao comprar com que graça ele vai adornar sua lembrança por algum tempo quando o peso tiver crescido suficientemente sobre ela e ela tiver encerrado seus dias de juventude: pois será apenas por um acaso que sequer pode ser esperado que ela vai viver muito mais que isso; e apenas com a grande sorte de que eles possam fazer por ela o que dois pais fizeram aqui por sua filhinha: não apenas um conjunto de chá, e uma garrafa de Coca-Cola, e uma mamadeira, arrumadas sobre sua curta sepultura, mas uma pedra na altura da cabeça e uma pedra na altura dos pés, e na lápide sua imagem aos seis meses, deitada no sono da morte com seu vestido branco, cabeça delicadamente derrubada para a frente, profunda e delicadamente perdida, olhos cerzidos, como os de um pássaro morto, e na face traseira dessa pedra as palavras:

> Na vida nem tudo é só luz,
> Nossa filhinha, Joe An, partiu com Jesus.

Provavelmente não é por ela; provavelmente não é por nenhum de vocês, meus adorados, cujas pobres vidas já traí tanto, e caso vocês vejam essas coisas tão aturdidas, tão destruídas, tenho pavor da ideia de vir a novamente ousar olhar seus olhos queridos: e breve, muito em breve já, em dois anos, em cinco, em quarenta, estará tudo acabado, e um por um seremos tragados para dentro do planeta, um ao lado do outro; esperemos então coisas melhores para nossos filhos, e os filhos de nossos filhos; que possamos saber, que possamos saber que há cura, que isto tem de acabar, isto cujo início há muito começou, e em lentas agonias e eliminando todos os enganos; e nos dentes de toda esperança de cura que haja de fingir sua negação e sua esperança de vir a ser útil aos homens, digamos quietissimamente e com a mais reverente das fúrias, não por seus sentidos cativos, mas pelos mais extremos:

Pai nosso, que estais no céu, santificado seja o vosso nome: venha a nós o vosso reino: seja feita a vossa vontade assim na terra como no céu: o pão nosso de cada dia nos dai hoje: perdoai as nossas ofensas assim como nós perdoamos a quem nos tem ofendido: e não nos deixeis cair em tentação: mas livrai-nos do mal: pois vosso é o reino: o poder: e a glória: pelos séculos dos séculos: amém.

As últimas palavras deste livro foram ditas e as que se seguem não são palavras; são apenas descrições de duas imagens. Uma é de Squinchy Gudger e sua mãe no corredor aberto; uma é de Ellen Woods deitada dormindo na beirada da varanda da frente: ambas em uma silente hora branca de um dia de verão.

Sua mãe está sentada em uma cadeira de nogueira com os joelhos relaxados e os pés chatos e descalços sobre o chão; vestido aberto e exposto um seio partido. Sua cabeça está um pouco virada, inclinada, e ela encara silenciosa para baixo, para além da cabeça do filho, nas junções de terra, piso, parede, luz do sol, e sombra. Uma mão jaz longa e plana sobre seu colo: é elegantemente feita de ossos e é dois números maior que seu pulso anguloso. Com a outra mão, e no berço de braço e de ombro, ela segura a criança. O vestido dele caiu para o lado e ele está nu. Segurado, cabeça imensa na escala do corpo, o pequeno corpo inefavelmente relaxado, derramado em uma curva funda da nuca às nádegas, joelhos então erguidos um pouco, nádegas, pequenas e agudas, e as pernas e pés soltos como que vagando embaixo d'água, ele sugere o formato da palavra "sifão". Ele está sendo amamentado. Suas mãos erram cegas no seio dela, com se fossem elas próprias cada uma uma recém-nascida criatura, ou como se estivessem soluçando, extaticamente apaixonadas; sua boca está intensamente absorta no mamilo dela como que em rápidos beijos, com ligeiros barulhinhos úmidos; seus olhos, fechados, apertados; e agora, para tomar fôlego, ele se afasta, e solta um curto e sussurrado *ahh*, mãos e pálpebras relaxando, e imediatamente recomeça; e durante todo esse tempo, seu rosto está beatífico, o rosto de alguém que descansa no paraíso, e durante todo esse tempo o rosto dela, delicado e sóbrio, franco, não se altera de seu profundo olhar inclinado: a cabeça dele agora está derrubada para longe dela, grandiosa e macia como uma nuvem, a boca molhada alargada, o corpo ainda mais profundamente abandonado de si próprio, e vejo como apoiado ao corpo dela ele é tantas coisas em uma só, a criança nas melodias do útero, o filho da Virgem, divindade humana baixada da cruz repousando apoiado em sua mãe, e mais ainda, pois no coração e fulcro daquele corpo jovem, delicadamente, tomado por todo o pulsar de seu ser, o pênis está parcialmente ereto.

E Ellen onde descansa, sob a luz gigantesca: ela, também, está completamente em paz, aquela criança, braços dobrados para trás, palmas abertas soltas sobre o chão, saco de farinha sobre o rosto; e seus joelhos estão um pouco fletidos para cima e separados, solas dos pés se encarando: sua barriga inchada embalando o umbigo, branca como farinha; e plena inchada de sangue dormente em formato de círculo: tão branca a carne toda externa, que brilha azul; tão escuro, o buraco profundo, uma escura sombra rubra de sangue vital: este centro e fonte, para o qual jamais elaboramos qualquer nome digno, como se estivesse respirando, florindo, assonoramente, um ressonante silêncio de chamas; é como se dele soprassem chamas que em torno dele sutis brincassem: e aqui neste soprar e brincar chamejante, algo tão forte, tão valente, tão invencível, ele é sem esforçar-se, sem emoção, que sei que há de por fim reluzir mais que o sol.

Elogiemos os homens ilustres.

Elogiemos os homens ilustres, nossos antepassados, em sua ordem de sucessão.

O Senhor criou uma imensa glória e mostrou sua grandeza desde os tempos antigos.

Homens exerceram autoridade real, ganharam nome por seus feitos; outros foram ponderados nos conselhos e exprimiram-se em oráculos proféticos:

Outros regeram o povo com seus conselhos, inteligência, sabedoria popular e os sábios discursos de seu ensinamento,

Outros cultivaram a música e escreveram poesias;

Outros foram ricos e dotados de recursos, vivendo em paz em suas habitações.

Todos esses foram honrados por seus contemporâneos e glorificados já em seus dias.

Alguns deles deixaram um nome que ainda é citado com elogios.

Outros não deixaram nenhuma lembrança e desapareceram como se não tivessem existido. Existiram como se não tivessem existido, assim como os seus filhos depois deles.

Mas eis os homens de bem cujos benefícios não foram esquecidos.

Na sua descendência eles encontram uma rica herança, sua posteridade. Os seus descendentes ficam fiéis aos mandamentos e também, graças a eles, os seus filhos.

Para sempre dura sua descendência e a sua glória não acabará jamais. Os seus corpos serão sepultados em paz e seus nomes vivem por gerações.

Os povos proclamarão sua sabedoria, a assembleia anunciará os seus louvores.*

---

* A citação é do capítulo 44, versículos 1 a 14, do Eclesiástico. As citações bíblicas feitas em todo o livro vieram da tradução de João Ferreira de Almeida, que se harmoniza mais com o tom solene e algo arcaizante de Agee. No entanto o Eclesiástico, livro utilizado pela tradição católica, não consta do cânone de livros traduzidos por Almeida, um protestante. Assim, aqui como no título do livro, recorre-se à tradução da *Bíblia de Jerusalém* (Editora Paulus, 2000). (N. T.)

Notas e apêndices

1.

Sugeridos:

Detalhes de gestos, paisagens, trajes, ar, ação, mistério, e incidentes por toda a obra de William Faulkner.

Muitos trechos de Mark Twain, Thomas Wolfe, e Erskine Caldwell.

Os desenhos feitos na Geórgia por David Friedenthal.

Stark love, um filme, de Karl Brown.

As fotografias em *Pellagra*, dr. A. Marie; edição The State County, Columbia, Carolina do Sul.

Fronteira, um filme, de Alexander Dovschenko.

Married woman blues, de Sleepy John Estes; Decca.

New Salty Dog e *Slow mama slow*, de Salty Dog Sam; Oriole.

Who was John e *My poor mother died ashouting*, dos Mitchell's Christian Singers; Decca.

Fotografias americanas, de Walker Evans; Museu de Arte Moderna.

Todos os jornais e cartões-postais de cidades e vilarejos do sul.

Mapas viários e geográficos do centro-sul.

2.

SONATA DE BEETHOVEN
NÃO GERA PERTURBAÇÃO

San Francisco, 6 de dez. (Associated Press).

"Beethoven", disse o juiz Herbert Kaufman, "não pode perturbar a paz."

E assim absolveu Rudolph Ramat, 69 anos de idade e cego, de uma acusação de perturbar a paz tocando seu acordeão na Market Street.

"Meritíssimo", Ramat argumentou, "ontem, eu trabalhei."

— do *Sun* de Nova York.*

3.

Uma nota a respeito das fotografias

Margaret Bourke-White** encontra
tempo de sobra para gozar a vida
junto com seu trabalho fotográfico

———————

Famosa fotógrafa que fez os retratos para *Você viu seus rostos* discute experiências
entre os meeiros do sul do país

———————

Por May Cameron

---

* Um jornal conservador.

** Uma das pioneiras da fotografia jornalística (1904-71). James Agee foi um crítico ferrenho de sua obra *Você viu seus rostos*, feita em parceria com o escritor Erskine Caldwell. (N. E.)

(*As resenhas literárias de Herschel Brickel ocupam este espaço cinco dias por semana.*)

É difícil saber por onde começar quando se trata de Margaret Bourke-White, por ser ela tantas pessoas em uma só.

"Não há como a senhorita deixar de vê-la", disse-me a secretária da srta. Bourke-White, "porque ela está usando o casaco mais vermelho do mundo."

Um casaco vermelho superior, segundo a sra. Bourke-White, e tão divertido. Foi desenhado para ela por Howard Greer, e se você está tão atrasada na leitura das revistas de cinema quanto eu, é melhor eu explicar que a etiqueta Greer não é bolinho. Você a encontraria, se pudesse olhar, nos vestidos mais glamorosos de Dietrich e, entre outras, Hepburn.

Essa famosa fotógrafa, que acaba de passar dos trinta, pode muito bem comprar o melhor de Hollywood. Em menos de oito anos ela escalou os píncaros da glória de sua profissão e é hoje — sem contarmos as atrizes de cinema — uma das mulheres mais bem pagas dos Estados Unidos. Tentar imaginar esta situação me deixou quase tonta, mas ei-la aqui: por cada minuto — minuto, veja bem — de seu trabalho Margaret Bourke-White embolsa alguns bons dólares.

E esta é a jovem senhora que passou meses de seu próprio tempo nos últimos dois anos viajando pelas mais profundas estradas do sul interiorano, subornando, adulando, e às vezes abrindo à força seu caminho para fotografar negros, meeiros e colonos em seus ambientes próprios. Dessas fotografias, 75 aparecem em *Você viu seus rostos*, um livro com texto de Erskine Caldwell.

. . . .

RAPÉ, "RELIGIÃO" E REMÉDIOS DE LABORATÓRIO

Ardis que ela jamais precisou usar em seus anos de fotografia industrial foram necessários para muitas das fotografias incluídas no livro. A impressionante fotografia de um pastor negro apanhado no ápice de suas emoções e de sua oratória a sra. Bourke-White tirou de joelhos bem defronte do púlpito, com as emoções do pastor fazendo que se desligasse completamente da explosão do flash. Suas raras fotografias do ritual de "passagem", se é que ele pode ser chamado de ritual, em uma igreja evangélica branca só foram possíveis porque o ministro jamais havia lidado com um fotógrafo e não sabia o que fazer a respeito.

O orador-político do vilarejo já havia começado a falar quando Margaret Bourke-White montou seu tripé e começou a trabalhar com ele. Ela está certa de que ele não teria posado para ela, mas, começada sua arenga, nada, nem mesmo uma fotógrafa desconhecida, seria capaz de detê-lo. E a um dos últimos casais retratados no livro, a sra. Bourke-White e Erskine Caldwell tiveram de pagar uma propina.

"Até onde pudemos ver, eles não tinham comida, mas pediram rapé, de duas marcas, Buttercup e Rooster", explicou Margaret Bourke-White. "Eles esperavam que déssemos junto um pouco de café e talvez algum tabaco para mastigarem, mas o rapé vinha em primeiro lugar. Eles dizem que o rapé é bom quando você tem fome ou dor de dente ou simplesmente quando está se sentindo desanimado. Parecem viver de rapé e religião — que nenhuma relação tem com a verdadeira religião — e remédios de laboratório.

"A nova peça de Caldwell, *Journeyman*, trata de uma congregação de uma igreja evangélica branca. As igrejas negras não são, não sei bem ao certo como, tão chocantes, porque você imagina os negros como pessoas emotivas, atores, mas com os brancos a coisa toda é tão sórdida e desesperada e deslocada. Não é que a igreja deles tenha algum papel, como uma religião para nós. É só um lugar aonde as pessoas vão para gritar e berrar e rolar no chão. São tão sofridos e suas vidas são tão secas e estéreis e solitárias que eles não têm mais nada. Essa coisa terrível todos os domingos é sua única liberação emocional."

. . . .

O RETRATO DA SITUAÇÃO CONTEMPORÂNEA

A sra. Bourke-White, cujas lindas fotografias de dínamos, gruas, turbinas, vigas e finos detalhes industriais são conhecidas por todos, fez diversas viagens à Rússia e, observando uma nação agrícola ser transformada em uma nação industrial, ficou tremendamente interessada no homem por trás da máquina.

"Eu adorava as fotografias industriais por seu valor pictórico e toda a empolgação do maquinário, e ainda adoro; mas alguns anos atrás comecei a sentir que se eu tinha algum valor nesta vida eu queria fazer algo que realmente valesse a pena, algo duradouro", ela disse. "Na Rússia eu pela primeira vez entrevi a compreensão da relação do homem com a máquina e com seu empregador, e meus olhos se abriram tremendamente. É mais complicado nos Estados Unidos, claro, mas agora estou interessadíssima em tirar fotografias do que está acontecendo, não necessariamente notícias, mas apenas o lugar do homem em toda a situação contemporânea.

"Estou cansada de glorificar a grande economia, cansada de fotografar modelos lindas e de cabeça oca entrando em lindos automóveis. Só faço as fotografias industriais que são interessantes agora, como, por exemplo, minha viagem ao Brasil no ano passado para fotografar plantações de café, o que jamais havia sido feito, e para fazer fotografias aéreas, que faço em grande quantidade.

"Acredito, também, que as fotografias são uma verdadeira interpretação. Uma fotografia pode mentir, mas um grupo de retratos, não. Eu poderia ter feito uma fotografia dos meeiros, por exemplo, que os mostrasse esquentando os pés no fogo ou tocando seus banjos, bem felizes. Em um grupo de retratos, porém, você teria visto as rachaduras na parede e as expressões de seus rostos. Em última análise, as fotografias têm mesmo de contar a verdade; o resultado final é uma interpretação verdadeira. Quaisquer fatos que alguém escreva têm de estar coloridos por seus preconceitos e inclinações. Com uma câmera, o obturador abre e fecha, e os únicos raios que serão registrados vêm diretamente do objeto a sua frente."

Nos oito ou nove anos desde que começou a vender fotografias, ainda na Universidade de Columbia, Margaret Bourke-White teve energia e arranjou tempo para encontrar diversão a mancheias no mero fato de estar viva. Ela é uma especialista no tango; louca por teatro; adora nadar, patinar no gelo, esquiar, e ama cavalgar. Às vezes, ela explicou, quando sabe que a luz vai estar perfeita para quaisquer que sejam as fotos que está fazendo apenas durante algumas horas do dia, ela manda trazer seu cavalo para a "locação" e cavalga até a luz estar boa. O cinema ocupa todos os fins de semana que ela passa em Nova York, por vezes até cinco filmes por dia. Além do interesse de uma fotógrafa, ela simplesmente gosta de ir, ora!*

---

* Reproduzido por cortesia do *Post* de Nova York, um jornal liberal.

4.

Uma definição

O termo genérico para colono é colono. Nas vizinhanças de que falamos, contudo, e, parece, de forma geral por todo o sul, a palavra é empregada para designar apenas uma das duas classes principais de colonos, ou seja, o homem que, distintamente do homem que nada possui além, talvez, de alguma mobília, um ou dois animais comestíveis ou de caça, e a roupa do corpo, tem uma mula e alguns equipamentos agrícolas e que, sem precisar que esses lhe sejam fornecidos, pode dar conta de entregar uma parcela menor de suas duas safras principais como pagamento de aluguel ao proprietário.

Um nome para a outra espécie principal de colono, o homem que, sem possuir mula ou implementos, precisa que esses lhe sejam fornecidos além de terra e abrigo, e tem de pagar ao proprietário metade de seu algodão e de um terço a metade de seu milho, é meeiro. Ele também é chamado de trabalhador de *halvers*, e é descrito como alguém que trabalha a meias, ou *halvers**. Nas vizinhanças de que falamos e, parece, de forma geral por todo o sul, a palavra "meeiro" e seus sinônimos são usados apenas para este tipo de colono.

Esses usos não diferem de classe para classe, mas são comuns à linguagem de proprietários, colonos e meeiros, igualmente.

De todas as palavras que podem ser empregadas para designar qualquer tipo de colono, a palavra que ouvimos com menor frequência durante toda nossa investigação, por proprietários, lojistas, habitantes dos vilarejos, pequenos fazendeiros, colonos, meeiros, e todos os seres humanos locais, brancos ou negros, com exceção apenas de políticos do New Deal, comunistas e diversas castas de liberais, foi a palavra meeiro.

No norte, contudo, e particularmente no litoral norte, onde se realiza a maior parte da escrita, da impressão e da leitura nos Estados Unidos, meeiro se tornou, com auxílio da palavra impressa e discursada, o termo genérico. Literalmente, é claro, ela descreve os dois tipos de colonos, pois ambos dividem sua safra: e pode ser que pelo uso constante ela se estabeleça como termo genérico. Atualmente, no entanto, ela não está disponível em sua extensão

---

* Deformação da palavra *halves*, plural de *half*, "metade". (N. T.)

418

genérica para a boca de qualquer um que pudesse falar de forma minimamente séria dos colonos algodoeiros, e uma tal pessoa vai usá-la de maneira hesitante, se tanto, mesmo em seu sentido próprio e específico. Pois não só a palavra é usada de forma imprecisa a não ser onde é vernácula, e não só é ela um termo dialetal, de cujo direito uma pessoa "educada" de boa consciência sabe que abriu mão, mesmo que soubesse precisamente seu significado; e não só é ela uma palavra dialetal usada por aqueles que não têm direito de usá-la; mas ela muito rapidamente, no espaço de muito poucos anos, absorve todos os odores corruptores do esnobismo invertido, da logomaquia marxista, jornalística, judaica, e liberal, da chantagem emocional, negrofilia, transferência retardada, inveja-do-pênis, furor uterino e boa vontade básica que as várias centenas de milhares das mentes menos habitáveis e escrupulosas dessa região singularmente psicótica do continente têm para dar: e é uma das palavras que um homem cuidadoso vigiará atentamente, e cujos uso e inflexão ele pode usar para tirar medidas claras da natureza, da estatura, e das causas, e do timbre, do inimigo.

Nota: Outros monossílabos anglo-saxões* são Deus, amor, lealdade, honra, beleza, dever, integridade, arte, artista, religião, verdade, ciência, poesia, cultura, fascismo, comunismo, materialismo-dialético, correligionário, anarquista, anarquistafilosófico, marx, freud, semântica, legalista, franco, hitler, duce, comitê, amigo, inimigo, estado, estado totalitário, estado mental, declaração, educação, estudante, professor, maestro, mulher, homem, Mulher, Homem, humanidade, rapto, vigilante, tarado, perversão, normal, gênio, garantia, piquete-pacífico, negociação-coletiva, Negro, negro, Judeu, judaico, preto, crioulo, tiziu, retinto, de cor, azulão, negão, escurinho, mulato, moreno, fusco, judengo, judeuzinho, meia-noite, esquimó, semita, judiaria, judiação, antissemita, suingue, gato, aligátor, jacaré, nojento, maluco, lambida, arrasta-pé, embalo, festa, bennygoodman, sopro, corda, chá, luxurioso, instrumento, requebro, tenaz, maldito, maldição, amaldiçoado, batuta, certo, legal, ruim, soberbo,

---

* Mesmo no original as palavras citadas não são todas nem monossilábicas nem anglo-saxãs. A referência é ao fato de que no campo dos palavrões mais conhecidos do inglês os monossílabos de origem anglo-saxã têm grande domínio, caso das conhecidas "palavras de quatro letras". (N. T.)

bom, excelente, adequado, correto, magnífico, bravo, bis, vira-lata, virgem, frígida, esposa, marido, pau, falo, caixa, tetas, jamsession, jazz, silicose, sífilis, wasserman,* sexo, sexual, sexualidade, homossexual, heterossexual, bissexual, assexual, bicha, munheca, veado, transviado, louca, sapata, sapatão, lésbica, trabalho, trabalhista, escritor, autor, músico, compositor, oficina, estúdio, alcova, coisa, foto, instantâneo, chapa, ângulo, contato, leica, surpresa, Life, margaret bourke-white, maggie berkwitz, surrealismo, fotografia, fotógrafo, documentário, obra, van gogh, dalí, picasso, shakespeare, crítico, resenhista, autoridade, livro, editor, galeria, espetáculo, teatro, exposição, palco, drama, tragédia, sátira, sinceridade, trotskista, O Velho, stalinista, liberal, minicâmera, capanga, a praia, o campo, voar, dirigir, banhar, deixa, revival, luntefontanne,** teatro grupal, grupo, consciência de grupo, movimento, john-ford, walt-disney, a dança, baletômano, esquerdista, edição, foca, frila, redação, inibição, complexo, regionalismo, nacionalismo, ufanismo, patriotismo, americanismo, altruísmo, cisma, porra, esperma, subnutrição, pare-lorentz,*** capital, thurman-arnold,**** veblen,***** misticismo, intelectual, escape emocional, escapismo, ideologia, negócios, grandes negócios, grande empresário, disposição, configuração, bobo, cientista, científico, médico, cirúrgico, visceral, viola, meretriz, franco, honesto, incesto, patrocinador, cinemática, filme, película, cinema falado, chanchada, genitália, partes, privadas, idealista, psicótico, médium, psique, psicanálise, neotomista, físico, mental, emocional, espiritual, intuitivo, percepção extrassensorial, pateta, renda, bruta, lucro, comunicação, literatura, compreender, comovocessessenteagora, empatia, simpatizante, galé, máquina, riso, sádico-anal, bolas, colhões, orabolas, fidaputa, cobrir, merecer, falha, pai, mãe, papai, mamãe, mamãezinha, mãezinhinha, papaizão, gostosão, gurizinho, confortável, bonitinho, satisfatório, parabéns, para-choques, relação sexual, medonho, pavoroso, terrível, horrendo, horrível, feiura, melequento, lívido, grande, grandiosidade, maior, me-

* August von Wasserman (1855-1916), bacteriologista alemão que desenvolveu um diagnóstico para a sífilis. (N. T.)
** Lynn Fontanne (1887-1983) e seu marido Alfred Lunt (1892-1980), atores de sucesso. (N. T.)
*** Diretor de cinema engajado no New Deal de Roosevelt (1905-92). (N. T.)
**** Procurador da República que liderou a campanha da administração Roosevelt contra os trustes de empresários (1891-1969). (N. T.)
***** Thorstein Bunde Veblen (1857-1929), sociólogo americano. (N. T.)

lhor, pior, esplêndido, ou seja, por outro lado, quer dizer, pelo amor, dxt,*
capehart,** disco, compacto, álbum, Jesus, Jesus Cristo, Jesus Cristo, Jesus H.
Cristo,*** Jisúis, puxa camaradas, puxa camaradas, O Nazareno, O Carpinteiro de Nazaré, O Galileu, Pai-Nosso, Nosso Salvador, Cristo, cristo, k-richto,
pelamordedeus, deuzinho, sacrossanto, sacrilégio, desenvolvimento, saúde,
saúde mental, decadente, depravação, amoral, amoroso, antiético, ato de bondade, coito, relações, estive com, morar com, dormir com, amante, amásia,
púbis, maldição, cair do telhado, pavimentação, trajetos, nada bem, período,
amigo, patrimônio artístico, americano, democracia, traição de munique,****
estupro-da-tchecoslováquia, batalha-da-inglaterra, determinismo, sujeito, moça, pessoa, consciência de classe, o-chaplin-da-juventude, o-beethoven-da-ma-
turidade, o-steinbeck-jovem, orson-welles, tom-wolfe, toscanini, quinta-colu-
na, reacionário, demagogo, blistzkrieg, defesa.

5.

Os tigres da ira são mais sábios que os cavalos da instrução.

O caminho dos excessos leva ao palácio da sabedoria.

A prudência é uma velha feia e rica cortejada pela incapacidade.

As melhorias deixam retas as estradas, mas as estradas tortas sem melhorias são as estradas do Gênio.

A águia nunca perdeu mais tempo do que quando decidiu aprender com
o corvo.

Os fracos de coragem são fortes de ardis.

* Notação enxadrística, dama toma torre. (N. T.)
** Homer Earl Capehart (1897-1979), político sulista, pai da indústria das Jukebox. (N. T.)
*** Expressão comum em inglês desde ao menos o século xix, com o intuito de personificar o
nome de Jesus e, assim, evitar o pecado de sua invocação direta. (N. T.)
**** Acordo que, em 1938, permitiu que Hitler anexasse os Sudetos da Tchecoslováquia. (N. T.)

Ouça a reprovação do tolo; é um título de nobreza.

A raposa cuida de si, mas Deus cuida do leão.

Você nunca sabe o quanto basta até saber o que é mais que o bastante.

Os Gigantes que deram a este mundo sua forma de existência sensória e agora parecem viver acorrentados são na verdade as causas de sua vida e as fontes de toda atividade, mas as correntes são os ardis das mentes fracas e mansas que têm o poder de resistir à energia, segundo o provérbio, os fracos de coragem são fortes de ardis.

Assim, uma parte do ser é Fecunda, a outra, Devoradora. À Devoradora parece que a produtora está em suas

correntes; mas não é assim, ela apenas controla partes da existência e fantasia que isso seja tudo.

Mas o Fecundo deixaria de ser Fecundo caso o Devorador como o mar não recebesse os excessos de seus deleites.

Alguns dirão, mas não é Deus o único Fecundo? Respondo, Deus apenas Age e É, nos seres que existem ou nos Homens.

Essas duas classes de homens são sempre sobre a terra, e serão inimigas. Quem as tenta reconciliar busca destruir a existência.

Se o tolo persistisse em sua folia ele se tornaria sábio.

Tudo em que se pode acreditar é uma imagem da verdade.

Um único pensamento preenche a imensidão.

Recíproco perdão do que é preciso,
São esses os Portais do Paraíso.

A verdade jamais pode ser dita de forma que se compreenda sem crer.

Tudo o que é é sagrado.*

* Versos de William Blake. (N. E.)

(Na varanda: 3

(*Na varanda: 3*

Dessas matas bem distante sobre o morro veio agora um som que nos era novo.

Toda a escuridão na terra que nos cercava de perto até onde podíamos ouvir estava tomada de ruídos que eram todos um ruído só, e estávamos tão acostumados já a isso que este novo som surgiu do silêncio, e deixou atrás de si um silêncio ainda mais forte, de modo que com cada retorno ele, e o silêncio que se seguia, davam mais e mais valor um ao outro, como as trocas entre dois espelhos postos face a face.

Se antes estivéramos calados, este som imediatamente nos congelou em um silêncio muito mais intenso. Sem troca de palavras ou de olhares recebemos ambos comunicação de uma nova abertura de deleite: mas acima de tudo nos aplicamos a uma audição e análise do que ouvimos, tão vigorosamente, que em todo o corpo e em todo o alcance de mente e memória, cada um de nós se tornou inteiro um só ouvido oco e atento.

Era talvez mais como o ruído que faz o hidrogênio quando se passa a chama de um fósforo pela boca de um tubo de ensaio inclinado. Tinha mais ou menos a mesma altura daquele som: soprano, com uma forte ilusão de contralto. Era mais frio que aquele som, no entanto: tão frio e arrepiante quanto a pupila do olho de uma cabra, ou uma nota grave em um clarinete. Tinha oito notas idênticas a cada chamado, ou estrofe, um pouco mais rápido que um *allegretto*, com este ritmo e acento:

— — — — : — — : — — :

Cada nota era acentuada clara, seca e agudamente, quase *staccato*; e cada uma era enunciada com tamanho rigor e tamanha contenção que havia no curto silêncio entre cada nota uma extrema rigidez e uma tensão mútua, organicamente partilhada. Cada uma das primeiras sete notas recebia exatamente a mesma força; a sétima, mais dura, fracionalmente mais aberta, e em função de duas coisas, a dureza extra, de martelo, com que soava, e um relaxamento quase imperceptível no fim, dava a ilusão de ser uma nota mais aguda.

Esse som, então, começou, com grande impacto dramático, a uma distância indeterminável de nós, uma distância que com o tempo se tornou um pouco mais determinável, embora nunca tenha sido plenamente possível localizá-la acuradamente; pois o ouvido sempre precisa da ajuda do olho. Vinha de algum lugar na mata à esquerda da casa no sopé de nosso morro; e um pouco mais tarde ficou claro que não estava nas matas baixas, mas em algum lugar da encosta do outro lado; e depois de alguns momentos nós o limitamos a digamos vinte graus dos noventa do círculo horizontal de que a princípio poderia ocupar qualquer ponto. Ficou claro que estaria entre duzentos e quatrocentos metros de distância; e isso tornou-se notável para nós porque àquela considerável distância nós ainda assim podíamos ouvir, ou melhor, por algum equivalente da radioatividade, sentir vigorosamente, os movimentos e as tensões da garganta e do corpo, até a inclinação da cabeça, que o emitia.

Logo nos ajudou a localizá-lo (como um segundo ponto em qualquer geometria é sempre útil, onde um só ponto pode enlouquecer você) a abertura de um segundo chamado. Este chamado era idêntico ao primeiro mas, vindo de consideravelmente mais longe, parecia mais agudo, mais oco, e mais rarefeito: pouco mais, mas muito definitivamente algo mais, que um alto eco claro.

Qual desses chamados parecia mais misterioso, não é possível dizer. Suas qualidades eram muito diferentes em virtude tanto da diferença de suas distâncias quando de uma distinta conquanto indefinível diferença na personalidade dos cantores. Em um certo momento o chamado distante foi mais empolgante simplesmente por sua distância e porque, por sua aparição secundária e por sua distância maior que a do primeiro em relação a nós, ficamos com a ilusão de que ele era o que o outro buscava; no seguinte, o chamado mais próximo tomou seus louros, pela proximidade; por ter se tornado o inquiridor com quem nos havíamos identificado e cujo partido tomávamos e por ter ao mesmo tempo permanecido tão integralmente autêntico, sem consideração por nós, parte nenhuma de nós, mais alheio a nós, porque era mais vivo e consciente e localizado em nossa perspectiva próxima de parentesco, que qualquer pedra ou estrela. O fato, é claro, é que essas duas séries de chamados, quando se iniciaram, realçaram uma à outra tão ricamente quanto cada uma recebia realce e realçava suas próprias, e as do outro, intervenções de silêncio, e um pouco depois graças a sua participação em, e contudo aristocrática distinção de, aquele rumorejar plebeu e unânime do ar que em momento algum cessara ou diminuíra e que, agora que ouvíamos com tanta atenção, voltou a se tornar parte da realidade da audição.

Empregando apenas silêncios, sem mudar sua estrutura estrófica, esses dois chamados empregaram todo tipo de instrumentos rítmico-dramáticos de retardos em pergunta e resposta, de sobreposições, de truques de atraso com os quais cada um deles pretendia demonstrar que tinha desistido daquela noite ou, na verdade, que nem existia mais. Há um ato antigo de vaudeville, não especialmente engraçado, em que a trupe inteira constrói e caricatura toda uma situação dramática simplesmente através de colorações vocais e gestuais da palavra "você". Pensei nisso agora: mas seu uso atual era muito melhor porque os artistas eram mais sutis e o que tinham a dizer, mais enigmático e mais empolgante para o público. Nenhum deles mudou uma só nota ou um só tempo de seu chamado; e se qualquer um deles se permitiu qualquer mudança de tom ou de cor, foi tão delicada que é impossível atribuí-la aos cantores a não ser pela mutabilidade e pela sentimentalidade humana nossa, que estávamos ouvindo e entendendo o que podíamos. Mas certamente, de um jeito ou de outro, seus sentidos mudavam. Em um momento era sexual; em outro, apenas um colóquio casual; em outro, um desafio; em outro, um sinal ou advertência; em outro, um comentário a nosso respeito; em outro, algum esforço simples e desesperado de mútua localização; em outro, intensíssima e magistral ironia; em outro, riso; em outro, triunfo; em outro, uma obra-prima de paródia de qualquer um, qualquer combinação, de todos esses tons atribuídos ou implícitos: mas em todos os momentos, esteve longe do alcance mesmo da ilusão da compreensão total, era nobre, assustador e distinto: uma obra de arte grandiosa, privada e sem ambições, que era irrelevante para o público.

O que tentávamos mais aplicadamente era distinguir qual animal ou ave estava fazendo aqueles sons, mas não tínhamos pistas, nenhuma ancoragem em um conhecimento por cujo auxílio pudéssemos através de projeções comparativas resolver. Nem consigo tentar dizer como com o tempo concluímos (talvez em parte por sua agudeza, pela tensão da garganta e pelo timbre carnívoro) que era a voz de um animal de pelos e que o animal era dos menores e que deveria muito provavelmente, e depois que tinha de ser uma raposa. É com este tipo de mistério que toparíamos em toda experiência casual se nos víssemos sem aviso prévio de posse de um novo sentido.

Mas esta é uma dentre um universo de coisas que deveriam ser aceitas e registradas apenas pelo que são. A primeira entrada daquele chamado foi uma peça tão perfeita de estrutura dramática ou musical quanto qualquer outra que eu conheça: o contexto perfeitamente preparado, a entrada do principal misterioso completamente imprevista e no entanto completamente casual, sem qualquer vestígio da atmosfera de premeditação de surpresa que fere por exemplo certa música de Brahms; e a partir dessa primeira entrada, o mundo todo ficou congelado e imobilizado sob seu domínio como que diante da introdução de um precipitante; de modo que a idêntica entrada da segunda voz trouxe consigo uma empolgação quase além do que se pode suportar.

Quando esta segunda voz terminou de falar, a primeira não respondeu, mas congelou-se exatamente como congelados estávamos nós e nosso mundo. Quem chamara ouvia também atentamente. E quem chamara o chamador esperava e ouvia. E agora depois de um longo espaço de silêncio cada vez mais tremendo (no qual se ergueram, mas muito tenuemente, frouxamente, naturais e comuns como o orvalho, as campânulas entrelaçadas de sapos, insetos e aves noturnas), depois que esse longo espaço de silêncio se havia estendido além de qualquer grau de resistência natural, a segunda voz falou pela segunda vez, identicamente, e contudo, por causa do silêncio, da falta de resposta, soando mais imperiosa que de início. Então houve uma espera, em cuja primeira parte o chamado se repetiu na memória do ouvido silente mas agudo como uma impressão, e em cuja posterior expansão mais uma vez nos vimos intensamente aguardando; e então, por algum gênio rítmico um pouco, mas apenas um muito pouco, sincopado, sincopado em relação às ondas excêntricas que nosso ouvido computara da soma dos chamados, um muito pouco antes de ser possível esperar por ela, veio a voz da primeira criatura; e foi com o irromper dessa voz que nós também nos rompemos, silentemente, nossos corpos inteiros se romperam em um riso que nos destruiu e nos restaurou ainda mais do que o choro mais absoluto jamais poderá. Este é um riso que vivi apenas raras vezes: ouvindo o gênio de Mozart em seu fogo mais furioso e limpo, mais masculino; a súbita memória de alguma fala de Shakespeare, "Ninfa, que tuas preces não esqueçam meus pecados todos";* andando pela rua ou dirigindo no interior; observando negros; ou naquele delicado estágio do amor em que uma menina, séria e vagamente tangida por um sorriso, olhos baixos e cabeça em posição das mais imaculadas, começa pela primeira vez, não só com prazer, mas com uma espécie de medo e de profunda delicadeza, a usar suas leves, lentas, francas mãos em tua cabeça e em teu corpo: uma fase tão inatacavelmente distante de qualquer sentido de ternura e confiança, tão semelhante à abertura da primeira vida sobre o brilho da jovem terra em sua primeira manhã, que lutam em você uma esmagadora certeza de Deus e de sua inexistência e, nessa mesma e precisa quietude, você sente ser impossível poder olhar nos olhos dela por mais um momento que seja e não se ver distendido por uma alegria incrédula ao perceber ser do mesmo tamanho, da mesma ignorância e da mesma acarnalidade do próprio espaço.**

Essa fase do amor, para qualquer um que tenha pelo amor a mais extrema estima que ele de fato merece, deve ser além de qualquer possibilidade de comparação o mais cruel e mais amargo fato da existência humana. Mesmo em seus próprios momentos ela arrasta você irresistivelmente para as deses-

---

* *Hamlet*, ato 3, cena 1. Hamlet dirige a Ofélia essas palavras no fim do famoso solilóquio "Ser ou não ser". (N. T.)

** As essências de angústia e prazer são, assim, idênticas: são a explosão ou incadescência que resulta da inquestionável percepção do incrível.

peradas batalhas do corpo que apenas em seus primeiros poucos segundos parecem ser a maior das alegrias, que não são, e que tão cedo vergam e cegam a delicada munificência da troca entre vocês para seus próprios termos lindos mas violentos, traçados a carvão. Dessa violência de carne e de total confiança mútua não é possível retirar-se muitas vezes para aquela esfera mais tranquila de aposição em que o corpo, o cérebro e o espírito de cada um de vocês é todo ele uma só lente perfeitamente focada e em que essas duas lentes devoram, alimentam, enriquecem e honram uma à outra; não é possível porque a violência borra, altera e distorce a constituição original da lente. E é então, vivendo em rompantes de memória de algo mais excelente do que vocês podem ter muita esperança de ainda vir a compartilhar, que com uma bravura e uma tristeza que mal são conscientes, e com compaixão desmedida, o amor deve se presumir estabelecido e vivo entre vocês. Haverá de novo bondade e prazer entre vocês, com sabedoria e com sorte, bastante, mais do que suficiente, mas não toda a doce consideração nem todo o amor dentro das possibilidades da existência jamais restaurarão em vocês o que por um momento, e apenas para que pudessem perdê-lo cegamente a serviço da natureza, vocês tiveram.

No som dessas raposas, se eram raposas, havia quase tanta alegria, e quase tão pouca dor. Havia a assustadora alegria de ouvir o mundo falar sozinho, e a dor da incomunicabilidade. Naquela dor estou eu, hoje como naquele momento, com o pequeno mas absoluto consolo de saber que a comunicação de uma coisa como aquela não apenas é impossível mas é irrelevante para ela; enquanto que no amor, onde nos vemos tão completamente envolvidos, tão completamente responsáveis e tão aparentemente capazes, e onde nossas almas inteiras correm tão desesperadas para a beleza, a força e a indefesa mortalidade, a simples, comum, salgada e musculosa dureza da existência humana de uma moça* que o desejo de morrer por ela parece a expressão mais mesquinha e mais insignificante de sua consideração que você pode, como um orgulhoso gato selvagem com um filhote morto, deitar-se aos pés dela; no amor, a contenção de foco e a detenção e perpetuação da alegria parecem inteiramente possíveis e simples, e seu fracasso, indesculpável, mesmo que saibamos que está além das forças de toda a biologia e mesmo no momento em que, como o fenecer de um flóreo alumbramento em um seio a que nos esta-

---

* Eu diria que isso deve ser tão possível, e com a mesma dignidade e valor, no amor homossexual quanto no heterossexual.

mos acostumando, repousa aquela rara alegria, desbotando-se a cada mudança, na cada vez menos presciente palma de uma cada vez menos divina, cada vez mais estupefata, humana, comum mão.

E assim embora esse acidente do chamado das duas criaturas deva ser estabelecido no mínimo como um poema, ou uma peça musical, e embora, ainda, eu saiba que um ser humano mais dotado, e mesmo eu próprio, pudesse chegar mais perto de dá-lo, eu não desisto do esforço finalmente desesperado com total mágoa simplesmente porque este esforço seria, acima de quase todos os esforços, tão inútil.

Esses chamados continuaram, sem jamais repetir um padrão, e sempre com o que parecia infalível arte, por talvez vinte minutos. Foi exatamente como se atores principais houvessem sido dispostos, encantados e deixados como sacos foscos em um canto do palco imenso como o adernado e firme convés da terra, e como se nesse palco, acompanhados pela garoa da confabulação da música noturno-pastoral, dois personagens mascarados, imprevistos e perfeitamente irrelevantes para a ação, houvessem com desenvoltura felina e ausência de ruídos entrado e cantado, com sinistra casualidade, o que com o tempo se revelou o número mais significativo, mas mais insondável, de todo o espetáculo; e se houvessem então com perfeita ironia e perfeito silêncio se retirado.

Foi depois que isso terminou que começamos um pouco a conversar. Normalmente gostávamos de conversar e em tempos recentes, absortos ambos durante quase o dia todo em um trabalho delicado e doloroso que tornava pouco aconselháveis mesmo as mais ligeiras revelações involuntárias de nossas reações plenas, vínhamos achando os fragmentos de tempo em que nos víamos sós, e capazes de lhes dar voz e de analisá-las, valiosos e necessários sem nem comparação com a cocaína. Mas agora nesta estrutura de especial exaltação era, por mais que não fosse desagradável, completamente desnecessário, e uma obstrução para empregos mais úteis. Nossa conversa foi drenada rapidamente por um silêncio, e ficamos deitados pensando, analisando, recordando, rezando no sentido humano e no do artista, em geral a respeito de questões do presente e do passado imediato que era parte do presente; e cada uma dessas questões teve naquele momento a mais extrema lucidez, e acuidade, e honra, que agora vou tentar dar a você; até que finalmente nós também adormecemos.

Posfácio

O algodão agridoce

Matinas Suzuki Jr.

O caminho dos excessos leva ao palácio da sabedoria.
William Blake, citado por James Agee

Em 16 de maio de 1955, com apenas 45 anos, James Rufus Agee morreu dentro de um táxi, em Nova York. Nos últimos tempos, ele sofria cerca de oito pequenos ataques cardíacos por dia. Como tantos inconformados, tentou viver muito encurtando a própria vida. Na descrição do amigo John Hersey, autor de *Hiroshima*, ele era "um animal noturno por opção; um *maverick* a se rebelar contra as convenções do habitat, um grande amigo da sensação de liberdade oferecida pela bebida; alguém que não parava de falar; uma fogueira de tabaco; um galanteador e um mago das palavras absolutamente inesperadas". Tinha a reputação de ótimo crítico de cinema, mas estava bem longe de ser o gênio reconhecido que para muitos amigos esteve predestinado a se tornar. Entre outras coisas, deixou dívidas, três filhos (um deles, John, com seis meses), um roteiro inacabado para Chaplin; uma novela autobiográfica e um livro extravagante, *Elogiemos os homens ilustres*, feito com o fotógrafo Walker Evans (1903--75), que pouco repercutiu quando foi publicado, quinze anos antes.

Neste livro, James Agee disse que flertou e sentiu atração sexual por uma "menina grande": "seu porte é mais o de uma jovem rainha de uma história mágica de crianças que foi totalmente enrijecida pela vida camponesa e da terra e o trabalho, e seus olhos e seus modos também, bondosos, não-plenamente formados, resolutos, desorientados, e tristes". Imaginou essa jovem tendo ainda um caso com Walker Evans, que o acompanhava na viagem ao Alabama, feita em 1936. A jovem chamava-se Emma (no livro os nomes foram todos inventados, mas, no mundo real, Emma era o nome da irmã de Agee que foi namorada de Evans; anos depois, o escritor incentivou Via, a mulher de quem se separara havia pouco, a ter um caso com o amigo fotógrafo). Agee observou que o cunhado de Emma, George, estava "inocultavelmente atraído" por ela. Há um momento em que a tensão sexual se intensifica. Com os corpos suados pelo calor, Emma e Agee estavam lado a lado, os braços nus se roçando ("nossa carne se tocava"), no carro que ele dirigia para levá-la até o caminhão de mudanças que a conduziria de volta ao marido.

A família de George Gudger* passava por um momento especialmente ruim na sua permanente falta de comida, de sapatos e no convívio diuturno com percevejos. Ele era meeiro nas plantações de algodão, no Alabama, a área mais conservadora do sul dos Estados Unidos. "De março a junho, enquanto se cultiva o algodão, eles vivem do dinheiro das rações [10 dólares por mês]. De julho até o fim de agosto, enquanto o algodão cresce, eles vivem como possam", relatou Agee sobre os rendimentos dos Gudger. Seis anos antes, o país havia mergulhado na Grande Depressão, a mais profunda crise que o capitalismo conheceu. Na perspectiva pessoal de Emma, a vida poderia ser ainda pior: seu marido, bem mais velho, havia arrumado terras para trabalhar como meeiro no Mississipi e vai levá-la para longe da cidade, onde gosta de passear, e das casas do pai e da irmã, onde se refugiava quando era maltratada por ele.

Agee foi ao Alabama como repórter da revista *Fortune*. Repórteres são seres que deveriam deixar seus sentimentos pendurados em casa sempre que saem à rua para cumprir uma pauta. Já na década de 1930, a etiqueta jornalística previa que, na hora de exercer sua atividade, um repórter precisaria ter disciplina, equilíbrio, maturidade e decência para não se deixar envolver com

---

* O nome real de George Gudger era Floyd Burroughs. Os outros dois meeiros que tiveram suas famílias descritas por Agee e fotografadas por Evans eram Frank Tingle (Fred Ricketts, no livro) e Bud Fields (chamado de Bud Woods).

os temas e os personagens que estava cobrindo. Os primeiros preceituários éticos foram fixados pela Associação Americana de Editores de Jornais em 1923. O sétimo item desse cânone era justamente sobre a "decência". Ao expor seu desejo pela cunhada de uma pessoa que era tema da reportagem, ou ainda, ao lembrar-se dos momentos em que se masturbava na casa do avô paterno, no Tennessee, ao mesmo tempo em que examinava a casa dos Gudger, Agee ultrajou as convenções que o jornalismo e a sociedade foram construindo mutuamente para que o primeiro pudesse ser confiável e a segunda, ter sossego de consciência. Não é à toa que essa época fixa a imagem do jornalista como um boêmio solitário, frustrado e rancoroso, como muitas vezes James Agee parecia ser. Enquanto a sordidez era sua pauta diária, o homem de imprensa era um tipo que estava perdendo o direito de dar voz ao seu senso de justiça — ainda que nenhum outro profissional desejasse tão ardentemente o poder de ter uma *voz* e de exercer o *seu* senso de justiça.

É bem verdade que, àquela altura, alguns escritores-jornalistas (ou jornalistas-escritores) já haviam introduzido a subversão da subjetividade em suas narrativas de não ficção. O mais importante de todos, decisivo para a constituição da moderna narrativa de não ficção, foi George Orwell, com *Na pior em Paris e Londres*, publicado em 1933. Mas Orwell não tocou no maior dos tabus, a exposição da própria sexualidade. Aos olhos de seu tempo, James Agee estava não só sendo cínico com as práticas do bom jornalismo, como também cometendo delitos em outras jurisdições. Na era da "musa social", para citar a expressão que um dos grandes colunistas da história do jornalismo americano, Murray Kempton, usou para caracterizar o momento de radicalização da década de 1930, esses e muitos outros insultos que aparecem em *Elogiemos os homens ilustres* poderiam ser encarados como pecado capital, tanto do ponto--de-vista moral quanto ideológico.

Durante a Grande Depressão, jornalistas, fotógrafos, escritores, cineastas, artistas e intelectuais, muitos deles subsidiados pela política do New Deal de incentivo à cultura, descobriam a pobreza do interior da América. Esse movimento colocou os despossuídos no pedestal fincado sob a abóboda de bondade e pureza; como se tratava de criar certa imagem idealizada dos miseráveis, os retratados eram sempre trabalhadores dignos e honestos, nunca mendigos ou vagabundos das grandes cidades, bem ao contrário do lumpesinato que fez camaradagem com Orwell em Paris e Londres. As *reportages* e documentários, palavras que se popularizam na época, procuravam mais sensibilizar e emocionar — despertando sentimentos de piedade e comiseração — do que conduzir à reflexão esclarecedora sobre a crise americana. Nesse ambiente de indulgência, confessar o tesão por uma jovem camponesa casada e insinuar que o flerte era correspondido, só podia ser interpretado como perversão de um *enfant terrible* do Greenwich Village, o bairro dos intelectuais boêmios em Nova York.

Àquela altura, a *Fortune* passava por um momento rico em possibilidades, cheio das contradições e incongruências que costumam marcar a história dos mais importantes jornais e revistas. A publicação fora concebida por Henry R. Luce para acompanhar o "esforço, a excitação, o romance, a riqueza e o poder que via no mundo dos negócios e nos homens que o controlavam. Ele queria captar tudo isso na revista mais luxuosa e bonita feita até aquele momento".* Luce era um visionário desse mercado: em 1923, ao lado de Briton Hadden, revolucionara o universo das revistas ao criar a semanal noticiosa *Time*. Estava fora dos planos, contudo, que o lançamento da revista dedicada aos grandes negócios, gestada na crista da onda da imensa acumulação de riquezas experimentada pelo capitalismo americano nos anos 1920 (o PIB do país ultrapassou a barreira dos 100 bilhões de dólares naquela década), fosse coincidir com o início da grave crise econômica. O número inaugural da *Fortune* circulou em fevereiro de 1930.

A redação da revista foi sendo composta por pessoas como Dwight Macdonald, Archibald MacLeish, Ralph McAllister Ingersoll (vindo da *New Yorker*) e o próprio James Agee, jornalistas que tinham um olho nas atividades literárias e outro na esquerda. Sem nunca perder a embocadura de publicação que modernizou e deu glamour ao jornalismo dedicado ao mundo dos negócios, a *Fortune* passou a adicionar à sua intensa cobertura cultural reportagens que refletiam os interesses das classes trabalhadoras e dos sindicatos, como o aumento de salários e o direito à greve, além de matérias sobre a necessidade de políticas públicas. Havia uma zona jornalística mais liberal e mais democrática na redação que ficava no 52º andar do Chrysler Building, o arranha-céu *art*

---

* *Luce and his empire*, W. A. Swanberg, Charles Scribner's Sons, Nova York, 1972.

déco inaugurado em 1930, um dos símbolos do despontar de Nova York como a capital do século xx. Essa espécie de esquizofrenia editorial, que deu vigor criativo e visão crítica à revista durante a recessão, abria espaço para pautas como a que levaria James Agee ao cinturão de pobreza rural no Alabama.* Ele escolheu o amigo Walker Evans, que teve de obter uma licença da agência governamental na qual trabalhava, para ser o fotógrafo da matéria. Entre as inúmeras incoerências que marcaram a primeira década da *Fortune* está o fato de que a revista não publicou a sua reportagem mais famosa, aquela que Agee escreveu após ter convivido com os colonos do Alabama e que serviria de rascunho para o livro *Elogiemos os homens ilustres*.

Depois da longa festa da "era do jazz", os Estados Unidos amanheceram de ressaca. Murray Kempton definiu a mudança de clima de uma década para outra assim: o "mito dos anos 20 envolvia a busca pela expressão individual, seja na beleza, na risada ou no desafio das convenções; essas coisas foram julgadas pelo mito dos anos 30 como presunçosas, ineptas e egocêntricas".** O país tomou um choque de pobreza, embora o governo do presidente Herbert Hoover (1929-33) e a imprensa tenham tentado, no primeiro momento, contemporizar os efeitos da recessão econômica. A mudança do estado de ampla pujança dos anos 1920 para a escassez da década seguinte foi rápida e brutal. Em matéria publicada pelo *New York Times*, o jornalista Elliott V. Bell descreveu — de maneira simples, onde se ouve o badalar da gravidade dos acontecimentos em cada letra — a velocidade da mudança em 24 de outubro de 1929, dia em que a Bolsa de Valores de Nova York quebrou:

* Michael Augspurger, no livro em que analisa os procedimentos editoriais da *Fortune* durante os anos da Grande Depressão, defende a tese de que o gosto pela cobertura cultural e certa preocupação com justiça social, mais do que contradições no projeto de uma revista economicamente conservadora, refletiam as profundas mudanças que estavam ocorrendo no capitalismo americano; iniciava-se a era das grandes "corporações liberais", com seus executivos mais esclarecidos e mais democráticos, que produziam um contingente de profissionais ávidos por publicações modernas: administradores de empresa, contadores, gerentes, engenheiros, técnicos, professores universitários, pesquisadores etc. Ver *An economy of abundant beauty: Fortune Magazine & Depression America*, Cornell University Press, Ithaca, 2004.
** *Part of our time — Some ruins and monuments of the thirties*, Murray Kempton, New York Review of Books Classics, Nova York, 2004.

O mercado abriu firme, com preços pouco modificados em relação ao dia anterior, embora alguns grandes blocos, de 20 mil e 25 mil ações, aparecessem no início. Cedeu facilmente na primeira hora, e aí, por volta das onze, rompeu o dilúvio.

Veio com uma velocidade e ferocidade que deixaram os homens estonteados. O solo simplesmente cedeu sob os pés do mercado. De todo o país, uma torrente de ordens de venda despejou-se no pregão da Bolsa de Valores, e não havia ordens de compra para enfrentá-la.*

É curioso como o período de pauperismo econômico que se seguiu ao crash da Bolsa deu origem a um vigoroso movimento intelectual e artístico, que se engajou em revelar e denunciar as novas condições de vida dos americanos. Escritores puseram o pé na estrada para descobrir a "verdadeira" América que os anos de euforia haviam escondido. Um bom exemplo foi o do crítico Edmund Wilson, que teve um ligeiro namoro com o Partido Comunista. Ele arregaçou as mangas e gastou a sola do sapato para fazer uma série de reportagens-ensaios de grande interesse, muitas delas aproveitadas no livro *The American earthquake*. O romance americano do período — cujo exemplo mais conhecido é *As vinhas da ira*, de John Steinbeck — se impregnou de regionalismo, realidade e consciência social.

As políticas assistencialistas do New Deal adotadas por Franklin D. Roosevelt (que presidiu os Estados Unidos entre 1933 e 1945, em três mandatos completos e meses iniciais do quarto, quando faleceu), na tentativa de remediar os males causados pela recessão, transbordaram para a esfera da cultura. Por meio de uma agência governamental chamada WPA (Works Progress Administration, inaugurada em 1935 e renomeada Work Projects Administration, em 1939), o Estado passou a empregar artistas diretamente, sob a ideia inovadora de que eram trabalhadores tão úteis para a sociedade como quaisquer outros. O mecenato governamental criou uma ampla revolução cultural no país, nacionalista e democrática: "a WPA colocou face a face, pela primeira vez, o artista e o público americanos".** Flávio Limoncic diz que "em fevereiro de 1934 mais de 4 milhões de trabalhadores recebiam um salário mínimo,

---

* "24 de outubro de 1929 — Desaba a bolsa de Wall Street", in *O grande livro do jornalismo*, editado por Jon E. Lewis, José Olympio Editora, Rio de Janeiro, 2008.
** *Documentary expression and thirties America*, de William Stott, The University of Chicago Press, 2ª edição, Chicago e Londres, 1986.

trabalhadores esses que iam desde operários construindo pontes até cantores de ópera viajando para lugares tão distantes quanto Ozark, no Missouri, para uma apresentação". A exemplo da WPA, a Resettlement Administration (divisão do Ministério da Agricultura criada em abril de 1935 para combater a miséria arrumando terras para realocar as populações rurais; a partir de 37, passou a se chamar Farm Security Administration, FSA) estabeleceu um amplo programa de documentação da realidade americana. Entre suas atividades, estava aquela que fixaria para sempre a imagem dos anos da Depressão: o projeto que produziu milhares de fotos tiradas por gente como Dorothea Lange, Ben Shahn, Russell Lee, Carl Mydans, Marion Post, Arthur Rothstein e, pelo mais importante de todos, Walker Evans. O chefe da Divisão de Informação da FSA, Roy Stryker, achava que a fotografia era o instrumento que descreveria com mais precisão o dia a dia sofrido do interior da América.

Em 1937, com a publicação de *You have seen their faces*, do escritor sulista Erskine Caldwell e da já então famosa fotógrafa Margaret Bourke-White, ganhou notoriedade um gênero batizado de livro-documentário, cujo prestígio cresceu ainda mais, dois anos depois, com o lançamento de *An American exodus*, do casal Paul Taylor e Dorothea Lange. O estilo das fotos e dos textos, com seu tom emocional e dramático, o sucesso comercial da obra a despeito da pobreza dos retratados, e a condescendência em relação à miséria despertada no público, não agradaram — especialmente *You have seen their faces* — à dupla Agee-Evans. Agee achou um jeito de queimar o filme de Bourke-White na parte final de *Elogiemos os homens ilustres*, ao reproduzir seu perfil publicado pelo jornal *New York Post*, em que aparece como uma das mulheres mais bem pagas dos Estados Unidos e como uma celebridade frívola. Essa imagem, porém, não era justa com a biografia da fotógrafa, que se tornou comunista, foi a primeira mulher a ser correspondente de guerra e a única estrangeira a estar no front, do lado soviético, durante o cerco a Moscou pelos alemães. Ela chegou inclusive a visitar o Brasil, como enviada especial da revista *Life* para fotografar as plantações de café, trabalho reeditado no hoje raro livro *Coffee throught the camera's lens*.

A "reportagem" entregue por James Agee não se encaixava no estilo da seção "Life and Circumstances" e nos padrões editorias da *Fortune*. Ela ficou dez vezes maior do que o combinado e, segundo relato de Dwight Macdonald, o texto era "pessimista, não construtivo, nada útil, indignado, lírico e sempre pessoal". Os editores tentaram cortá-lo, mas desistiram. Após um ano "vacilando", como disse Agee, a revista devolveu os originais, que nunca mais foram vistos. Ele sabia que a matéria encontraria dificuldades em ser aproveitada pela *Fortune*, e provavelmente nem desejasse sua publicação, pois tinha planos literários mais ambiciosos para ela. Além disso, não se sentia confortável com a possibilidade de vê-la impressa em um veículo para os bem-sucedidos, que lucraria com a exposição das fraquezas daquelas vidas, às quais ele tanto se afeiçoara. A culpa, a tormenta ética, o instinto natural de rebeldia — pequenas luzes vermelhas que nunca paravam de piscar em seu inconsciente — foram elevados a ponto de ebulição com a experiência que teve nas fazendas de algodão no sul dos Estados Unidos. Livre das convenções jornalísticas, Agee agora precisava encontrar a forma apropriada para narrá-la, e essa forma talvez não estivesse disponível. Ele passou os próximos anos reescrevendo e ampliando o relato. Em 1939, recusou-se a fazer as mudanças que a editora Harper & Brothers exigia para publicá-lo em livro. Depois que Agee topou cortar alguns palavrões proibidos no estado de Massachussets, o livro foi finalmente editado pela Houghton Mifflin, em 1941. Ele sugeriu que a obra fosse impressa em papel jornal para que saísse um produto barato, mas a editora disse que, naquele formato, as páginas não durariam muito. Agee respondeu que isso não seria má idéia... Foram vendidos apenas seicentos exemplares.

De cara, *Elogiemos os homens ilustres* surpreendia por iniciar com a série de 31 fotografias de Walker Evans (a partir da segunda edição, feita em 1960, passou a ter o dobro de fotos) e pela falta de legendas. O fato de a sequência fotográfica inicial vir descontextualizada, desacompanhada de identificação das pessoas e dos lugares, sinalizava a preocupação de James Agee em não permitir que as palavras dirigissem a interpretação das imagens. A fotografia passou a contracenar com a palavra no papel de protagonista do livro, ganhou preponderância: palavras e imagens eram agora mutuamente independentes e plenamente colaborativas, como escreveu Agee (ele quis dividir igualitariamente os direitos autorais do livro com Evans, que não aceitou e ficou com apenas 25%). Ao sabotar as legendas, ao agrupar as fotos no início do livro — evitando rigorosamente a promiscuidade com as palavras —, Agee e Evans fizeram uma provocação inaugural, um questionamento dos hábitos de leitura, que se manterá ao longo do livro. Muito diferente do que fizeram Erskine Caldwell e Margaret Bourke-White em seu livro, armando uma arapuca para o leitor. Eles procuraram aumentar a dramaticidade dos eventos criando frases que apareciam entre aspas, junto às fotos, como se fossem depoimentos verdadeiros das pessoas fotografadas.

Três mulheres que aparecem nesses livros-documentários ficaram como imagens marcantes da década de 1930 nos Estados Unidos. A mais conhecida delas está na fotografia feita por Dorothea Lange, em fevereiro ou março de 1936. Trata-se de uma trabalhadora nas colheitas de ervilha que, como os personagens de *As vinhas da ira*, migrou para a Califórnia. É uma mãe, que está sentada, meio inclinada para frente, com uma criança no colo. Tem outros dois filhos encostados a ela, possivelmente um menino à direita e uma menina mais velha à esquerda, com os rostos escondidos da câmera. A mulher tem traços bonitos, mas já embrutecidos. É provável que ela seja mais nova do que aparenta. O cabelo está penteado para o lado e preso à nuca, e na face veem-se dois sulcos profundos que nascem ao lado das narinas e correm margeando a boca larga de lábios finos; são os leitos de uma vida dura. O nariz é longo, o rosto bem mais fino na altura dos maxilares do que nas extremidades das bochechas, a pele é curtida e grossa. O cotovelo direito está apoiado na coxa, o braço ergue-se quase verticalmente, a mão (um dos traços distintivos dos retratos de Lange são as mãos) está encostada no queixo — mas não o apoia, como *O pensador*. Seu vestido está mais aberto do que a época e o recato rural americano recomendavam, mas talvez seja porque ela deu ou vai dar de mamar ao bebê. A cabeça está inclinada para baixo muito de leve, o olhar, concentrado em algum ponto ao lado esquerdo e mais ou menos na mesma altura da câmera. A expressão do rosto demonstra certa angústia, a testa está tensa, as sobrancelhas enrugadas se aproximaram dos olhos, que ficaram pequenos; as pálpebras se abaixaram a fim de permitir que o olhar convergisse para aquele ponto intrigante que o leitor não sabe qual é. A mãe é forte e protetora, mas é plenamente possível imaginar que os quase escondidos olhos interrogadores também dizem: pavor. Sem dúvida, é uma foto que inspira solidariedade e calor humano. Geoff Dyer diz que as pessoas nas fotos de Dorothea Lange "estão sempre pensando num jeito de sair daquela situação".* Eis o caso.

* *O instante contínuo*, Geoff Dyer, Companhia das Letras, São Paulo, 2008.

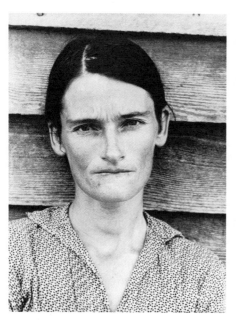

Allie Mae Burroughs, 1936.
Foto de Walker Evans

Mãe migrante, Nipoma, Califórnia, 1936.
Foto de Dorothea Lange

Dahlonega, Geórgia, 1937. Foto de Margaret Bourke-White

Somos levados a crer que essa fotografia é o flagrante de um momento cru e especial. A fotógrafa teria sido afortunada o bastante para dar eternidade à rara fração de segundo em que a história piscou no olhar de uma mãe próxima ao desespero. Contudo, sabemos hoje que, ao encontrar a mulher vivendo em condições subumanas em um dos acampamento de colhedores de ervilhas, Dorothea Lange fez pelo menos seis fotos, em poses diferentes. Ela mesma disse que a imigrante entendeu que poderia ser ajudada pelas fotografias e cooperou; assim teria havido uma troca justa. O candor da imagem ainda está lá, mas ele nasceu de um artifício, de um arranjo, de uma negociação entre a fotógrafa e a fotografada.

Já na foto da segunda mulher que marca o período, feita por Margaret Bourke-White em Dahlonega, tirada em 1936 ou 37, no estado da Geórgia, o que se vê é também uma mãe sentada, entre quatro filhos distribuídos pelos cantos da imagem. Aqui, mãe e filhos parecem cuidadosamente arranjados, como anjos barrocos circundando a figura de uma santa. É impossível não perceber certa artificialidade, uma composição que tira a força do retrato — o que não deixa de ser estranho, pois Bourke-White costumava evitar ficar frente a frente com seus retratados, na tentativa de encontrar algo de espontâneo, de verdadeiro, a expressão certa em suas faces. Na foto, vemos uma bonita família de cabelos claros. Pela legenda depreende-se que a mulher já é avó, embora aparente ser mais jovem (há poucas rugas no rosto) do que a mãe da foto de Lange. Sua coluna está ereta, o ombro esquerdo um pouco mais alto do que o direito. Ela tem certa elegância: sobre o vestido de golas amplas, fechado à altura do pescoço por um alfinete, veste um casaquinho cheio de buracos, que denunciam a sua indigência. Os cabelos também estão repartidos para o lado e presos atrás, seu rosto é cheio, o nariz tem menos personalidade do que o da mulher de Dorothea Lange. Os lábios curvam-se um pouco para baixo nos cantos da boca, ela parece ter um pequeno inchaço no lado esquerdo do queixo. A cabeça está inclinada para a direita, o olho, distante da câmera. Ela mira a iluminação (artificial?) que banha seu rosto. É um olhar para cima, pleno de esperanças. Dois de seus filhos não ousam encarar a câmera nem a luz, o que está perto de seu ombro esquerdo olha para a iluminação por cima e com certa desconfiança; só a quase adolescente, que está próxima do ombro direito, enfrenta as lentes. A fotografia não tem cenário exterior, o fundo é escuro, acentuando a sua falta de naturalidade. Acima da foto, a seguinte legenda, que hoje sabemos ser falsa: "Nunca mais verei meus filhos que se casaram, mas acho que agora eles têm seus próprios filhos para tomar conta".

A terceira mulher está na foto tirada por Walker Evans, na região de Hale County, no Alabama, em 1936. Ela está sozinha, em pé, enquadrada do peito para cima. Sua presença domina toda a cena. Seu cabelo também está repartido de lado e preso à nuca, mas ele tem falhas e está ficando ralo. Seu rosto é magro e, do nariz para cima, é muito bonito, e preserva certa suavidade desmentida pela rudeza dos lábios muito finos na boca larga, que se dissolvem um no outro. Atrás dela, as tábuas da parede da casa, ligeiramente tombadas, acompanham o ombro esquerdo, mais caído, e dão disciplina, equilíbrio e geometria ao conjunto. Ao contrário das mulheres de Lange e Bourke-White, que são *madonnas*, não dá para saber se ela é mãe. Imagens maternais são tocantes, despertam compaixão. São apropriadas para momentos como aquele, de comoção com a vida dos pobres. Além de aparecer sozinha, a mulher de Walker Evans ainda ostenta outra diferença fundamental: ela olha para a câmera. Aqui não há nenhuma dissimulação, nenhum fingimento de flagrante, nenhuma cumplicidade entre fotógrafo e fotografada para iludir a posteridade. É uma foto posada. Não poderá servir como ilustração de uma categoria, não expressa um fenômeno mais geral, não narra um acontecimento. Ela é singular e confronta — sem necessariamente aceitar — a câmera.

Não precisamos saber quem eram na realidade a mãe imigrante das colheitas de ervilha da Califórnia (sua identidade foi revelada em 1970: Florence Owens Thompson tinha sangue Cherokee, sete filhos e estava com 32 anos no momento da foto de Lange) e a mãe de Dahlonega. Elas são dísticos de um período triste. Mas temos curiosidade em saber quem é essa mulher que ousa olhar nos olhos do outro, já que a câmera, o fotógrafo e o repórter são representantes de um mundo que não é o seu: em *Elogiemos os homens ilustres* ela é Annie Mae Gudger; na vida real, Allie Mae Burroughs. Na descrição de Agee, "seus olhos são simultaneamente curiosos, tímidos, excitados e desesperadamente tristes". Não há artifícios, não há drama, não há traição; a foto não está a serviço de uma ideia ou de uma ideologia. Ela é de uma limpidez e de uma clareza acachapantes. Por isso, Evans foi o principal fotógrafo do período: ele não estava ali para dramatizar, para brincar de câmera escondida, para fazer flagrantes. O crítico Na importante resenha que escreveu sobre a obra de Agee e Evans, Lionel Trilling escolheu a foto dessa mulher não só como a mais

444

importante do livro, mas como um dos mais belos objetos de arte daquele momento. Segundo Trilling, o fotógrafo teria "tato, delicadeza, precisão de sentimentos, percepção completa e respeito na medida certa",* e por isso acolheu seu trabalho com uma observação finíssima: na sua opinião, Evans deu aos colonos o direito de se *defender* da câmera.

A simplicidade e a força do trabalho de Walker Evans levaram Agee às cordas. Ele tinha de escapar da armadilha da comparação com a linguagem direta das fotos que abriam o livro, atraindo as primeiras impressões do leitor para uma relação de olho no olho, franca, transparente. Caso optasse pelo mesmo caminho estilístico, suas palavras seriam esmagadas no primeiro round do embate com o poder daquelas imagens primordiais. Na visão de Agee, a fotografia era "capaz de registrar a verdade absoluta, seca", e as palavras seriam "o mais inevitavelmente impreciso de todos os meios de registro e comunicação". Para se defender da agressiva objetividade da câmera, que, conforme suas palavras, eram o "instrumento central de nosso tempo", ele teria de saltar para o mais profundo mergulho na própria subjetividade.

Quarenta anos depois, a jornalista Janet Malcolm, que escreveu uma série de ensaios sobre fotografia para a revista *New Yorker*, discordou de James Agee. Ela comparou a foto de Allie Mae Burroughs que saiu em *Elogiemos os homens ilustres* com outra fotografia daquela série, publicada no livro *American photographs*, de 1938. Embora se tratasse da mesma mulher, quase no mesmo enquadramento, olhando para a mesma câmera, com a mesma luz, há uma diferença notável entre elas. Minutos antes ou minutos depois, ela era uma "jovem da mais delicada e aristocrática beleza, de compleição elegante, olhos claros, suave pele alva, olhando com autoconfiança para a câmera, tendo um sorriso de indomável humor nos lábios". Como pode ser a mesma e outra mulher? Como, em poucos minutos, mudou não só sua expressão, mas também sua alma? Qual a coerência desse negócio? Será que a fotografia conta verdades diferentes em instantes diferentes? Ou será que ela nos engana o tempo todo? A fotografia é uma "descritora" inadequada de co-

---

* *The Kenyon Review*, edição de inverno, 1942.

mo as coisas são, a câmera não tem o mesmo poder de descrever que uma caneta tem, diz Malcolm.*

Mas naquela época seria difícil fazer uma reflexão desse tipo. A fotografia era um meio portentoso. Sua presença marcante, de que são testemunhos os lançamentos e o sucesso de revistas de fotografias como *Life* (1936) e *Look* (1937)**, empurravam o discurso jornalístico factual e sem grande atrativos para a sombra. Segundo Alan Trachtenberg,*** a fotografia tornou-se o meio de comunicação e a forma de arte mais influente do período. O imaginário de uma época se fazia em preto e branco. A fotografia apresentava seu frescor, as palavras exibiam seu cansaço. Além disso, a emergência do documentário cinematográfico, que tinha seus relatos sempre com um ponto de vista autoral, era outro sintoma da necessidade de se criar gêneros que pudessem ser mais profundos na abordagem dos problemas sociais do que a linguagem pretensamente objetiva do jornalismo. O jornal, que alcançara o seu momento de maior penetração na sociedade americana na década anterior, começava a perceber, aqui e ali, ameaças à sua hegemonia.

Outros acontecimentos importantes da época também pressionavam o estilo de escrever da imprensa diária. Um deles foi o crescimento do rádio, com sua rapidez, seu poder de transmitir eventos ao vivo e sua capacidade de atuar em âmbito nacional — ao contrário do regionalismo dos jornais. Franklin Roosevelt usaria o veículo como poucos, falando diretamente ao cidadão comum como se fosse um amigo e estivesse na sala de sua casa. Ele podia dispensar a intermediação da imprensa. No livro *The powers that be*, David Halberstam afirma que Roosevelt tinha um senso intuitivo da cadência do meio e que ele foi "a primeira grande voz do rádio americano". A era do rádio produziria ainda um homem do tamanho de Edward Murrow, que, com simplicidade literária, inflexão sóbria, voz grave, capacidade de convencimento e grande estatura moral, falando de uma Europa em chamas, elevaria o veículo a uma posição de prestígio que arranharia a imprensa escrita. Em 1940, do total de

---

* *Diana & Nikon*, Janet Malcolm, David R. Godine, Boston, 1980.
** Elas traziam para as bancas americanas um tipo de publicação de sucesso na Europa desde a década anterior, lançada inicialmente na Alemanha pelo editor Stefan Lorant e pelos fotógrafos Erich Salomon e Felix Man.
*** Prefácio de *You have seen their faces*, de Erskine Caldwell e Margaret Bourke-White, Brown Thrasher Books-University of Georgia Press, 3ª edição, 1995.

35 milhões de lares americanos, 29 milhões possuíam um aparelho de rádio. No ano anterior, a revista *Fortune* divulgou uma pesquisa de opinião revelando que ele tinha mais credibilidade do que os jornais.

A mudança de tom e a introdução de novas maneiras de escrever nas revistas foi outra dor de cabeça para os editores de jornais que achavam que com umas poucas normas de redação e um vocabulário reduzido poderiam descrever tudo. A tradição dos *magazines* bem escritos vinha se consolidando nas décadas anteriores, aproveitando o surgimento de uma safra de escritores talentosos que estava disposta a ganhar a vida trabalhando na imprensa. Ao lado de pioneiras como *The Nation*, *Harper's* e *Atlantic*, a *Smart Set*, por exemplo, adquiriu inteligência, peso literário e mordacidade no período em que foi editada pela dupla H. L. Mencken e George Jean Nathan, de 1908 a 1923. A *Vanity Fair* teve o seu surto de boas críticas e de ironia brilhante no brevíssimo tempo em que Dorothy Parker, Robert Benchley e Robert E. Sherwood eram companheiros de mesas da redação e da mesa redonda no hotel Algonquin. Depois de uma também rápida passagem por essa revista, Edmund Wilson levou sua crítica literária erudita, inovadora e bem escrita para a *New Republic*. Em 21 de fevereiro de 1925, trazendo humor e serviço cultural, circulou pela primeira vez a semanal *New Yorker*, que nas décadas seguintes iria mudar o estilo de se fazer revistas intelectualmente sofisticadas e elevar o jornalismo aos seus momentos mais brilhantes. Após as dificuldades dos anos iniciais, a publicação de Harold Ross decolou de vez durante a Grande Depressão, tornando-se o que historiador das *smarts magazines* George H. Douglas chamou de "um milagre da indústria de revistas". A técnica de fazer os chamados "perfis" (*profiles*) foi uma das grandes contribuições da *New Yorker* ao jornalismo literário. Quando, no final dos anos 1920, Edmund Wilson trocou os estudos de W. B. Yeats e T. S. Eliot pela realidade americana e começou a publicar suas reportagens-ensaio de cunho social na *New Republic*, já estava claro que havia um novo caminho para as revistas. E, em 1933, quando Ernest Hemingway escreveu suas peças factuais para a primeira encarnação da *Esquire*, a não ficção subiu ao pódio como um dos mais importantes gêneros narrativos do século xx.*

---

* A partir da década de 1920, os livros de não ficção passam a vender mais do que os de ficção nos Estados Unidos.

Aliás, os textos de Hemingway sobre a Guerra Civil Espanhola (1936-39) que a *Esquire* publicou, faziam parte de um batalhão literário que alargava os horizontes da imprensa. Um número substancial de escritores e/ou jornalistas (além de Hemingway, Orwell, John dos Passos, Martha Gellhorn, G. L. Steer e até Dorothy Parker, entre outros; um estudioso espanhol chamou-os, em uma bonita imagem, de "exército de poetas") se mobilizou para cobrir o conflito, muitos deles movidos mais pela solidariedade à luta republicana do que pela intenção de fazer uma cobertura com a roupa camuflada da imparcialidade. O resultado foram despachos, reportagens e ensaios marcados pela combinação do senso de dever histórico com o estilo mais livre de escrever. Em frente à arvore de Guernica, nas conversas no hotel Florida, de Madri, ou em uma trincheira em Huesca, as amarras das convenções jornalísticas foram sendo cortadas por homens e mulheres que eram dublês de jornalistas e militantes. A maneira como eles tomaram partido e contaram os acontecimentos desse episódio trágico para a democracia ocidental iria influenciar decisivamente a próxima geração de jornalistas e escritores.

James Agee sabia, talvez como nenhum outro homem de imprensa daquele período, que a linguagem do jornalismo, por um lado, e a literatura, por outro, encontravam-se em perigo. Daí a sua recusa sistemática em colocar *Elogiemos os homens ilustres* em um ou outro terreno. De imediato, descartou e insultou as fórmulas jornalísticas ("o próprio sangue e o sêmen do jornalismo [...] é uma ampla e bem-sucedida forma de mentir"). Depois, sendo seguidor de James Joyce e um jovem leitor dos escritores fundamentais de seu tempo — Kafka, Proust e Céline, para citar alguns —, intuiu que o romance e a prosa de ficção enfrentavam também as suas dificuldades formais. Ele se posicionou, então, no vácuo entre essas duas formas de escrita. Agee queria ser factualmente preciso, mas também queria a liberdade de voar. Escolheu um gênero que não era nem o céu da literatura nem o chão do jornalismo, mas o fogo que mantinha o voo do balão em pleno ar. Interiormente cindido, carregou o fardo da crise das linguagens até a fronteira do impasse. Há uma espécie de retórica suicida na maneira como foi entrando em conflito com todas as formas narrativas e em como não poupou detalhes de nada, inclusive

448

da vida dos colonos que sonhou preservar, mas que acabou expondo em momentos íntimos, da dificuldade das relações afetivas às roupas guardadas nos armários.

Os conflitos internos de Agee eram imensos e incontornáveis, e se revelam no narrador atormentado e quase impotente de *Elogiemos os homens ilustres*. Ele queria combinar o desejo de justiça social com a experimentação formal, que era criticada pelos círculos de esquerda (em dezembro do mesmo ano em que esteve no Alabama, publicou na *New Masses*, a revista dos intelectuais comunistas americanos, o ensaio "Art for what's sake", em defesa de Gertrude Stein. Segundo Hugh Davis, trata-se de uma das mais diretas declarações de posicionamento estético de Agee e peça-chave para entender o papel das vanguardas artísticas na composição de *Elogiemos os homens ilustres*).* Ele se sentia um invasor no papel de repórter xeretando a vida de seres que, apesar de todas as carências, tinham a sua privacidade preservada pela cortina invisível do isolamento. Ele queria ser genuinamente sincero, mas não confiava na sua capacidade nem nas linguagens de que dispunha para ser verdadeiro com aquela realidade. Ele queria encontrar formas de narrativas que impedissem o leitor de ter sentimentos de pena, de falsa solidariedade com os problemas daquelas famílias de colonos — nem que para isso precisasse agredir com violência o próprio leitor. Ele queria mostrar a singularidade das pessoas daquelas famílias, o valor de suas vidas *de per si*, e não a generalização com que o discurso de assistência social do período transformava pessoas em estatísticas. Ele queria encontrar o estilo mais eficiente de descrever um pedaço de terra mergulhado no conservadorismo, no racismo e na miséria, e para isso precisou expor, como ninguém havia feito anteriormente, a sua subjetividade. Ele queria falar do presente dos outros e recorreu à sua memória; ele queria denunciar e se denunciou. Ele gostaria de ter se envolvido pessoalmente com aquela gente, e acabou colocando em jogo um peso na consciência que os distanciava.

* "Drinking at Wells Sunk beneath Privies — Agee and Surrealism", ensaio de Hugh Davis no livro *Agee agonistes*, editado por Michael A. Lofaro, The University of Tennessee Press, Knoxville, 2007. Neste ensaio, Hugh Davis mostra como o surrealismo era familiar a Agee, inclusive no procedimento da escrita automática.

Na expressão de Walker Evans, a "ira autodilacerante" de James Agee era tão intensa que emergiu para a superfície irregular de *Elogiemos os homens ilustres*. Sente-se uma hesitação, uma indecisão formal: o livro parece não ter começo e não ter fim. As vozes narrativas vão se alternando constantemente e soam de lugares muitas vezes não identificados, como os ruídos misteriosos de animais que são descritos com minúcias na parte final do livro. O narrador rememorou, refletiu, fez digressões, usou procedimentos da poesia em prosa (a exemplo da enigmática frase em que cita o Brasil: "ombro livre com ombro de seu hangar; Brasil e Labrador; flama fulge;"), pediu socorro às estruturas musicais, devaneou em momentos que parecem exercícios da escrita automática criada pelos surrealistas. Ritmo e cadência são descontinuados por uma pontuação desregrada: vírgulas são suprimidas, parênteses se abrem mas não se fecham, há um abuso especial e perigoso do sinal gráfico de dois pontos (Adorno: "Os dois pontos, segundo Karl Kraus, abrem a boca: coitado do escritor que não souber saciá-los"). Ele abusou das passagens confessionais, como se estivesse escrevendo cartas para seu mentor de quase toda a vida, o padre Flye, ou para suas amantes. Inspirado no poeta e. e. cummings, inseriu uma frase exclusivamente composta de sinais de parênteses e de dois pontos, antecipando em décadas um tipo de linguagem gráfica que seria adotado no futuro pelos usuários da internet. Agee recorreu à técnica da colagem justapondo citações da Bíblia, de Shakespeare, de William Blake, do manifesto do Partido Comunista, de pedaços de jornal, de um hino religioso, de uma pesquisa literária da *Partisan Review*; ele recitou o pai-nosso e fez um inventário de duas páginas com "monossílabos anglo-saxões". Inventou, joycianamente, palavras, inverteu pronomes, usou um vocabulário elisabetano.

A forma mais usada — e o ponto literariamente mais alto — de *Elogiemos os homens ilustres* é a descrição. No prefácio, Agee declarou sua intenção de que "este registro e esta análise sejam exaustivos, sem que nenhum detalhe, por mais que possa parecer trivial, permaneça intocado". Utilizando uma espécie de *forma paradoxal*, ele empregou longas descrições, cacheadas de detalhes, para contar como eram aquelas casas e objetos despidos de qualquer *capriccio*. "Em parte alguma um só grama ou centímetro gasto em ornamento, nem um só traço de relevo ou de disfarce: uma monotonia sem igual", escreveu. Um pouco como o nosso barroco em terra de escravos, é como se à hipérbole descritiva coubesse o papel de preencher o vazio material daquelas pessoas "inconcebivelmente solitárias, entristecidas e isoladas", em cujas casas ele não encontrou uma única "flor doméstica". Existe uma tradição nos estudos literários que considera a descrição como uma técnica inferior à ação. O descrever — característico do naturalismo que tanto influenciou a linguagem jornalística em sua busca pela objetividade — seria algo exterior, enquanto o narrar, por estar ligado de maneira orgânica ao destino dos personagens, teria um valor literário mais elevado. A princípio, o próprio Agee admitiu isso quando disse que "'descrição' é uma palavra de que se deve suspeitar"; mais tarde, ele reviu sua posição: a descrição se justificaria quando captura a beleza e a estatura intrínseca das coisas. "Desde quando os pintores de paisagem pedem desculpas por pintar paisagens?", questionou.

O impacto daquele mundo de faltas atingiu James Agee de tal maneira que ele reagiu descontroladamente, perdendo a mão sobre seus excessos. Diferentemente de Euclides da Cunha, que deu método ao excesso para falar sobre sua experiência marcante no sertão brasileiro, em Agee o "sertão" americano apareceu sob a forma do descontrole excessivo. Como nos acontecimentos que provocam o reviver de um trauma, a miséria despertou o monstro interior: para Agee, a única maneira de ser sincero era não criar nenhuma mediação estilística que reprimisse a sua maneira de contar o que viu, observou, experimentou, analisou, rememorou, sentiu, ouviu, cheirou e comeu nos quase dois meses de Alabama. Seu compromisso com a sinceridade intelectual prevaleceu sobre as doutrinas estilísticas da imprensa, sobre as questões de formalismo literário e sobre a consciência social do período da Grande Depressão. Como disse Peter H. Ohlin, "Agee se recusou a ver o problema apenas em termos econômicos e sociais, o que o levaria a escrever um artigo com maior legibilidade; em vez disso, ele reconheceu o problema como uma confrontação moral".* Para ele, a única maneira de narrar a verdade, a *sua* verdade, era expondo-se com uma franqueza rara. Suas fragilidades e fantasmas foram sem subterfúgios para o papel. Ao longo do livro, desfiou o seu rosário de expiação ("autotortura" é a palavra que usou) e questionamentos pessoais: ele era "espião" e "trapaceiro"; declarou o seu "horror e pena e ódio por si

---

* *Agee*, Peter H. Ohlin, Ivan Obolensky, Inc., Nova York, 1966.

mesmo"; confessou que "em nome de Deus desejei estar morto"; reviu sua vida como "uma compleição de culpa, furtividade e perigo" e, em uma noite de solidão, registrou uma "aguda culpa no coração". A culpa, apesar de enfraquecer a narrativa e de criar momentos embaraçosos para ele e para o leitor, ao ser exposta a céu aberto, impediu que *Elogiemos os homens ilustres* repetisse os vícios ainda piores do realismo artificial, da piedade, do sentimentalismo e do uso da miséria para propaganda política ou lucro fácil. Ela foi o salvo conduto que o ajudou a atravessar os erros de sua época.*

James Agee e Walker Evans, por caminhos bastante diferentes, se colocaram a questão ética decisiva para o jornalismo. Como relatar com honestidade intelectual e adequação formal, sendo membros privilegiados de uma elite e podendo auferir bons rendimentos com o relato, os acontecimentos de um período particularmente ruim (Grande Depressão, ascensão do fascismo, racismo, Segunda Guerra) para a humanidade?** Não por acaso, Lionel Trilling considerou o questionamento moral como a contribuição fundamental da obra; ele considerou o livro "o mais realista e o mais importante esforço moral da nossa geração americana".

James Agee deixou a *Fortune* em 1937 e passou a ser resenhador de livros e crítico de cinema, primeiro da revista *Time*, depois da *Nation*.*** Em 1944, o poeta W. H. Auden considerou suas críticas como o mais importante acontecimento jornalístico da época. Em 1947, em uma coletiva de imprensa no lançamento de *Monsieur Verdoux*, ele defendeu Charles Chaplin dos repórteres que o acusavam de comunista e sonegador de impostos. Em 1950, começou a frequentar Hollywood, onde trabalhou nos roteiros de *A rainha africana*

---

* Murray Kempton diz que também Edmund Wilson, como membro da "aristocracia rebelde", sentia-se culpado por ter conforto material em uma época de tantas privações.
** A questão da honestidade intelectual seria, de certa forma, também a grande preocupação de toda obra de George Orwell.
*** A revista *serrote* nº 2, de agosto de 2009, publicou o seu ensaio mais famoso, "A grande era da comédia".

(1951), dirigido por John Huston, com Katharine Hepburn e Humphrey Bogart, do episódio *The bride comes to yellow sky*, do filme *Face to Face* (1952) e de *O mensageiro do diabo* (*The night of the hunter*, 1955). Para Chaplin, escreveu o roteiro inacabado do filme *The Tramp's new world*, que começa com Carlitos sendo o único sobrevivente da explosão de uma bomba atômica em Nova York. Ele colaborou informalmente como consultor de *Luzes da ribalta* e teria sido a pessoa que convenceu Chaplin a convidar Buster Keaton para participar do filme, na única vez que os dois grandes nomes do cinema mudo apareceram juntos na tela. Em 1951, saiu sua novela *The morning watch*. No ano seguinte, escreveu os cinco capítulos sobre a juventude de Abraham Lincoln da série chamada *Mr. Lincoln*, levada ao ar na revista televisiva *Omnibus* (Agee aparece no quarto episódio da série como o personagem Jack Kelso, que, enquanto pesca, recita um poema para Lincoln). Em 1954, fez os versos (que não foram usados) para o musical *Candide*, de Lillian Hellman e Leonard Bernstein. Uma de suas últimas amantes foi a atriz Judith Malina, que com Julian Beck fundou o Living Theatre (em 1971, ela e Beck, que estavam no país para trabalhar com José Celso Martinez Corrêa, seriam presos em Ouro Preto e expulsos do Brasil). Em 1957, saiu a sua novela autobiográfica *A death in the family*, que obtém o primeiro prêmio Pulitzer de ficção dado a um autor morto. No mesmo ano, foi editada a antologia *Agee on film*. Em 1960, quando *Elogiemos os homens ilustres* teve a sua segunda edição, encontrou ampla receptividade no clima de luta pelos direitos civis e de rebeldia da década que se iniciava. O mito James Agee renasceu, desta vez para fora do âmbito restrito dos amigos. A maioria deles se lembraria para sempre dos gestos expressivos de suas mãos acompanhando as longas e cativantes conversas, de suas roupas velhas e suadas, dos dentes que faltavam na sua boca. Dwight Macdonald, o homem que o levou para a *Fortune*, declarou em 1962 que a vida de James Agee foi, ao mesmo tempo, a expressão de sua época e um protesto contra ela.

Elogiemos os homens ilustres é um livro de saturação, aquele que levou a narrativa de não ficção ao seu primeiro grande impasse. Pode-se recusá-lo, mas não se deve ignorá-lo. Mesmo com todos os seus tormentos, James Agee continuou tateando, experimentando, arriscando. Afinal, o que seria do mundo sem a possibilidade de se contar livre e honestamente histórias reais? Esta é uma obra que não tentou fraudar suas infantilidades, suas gratuidades, seus inúmeros pecados, suas hesitações éticas e suas fraquezas estilísticas. O livro é o mais estranho e o mais sincero monumento de uma época em ruínas.

Matinas Suzuki Jr. é jornalista, coordenador da coleção Jornalismo Literário da Companhia das Letras e um dos editores da revista de ensaios *Serrote*. Foi editor executivo da *Folha de S.Paulo*, diretor editorial adjunto da editora Abril, presidente do portal *iG* e âncora do programa *Roda Viva*, da TV Cultura.

ESTA OBRA FOI COMPOSTA EM MINION PELO ACQUA ESTÚDIO E IMPRESSA
PELA GEOGRÁFICA EM OFSETE SOBRE PAPEL PÓLEN SOFT DA SUZANO PAPEL
E CELULOSE PARA A EDITORA SCHWARCZ EM NOVEMBRO DE 2009